CONTRATO de *Factoring*

objeto, função e prática do fomento mercantil

Fábio Vieira Figueiredo

CONTRATO de *Factoring*

objeto, função e prática do fomento mercantil

2ª edição
revista e atualizada

2019

EDITORA JusPODIVM
www.editorajuspodivm.com.br

EDITORA *Jus*PODIVM
www.editorajuspodivm.com.br

Rua Território Rio Branco, 87 – Pituba – CEP: 41830-530 – Salvador – Bahia
Tel: (71) 3045.9051
• Contato: https://www.editorajuspodivm.com.br/sac

Diagramação: Lupe Comunicação e Design *(lupecomunicacao@gmail.com)*

Capa: Ana Caquetti

F475c Figueiredo, Fábio Vieira.
Contrato de factoring / Fábio Vieira Figueiredo – 2. ed. rev. e atual. – Salvador: Editora JusPodivm, 2019.
368 p.

Bibliografia.
ISBN 978-85-442-2830-2.

1. Direito Comercial. 2. Direito Empresarial. 3. Fomento Mercantil. I. Figueiredo, Fábio Vieira. Ii. Título.

CDD 342.211

Dedico este trabalho, em primeiro lugar, a DEUS, meu Senhor, como de todo o resto, pela minha vida.

À minha amada filha Rafaella, de quem fui privado da companhia em inúmeros momentos para a consecução desta tarefa.

Aos meus familiares, todos, com muito afeto e respeito, mas principalmente aos meus queridos e amados pais por todo apoio e crença desde o início desta senda, ainda na graduação.

Para Lara, com muito amor.

AGRADECIMENTOS

Este trabalho é a adaptação para livro da minha tese de doutoramento que, em primeira edição, fora publicado pela Editora Saraiva e, agora, em segunda edição, confio à Editora Juspodivm. Em primeiro lugar, agradeço muito à minha querida professora Maria Helena Diniz, que, sempre compreensiva, delicada, dedicada, assertiva e precisa, soube, nestes últimos 11 anos, desde o meu ingresso no mestrado da PUC de São Paulo, direcionar meus passos acadêmicos e servir de exemplo de conduta. Professora, fica aqui o meu agradecimento, pois, sem ter a "sua mão" como guia, seria impossível chegar até a conclusão deste trabalho. Agradeço pelos exemplos de técnica ética e, sobretudo, de sabedoria.

Ao querido Roberto, mais do que um amigo, meu primeiro professor de Direito Civil, que fez brotar a paixão pelo estudo da disciplina, muito obrigado. É um privilégio termos este contato diário nestes últimos 17 anos.

Agradeço aos professores Gilberto Jabur e Déborah Regina, por toda a atenção a mim dispensada e pelas inúmeras e preciosas observações feitas ao trabalho quando da qualificação. Tendo acatado todas elas, com certeza concluo esta tarefa com maior segurança.

Agradeço a todos os queridos amigos que de algum modo contribuíram para a confecção deste trabalho. Aos que sempre me motivaram: Luciana Russo, Alessandro Manduco, Fernando Aguillar, Débora Brandão. Aos queridos professores com os quais pude, ainda, contar na PUC de São Paulo: Renan Lotufo, Everaldo Cambler, Giovanni Ettore Nanni, José Manuel de Arruda Alvim, muito obrigado pelos ensinamentos transmitidos e pela feliz convivência.

E, ainda, aos caríssimos colegas de escritório: ao meu estimado amigo e sócio Marcelo Cometti, que, também na senda acadêmica, sempre compreendeu ausências e outras circunstâncias no caminho de confecção deste trabalho; à minha assistente Luciana, sempre prestativa e dedicada; e às queridas Larissa e Gabriela, que colaboraram diretamente na concepção do trabalho, com pesquisas que foram fundamentais para o seu desenvolvimento.

NOTA DO AUTOR À SEGUNDA EDIÇÃO

Em muito boa hora e com muita honra recebi da Editora Juspodivm, cada vez mais prestigiada no cenário editorial jurídico nacional, o convite para publicar a segunda edição desta obra.

Nesta segunda edição, pude refletir sobre alguns posicionamentos e alterá-los e outros tantos foram mantidos. Espero que este livro continue sendo do agrado da comunidade jurídica e que possa ser, mais uma vez, bem recebido pelos leitores que têm interesse sobre o tema do factoring nas suas mais variadas vertentes.

Grande abraço,

O Autor

NOTA DO AUTOR À PRIMEIRA EDIÇÃO

Ainda que alguns autores no Brasil tenham já se debruçado sobre o *factoring*, é notório que referido instituto merece estudo ainda mais aprofundado de modo a revelarem-se alguns aspectos de sua função social, sob os vieses intrínseco e extrínseco.

É muito comum que o *factoring* seja confundido, no mercado e em algumas vezes até mesmo juridicamente, pelos menos avisados, com atividades bancárias, empréstimo civil ou, até mesmo, com atividades ilícitas que implicam prática de usura.

Foi exatamente a percepção de que havia uma visão, a nosso ver, equivocada sobre o instituto que motivou o início do nosso estudo sobre o tema, ainda durante as aulas para obtenção dos créditos do curso de mestrado.

Na advocacia, pudemos observar que até mesmo alguns empresários que atuam no ramo e outros que se beneficiam do *factoring* o fazem de modo atabalhoado sem entender bem qual o verdadeiro propósito e sentido do instituto.

Hoje estamos convencidos de que essas confusões sobre o instituto decorrem da falta de conhecimento do objeto desta avença, que é complexa e, em nosso entendimento, extremamente salutar a sociedade.

A operação de fomento mercantil não pode ser tida como simples antecipação de recebíveis ou garantia de liquidação de títulos. Isso, um simples contrato de prestação de serviços de cobrança poderia proporcionar.

Entendemos que o centro de gravidade da operação, em todas as formas que o *factoring* admite, é, sem dúvida, a obtenção de recursos financeiros para o faturizado. Contudo, se o objeto da avença a isso se resume, o empresário de fomento mercantil estará fadado a curtas empreitadas e inevitável destruição da sua fonte de lucro, ou seja, seus clientes.

Imaginar que o *factoring* cinge-se ao pagamento antecipado dos títulos ou à garantia de pagamento no vencimento dos títulos dos quais é credor o faturizado é um equívoco muito grande. Fosse assim, dois seriam os caminhos óbvios dessa contratação: a) o empresário faturizado alcança saúde financeira e abandona o *factoring*, ou b) o empresário faturizado vê a impossibilidade de continuar a atividade, e o faturizador perde seu cliente.

O *factoring* é bem mais complexo e positivo do que isso para a sociedade e para o empresário faturizado.

Estamos convencidos de que o *factoring* deve atuar com claro propósito funcionalizado, sob o ponto de vista intrínseco, pois deve colaborar para a manutenção da atividade empresarial, aumentando produtividade, eficiência de gestão e lucratividade do faturizado, e, ainda, como consectário dessa funcionalização interna, atender, sob o ponto de vista extrínseco, a uma funcionalidade essencial: a manutenção do equilíbrio empresarial.

Não foi à toa que o *factoring* surgiu nos Estados Unidos como resposta a uma necessidade puramente financeira das empresas, que descobriram no fomento mercantil, principalmente, um meio de financiar suas atividades.

Na Europa, a mesma necessidade americana foi estabelecida com o *boom* econômico dos anos 1960, quando o *factoring* já era uma realidade bem estabelecida na experiência do novo continente. Nesse período, o *factoring* começou a espalhar-se para todo o continente europeu, importado de alguns bancos americanos, como forma de salvaguardar o desenvolvimento empresarial geral.

Parece-nos bastante razoável afirmar que o *factoring* atende aos objetivos maiores do ordenamento, pois tem *por objetivo viabilizar a superação da situação de crise econômico-financeira do devedor, a fim de permitir a manutenção da fonte produtora, do emprego dos trabalhadores e dos interesses dos credores, promovendo, assim, a preservação da empresa, sua função social e o estímulo à atividade econômica*. Conforme determina o art. 47 da Lei de Recuperação de Empresas brasileira, Lei n. 11.101/2005.

É, em nosso entendimento, exatamente esse o aspecto mais envolvente do contrato de fomento mercantil.

Ora, muito embora o contrato de fomento mercantil esteja inserido na seara contratual civil-empresarial, sendo dotado de exacerbada carga de relevância econômico-financeira, como força efetivamente propulsora do capitalismo, aparta-se dessa contratação um claro viés de funcionalidade social desse modelo contratual, que, em nosso sentir, atende ao solidarismo constitucional, à manutenção da paz social e, por fim, ao desenvolvimento socioeconômico amplo das relações contratuais civis-empresariais, em perspectiva solidarista de cooperação negocial.

Nosso trabalho, portanto, entre outras metas, visa a evidenciar sob quais aspectos e fundamentos podemos considerar a existência de uma função social, destacada da finalidade de obtenção de lucro, no contrato de *factoring*.

Concentramo-nos no *factoring* interno, praticado dentro do território nacional e que faturiza títulos advindos de relações comerciais e empresariais nacionais.

Abordamos a questão da terminologia do *factoring* com o fito de se estabelecerem contornos mais claros de seu objeto, diante, ainda, da análise dos sujeitos envolvidos na relação, e isso foi feito também por meio de comparação e distanciamento do *factoring* em relação a alguns institutos afins que com ele não se confundem. Para tanto, investigamos e apresentamos as bases legais de sustentação do *factoring*.

No segundo capítulo do trabalho, revelamos o contrato de fomento mercantil como contrato multifacetário, traçando-se a relação de seus plúrimos objetos com a sua função social, o que é reforçado pelo quarto capítulo, diante da análise das funções socioempresariais do *factoring*.

No terceiro capítulo, resta evidenciada a agressão à probidade contratual como elemento de destruição da função social do contrato. Os princípios do direito contratual foram apresentados, e, em cada situação, restou explicitada a aplicação ao contrato de fomento mercantil.

No quarto capítulo, falamos a respeito dos vários objetos e objetivos que podem ser contemplados pelo contrato de *factoring*, como elementos de impulso ao cumprimento de sua função socioeconômica.

Diante da possibilidade de ruptura da função social intrínseca do contrato pela excessiva onerosidade, no quinto capítulo foram estudadas as situações de remuneração abusiva, nulidades, juros e possibilidades de aditivos.

No último capítulo, o projeto de lei do *factoring* foi o protagonista. Nessa oportunidade restaram evidenciadas as inadequações do projeto.

São Paulo, junho de 2015.

O Autor

PREFÁCIO À PRIMEIRA EDIÇÃO

É com muita honra que ora prefaciamos esta obra de Fábio Vieira Figueiredo, com a qual, merecidamente, conquistou o título de doutor em Direito Civil Comparado pela PUCSP, perante criteriosa banca examinadora.

O autor, aliando sua experiência como professor e advogado, com seu enorme talento, baseado em vasta bibliografia nacional e estrangeira, salienta, neste livro, que o *factoring* tem por finalidade viabilizar a superação da situação de crise econômico-financeira do devedor, para possibilitar a manutenção de fonte produtora, do emprego dos trabalhadores e dos interesses dos credores, promovendo, dessa forma, a preservação da empresa, realçando sua função social e o estímulo à atividade econômica. Para tanto, procura dar uma visão holística desta complexa temática, apresentando, com ideias, devidamente articuladas, uma interessante análise: da relação jurídica de *factoring* funcionalizada para a propulsão empresarial; do contrato de *factoring*, seu objetivo multifacetário e a sua função socioeconômica; dos contornos da liberdade de contratar no *factoring* e da agressão à probidade como elemento de aniquilação da função social do contrato de *factoring*; do *factoring* e suas múltiplas funções socioempresariais, sem olvidar do impulso e da realização da sua função socioeconômica; da abusividade da cobrança na relação de *factoring* e da análise do Projeto de Lei n. 13/2007.

Como se vê, nada escapou ao autor, que enfrentou, com maestria, todas as questões polêmicas, apresentando, com sólidos argumentos, profundas reflexões e conclusões pertinentes.

Traça, com firmeza de ideias, clareza, objetividade e com rigor científico, as diretrizes teórico-práticas para delinear o perfil jurídico de *factoring*, aprofundando o sentido de sua função socioeconômica e revelando maturidade científico-jurídica e um firme conhecimento do tema.

A Saraiva, em seu compromisso com o mercado editorial, agora publica esta excelente obra, que, pelo seu roteiro, por si só demonstra a sua mais alta relevância para toda a comunidade jurídica.

Recomendamos a sua leitura e releitura a todos os operadores do direito por versar sobre tema de real interesse jurídico, pela riqueza de conteúdo e por ser valioso instrumento de consulta, visto que em suas páginas encontrarão um roteiro seguro para a configuração da função socioeconômica do *factoring*. E, ainda, auguramos sucesso na divulgação desta notável obra, que convida todos a uma reflexão sobre o grande significado da concretização da função socioeconômica do *factoring*.

Oxalá, Fábio Vieira Figueiredo continue aprofundando, cada vez mais, seus estudos, brindando-nos com obras de fôlego como esta.

São Paulo, 22 de março de 2015.

Maria Helena Diniz

SUMÁRIO

CAPÍTULO 1

A RELAÇÃO JURÍDICA DE *FACTORING* FUNCIONALIZADA PARA A PROPULSÃO EMPRESARIAL

1.1 CONCEITO E TERMINOLOGIA APLICADA AO INSTITUTO

Ao tratarmos do contrato de faturização, é muito comum nos depararmos com a equiparação dos significados das palavras *factoring* e fomento. Entretanto, tais palavras não são apenas etimologicamente distintas, mas representam significados jurídicos sensivelmente diversos.

A palavra fomento, conforme explicita o *Dicionário Houaiss*, da língua portuguesa, significa "ação ou efeito de promover o desenvolvimento".

No *factoring*, a ideia central é promover o desenvolvimento de determinada atividade econômico-empresarial, por força de contrato firmado entre faturizador e faturizado.

Em nosso trabalho, essencialmente exploramos a figura do *factoring* convencional interno, ou *conventional factoring*, que se destaca entre as outras modalidades por exigir, nos casos de aquisição de recebíveis, a liquidação antecipada dos títulos que representam o crédito faturizado em favor do credor primitivo (faturizado), com recursos próprios da empresa de fomento mercantil (faturizadora)[1].

1. A faturização como atividade mercantil poderá assumir várias modalidades, apresentando-se como: "1ª) faturização interna, se as operações se realizarem dentro do

Para que não haja confusão com relação à aplicação dos conceitos e da terminologia, faz-se mister evidenciar tais circunstâncias. É o que passamos a fazer, neste capítulo.

1.1.1 *Factoring* ou fomento mercantil?

O contrato de *factoring*, conforme assevera Maria Helena Diniz, é aquele em que um empresário (faturizado) cede a outro (faturizador), no todo ou em parte, os créditos provenientes de suas vendas mercantis a terceiro, mediante o pagamento de uma remuneração, consistente no desconto sobre os respectivos valores.

Explica, ainda, a professora que isso se dá conforme o montante de tais créditos. É um contrato que se liga à emissão e à transferência de faturas. Daí dizer, acrescenta Waldirio Bulgarelli, que a operação de *factoring* seria a venda do faturamento de uma empresa à outra, que se incumbe de cobrá-los, recebendo em pagamento uma comissão[2].

Ou seja, a empresa de *factoring* não apenas auxilia financeiramente a empresa faturizada, mas, também, presta-lhe outros serviços de gestão financeira e administrativa dos recebíveis (crédito em sentido amplo).

O fomento é mercantil, pois feito por empresa dotada de personalidade jurídica privada não pertencente ao Sistema Financeiro

---

mesmo país ou neste, dentro de uma região; 2ª) faturização externa, ou *factoring* internacional (...); 3ª) faturização no vencimento (*maturity factoring*), se as faturas representativas do crédito faturizado forem remetidas ao faturizador, sendo por ele liquidadas em seu vencimento (...) Não haverá qualquer adiantamento dos créditos cedidos (...); 4ª) faturização tradicional ou convencional (*conventional factoring*), se as faturas cedidas forem liquidadas pelo faturizador antes do vencimento. Os créditos negociados serão pagos ao cedente no instante da cessão. Ter-se-á, portanto, adiantamento dos valores dos títulos (...); 5ª) *trustee*, que compreende a administração de contas a pagar e receber de sua cliente, que passa a trabalhar com o caixa 0 (zero), otimizando sua capacidade financeira; 6ª) compra de matéria-prima, se a empresa de *factoring* fizer intermediação para seu cliente, negociando diretamente com o fornecedor, visando obter o melhor preço de compra". DINIZ, Maria Helena. *Tratado teórico e prático dos contratos*. 7. ed. São Paulo: Saraiva, 2013. v. 4, p. 105 e s.

2. DINIZ, Maria Helena. *Curso de direito civil brasileiro*. 23. ed. São Paulo: Saraiva, 2007. v. 3, p. 739. Ver, ainda: DINIZ, Maria Helena. *Tratado teórico e prático dos contratos*, cit., 7. ed., v. 4, p. 101.

Nacional, indicando flagrante diferenciação ao fomento econômico administrativo realizado por ente de direito público interno.

Por igual razão, a empresa faturizadora não poderá captar dinheiro para o exercício de sua atividade, utilizando-se apenas de seu próprio capital. A não observância desse requisito pode caracterizar o desempenho de atividade financeira, própria de bancos e, portanto, não condizente com as diretrizes da prática do *factoring*.

O termo *factoring*, em si, faz menção apenas à parte da atividade desempenhada, qual seja: a aquisição dos títulos com vencimento futuro, antecipando o valor nele constante, ou garantindo a liquidação, descontada a remuneração da empresa faturizadora ao faturizado.

Sob o ponto de vista amplo, o contrato de *factoring* possui tríplice objeto: i) garantia; ii) gestão de créditos; e iii) técnica financeira[3].

O primeiro objeto consiste na liquidação dos créditos cedidos pelo faturizado, de tal sorte que, no ato da cessão (*conventional factoring*) ou na data do vencimento (*maturity factoring*), são liquidados pelo faturizador[4].

No que tange ao segundo, trata-se da intervenção do faturizador nas operações da empresa faturizada, prestando-lhe serviços que diminuam os encargos comuns, bem como simplificando os serviços administrativos e contábeis do faturizado. Equivale a uma verdadeira terceirização do departamento de contas a receber, da empresa. Ademais, na constância do serviço de gestão de crédito, o faturizador será responsável por todo o serviço de faturamento e emissão de títulos decorrentes de cobrança, bem como dos recursos obtidos para reinvestimento no negócio.

Por fim, entende-se, por emprego de técnica financeira ao contrato de *factoring*, o financiamento da empresa faturizada, ou seja,

---

3. Conforme, muito bem observa: DINIZ, Maria Helena. *Tratado teórico e prático dos contratos*, cit., 7. ed., v. 4, p. 101.

4. No direito alemão, quanto ao pagamento, o fator segue duas formas diferentes: ou o pagamento imediato da quantia indicada na fatura, diminuído da comissão dela e de juros, ou após o pagamento da fatura (caso em que o fator não faz adiantamentos de dinheiro), que são as formas correspondentes ao *conventional* e o *maturity factoring*, que são praticados, também, no Brasil.

na medida em que o faturizador adquire os créditos da faturizada, assume todos os riscos pelo inadimplemento dos títulos dos quais se tornou titular, arcando sozinho com o prejuízo, não possuindo, ao menos em regra, direito de regresso contra o faturizado, já que é da tônica ordinária e essencial da cessão de crédito a assunção de risco por parte do cessionário.

Nessa mesma esteira, importante destacar o entendimento de Marcelo Negri Soares, que apresenta um rol de possibilidades de serviços que potencialmente o faturizador poderá prestar ao faturizado. É bem verdade que não se trata de rol exaustivo, pois isso dependerá da avença entre as partes. Mas explica o autor que o contrato de fomento mercantil é aquele que visa, entre outros aspectos, a i) prestação de serviços de assessoramento de crédito, de forma cumulativa e contínua, atuando também em ii) posicionamento mercadológico, iii) gestão creditícia e iv) financeira, v) análise e escolha de riscos, vi) gerenciamento de contas a pagar e a receber, vii) compra de direitos de crédito oriundos de prestação de serviços ou vendas mercantes a prazo a terceiros, clientes do faturizado[5].

O contrato de *factoring* é, portanto, uma avença que tem por conteúdo o fomento mercantil. Nessa avença, o faturizador obriga-se a fomentar o negócio do faturizado, com auxílio financeiro, na medida em que, na esmagadora maioria dos contratos praticados no Brasil, o que se apresenta é o *conventional factoring*, sem descurar da aplicação de técnicas administrativas, financeiras e econômicas de análises e consultoria, de modo a atender ao seu tríplice objeto.

É evidente que o termo *factoring*, arraigado e mundialmente disseminado, pode ser utilizado até mesmo para que não se perca de vista o efetivo objeto do pacto havido entre as partes. Entretanto, parece-nos que a terminologia mais adequada a ser empregada é *contrato de fomento mercantil*, posto que é disso que se trata. Neste trabalho, aplicaremos de modo indistinto os termos *factoring* e fomento mercantil, explicitando, sempre que se fizer necessário, se tratamos do tipo contratual ou do objeto da avença.

---

5. SOARES, Marcelo Negri. *Contrato de factoring*. São Paulo: Saraiva, 2010, p. 32.

Fato é que se trata de contrato objetivamente complexo, por comportar *objeto plúrimo* (entre outros: liquidação antecipada de títulos, análise de risco creditório, fornecimento de capital de giro, implantação de procedimentos para contas a pagar e a receber), que tem como objetivo último e maior o fomento mercantil, o desenvolvimento produtivo e a obtenção de maior eficiência geral da empresa contratante. Note-se que não necessariamente haverá em toda e qualquer circunstância a transmissão de créditos, ou seja, é possível que se mantenha contratação de fomento mercantil sem que haja, inclusive por longos períodos, aquisição de recebíveis pela faturizadora, que, nesses casos, restará encarregada de colaborar para o desenvolvimento da empresa faturizada[6]. Isso não desnaturará o pacto de fomento mercantil havido.

1.1.2 A relação de *factoring* e algumas de suas consequências jurídicas

Entabulado, o contrato entre a faturizadora e a faturizada, inúmeras são as consequências geradas tanto para as partes como para aquele que deve adimplir o título (devedor).

É de se mencionar a ocorrência da cessão de crédito, na medida em que o faturizado cede para o faturizador, a título oneroso, não só os títulos, mas também os créditos, para que efetue sua cobrança. Ora, não se trata de mera transferência da posse da cártula creditória, é transmissão creditícia. Tal ato implica uma série de consequências, uma vez que a empresa de fomento se torna titular do crédito.

---

6. Conforme disposição do art. 1, item 2, (a) da Convenção de **Otawa** de 1988: "the supplier may or will assign to the factor receivables arising from contracts of sale of goods made between the supplier and its customers (debtors) other than those for the sale of goods bought primarily for their personal, family or household use". Em tradução livre: o fornecedor poderá atribuir ao factor recebíveis decorrentes de contratos de venda de bens efetuada entre o fornecedor e seus clientes (devedores) diferentes daquelas oriundas de negócios para a venda de mercadorias compradas principalmente pelo seu pessoal, familiar ou doméstico.Contrariado, aliás, pela disposição do art. 1º do Projeto de Lei n. 13/2007, que aguarda julgamento de um recurso para tornar-se a Lei do *Factoring* em nosso país, conforme tratamos especificamente no capítulo 6, deste trabalho.

Assumindo essa posição, o faturizador adquire o direito de cobrar a dívida em nome próprio e o direito de demandar contra o faturizado se o título evidenciar vício que culmine na conclusão de inexistência da relação em que se apoia ou, ainda, invalidade, como se verá mais adiante.

No que tange ao bom desenvolvimento de sua atividade, o faturizador também adquire a prerrogativa de selecionar os créditos, recusando e aprovando, total ou parcialmente, as contas que lhe foram remetidas, bem como pode deduzir o valor de sua remuneração das importâncias recebidas, conforme ajustado em contrato, e ainda examinar livros e papéis do faturizado atinentes às suas transações com certos clientes[7], visando a apurar a regularidade e os riscos dos procedimentos e das atividades em geral.

Em contrapartida, tem o dever de pagar ao faturizado a importância das faturas que receber, além do que, em geral, deverá assumir o risco do não pagamento dessas faturas, seja por inadimplemento, seja por insolvência do devedor, não lhe sendo assegurado, em regra, o direito de regresso; por fim, deve prestar assistência ao faturizado, informando-o a respeito dos devedores e sobre o comércio em geral[8].

Quanto ao faturizado, adquire o direito de receber o pagamento das faturas cedidas, nos termos entabulados no contrato; pode ainda transferir ao faturizador as faturas não aprovadas, para que ele as cobre, hipótese em que agirá como seu mandatário, e assiste-lhe, ainda, o direito de ser informado e assessorado pelo factor[9].

Vê-se, portanto, que a relação de faturização acarreta uma série de efeitos entre faturizador e faturizado.

---

7. Entendendo, ainda, que a empresa-cliente deve dar acesso ao faturizador a todas as contas a receber, para que ele selecione aquelas que deseja efetuar a cobrança; deve pagar-lhe os valores acordados a título de comissões, consoante ajustado em contrato, deve ainda remeter-lhe a relação das contas dos clientes, por meio de um *bordereau*, acompanhando as cópias das faturas e outros documentos pertinentes; e, por derradeiro, deve prestar à *factoring* todas as informações necessárias sobre os clientes ou os recebimentos das dívidas. DINIZ, Maria Helena. *Curso de direito civil brasileiro*, cit., 23. ed., v. 3, p. 744.

8. RIZZARDO, Arnaldo. *Contratos*. 10. ed. Rio de Janeiro: Forense, 2010, p. 1.403.

9. DINIZ, Maria Helena. *Curso de direito civil brasileiro*, cit., 23. ed., v. 3, p. 744.

1.2 SUJEITOS DA RELAÇÃO JURÍDICA DE *FACTORING*

Evidentemente, a relação de fomento mercantil envolve alguns sujeitos que serão apresentados neste capítulo. Mas, além daqueles que estão diretamente envolvidos em aludida relação (faturizador e faturizado), há outros sujeitos que também são, de algum modo, partícipes da relação de fomento, aos quais também daremos atenção neste capítulo.

1.2.1 O faturizado

Há informação de que, na Antiguidade Oriental, as comunidades mais abastadas economicamente elegiam um representante local para vender suas mercadorias em nome próprio em outras localidades, recebendo, para tanto, respectiva remuneração[10].

Na Grécia e na Roma Antiga, os comerciantes incumbiam o denominado *factor* de efetuar a guarda, bem como a venda das mercadorias. O termo aplicado ao contrato aqui estudado remonta, portanto, à figura do *factor*, ou seja, daquele que tinha o ônus de desenvolver as atividades econômicas, evidentemente atuando de modo a gerar remuneração às outras pessoas.

A faturização de crédito foi moldada a partir das grandes explorações e colonizações, crescendo consideravelmente, por meio das feitorias atlânticas, que serviam de depósito das mercadorias que eram dirigidas ao feitor, tal figura atuava como uma espécie de agente comercial.

A apresentação do *factoring* como o conhecemos hoje teve origem no direito consuetudinário inglês, durante o século XVIII.

No início do século XIX, um factor de Nova York anexou às suas funções a compra de créditos que resultavam das vendas

---

10. Conforme: BRUEL, Denise Kung. O contrato de factoring internacional nos ordenamentos jurídicos brasileiro e português e a uniformização das regras aplicáveis a esta modalidade contratual. *Revista Brasileira de Direito Internacional,* Curitiba, v. 2, n. 2, jul./dez. 2005, p. 90.

feitas por indústrias têxteis aos atacadistas de tecidos. Assim, tomou forma o *factoring*, o contrato de fomento mercantil[11].

A prática do *factoring* desenvolveu-se consideravelmente nos Estados Unidos, bem como em países da Europa Ocidental na década de 1960. Entretanto, cada um deles acabou por assumir nuances próprias, diante das particularidades de cada mercado em específico.

No Brasil, o *factoring* ganhou força apenas nos anos de 1990, e de forma considerável substituiu grande parcela das operações bancárias de desconto de títulos. O sucesso do "novo modelo" certamente deve-se à desburocratização dos procedimentos e à efetiva parceria que se instala entre as partes do contrato de fomento mercantil (faturizador e faturizado), empenhando-se ambos na consecução dos objetivos sociais da empresa faturizada e na busca de excelência para a manutenção e o desenvolvimento das atividades empresariais, atendendo muito mais ao modelo de cooperação contratual, portanto a uma perspectiva solidarista e funcionalizante do direito contratual, do que à antiga práxis exploratória do capital instaurada pelo monopólio bancário.

Hoje, temos o *factor* como a empresa de *factoring* prestadora do serviço. Em contrapartida, no outro polo contratual, tem-se o *faturizado*, definido pelas palavras de Marcelo Negri Soares como: o cliente de *factoring*, contratante, endossante, aderente ou cedente. Conforme explica o autor, é quem efetivamente cede seu direito de credor nos títulos com vencimento futuro que possui perante terceiro e é o sujeito ativo na contratação de serviços destinados ao fomento mercantil. Nesse conceito, insere-se o fato de que o faturizado deve deter a titularidade do crédito, uma vez que realizará o *factoring* com natureza de ato dispositivo dos títulos creditícios[12].

De forma mais simples, o faturizado é o comerciante ou industrial possuidor de créditos faturados que sub-roga o faturizador,

---

11. Ver: BUSSADA, Wilson. *Factoring interpretado pelos tribunais*. Campinas: Julex, 1997, p. 24. E, ainda: CORDEIRO, Antonio Manuel da Rocha e Menezes. *Manual de direito bancário*. 2. ed. Coimbra: Almedina, 2001, p. 615 e s.

12. SOARES, Marcelo Negri. *Contrato de factoring*, cit., p. 45.

nos seus direitos creditícios, sem a iminência de ação de regresso frente ao inadimplemento do devedor do título[13].

Maria Helena Diniz afirma que o faturizado (fornecedor ou vendedor) deverá ser empresário correspondente tanto a uma pessoa física quanto jurídica. Ressalta-se, entretanto, que, em regra, na prática de mercado, tal elemento subjetivo do contrato é pessoa jurídica[14].

Seguindo esse mesmo entendimento, temos Washington de Barros Monteiro e Carlos Roberto Gonçalves. O faturizado deverá ser titular de títulos de crédito para que o contrato possa contar com os requisitos de validade e os fatores de eficácia necessários ao seu aperfeiçoamento.

Luiz Lemos Leite, em contrapartida, adota posicionamento diverso, ou seja, afirma que a relação contratual estabelecida entre a clientela do *factoring* e a empresa faturizadora é firmada entre empresas, defendendo, portanto, que é um contrato firmado essencialmente por pessoas jurídicas[15]. Explica que o mercado-alvo do *factoring* é historicamente o segmento das pequenas e médias empresas. Hoje, aproximadamente, mais de 3 milhões, um amplo mercado para o *factoring*[16].

Esse é o mesmo apontamento que faz Sílvio de Salvo Venosa ao defender que o contrato de *factoring* sustenta principalmente as pequenas e médias empresas[17].

1.2.2 O faturizador

O faturizador é a sociedade empresária que, com recursos próprios, financia a atividade de fomento mercantil, que envolve, em regra, vultosa soma de numerário para a operação, eis que, diante do *conventional factoring*, será da essência do pacto havido

13. WALD, Arnoldo. *Direito civil.* 18. ed. São Paulo: Saraiva, 2009, p. 351.
14. DINIZ, Maria Helena. *Curso de direito civil brasileiro,* cit., 23. ed., v. 3, p. 739.
15. LEITE, Luiz Lemos. *Factoring no Brasil.* 12. ed. São Paulo: Atlas, 2011, p. 6.
16. LEITE, Luiz Lemos. *Factoring no Brasil,* cit., p. 5.
17. VENOSA, Sílvio de Salvo. *Direito civil.* 11. ed. São Paulo: Atlas, 2011, p. 534.

entre as partes que o operador de *factoring*, ou faturizador, liquide, em favor do faturizado, antecipadamente, os títulos aos quais fará *jus*.

A distinção, desse modo, é relevante e necessária. Se a operação realiza-se por *factoring* convencional, o que o faturizador exerce é uma forma de sub-rogação (convencional ativa), eis que liquida em favor do credor primitivo ou faturizado antecipadamente o título. Diz-se uma forma de sub-rogação, pois, em verdade, o faturizador não quita o título, e sim adianta o valor com o desconto de um deságio. Assim é que, muito embora possamos ver regras da sub-rogação convencional, aquela do art. 347, I, do Código Civil, não é exatamente isso o que ocorre nesses casos. Temos, assim, em verdade, uma cessão de crédito com a peculiaridade do adiantamento de valores (que seria da essência da sub-rogação). Aí, inclusive, nossa crítica ao **modelo francês** de faturização, que dispensa a cessão de crédito do art. 1.690 do Código Civil **francês**, acolhendo como fundamento legal o art. 1.250, do mesmo diploma, que é a sub-rogação convencional.

Entretanto, quando tratamos do *maturity factoring*, figura bastante incomum em nosso sistema, o que juridicamente se apresenta é o instituto da garantia de adimplemento prestada pelo faturizador em favor do faturizado.

Em algumas situações, é bastante comum que a empresa faturizadora seja confundida com bancos ou empresas financeiras, daí a necessidade de esclarecer as distinções entre tais sujeitos, o que passamos a fazer, neste capítulo.

O *factoring* surgiu com maior força no âmbito mundial quando foi alçado como opção na economia europeia, na década de 1960. Evidentemente, as características que resultaram mais latentes para o instituto foram sendo delineadas ao longo do tempo. Daí, na infância do instituto no Brasil (entre o final dos anos 1970 e o início dos anos 1980), uma larga discussão fora travada, a saber: se as empresas de fomento mercantil caracterizavam-se ou não como instituições financeiras, o que as sujeitaria a uma série de regras, como resultantes especiais, decorrentes da natureza estrita da atividade financeira.

Diante da confusão causada e da insegurança havida com relação à natureza jurídica das empresas de fomento mercantil, o Banco Central baixou Circular que ditava:

> "as empresas de *factoring* apresentam, na maioria dos casos, características e particularidades daquelas privativas das instituições financeiras autorizadas pelo Banco Central" (Circular n. 703/82)[18].

Obviamente, como consequência fatal e infalível, as atividades de fomento ficariam paralisadas, restando inoperantes as empresas do segmento até que o Conselho Monetário Nacional regulamentasse esse contrato[19].

1.2.2.1 Faturizadora e agentes bancários

Os bancos atuam na intermediação financeira mediante depósitos efetuados por seus clientes. Parte do montante depositado será mantida em reserva financeira e a outra ficará disponível para que seja feita a devolução ao mercado na forma de empréstimos[20].

Como ocorre nas instituições financeiras, o banco não se sujeita à limitação instituída pela Lei de Usura, qual seja: a cobrança de juros no percentual de 12% ao ano.

---

18. LEITE, Luiz Lemos. *Factoring no Brasil*, cit., p. 19. Contudo, hoje se tem, por clara, a distinção, conforme se vê do julgado do Superior Tribunal de Justiça de 2010: "*Factoring*. Crime contra o sistema financeiro nacional. Inexistência. Empréstimo a juros abusivos. Usura. Competência da justiça estadual.1. A caracterização do crime previsto no art. 16, da Lei n. 7.492/86, exige que as operações irregulares tenham sido realizadas por instituição financeira. 2. As empresas popularmente conhecidas como *factoring* desempenham atividades de fomento mercantil, de cunho meramente comercial, em que se ajusta a compra de créditos vencíveis, mediante preço certo e ajustado, e com recursos próprios, não podendo ser caracterizadas como instituições financeiras. 3. *In casu*, comprovando-se a abusividade dos juros cobrados nas operações de empréstimo, configura-se o crime de usura, previsto no art. 4º, da Lei n. 1.521/51, cuja competência para julgamento é da Justiça Estadual. 4. Conflito conhecido para declarar a competência do juízo estadual, o suscitado" (CC 98.062/SP, Rel. Min. Jorge Mussi, 3ª Seção, julgado em 25-8-2010, *DJe* 6-9-2010).

19. Como se verá adiante, a Circular n. 1.359, de 30-9-1988, acabou por revogar esta disposição.

20. A empresa de *factoring* não pertence ao Sistema Financeiro Nacional.

Nota-se, dessa forma, que o contrato de *factoring* não é considerado contrato bancário. O Superior Tribunal de Justiça já se manifestou sobre o assunto e adotou a seguinte posição: as empresas de *factoring* não se enquadram no conceito de instituições financeiras[21].

Ernani Torres e Mônica Carvalho consideram que no Brasil, o *factoring* para operações no mercado interno disputa segmentos de *mercado* de menor interesse dos bancos.

Ademais, a *factoring* opera por meio de desconto de cheques pré-datados endossados ao *factor*, permitindo, assim, que a empresa regresse contra o seu cliente no caso de inadimplemento. Em 2003, o mercado mundial de *factoring* atingiu cerca de US$ 800 bilhões, principalmente com as pequenas e médias empresas, que absorvem, individualmente, recursos de até US$ 30 milhões por ano[22].

---

21. "Civil. Contrato de 'factoring'. Julgamento *extra petita*. Exclusão do tema abordado de ofício. Juros remuneratórios. Lei de usura. Incidência. Limitação. I. Inexistindo pedido ou recurso, é vedado ao órgão julgador conhecer de ofício de questão referente a direito patrimonial, a saber, a descaracterização do contrato de 'factoring', que deve ser excluída do âmbito do julgado, conforme pacificado pela e. Segunda Seção, quando do julgamento do REsp 541.153/RS, Rel. Min. Cesar Asfor Rocha, unânime, julgado em 8-6-2005, *DJU* de 14-9-2005. II. As empresas de 'factoring' não se enquadram no conceito de instituições financeiras, e por isso os juros remuneratórios estão limitados em 12% ao ano, nos termos da Lei de Usura. III. Recurso especial conhecido e parcialmente provido" (REsp 1.048.341/RS, Rel. Ministro Aldir Passarinho Filho, julgado em 10-2-2009). Ou, ainda, "Comercial - 'factoring' - atividade não abrangida pelo sistema financeiro nacional - inaplicabilidade dos juros permitidos às instituições financeiras. I - O 'factoring' distancia-se de instituição financeira justamente porque seus negócios não se abrigam no direito de regresso e nem na garantia representada pelo aval ou endosso. Daí que nesse tipo de contrato não se aplicam os juros permitidos às instituições financeiras. É que as empresas que operam com o 'factoring' não se incluem no âmbito do sistema financeiro nacional. II - O empréstimo e o desconto de títulos, a teor de art. 17, da Lei n. 4.595/64, são operações típicas, privativas das instituições financeiras, dependendo sua prática de autorização governamental. III - Recurso não conhecido. É, portanto, evidente que a empresa de fomento mercantil não pertence ao sistema financeiro nacional: Não se trata de uma instituição financeira. Com relação ao Sistema Financeiro nacional, o art. 1º da Lei n. 4.595/64, de 31 de dezembro de 64, determina que são instituições financeiras: Art. 1º O sistema Financeiro Nacional, estruturado e regulado pela presente Lei, será constituído: I - do Conselho Monetário Nacional; II - do Banco Central do Brasil; (Redação dada pelo Del n. 278, de 28-2-1967); III - do Banco do Brasil S. A.; IV - do Banco Nacional do Desenvolvimento Econômico; V - das demais instituições financeiras públicas e privadas" (REsp 119.705/RS, 3ª Turma, Rel. Min. Waldemar Zveiter, julgado em 29-06-1998, *LEXSTJ*, v. 111, p. 134).

22. TORRES FILHO, Ernani T.; CARVALHO, Mônica E. de. Financiamento às exportações: instrumentos de apoio e mitigação de riscos. In: VASCONCELLOS, Marco Antônio

Por não ser banco, ou instituição financeira as empresas de *factoring* não necessitam de aprovação do Banco Central para atuação, vez que, a ele não se submetem. A empresa de *factoring* é sociedade mercantil constituída com o fim de adquirir direitos creditórios decorrentes de vendas ou prestação de serviços mercantis, prestação contínua de serviços e obtenção de lucro.

Destarte, a empresa faturizada não poderá operacionalizar empréstimos e financiamentos, pois tais são atividades privativas de instituições financeiras, tais como os bancos, em conformidade com a legislação específica, a Lei n. 4.595/64.

Luiz Lemos Leite, explica que a *factoring* não é banco tampouco instituição financeira. O que ocorre é que o banco basicamente capta dinheiro de terceiros, empresta dinheiro, guarda dinheiro de terceiros e necessita de autorização do Banco Central para funcionar. Empresas de fomento mercantil prestam serviços e compram créditos. São sociedades mercantis[23].

Diante dessa distinção enfática, pode-se concluir que são instituições que não se confundem.

Sandoval de; SILBER, Miguel Lima e Simão (Coord.). *Gestão de negócios internacionais*. São Paulo: Saraiva, 2006, p. 324. Os autores destacam que no mais das vezes as empresas de fomento mercantil socorrem-se a bancos para custearem suas operações. Este não é o resultado do levantamento da ANFAC de 2010, transcrito na sequência: "No Brasil, em geral, o 'funding' das empresas de fomento comercial é formado de seus recursos próprios, dos mútuos dos sócios pessoas físicas ou jurídicas e de linhas de crédito bancário. Por sua natureza comercial, não enquadrada nas disposições de Lei n. 4.595/64 – Lei Bancária –, a constituição e o registro da empresa de fomento independem de prévia autorização do Banco Central. Por esse motivo, é vedado às empresas de fomento realizarem captação de recursos junto ao público. A título ilustrativo, é de registrar que a ANFAC reúne hoje um grupo de empresas associadas que vem oferecendo um substancial e preponderante aporte de recursos (próprios) ao seu público-alvo composto de médias e pequenas empresas, garantindo-lhes a liquidez necessária ao dia a dia de seus negócios. O 'funding' das empresas de *factoring* associadas à ANFAC se origina de recursos e investimentos líquidos próprios que são alocados por meio da aquisição de direitos creditórios, originados de vendas mercantis realizadas pelas empresas – clientes, viabilizando transações na cadeia produtiva dos segmentos econômicos industrial, comercial e de serviços". Disponível em: <http://www.anfac.com.br/ v3/factoring-estatistica.jsp>. Acesso em: 19 jan. 2014. O levantamento estatístico da Associação Nacional e Fomento Comercial (ANFAC) levou em consideração dados extraídos da Factors Chain International (FCI).

23. LEITE, Luiz Lemos. *Factoring no Brasil*, cit., p. 5.

Faturização ou *factoring* significa prestação de serviços e compra de créditos (direitos) de empresas, resultantes de suas vendas mercantis a prazo, com orientações gerenciais diversas para manutenção e desenvolvimento da atividade empresarial. Já instituição financeira caracteriza-se, essencialmente, pela presença de três elementos previstos no *caput* do art. 17 da Lei n. 4.595/64: coleta, intermediação e aplicação de recursos no mercado[24].

Nesse contexto, surgiram opositores. Fran Martins, no Simpósio Nacional do *factoring*, promovido pela ANFAC e realizado no Rio de Janeiro, em 1984, defendeu que a empresa de *factoring* é uma empresa comercial, e não uma instituição financeira, porque no *factoring* não ocorre uma operação de crédito, tal como uma operação bancária, mas simplesmente uma venda à vista de créditos em que o cedente se responsabiliza pela boa origem dos direitos que são gerados a transferi-los para a cessionária – a companhia de *factoring*.

Assim, ao adquirir os créditos, a cessionária não está realizando uma operação de empréstimo bancário, que exigiria que, ao final, a importância que foi paga ao cedente fosse por este restituída à cessionária. Há na realidade uma venda à vista de créditos, e não uma operação em que a empresa de *factoring* funcione como se um banco fosse[25].

É óbvio que, sob um olhar distraído, a atividade de *factoring* parece-se muito com a atividade financeira, até mesmo a bancária, mas, em verdade, ela é atividade mercantil, e não financeira.

A legislação **portuguesa**[26], art. 1º, do Decreto-lei n. 56/86, de 18-3-1986, que regulamentou o Decreto-lei n. 46.302, de

---

24. Art. 17. Consideram-se instituições financeiras, para os efeitos da legislação em vigor, as pessoas jurídicas públicas ou privadas, que tenham como atividade principal ou acessória a coleta, intermediação ou aplicação de recursos financeiros próprios ou de terceiros, em moeda nacional ou estrangeira, e a custódia de valor de propriedade de terceiros.

25. LEITE, Luiz Lemos. *Factoring no Brasil*, cit., p. 21.

26. Conforme: BRUEL, Denise Kung. O contrato de factoring internacional nos ordenamentos jurídicos brasileiro e português e a uniformização das regras aplicáveis a esta modalidade contratual, cit., p. 94.

27-4-1965, sobre a aquisição de créditos de curto prazo, derivados da venda de produtos ou da prestação de serviço nos mercados interno e externo, explicita a situação do fomento mercantil como atividade parabancária, do seguinte modo:

> "A actividade parabancária de *factoring* consiste na aquisição, nos termos da legislação aplicável, de créditos a curto prazo, derivados da venda de produtos ou da prestação de serviços nos mercados interno e externo".

E ainda:

> "Compreendem-se na actividade de *factoring* acções complementares de colaboração das empresas que a ela se dedicam com os seus clientes, designadamente de estudos dos riscos de crédito e de apoio jurídico, comercial e contabilístico à boa gestão dos créditos transaccionados".

Tal ideia, no Brasil, conglomerou adeptos, até que o Tribunal Federal de Recursos, por meio do MS 99.964-4/RS, de 13-5-1986 decidiu que as atividades de *factoring* revestiam-se de natureza mercantil e não financeira, determinando que, enquanto não regulada por lei, à constituição ou ao registro de sociedades que se propusessem ao exercício desse tipo de atividade comercial não caberia às autoridades administrativas, com o apoio em simples opiniões doutrinárias, opor-lhes, *a priori*, restrições de qualquer natureza. Se, no exercício efetivo de suas atividades comerciais, interferissem em atividades financeiras não autorizadas, então, sim, caberia ao Banco Central agir na forma da lei[27].

Muito embora, em **Portugal**, hoje, haja rígido controle das operações de *factoring* pelo Banco Central daquele país, o contrato de *factoring* encontra-se previsto no ordenamento jurídico **português** nos Decretos-lei ns. 298/92, de 31 de dezembro, e 171/95, de 18 de julho, que foi alterado pelo Decreto-lei n. 186/2002, de 21 de

27. LEITE, Luiz Lemos. *Factoring no Brasil*, cit., p. 24. Foi diante deste entendimento, que o Banco Central expediu o ofício Denoc/Gabin-86/105 de 14-11-1986, revogando a Circular n. 703/82.

agosto, sendo o exercício desta atividade restrito aos bancos e sociedades de *factoring*, que se sujeitam a normas rigorosas, quando da sua constituição, e encontram-se sob a fiscalização do Banco Central[28].

No Brasil, em 1988, a Circular de 1982 do Bacen foi definitivamente revogada. Isto se deu com a edição da Circular n. 1.359, de 30-09-1988, mediante compromisso firmado pelos membros da ANFAC de que as empresas de *factoring* não intermediariam recursos de terceiros no mercado, comprariam créditos mercantis oriundos de legítimas transações comerciais e só operariam com pessoas jurídicas[29].

Anos mais tarde, o Banco Central expediu o ofício Derja/Gabin, de 30-10-1990, definindo as instituições sujeitas ao seu controle, excluindo de seu rol as empresas de fomento mercantil. Tal ato apenas veio reforçar que a *factoring* não é instituição financeira[30].

---

28. Desde os anos 1960, o *factoring* é praticado no país luso. Fora regulamentado como atividade parabancária, por meio do Decreto-lei n. 56/86, de 18 de março. A malha legislativa que desenvolveu o *factoring* no país, até 1995, foram os avisos emitidos pelo ministério das finanças (2/86, 5/86, 9/90, 10/90, 12/90, 13/90, 14/90, 15/90). Em 18 de julho de 1995, foi publicado o Decreto-lei n. 171/95, que revoga o Decreto-lei n. 56/86 e que depois fora revogado pelo Decreto-lei n. 186/2002, simplificando e liberalizando as operações e obrigações contratuais da empresas de fomento mercantil. Hodiernamente, o *factoring* é uma importantíssima atividade empresarial para a economia portuguesa. "Com 11 empresas de *factoring* em atividade, Portugal apresenta o segundo rácio de penetração mais elevado da Europa, com 14,78%. Apenas Chipre consegue uma penetração superior, na ordem dos 22,92%, e contando apenas com quatro empresas registadas em 2007. Chipre integra também o grupo de países que viu o *factoring* começar a implementar-se já nos anos noventa, juntamente com a Romênia, a Polônia, Estônia, Letônia, Lituânia, Eslováquia e República Checa, além da Grécia e da Hungria. E só na presente década apareceram as primeiras empresas de *factoring* em Malta e na Bulgária. Nos restantes países da Europa, o desenvolvimento do *Factoring* aconteceu antes da década de oitenta. Em 2007, o Reino Unido mantinha-se como líder destacado entre os países europeus com maior número de empresas deste setor de atividade. Com 66 factors, o Reino Unido apresentava nesse ano o terceiro maior índice europeu de penetração, com 12,71%, e registava quase 243 mil milhões de euros em créditos tomados. A França, com 29 factors, movimentou 121 mil milhões de euros em 2007, ocupando a segunda posição no *ranking* europeu de créditos tomados. O terceiro lugar é ocupado pela Alemanha, com 22 factors e 87 mil milhões de euros em créditos tomados. Portugal ocupa a oitava posição no *ranking* europeu." Informações obtidas no canal virtual do jornal eletrônico português: Oje. Disponível em: <http://www.oje.pt/especiais/factoring/portugal-e-8-na-europa-em-creditos-tomados>. Acesso em: 15 fev. 2014.
29. LEITE, Luiz Lemos. *Factoring no Brasil*, cit., p. 24.
30. LEITE, Luiz Lemos. *Factoring no Brasil*, cit., p. 24.

Por derradeiro, por meio da Lei n. 8.981/95, art. 28, § 1º, alínea *c-4*, o legislador conceituou a atividade de fomento mercantil como:

> "prestação cumulativa e contínua de serviços de assessoria creditícia, mercadológica, gestão de crédito, seleção e riscos, administração de contas a pagar e a receber, compras de direitos creditórios resultantes de vendas mercantis a prazo ou de prestação de serviços (fomento mercantil – *factoring*)".

Atualmente, ambas as instituições ocupam papel e função definidos no mercado. Parece, portanto, que hodiernamente os bancos já entenderam a atividade de fomento. Restando, desse modo, mais claro, que são atividades complementares[31]. Leite explica, ainda, que há, hodiernamente, coexistência pacífica e harmoniosa entre as empresas de fomento mercantil e os bancos.

Destaca que os bancos têm prestado relevantes serviços ao *factoring*, assim como o *factoring*, por seu turno, tem atuado como elemento saneador do mercado e inibidor de desintermediação. Neste sentido, explicita que o *factoring* é filtro seletor da liquidez do mercado. Os bancos, às vezes, encontram dificuldades em analisar e decidir o crédito de uma empresa de *factoring*. No caso particular das filiadas, explica Leite que seguem um padrão ético-operacional. A ANFAC tem atendido a numerosos pedidos de informação formulados pelos bancos. O padrão de análise de crédito de uma empresa de *factoring* ainda não consta dos manuais dos bancos, que dispõem de normas apenas para empresas comerciais e industriais. O *factoring* cujos parâmetros operacionais ainda não são muito conhecidos e diferem substancialmente dos de outros ramos de atividade tem características operacionais muito próprias, que se refletem em seu balanço[32].

Ora, as empresas de *factoring* têm uma estrutura organizacional enxuta, e o ciclo de conversão de seu ativo difere do de outras empresas. A grande conta de seu ativo é "títulos a receber".

31. LEITE, Luiz Lemos. *Factoring no Brasil*, cit., p. 24.

32. LEITE, Luiz Lemos. *Factoring no Brasil*, cit., p. 24.

Os bancos estão descobrindo nas empresas de *factoring* um rico filão a explorar: baixo custo, risco zero e excelente rentabilidade[33].

Não obstante a divergência do passado, pode verificar-se que, nos tempos atuais, não há que se confundir o faturizador com o agente financeiro ou bancário.

1.2.2.2 A empresa de factoring *e as instituições financeiras*

Há países que reconhecem as empresas de fomento mercantil como instituições financeiras. Na **Bélgica,** por exemplo, a regulação das empresas de *factoring* está na Lei de 31-3-58, que dispõe sobre endosso de faturas, que passou a permitir o endosso por uma única vez, e que a empresa de fomento mercantil é considerada Instituição Financeira.

A empresa de *factoring* não pode captar recursos do mercado financeiro para viabilizar o desempenho de sua atividade. Daí a fundamental distinção em relação às instituições financeiras.

Entende-se por mercado financeiro o sistema que proporciona a compra e venda de bens mobiliários, mercadorias, câmbio. Assim, é possível a angariação de capital, disponibilizado no mercado de capitais, a transferência de riscos no mercado de derivados e o comércio internacional no mercado de divisas. Explica Christophe Cadier que o mercado financeiro é altamente regulado, pois as instituições financeiras e as empresas assemelhadas a estas têm a capacidade de interferir nos meios de pagamento da economia e na criação de moeda escritural[34].

Assim, por não pertencer ao Sistema Financeiro Nacional, a taxa de juros cobrada pela empresa faturizadora corresponderá ao limite de 12% ao ano, em observância à Lei de Usura. Nesse sentido, há a publicação de informativa jurisprudencial do período de 16 a 20 de junho de 2003, em julgado proferido pela Quarta Turma do Superior Tribunal de Justiça brasileiro:

---

33. LEITE, Luiz Lemos. *Factoring no Brasil*, cit., p. 24.

34. CADIER, Christophe Yvan François. *Sistema financeiro nacional*. São Paulo: Saraiva, 2011, p. 37.

> "Prosseguindo o julgamento, a Turma entendeu que, apesar de desempenharem algumas atividades também desenvolvidas por instituições financeiras, as empresas de *factoring* não integram o Sistema Financeiro Nacional, aplicando-se-lhes o disposto na Lei de Usura (Dec. n. 22.626/1933) a limitar a taxa de juros remuneratórios ao teto de 12% ao ano. O Min. Aldir Passarinho Junior aduziu, em seu voto-vista, que a *factoring* também não se inclui na exceção prevista no art. 4º da MP n. 2.172/2001 (semelhante à MP n. 1.820/1999), pois não necessitaria de autorização do Banco Central para funcionar, não sendo também incluída na LC n. 105/2001, que cuida do sigilo de operações de instituições financeiras, não se caracterizando como tal"[35].

Importa destacar que, por não participarem do Sistema Financeiro Nacional, as empresas de fomento mercantil não têm possibilidade de captar recursos de terceiros para suas operações.

Toda a atividade de fomento deve ser empenhada com recursos próprios ou obtidos por empréstimo e internalizados à *factoring*, assim é que não se pode falar em captação de recursos do terceiro (como é o caso dos bancos), para fomentar a atividade de determinado terceirizado.

Nos **Estados Unidos**, o *factoring* acha-se embasado no artigo 9 do UCC (*Uniform Commercial Code*), que, depois de dez anos de discussões, foi publicado em 1952, para harmonizar o comércio intra e interestadual americano. Sofreu emendas e/ou modificações em 1978, 1987, 1988, 1990, 1991, 1992, 1994, 1995, 1998, 2001, 2004, 2010, 2011, 2012 e 2013. Trata de negócios jurídicos sobre bens móveis e imóveis e constitui a diretriz básica da realização de negócios naquele País[36].

A filosofia primordial do **Código Comercial Uniforme** é a manutenção do liberalismo econômico americano com a segurança do aval e a garantia do Estado americano. Impõe, na visão dos

35. Precedentes citados: REsp 119.705/RS, *DJ* 29-6-1998; HC 7.463/PR, *DJ* 22-2-1999; e REsp 330.845/RS, Rel. Min. Barros Monteiro, julgado em 17-6-2003.

36. Disponível em: <http://www.law.cornell.edu/ucc>. Acesso em: 2 mar. 2014.

estudiosos, uniformidade e racionalização às operações de rotina, como o processamento de títulos de crédito em geral.

A precípua disposição sobre *factoring* neste diploma legislativo é aquela do artigo 9, que trata das garantias mobiliárias.

Como regra, nos **Estados Unidos**, as empresas de fomento são utilizadas como financiadoras de contratos de *leasing* no ramo industrial. Isso é muito comum naquele país. Para tanto, o empresário financiado acaba cedendo a globalidade de seus créditos como garantia da operação e pagamento do adiantamento. Trata-se de figura que, claramente, mistura aspectos do contrato de financiamento e do contrato de fomento mercantil como o conhecemos no Brasil. Mas, mesmo assim, não há utilização de recursos estranhos aos da faturizadora, e isso aparta esta figura do financiamento puro nos Estados Unidos.

No Brasil, o *fomento mercantil* não se encaixa em nenhum setor componente do Sistema Financeiro Nacional, não é controlado pelos mesmos órgãos reguladores que as instituições financeiras são. Portanto, a empresa de *factoring* não se assemelha às instituições pertencentes ao mercado financeiro, não se submetendo aos atos normativos provenientes dos órgãos deliberativos, nem à fiscalização dos agentes fiscalizadores que controlam o Sistema Financeiro Nacional.

Podemos apresentar pontos efetivamente relevantes de distinção entre as empresas de *factoring* e os bancos, pois, na prática, há distinções bastantes relevantes entre *factoring* e bancos que evidenciam institutos de naturezas jurídicas distintas, com estruturas e funções, do mesmo modo, bem marcadamente diversas.

Assim, elencamos estas distinções para que não reste qualquer dúvida: a) o banco cobra um juro, como remuneração pelo uso do dinheiro de terceiro em favor do cliente, o que se compõe por um *spread* bancário, ou seja, uma margem de lucro entre o custo da captação monetária e o preço do financiamento, a *factoring* compõe um fator com base em suas despesas e o preço do serviço; b) o banco é uma instituição financeira, sob égide e autorização do Bacen, a empresa de *factoring* é uma sociedade mercantil; c) o banco faz empréstimos, a *factoring* presta serviços que podem ser conjugados com a aquisição de créditos antecipados ao cliente (*conventional factoring*) ou não (*maturity factoring*); d) o banco capta recursos e empresta dinheiro, ou seja, exerce o papel de intermediador financeiro, enquanto a *factoring* trabalha com recursos próprios; e) o banco faz desconto de títulos, a *factoring* não desconta títulos, mas compra os recebíveis (nem sempre, mas na maioria das vezes) de seus clientes; f) o cliente do banco é o seu devedor, o devedor da *factoring* é a empresa sacada que, como regra de mercado, é o cliente de seu cliente.

1.2.2.3 O devedor como sujeito aparente da relação de faturização

A relação de fomento mercantil ou faturização é desenvolvida entre o credor, que é titular de determinado direito de crédito, e o agente de fomento, o faturizador.

Como se verá adiante, o devedor exerce relevante papel nos pactos de faturização, eis que adimple o título que fora objeto de liquidação antecipada pelo faturizador em favor do faturizado ou liquidado em data aprazada de vencimento diante da garantia que a empresa de *factoring* prestou ao faturizado. Daí, por vezes, o devedor é confundido como parte do contrato de *factoring*. Importante, por conseguinte, esclarecer que o devedor não é parte do contrato de fomento mercantil.

É evidente, portanto, que o devedor exerce um importantíssimo papel, pois a ele cabe solver, no momento oportuno, o título que foi objeto da faturização em favor do faturizador, mas não faz parte do contrato de *factoring*.

1.3 RELAÇÕES JURÍDICAS AFINS AO FOMENTO MERCANTIL

O *factoring* naturalmente é um contrato que se assemelha com outras figuras mais conhecidas na seara jurídica, mas com elas não se confunde. A necessidade de apartar esses modelos de avença existe para que não se apliquem de modo equivocado as consequências de cada situação.

1.3.1 Desconto bancário

O contrato de *factoring* oferece ao faturizado o capital necessário para movimentar a sua atividade. Assim, ele cederá os seus créditos ao faturizador que antecipará os recebíveis e, por consequência, tornar-se-á o credor da obrigação.

Pela natureza do contrato, o faturizador, em geral, não se poderá voltar em regresso contra o faturizado pelo eventual inadimplemento de obrigações, pois toma para si os riscos inerentes ao adimplemento obrigacional, sendo tal ponto um dos diferenciais do *factoring* frente ao desconto bancário[37].

Com esse mesmo entendimento, Carlos Roberto Gonçalves afirma que a faturização é a modalidade contratual existente entre o desconto mercantil de título cambial e a cessão do crédito. Explicita que o *factoring*, distingue-se do desconto bancário, eis que, neste, o cedente pode ser acionado pelo banco, em regresso, em caso de inadimplemento do devedor, no vencimento do título, uma vez que em tal contrato, como foi dito, a instituição financeira não garante o crédito.

Entende, referido autor, que no *factoring* inexiste o direito de regresso, porque a faturizadora garante o recebimento do valor ao faturizado, logo, este não responde perante aquela em caso de inadimplemento da obrigação. É intuitivo, por conseguinte, que a comissão cobrada costuma ser maior no *factoring*[38].

Esclarecendo melhor o conceito de desconto bancário, trata-se de um contrato realizado com o fim de antecipar o valor de crédito que o descontário titularizar frente a terceiros. O banco, nesse contrato, assumirá o papel de descontador. Ao antecipar a quantia,

37. Importante ressaltar os ensinamentos de Arnoldo Wald, para quem o *factoring* distingue-se do desconto bancário diante da inexistência de responsabilidade regressiva contra o credor inicial do título, que o cedeu ao *factor*, que deve fazer a cobrança amigável ou judicial do crédito. O cliente ou cedente dos títulos só se responsabiliza pela existência do crédito, mas não pela solvência do devedor, que é risco assumido pelo *fator*. WALD, Arnold. *Direito civil:* direito das obrigações. 21. ed. São Paulo: Saraiva, 2013. v. 2, p. 285.

38. GONÇALVES, Carlos Roberto. *Direito civil brasileiro*. 7. ed. São Paulo: Saraiva, 2010. v. 3, p. 698.

deduzirá valor correspondente aos juros e despesas advindas com a transação do negócio jurídico.

De tal sorte, conforme os ensinamentos de Fábio Ulhoa Coelho, ao ser descontada duplicata mercantil, a instituição financeira terá seus interesses tutelados pelo direito cambiário, principalmente no que diz respeito ao princípio da cartularidade, da literalidade e da autonomia das obrigações, que se encontram discriminadas no título[39].

A diferença entre o contrato de desconto bancário e o de *factoring* (fomento mercantil) é que neste último, em geral, a empresa assume os riscos, além de oferecer uma grande gama de serviços ao faturizado, enquanto naquele o descontador é garantido pelo descontário.

A discussão sobre as distinções entre essas duas modalidades contratuais é relevante, pois o desconto bancário é o contrato mais próximo do *factoring*. Todavia, no *factoring*, há, em regra, cessão de crédito *pro soluto*, o que não ocorre no desconto, pois, neste, os títulos são meras garantias, e a garantia maior é prestada pelo descontante-endossatário.

É, no entanto, com a devida vênia, absolutamente rasa essa diferenciação, eis que, como se verá com maior atenção, no contrato de fomento mercantil, as partes poderão disciplinar a possibilidade de regresso do faturizador contra o faturizado e, diante disso, a distinção já não mais persistirá, o que não se pode conceber.

Assim, importa levantar outra distinção, ainda mais relevante do que essa, entre essas duas figuras: a prestação contínua e cumulativa de serviços, que ocorre no *factoring*, da qual não se tem qualquer notícia nas atividades de desconto bancário, o que, aliás, até mesmo poderia subverter esta última modalidade contratual.

Entender o contrário seria aproximar o conceito de instituição bancária ao da empresa de *factoring*, o que é vedado no

39. COELHO, Fábio Ulhoa. *Curso de direito comercial*. 10. ed. rev. e atual. de acordo com o Novo Código Civil e alterações da Lei das Sociedades Anônimas. São Paulo: Saraiva, 2002. v. 3, p. 137.

ordenamento brasileiro, por motivos já sabidos, com possíveis entraves criminais, inclusive[40].

Portanto, são institutos que não se confundem, por possuírem conceitos e objetos muito bem delineados e distintos um do outro.

1.3.2 Mútuo civil

O contrato de mútuo civil encontra-se disciplinado nos arts. 586 a 592 do Código Civil.

Dispõe o art. 586 do Código Civil que se trata de empréstimos de coisas fungíveis, obrigando o mutuário a restituir ao mutuante o que fora dele recebido com coisas do mesmo gênero, qualidade e quantidade.

Nota-se, portanto, que o mútuo envolve coisas fungíveis, já que o bem devolvido não será necessariamente aquele que foi emprestado, mas qualquer outro de mesmo gênero, quantidade e qualidade[41].

O mútuo, desse modo, consiste na transferência do bem, deixando de pertencer ao domínio do mutuante para o do mutuário. Podemos de tal conceito extrair a primeira diferença, isto porque no mútuo civil deverá ser restituída a coisa objeto do

40. SOARES, Marcelo Negri. *Contrato de factoring*, cit., p. 28-29.

41. Embora a lei disponha da obrigação de dar coisa incerta como aquela que se define por gênero e quantidade, boa parte da doutrina entende referida disposição como essencialmente confusa e inadequada, eis que pode ocorrer de tornar o objeto indeterminado, indeterminável, o que, com efeito, culminaria na absoluta nulidade da obrigação firmada (conforme art. 166, II, do Código Civil). Ocorre que, em alguns casos, a disposição negocial com determinação de gênero e quantidade impossibilita a concentração do objeto. Como bem realça Álvaro Villaça Azevedo: "melhor seria, entretanto, que tivesse dito o legislador: espécie e quantidade. Não: gênero e quantidade, pois a palavra gênero tem sentido muito amplo. Considerando a terminologia do Código, por exemplo, cereal é gênero, do qual feijão é espécie. Se, entretanto, alguém se obrigasse a entregar uma saca de cereal (quantidade: uma saca; gênero: cereal), essa obrigação seria impossível de cumprir-se, pois não se poderia saber qual dos cereais deveria ser o objeto da prestação jurídica" (AZEVEDO, Álvaro Villaça. *Teoria geral das obrigações e responsabilidade civil*. 11. ed. São Paulo: Atlas, 2008, p. 44). O Projeto de Lei n. 6.960/2002, depois alterado em 2007, manteve, em suas duas edições, a proposta de alteração do art. 243 do CC. Daí tratarmos aqui como gênero, quantidade e qualidade.

contrato ao mutuante por outra coisa de mesmo gênero, qualidade e quantidade; ao passo que, no contrato de *factoring*, o faturizado transmite os seus créditos à empresa faturizadora, que se torna credora, e, consequentemente, responsável pela busca ao adimplemento, todavia a empresa de *factoring* não restitui o crédito ao faturizado, que já recebera a antecipação de seus recebíveis (com os devidos descontos).

Ademais, temos como diferença a ordinária gratuidade do contrato de mútuo, de forma que o mutuante nada receberá do mutuário em troca do favor que lhe faz[42].

Como dito anteriormente, o contrato de *factoring* é oneroso por excelência, pois, caso fosse o contrário, a empresa faturizadora amargaria prejuízos insomáveis o que inviabilizaria a sua atividade.

Neste sentido, expressa, também, Newton de Lucca que, nos termos da lei civil pátria, o mutuário é obrigado a restituir ao mutuante o que dele receber em coisa do mesmo gênero, qualidade e quantidade. Assim é que se, na operação de *factoring*, ao revés, a transferência dos créditos for feita *pro soluto* e não *pro solvendo*, é transparente que, mesmo na hipótese de inadimplência dos devedores das importâncias que foram objeto da operação de *factoring*, restará o faturizado desobrigado em relação a qualquer restituição e, ainda com mais razão, ficará desobrigado por eventuais perdas e danos[43].

1.3.3 Contratos ilícitos com aparência de *factoring*

A agiotagem sempre fora prática combatida pelo Estado com o escopo de proteção da sociedade. Sabe-se que a agiotagem é composta pelo empréstimo de determinada quantia em dinheiro por curto prazo e com juros abusivos e, portanto, exorbitantes.

É certo dizer que a cobrança de juros já fora condenada pela Igreja Católica, na Idade Média, que se utilizou, como premissa, de determinados trechos da bíblia. Assim, tinha-se que, ao se

42. DINIZ, Maria Helena. *Curso de direito civil brasileiro*, cit., 23. ed., v. 3, p. 334.

43. LUCCA, Newton de. *A faturização no direito brasileiro*. São Paulo: RT, 1986, p. 50.

emprestar dinheiro, este deveria ser devolvido em igual quantia, pois a cobrança de juros era considerada pecado e, consequentemente, acarretava na perda da alma.

No Brasil, a luta contra a agiotagem e o estelionato teve como marco de termo inicial 1933, com a edição da famosa Lei da Usura, que é o Decreto n. 22.626. Neste, houve a disciplina quanto à taxa de juros a ser cobrada. Destarte, previu o legislador que os juros remuneratórios não poderiam ultrapassar 12% ao ano.

Por vezes, confunde-se a atividade desempenhada pela empresa faturizadora com o ilícito da agiotagem. Ocorre que são, demasiadamente, distintos[44].

---

44. "As normas que regem o empréstimo não se confundem com aquelas do *factoring*. Tanto isto é verdade que o Banco Central do Brasil expediu a Resolução n. 2.144, de 22 de fevereiro de 1995, dispondo que: 'Art. 1º Esclarecer que qualquer operação praticada por empresa de fomento mercantil ('factoring') que não se ajuste ao disposto no art. 28, par. 1º, alínea *c.4*, da Lei n. 8.981, de 20-01-95, e que caracterize operação privativa de instituição financeira, nos termos do art. 17, da Lei n. 4.595, de 31-12-64, constitui ilícito administrativo (Lei n. 4.595, de 31-12-64) e criminal (Lei n. 7.492, de 16-06-86).' A norma desta Resolução expedida pelo órgão competente para fiscalizar as instituições financeiras aponta que o aplicador do direito deverá observar as características jurídicas do *factoring* que são descritas na Lei n. 8.981/95. Se não identificá-las, a operação então poderá constituir 'empréstimo', e, portanto, ser regida pelas normas que lhe são peculiares. Outro esclarecimento a ser feito diz respeito a distinção do *factoring* em relação aos contratos de 'desconto bancário', porque nestes uma das partes necessariamente é uma instituição financeira (o que não ocorre no *factoring*). Em segundo lugar, porque no desconto bancário o comerciante/vendedor que entrega a propriedade do título ao Banco permanece responsável pelo adimplemento da obrigação expressa no título. Em terceiro lugar, como decorrência desta cessão condicionada ao pagamento pelo emitente do título, a contraprestação é calculada pelo meio de juros, que incidirão até a data do efetivo pagamento. Logo, no 'desconto bancário' não há verdadeira 'venda' do título como ocorre no *factoring*, eis que o cedente tem a obrigação de restituir o capital e pagar juros. A conclusão disto é que os contratos de *factoring* não estão sujeitos à Lei de Usura, porque esta é aplicável aos contratos de 'empréstimo', com os quais o *factoring* não se confunde" (RODRIGUES, Rodrigo Dalcin. A lei de usura é aplicável ao contrato de factoring? *Revista Fiscosoft de Direito*, São Paulo, FISCOSoft, 2005, p. 13). E, ainda: "Nos dias atuais, o *factoring* ou fomento mercantil, paralelamente aos negócios bancários, é prática cada vez mais comum e corriqueira nas relações comerciais. Embora ainda órfão de lei específica, o aludido instituto não pode e não deve permanecer eclipsado no âmbito do direito contratual, devendo ser visto com olhos desarmados de ideias preconcebidas, sobretudo à luz da função social do contrato e do fortalecimento e/ou recuperação das empresas, fundamento crucial para o crescimento econômico e consequente geração de novos empregos, evitando-se, nessa ótica, a indiscriminada e impertinente confusão do *factoring* com negócios espúrios de agiotagem". BEBER,

No primeiro caso, temos a antecipação dos recebíveis da empresa faturizada, aumentando o capital de giro e fomentando a sua atividade, ademais, esta empresa ainda contará com o auxílio da faturizadora nas diversas prestações de serviços que lhe competem, principalmente questões administrativas, viabilidade de negócios, análise de créditos daqueles que pretendem contratar com a empresa-cliente do *factoring*.

Correto afirmar, portanto, que a empresa de *factoring* é, extremamente, interessada no desenvolvimento da atividade de sua empresa-cliente, corroborando para isso. Insta salientar, como o faz Luiz Lemos Leite, que o ciclo operacional do *factoring* inicia-se com a prestação de serviços, que, aliás, evidentemente, podem ser os mais variados e abrangentes, e completa-se com a compra dos créditos (dos direitos) gerados pelas vendas mercantis que são efetuadas por suas empresas-clientes[45].

É, ainda, evidente que a relação de fomento mercantil não se cinge à venda e compra dos recebíveis.

> "Ed infatti, A) il *factoring*, è, e resta, un rapport che si fonda sulla cession dei crediti, ma che poi, nella realtà, si arricchisce di una serie di contenuti negoziali che addirittura potrebbero togliere alla cession il uolo central che comunemente as essa si assegna. B) Il *factoring* prevede non solo un corrispettivo a carico del factor, inquadrabile nello schema della cession traslativa, ma anche una serie di – corrispettivi – a carico del cedente, per servizi prestati fal factor, le provvigioni per il sevizio do gestione-incasso, gli interessi convenzionali sulle antecipazioni, e forse anche provvigioni per la garanzia di sovenza. C) Il correspettivo della cession è stabilito in misura pari al valore nominale del credito ceduto. D) Il correspettivo della cession è dovuto dal factor, se ed in quant oil debitore paghi alla scadenza, salvo il caso di assunzione della garanzia. E) Il factor può pagare anticipatamente, in tutto o in parte il corrispettivo della cession,

Jorge Luis Costa. *Contrato de Factoring*: legalidade da cláusula de regresso. Disponível em: <http:// www.portaldofactoring.com.br/artigo.php? id=61>. Acesso em: 15 jan. 2014.

45. LEITE, Luiz Lemos. *Factoring no Brasil*, cit., p. 58.

previa prestazione da parte del cedente di idonee garanzie. Se lo fa, hà pero diritto al pagamento di interessi convenzionali"[46].

Já a agiotagem consiste no empréstimo a curto prazo de determinada soma em dinheiro, paga mediante cheques ou bens móveis e imóveis. É meio simples de se fazer empréstimo, pois o agiota não exige comprovação de renda nem fiador para conceder a quantia desejada.

Contudo, o agiota cobra juros exorbitantes de seus "clientes", que, por assim dizer, aceitam o abuso na cobrança desses juros pelo desespero em que se encontram. Pode-se afirmar que o agiota aproveita-se dessa situação de seus "clientes" para tirar proveito em seu próprio favor.

Impossível confundir tais figuras, vez que a faturizadora fomenta a atividade, auxilia o desenvolvimento de suas empresas-clientes, prestando-lhes serviços de forma contínua e, por derradeiro, antecipando-lhes ou garantindo-lhes os créditos que têm a receber.

É assim, portanto, notória e inconteste a distinção entre os institutos da faturização e da agiotagem.

1.4 SUSTENTAÇÃO LEGAL DA RELAÇÃO: BRASIL E DIREITO COMPARADO

O contrato de *factoring* constitui contrato atípico. Assim, muito embora a legislação tributária trate desse instituto, não

---

46. BASSI, Amadeo. *Factoring e cessioni dei crediti*. Milano: Giuffrè, 1993, p. 55. Tradução livre: Na verdade: a) o *factoring* é, e continua sendo, uma relação que se funda na cessão dos créditos, mas que depois, na realidade, é reforçada por uma série de negócios que lhe dão conteúdo e que poderia até mesmo eliminar a cessão de crédito como elemento central como comumente lhe é atribuído; b) o *factoring* fornece não somente uma contraprestação paga ao factor, enquadrado no esquema de cessão de translativa, mas também uma série de correspectivos pagamentos efetuados pelo cedente pelos serviços do factor, comissões para o gerenciamento de serviços não construídos, juros contratuais em antecipação, e talvez até mesmo comissão para a garantia de solvência; c) o pagamento pela cessão é devido ao factor mensurando-se pelo valor nominal dos créditos cedidos; d) a cessão respectiva é devida ao fator, se e quando o devedor paga no vencimento, exceto no caso da assunção da garantia pela solvência da garantia; e) o factor poderá pagar antecipadamente, no todo ou em parte, a respectiva cessão, sujeita à execução por parte do vendedor de garantias elegíveis. Se isso acontecer, ele pode ter direito ao pagamento de juros convencionais (pela antecipação).

há disposição expressa sobre esse modelo contratual na legislação contratual civil-comercial.

Diante disso, vários dispositivos legais prestam-se à fundamentação da atividade e à regência do contrato de *factoring*.

Aliás, poucos são os países que possuem um balizamento legal dedicado ao fomento mercantil.

Na **Alemanha**, não há lei própria, as empresas de *factoring* estão sujeitas aos rigores legais dos estabelecimentos bancários, embora não sejam bancos. Sustentam as relações de fomento sobre o comando dos §§ 398 e seguintes do BGB (Código Civil Alemão), que disciplinam a cessão de crédito e, portanto, a substituição de um credor por outro.

Na **Bélgica**, por seu turno, as disposições que regulam o fomento mercantil estão na Lei de 31-3-58 – sobre endosso de faturas, que modificou o art. 1.690 do Código Civil, permitindo o endosso por uma única vez. A empresa de fomento mercantil é considerada Instituição Financeira. Além disso, a jurisprudência daquele país colabora, ainda, com o desenvolvimento do instituto.

No **Chile**, a Lei n. 19.983, de 2004, que entrou em vigor em abril de 2005, constitui o marco regulatório do fomento mercantil, que é, assim, um contrato tipificado. Sendo a empresa de *factoring*, também neste país, uma sociedade mercantil.

Na **Colômbia**, o *factoring* é um contrato atípico que está regulado por normas tangenciais que dão margem para a sustentação do instituto e sua prática, prioritariamente pela Lei n. 1.231, de 2008, regulamentada conforme o Decreto n. 3.327, de setembro de 2009. Além disso, naquele país, outras normas são tangentes à atividade de fomento mercantil, entre elas: i) o Decreto n. 3.327/2009; ii) Decreto n. 660/2011; iii) Decreto n. 672/2009; e, por fim, iv) Lei n. 1. 450, (Plano Nacional de Desenvolvimento de junho de 2011).

A seguir, colacionamos informações que destacam países em que o *factoring* é bem difundido e a malha legislativa que lhe dá guarida.

DIREITO COMPARADO[47]	
Países	**Regulação**
ESPANHA	• Cessão de Créditos – arts. 1.526 a 1.536 do Código Civil e 1.218 a 1.227 sobre publicidade da cessão. • Decreto real legislativo: 3/2011, de 14 de novembro, sobre transmissão de recebíveis. • Jurisprudência
ESTADOS UNIDOS	• *New York Factors Act*, de 1911 – do Estado de New York. • *Uniform Commercial Code* (art. 9º – 105) • *Uniform Commercial Code* (art. 9º – 318) • *Válido para todo o território americano.*
FRANÇA	• O *factoring* é desenvolvido com base na disciplina da sub-rogação convencional, prevista no art. 1.250 do Código Civil.
GRÉCIA	• A Lei n. 1.990/90 trata especificamente do *factoring*, estabelecendo particularidades da cessão dos créditos para este fim.
HOLANDA	• Depois da nova codificação em 1992, o *factoring* passou a ser praticado com espeque na regulação do penhor de crédito sem transmissão de posse, já que a cessão não mais admite títulos dados em garantia.
INGLATERRA	• *Factors' Act*, de 1925. • *Moneylenders Act*, de 1920-1927 – Lei bancária. • Jurisprudência
ITÁLIA	• Cessão de crédito (arts. 1.260 a 1.267 do Código Civil) • Lei n. 52, de 21-2-1991: disciplina a aquisição dos créditos de empresa. • Lei n. 142, de 19-2-1992: disciplina o adimplemento das obrigações na comunidade europeia. • É uma sociedade mercantil. • A única interferência do Banco da Itália é restrita ao controle da carteira, quando atinge certo montante estipulado. • Jurisprudência

47. Quadro ampliado e revisto. Inspirado em: LEITE, Luiz Lemos. *Factoring no Brasil*, cit., p. 302 e s.

PERU	• Desde 5 de junho de 2011, entrou em vigor a Lei n. 29.623, de dezembro de 2010, que dispõe sobre *factoring* e promove o financiamento mediante fatura comercial, para benefício das micro e pequenas empresas.
PAÍSES ESCANDINAVOS	• Suécia, Noruega, Dinamarca e Finlândia: por sua estrutura econômico-jurídica, têm sido grande o crescimento da atividade, mesmo sem lei específica que os discipline.
PORTUGAL	• Desde os anos 1960, o *factoring* é praticado no país luso. • Regulamentado como uma atividade parabancária, por meio do Decreto-lei n. 56/86, de 18 de março. • Avisos emitidos pelo ministério das finanças: 2/86, 5/86, 9/90, 10/90, 12/90, 13/90, 14/90, 15/90. • Decreto-lei n. 171/95.

Ao tratarmos de *factoring*, temos um contrato complexo que envolve duas partes, mas pelo menos três são os interessados diretos na relação de fomento. O quadro seguinte auxilia na compreensão da complexidade de incidência normativa sobre o instituto:

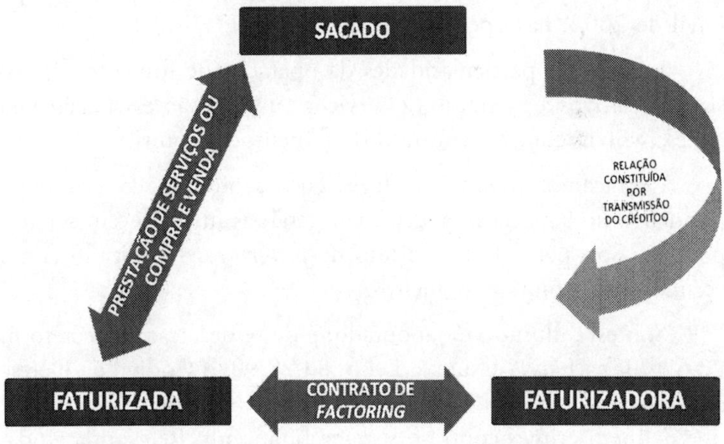

O **Sacado** é o cliente da faturizada que passará a ser devedor da faturizadora. Deve ser notificado da operação de transmissão do crédito para que contra ele tenha eficácia, ainda que seja sub-rogação convencional, por força do art. 348, do Código Civil.
A **faturizada** é a cliente da *factoring*. Em regra, vende mercadorias ou serviços mediante pagamento a prazo. Transmite seus créditos à faturizadora para antecipação e/ou garantia e recebe serviços da *factoring*.
A **faturizadora** adquire os recebíveis da faturizada e passa a ser credora, antecipando ou não o crédito à sua cliente. Além disso, é prestadora de uma grande gama de serviços administrativos e financeiros.

Desse modo, contratualmente a operação de *factoring*, no direito brasileiro estabelece-se sob a guarida do art. 425 do Código Civil, que possibilita a conformação de contratos atípicos, assim como acontece em países como: **França**, **Espanha**, **Bélgica** e **Alemanha**, entre outros.

Utilizando-se, evidentemente, de dispositivos da cessão de crédito e da sub-rogação convencional ativa (dos arts. 286 e s., e 347, I, todos do Código Civil, – no *conventional factoring*) e da cessão de crédito (dos arts. 286 e s., todos do Código Civil – no *maturity factoring*), o instituto é utilizado na prática. Os arts. 191 a 220 da Lei n. 556, de 25-6-1850, não são incidentes diante da revogação da primeira parte do Código Comercial pelo Código Civil de 2002, nas operações de *factoring*.

Diante das particularidades da operação de fomento, dispositivos relativos à prestação de serviços também são essenciais para o desenvolvimento do contrato de fomento mercantil.

Destacam-se, ainda, as legislações protetivas da economia popular e do sistema financeiro em geral, as quais devem ser respeitadas, sob pena de o contrato de *factoring* ser utilizado como escudo para a prática de ilícitos.

Sob este último viés apontado, é de se destacar o Decreto n. 22.626/33, a Lei da Usura; a Lei n. 8.078/90, o Código de Defesa do Consumidor; bem como os arts. 1º e 16 da Lei n. 7.492/86, que definem crimes contra o sistema financeiro. Relevante, ainda, para o implemento da prática do *factoring*, a legislação atinente aos títulos de crédito: a Convenção de Genebra, Decreto n. 57.663/66;

a Lei de Duplicatas, Lei n. 5.474/68; e as leis relativas aos cheques: Lei n. 5.474/68 e Lei n. 7.357/85.

Especificamente sobre o fomento mercantil, a Circular n. 1.359/88 do Bacen revelou o campo da atividade. A Circular Bacen n. 1.359/88 foi, enfim, a normatização competente que estabeleceu liberdade administrativa para a atuação das empresas de *factoring*, revogando a Circular n. 703/82[48]. No entanto, o Bacen, ao denotar que a empresa de fomento mercantil não era instituição financeira, impossibilitou-se de regular efetivamente a atividade, mas teve o mérito de evitar a confusão entre as atividades de instituições financeiras e empresas da área de fomento.

Assim, o Bacen, na Circular n. 1.359, de 30 de setembro de 1988, liberou o *factoring* no Brasil, com a condição de que não fosse praticada nenhuma operação que tivesse as características daquelas privativas das instituições financeiras, que têm autorização do Bacen para funcionar, de acordo com a Lei n. 4.595/64.

Depois disso, em 1988 a Convenção de Otawa tratou de modo específico do *factoring* internacional, apresentando padrões de conduta que colaboraram muito com o *factoring* interno.

O trabalho de UNIDROIT sobre *factoring* remonta a fevereiro de 1974, quando a 53ª Sessão do Conselho do BCE UNIDROIT foi surpreendida por uma proposta da Secretaria do UNIDROIT, recomendando a elaboração de um estudo preliminar sobre conveniência e viabilidade de elaboração de normas uniformes sobre *leasing* e *factoring*.

O Conselho do BCE concordou com esta proposta, dando o *status* de prioridade no tópico do UNIDROIT, programa de trabalho para o triênio 1975-1977 que habilitou a presidente do UNIDROIT para convocar um grupo de trabalho para estudar uma unificação internacional das regras aplicáveis sobre o assunto.

A legislação tributária já cuidou de tratar expressamente do tema. A Lei n. 9.430/96, que dispõe sobre a legislação tributária

48. Ver, sobre: FALCÃO, Guilherme J. *A legislação brasileira sobre factoring*. Parecer da consultoria legislativa do Senado. Estudo: outubro de 2001. Brasília: Biblioteca digital da Câmara dos Deputados, 2001, p. 6.

federal, as contribuições para a seguridade social, o processo administrativo de consulta e dá outras providências, destacou no ordenamento jurídico nacional uma definição mais adequada para a prática da atividade de fomento mercantil, quando, em seu art. 58, descreveu a atividade das empresas de *factoring* como a atividade de empresas que: "explorem as atividades de prestação cumulativa e contínua de serviços de assessoria creditícia, mercadológica, gestão de crédito, seleção e riscos, administração de contas a pagar e a receber, compras de direitos creditórios resultantes de vendas mercantis a prazo ou de prestação de serviços". Do mesmo modo, abordam diretamente o *factoring* o art. 58 da Lei n. 9.532/97 e a Lei n. 9.613/98, que trata da lavagem de dinheiro, dando espaço às normativas do Conselho de Controle de Atividades Financeiras (COAF).

Em 2002, o Decreto n. 4.494/2002 estabeleceu que as empresas de *factoring* cessionárias do crédito das faturizadas seriam sujeitos passivos do Imposto sobre Operações Financeiras (IOF), além de uma série de atos normativos da receita federal, entre eles: Instrução Normativa n. 2/2005 e Resoluções ns. 2/1999; 12/2005; 13/2005; e, finalmente, 21/2012.

Vê-se, portanto, que não há empecilhos para que o *factoring* se desenvolva ainda mais no Brasil.

As disposições hoje existentes asseguram a possibilidade de sua prática, mas, evidentemente, estamos em boa hora para que uma legislação específica que dê mais segurança ao setor seja publicada.

CAPÍTULO 2

O CONTRATO DE *FACTORING*, SEU OBJETO MULTIFACETÁRIO E A SUA FUNÇÃO SOCIOECONÔMICA

2.1 CONTRATO DE *FACTORING*: NOÇÃO

O contrato de *factoring* ou fomento mercantil é estabelecido entre faturizadora e faturizada. É um contrato essencialmente complexo[1], em que as partes estipulam as bases de sua avença. É um pacto de multisserviços que serão prestados pela faturizadora em favor da faturizada. Nos tópicos a seguir, passamos a desvendar aspectos relevantes dessa contratação.

2.1.1 Contrato típico ou atípico?

Entre as inúmeras formas possíveis de se classificar as espécies de contratos existentes no ordenamento jurídico, pertinente trazer a lume aquela referente à sua previsão legal.

Nesse contexto, de maneira geral é possível subdividir os contratos em típicos ou atípicos, sendo os primeiros regulados

1. "Il sistema di relazioni giuridicamente rilevanti, che si instaurano tra il cedente ed il cessionario, a seguito della stipulazione di un contratto di *factoring*, rispecchia pienamente la natura complessa ed articolata dell'instituto in trattazione." PACE, Omar; CHERUBINI, Daniele. *Il factoring quale strumento della finanza d'impresa*. Roma: Jandi Sapi Editori, 2001, p. 34-35. Tradução livre: O sistema de relações juridicamente relevantes que se estabelecem entre o cedente e o cessionário, na sequência da celebração de um contrato de *factoring*, reflete integralmente a natureza complexa e articulada do Instituto.

por lei, e os últimos os que não encontram previsão legal estrita. Diante disso, típico é o contrato que tem o seu desenvolvimento prescrito em lei, e atípico aquele que não o tem.

Interessante ressaltar que a possibilidade da formação de contratos atípicos está expressamente autorizada, consoante se extrai da leitura do art. 425 do Código Civil. Nos termos do referido dispositivo, é lícito às partes estipular contratos atípicos, desde que observadas as normas gerais estabelecidas pelo próprio Código Civil.

Álvaro Villaça Azevedo foi além e criou relevante subclassificação referente a essa espécie de contrato. Assim, afirma referido autor que os contratos atípicos podem ser singulares ou mistos. Explica que os contratos atípicos singulares são figuras atípicas, que devem ser consideradas individualmente. Os contratos atípicos mistos, desse modo, segundo o autor, apresentam-se: i) com contratos ou elementos somente típicos; ii) com contratos ou elementos somente atípicos; e iii) com contratos ou elementos típicos e atípicos[2].

Com relação ao contrato de *factoring*, temos contrato atípico. Corroborando com este entendimento, Washington de Barros Monteiro afirma que o contrato de *factoring* é um contrato atípico, já que não regulado pelas leis brasileiras, diferentemente do que ocorre em outros países onde é utilizado[3].

Explica Lemos Leite que o *factoring* é um contrato atípico por não ser ainda definido em uma lei específica. Desse modo, denota que, para os negócios de fomento mercantil, faz-se necessária a combinação de vários elementos e de atos jurídicos, formando um todo unitário, a saber: i) prestação contínua de serviços, os mais abrangentes e variados, conjugada com a ii) compra de créditos mercantis – que, é importante frisar, não se exaure com a simples transferência ou alienação dos recebíveis comerciais (títulos de crédito a receber).

---

2. AZEVEDO, Álvaro Villaça. *Teoria geral das obrigações e responsabilidade civil*, cit., 11. ed., p. 138.

3. MONTEIRO, Washington de Barros. *Curso de direito civil:* direito das obrigações – 1ª e 2ª partes. 36. ed. São Paulo: Saraiva, 2009. v. 4. p. 98.

O contrato de fomento mercantil, explica o autor, ressuma ainda sua atipicidade por ser um ato jurídico válido celebrado com base na livre manifestação da vontade de seus agentes e nas normas de direito, eis que inexiste uma lei específica reguladora de seu tipo. Além disso, trata-se de compra de títulos de crédito comerciais após a empresa-cliente ter satisfeito todas as exigências legais da venda mercantil de seu produto ou mercadoria ou, ainda, a prestação de serviços, tais como o registro, a entrega, e o pagamento dos tributos, que incidem justamente sobre a circulação de mercadorias ou a prestação de serviços e, de acordo com a sistemática tributária brasileira, têm caráter eminentemente mercantil[4].

No que concerne à subclassificação supraindicada, o contrato de *factoring* constitui-se em contrato atípico *misto*, haja vista que sua constituição nada mais é do que o resultado da soma de várias características de outros contratos típicos e atípicos.

Arnaldo Rizzardo afirma que se trata de um contrato misto, uma vez que composto de elementos de cessão de crédito, mandato e locação de serviços, e atípico, pois não é regulado expressamente em lei[5].

Luiz Lemos Leite trata do mesmo modo, asseverando que o *factoring* é uma atividade mercantil mista atípica, porque presta serviços de múltipla natureza e compra créditos oriundos de vendas mercantis, ou seja, resultantes das vendas de mercadorias ou da prestação de serviços, representadas por títulos de créditos.

Explica o autor que é a fusão de elementos característicos de outros negócios baseados nas fontes tradicionais do direito e nas normas que regem os contratos em geral. O contrato de fomento mercantil é, pois, no entendimento do autor, a combinação de variados negócios jurídicos de acordo com a natureza complexa de suas atividades. Representa um amplo conteúdo de natureza econômica e jurídica[6].

---

4. LEITE, Luiz Lemos. *Factoring no Brasil*, cit., p. 32-33.
5. RIZZARDO, Arnaldo. *Contratos*, cit., 10. ed., p. 1.402.
6. LEITE, Luiz Lemos. *Factoring no Brasil*, cit., p. 220 e 244.

Portanto, o contrato de *factoring* configura-se como verdadeiro negócio jurídico atípico e misto, haja vista não estar capitulado em nenhuma legislação específica e possuir diversas facetas em sua composição.

Hodiernamente, têm-se observado negócios de fomento mercantil por todo o mundo. No entanto, podemos notar que diversos países, assim como o Brasil, não contam, ainda, com uma legislação específica sobre o *factoring*, ao contrário dos seguintes países: os países escandinavos (**Suécia**, **Noruega**, **Dinamarca**, **Finlândia**), **Suíça**, **Espanha**, **Alemanha** e **Holanda**.

Nesses países, o *factoring* é também praticado, mas conta com a legislação ordinariamente estabelecida para a cessão de crédito, sub-rogação convencional e endosso, como é o caso: a) da cessão de crédito no Código Civil **espanhol**, conforme arts. 1.260 a 1.267; b) das disposições da portaria sobre assuntos monetários da **Bélgica** de 31-3-1952, sobre endosso de faturas que modificou o art. 1.690 do Código Civil belga; c) da sub-rogação convencional do art. 1.250, do Código Civil **francês**; d) da cessão de crédito do art. 668 do Código Civil **holandês**, muito embora, neste caso específico, como veremos mais adiante, no item 3 deste capítulo, a figura da cessão tenha se tornado inutilizável pelas empresas de fomento mercantil, depois da última alteração legislativa; e e) da cessão de crédito **suíça** com base nos arts. 164 a 183, do Código de Obrigações.

Podemos encontrar disposições relativas ao fomento mercantil, por exemplo[7] em: a) no *Factor's act de New York,* de 1911, **norte-americano**, bem como no artigo 9 do UCC americano; b) no *Factors' Act* **inglês**, de 1823; c) na Lei n. 52, de 1991, **italiana**, d) nas Leis ns. 81 e 862 **francesas**, ambas de 1981; e e) na legislação **portuguesa,** em que o Decreto-lei n. 56/86, de 18-3-86, regulamentou o Decreto-lei n. 46.302, de 27-4-1965, sobre a aquisição de créditos derivados da venda de produtos ou da prestação de serviço nos mercados interno e externo.

---

7. A Convenção de Ottawa sobre *factoring*, do UNIDROIT, de 28-5-1988, que disciplina o *factoring* internacional, entrou em vigor na França, Itália e Nigéria, em 1º-5-1995; na Hungria, em 1º-12-1996; na Letônia, em 1º-3-1998; e na Alemanha, em 1º-12-1998. Cf: <http:www.unidroit.org>.

Especificamente sobre o caso italiano. Explica Calzolaio que naquele sistema jurídico, desde os anos 1960, o *factoring* era praticado sem que houvesse necessidade de regras específicas que o disciplinassem em seu conteúdo e em sua estrutura.

A doutrina italiana, assim, prendendo-se a uma jurisprudência cada vez mais abundante sobre o assunto, foi ocupada por um longo debate sobre a qualificação do contrato: por vezes qualificando a operação como mera cessão de crédito; outras vezes, com outros padrões típicos de contrato, para descobrir o seu contorno atípico. Alguns autores italianos reconheceram a exigência de uma intervenção legislativa que reconhecesse, pelo menos, os principais problemas levantados pelo desenvolvimento do instituto[8].

Nesse contexto, houve longa gestação de um projeto de lei sobre *factoring*, que foi apresentado pela primeira vez no parlamento italiano em meados dos anos 1970, contudo ainda não havia sido promulgada a lei até a data de encerramento desta pesquisa – perseguida com grande interesse, exacerbado com a Lei n. 52, de 21 fevereiro de 1991. Essa lei, como é cediço, lançou uma "disciplina

8. CALZOLAIO, Ermano. *Il factoring in Europa*. Dipartamento di diritto privato e del lavoro italiano e comparato. Milano: Giuffrè, 1997, p. 29. "Nel nostro ordinamento per molti anni il *factoring si é* sviluppato a prescindere da qualsiasi normativa speciale che ne disciplinasse il contenuto e la struttura. La dottrina, prendendo spesso spunto da una giurisprudenza sempre più copiosa in argomento, è stata occupata da lunghi dibattiti sulla qualificazione del contratto: talvolta ritenendo l'operazione una mera cessione del credito; riconducendoa talaltra ad altri schemi contrattuali tipici; oppure constatandone l'atipicità *tout court*. Inoltre, mentre alcuni autori ravvisavano l'esigenza di un intervento dei legislatore che risoivesse almeno i principali problemi posti dal suo sviluppo, altri sottolineavano invece l'opportunità di lasciare il pifi ampio spazio alla libertà delie parti. (...) In tale contesto, la lunga gestazione di un progetto di legge sul *factoring*, presentato per la prima volta in Parlamento a metà degli anni '70, è stata seguita con grande interesse, che non è scemato, ma si è anzi acuito con l'emanazione della legge n. 52 dei 21 febbraio 1991. Questa legge, come è noto, ha introdotto una 'disciplina sulla cessione dei crediti di impresa', suscitando un acceso dibattito sui vantaggi e sugli svantaggi, sui problemi lasciati insoluti e su quelli creati e, in definitiva, sull'opportunità o meno di un intervento dei legislatore in una materia come questa. (...) Facendo riserva di fornire in un momento successivo un quadro, sia pure sintetico, dei principali contributi dottrinali e giurisprudenziali, sembra utile, in via preliminare, esaminare la normativa nel suo compiesso, per giungere a chiarire che essa, in realtà, non costituisce una tipizzazione del contratto di *factoring*, ma si limita ad istituire un sottotipo di cessione dei crediti." Tradução livre em paráfrase, no texto.

sobre a venda de contas a receber", provocando um acalorado debate sobre as vantagens e as desvantagens, os problemas deixados sem solução e os criados e, em última análise, se é necessária, ou não, uma intervenção do Poder Legislativo em uma questão como esta.

Explica, ainda, o autor, que a Lei n. 52, de 21 fevereiro de 1991, veio apenas para estabelecer um subtipo de cessão de recebíveis, que acabou acomodando o fomento mercantil.

Evidentemente o *factoring* é um contrato repleto de detalhes que devem ser dispostos de modo que o faturizador consiga atender, em cada caso, aos anseios do faturizado fomentando suas oportunidades de negócio, deixando à disposição da realização do objeto social do faturizado, a mais robusta gama de recursos financeiros e gerenciais possíveis.

Conforme explicita Campobasso, a empresa não atua no mercado por razão que não seja aquela última de obtenção de lucro[9]. É claro, pois, que, se na atividade empresarial, o lucro é perseguido e até mesmo necessário, sem qualquer dúvida o *factoring* é um dos modos à disposição do empresário para satisfazer esta necessidade.

2.1.2 Formação do contrato de *factoring*

Os contratos, como negócios jurídicos bilaterais que são em sua grande maioria, requerem para sua existência o preenchimento dos seguintes elementos: partes, objeto idôneo, manifestação de vontade, fim negocial e forma. Para que sejam válidos, as partes devem ser *capazes*, o objeto *lícito possível, determinado (ou ao menos determinável)*, a vontade deve ser *livre, consciente e voluntária* e a forma *não defesa em lei*.

Seguindo essa premissa, inicialmente os contratos de *factoring* exigem três personagens, quais sejam: o faturizado, o faturizador e o devedor, consoante alhures pormenorizado.

Nesse contexto, importante ressaltar que o devedor participa apenas indiretamente da relação de *factoring*, uma vez que, para que

9. CAMPOBASSO, Gian Franco. *Diritto commerciale*. 3. ed. Torino: Utet, 1997. v. 1, p. 34.

ela se concretize, basta a tradição dos títulos entre o faturizado e o faturizador. Assim, o *solvens* apresenta-se como figura necessária, mas não é parte do fomento mercantil, não é parte do contrato de *factoring*. Inobstante importa realçar a necessidade de sua notificação para que a efetivação do *factoring* se dê.[10]

Quanto ao seu objeto, Omar Pace e Daniele Cherubini asseveram que:

> "L'oggetto del rapporto di *factoring* sono i crediti commerciali, che una parte (cedente) si obbliga a trasferire (attraverso lo schema tipico della cessione, disciplinato dal vigente codice civile) ad un'altra (factor), verso Il pagamento di un corrispettivo (commisioni e/o interessi)"[11].

Em complemento a esse conceito, Marcelo Negri Soares traz outras nuances à relação de fomento:

> "O contrato de *factoring* mais comum consiste na cessão, regular e continuada, ao faturizador dos créditos de curto prazo (até um ano) que a empresa faturizada detém sobre os clientes, envolvendo a *gestão*, *cobrança* dos créditos cedidos e eventual *antecipação de fundos*, funcionando, nesse caso, como uma fonte complementar de financiamento"[12].

Vê-se, pois, que o objeto contratual vai muito além da simples compra de créditos decorrente de vendas mercantis realizadas a prazo. Há um segundo elemento estrutural de suma importância, qual seja: prestação contínua de serviços de avaliação de fornecedores, clientes e sacados, de acompanhamento de contas a receber e de outros serviços[13].

10. LEITE, Luiz Lemos. *Factoring no Brasil*, cit., p. 200.

11. PACE, Omar; CHERUBINI, Daniele. *Il factoring quale strumento della finanza d'impresa*, cit., p. 32. Tradução livre: O objeto da relação de *factoring* são créditos comerciais, em que uma das partes (cedente) se obriga a transferir (por meio do esquema típico de cessão, do vigente Código Civil) e uma outra (factor) recebe um pagamento de contraprestação (comissões e/ou juros).

12. SOARES, Marcelo Negri. *Contrato de factoring*, cit., p. 47.

13. LEITE, Luiz Lemos. *Factoring no Brasil*, cit., p. 4.

A manifestação de vontade também se coloca como item indispensável na formação contratual. A vontade, por si só, processa-se inicialmente na psique do agente. Entretanto, apenas com a sua declaração, isto é, com a sua exteriorização, é que passa a fazer parte do mundo fenomênico e, assim, torna-se apta a produzir efeitos nas relações jurídicas[14].

No que concerne à finalidade negocial, importante esclarecer que, para que o negócio jurídico exista, ele deve visar a modificar, adquirir, resguardar, transmitir ou extinguir direitos ou relações jurídicas. O contrato de *factoring* transmite os créditos do faturizado para o faturizador, que, por consequência, adquire-os, preenchendo-se assim tal requisito para a sua formação.

Referente à sua forma, a lei não prevê regra específica, razão pela qual pode ser entabulado por instrumento particular, de acordo com a conveniência das partes.

Delimitados os elementos essenciais para a formação do contrato de fomento mercantil, passe-se adiante ao estudo detalhado das fases desse processo.

São quatro as etapas de formação dos contratos em geral, entre os quais está inserido o contrato de *factoring*: a) fase das negociações preliminares ou puntuação; b) fase da proposta, policitação ou oblação; c) fase do contrato preliminar; d) fase do contrato definitivo ou da conclusão do contrato[15].

A fase de negociações preliminares ou puntuação não está prevista expressamente no Código Civil, daí por que alguns autores não a considerarem como fase autônoma[16].

Todavia, temos claro que a criação de modelos provisórios nessa fase é admitida em direito diante do princípio da autonomia privada ou da liberdade contratual, que permite a criação de modalidades contratuais não correspondes aos modelos legais[17].

---

14. GONÇALVES, Carlos Roberto. *Direito* ... cit., p. 70.
15. TARTUCE, Flávio. *Direito civil.* 4. ed. São Paulo: Método, 2009. v. 3, p. 147.
16. Ver, por exemplo: NADER, Paulo. *Curso de direito civil.* 5. ed. Rio de Janeiro: Forense, 2010. v. 3: Contratos, p. 51.
17. DINIZ, Maria Helena. *Curso de direito civil brasileiro,* cit., 23. ed., v. 3, p. 42.

Diante disso, não há como negar a existência e relevância desse momento contratual. De fato, é possível que o contrato se aperfeiçoe em um único ato, em que o proponente faz a proposta e a outra parte imediatamente a aceita, sem nenhum tipo de reflexão. Entretanto esta não é a ocorrência corriqueira, haja vista a eventual complexidade do objeto ou a grande monta de valores envolvidos. Daí, natural que o contratante faça pesquisas no mercado, reflita sobre as ofertas, barganhe até encontrar uma solução satisfatória.

Arnaldo Rizzardo explica que, na maioria dos negócios, há a fase preliminar ou preparatória do contrato, em que as partes formalizam as intenções e providenciam a confecção do contrato definitivo. Verifica-se uma simples promessa de contratar. Procede-se a uma estipulação preliminar dos termos em que o contrato será outorgado, em data posterior.

Obviamente, trata-se de uma fase em que os potenciais contratantes realizam um trabalho de aproximação e de exame das condições e das exigências da relação que se desenvolverá, uma vez que, não raro, aquelas situações inequívocas lapidadas pela intenção de contratar se manifestam em propostas, contrapropostas, acertos, detalhes, dissipação de dúvidas, condições, preços, prazos e estabelecimento de particularidades do negócio em si, desde que não fiquem apenas no plano verbal.

Aí, então, por óbvio, uma das partes promete a outra, por meio de documentos, a execução de atos precisos, com vistas à contratação futura. Há uma reciprocidade de troca de documentos preliminares. Estudam-se as condições a se incluírem nas cláusulas contratuais, posteriormente apresentadas à apreciação dos pretendentes, mormente no que se relacionam a preço, prazos, deveres e outras particularidades[18].

Conforme ensina Maria Helena Diniz, as negociações preliminares (*trattative, pourparles*) nada mais são do que as conversações prévias, sondagens iniciais e estudos sobre os interesses de cada um dos contratantes, tendo em vista o contrato futuro, sem que haja qualquer vinculação jurídica entre os participantes[19].

18. RIZZARDO, Arnaldo. *Contratos*, cit., 10. ed., p. 43.

19. RIZZARDO, Arnaldo. *Contratos*, cit., 10. ed., p. 44.

Essa fase das tratativas preliminares é muito presente nos contratos de *factoring*, haja vista que a operação envolve transações complexas de transferência de créditos que são consubstanciadas na transmissão dos produtos de vendas e/ou prestação de serviços de diversas naturezas. Assim, longas podem ser as negociações até que o faturizado conclua o contrato com o futuro faturizador, para que se inicie uma relação contínua de prestação de serviço que deve ser, sem dúvida, pautada na relação de fidúcia entre as partes[20].

Questão relevante diz respeito à existência de responsabilidade caso uma das partes decida por não concluir o negócio, haja vista não haver vinculação dos participantes quanto a celebração do contrato definitivo. Pablo Stolze Gagliano e Rodolfo Pamplona alocam a responsabilização no campo da relação contratual. Maria Helena Diniz entende ser possível a responsabilização no campo da culpa aquiliana.

Explicam Gagliano e Pamplona que, ao se dar início a um procedimento negociatório, é preciso observar sempre como anda a expectativa das partes, ou seja, se, a depender das circunstâncias do caso concreto, já não se formou uma legítima expectativa de fechamento do contrato, o que é, aliás, comum ocorrer. Explicam os autores: dizer que há direito subjetivo de não contratar não significa dizer que os danos daí decorrentes não devam ser indenizados, haja vista que, independentemente da imperfeição da norma positivada, o princípio da boa-fé objetiva também é aplicável a esta fase contratual, notadamente os deveres acessórios de lealdade e confiança recíprocas[21].

Maria Helena Diniz esclarece a questão, observando com precisão a localização da responsabilidade nesses casos:

---

20. Sobre, entre vários outros, ver: VARELA, João de Matos Antunes. *Das obrigações em geral*. Coimbra: Almedina, 1973. v. 1 e 2: "Parece seguro, então, que a boa-fé é fundamento e limite do direito obrigacional". E, ainda: FORGIONI, Paula A. *Teoria geral dos contratos empresariais*. 2. ed. São Paulo: RT, 2010, p. 237, para quem: "Como deixamos vincado, a boa-fé no direito comercial não desempenha apenas uma função moral, desconectada da realidade dos negócios e fundada em valores outros que não a busca do melhor funcionamento do Mercado".

21. GAGLIANO, Pablo Stolze; PAMPLONA FILHO, Rodolfo. *Novo curso de direito civil*. 11. ed. São Paulo: Saraiva, 2009. v. I: Parte geral, p. 96.

> "É preciso deixar bem claro que, apesar de faltar obrigatoriedade aos entendimentos preliminares, pode surgir, excepcionalmente, a responsabilidade civil para os que deles participam, não no campo da culpa contratual, mas no da aquiliana. Portanto, apenas na hipótese de um dos participantes criar no outro a expectativa de que o negócio será celebrado, levando-o a despesas, a não contratar com terceiro ou a alterar planos de sua atividade imediata, e depois desistir, injustificada e arbitrariamente, causando-lhe sérios prejuízos, terá, por isso, a obrigação de ressarcir todos os danos. Na verdade há uma responsabilidade pré-contratual, que dá certa relevância jurídica aos acordos preparatórios, fundada não só no princípio de que os interessados na celebração de um contrato deverão comportar-se de boa-fé, prestando informações claras e adequadas sobre as condições do negócio e os possíveis vícios; aconselhando; guardando com zelo bens ou documentos cedidos para a análise; não divulgando fatos sigilosos, que se tornam conhecidos em razão das tratativas etc., mas também nos arts. 186 e 927 do Código Civil, que dispõem que todo aquele que, por ação ou omissão, culposa ou dolosa, causar prejuízo a outrem fica obrigado a reparar o dano. Aplicam-se, portanto, as normas que regem a culpa extracontratual, desde que haja, convém repetir, dolo, negligência ou imprudência por parte do desistente, que autorizam o direito de exigir a reparação do dano sofrido, porém nunca o de exigir o cumprimento do futuro contrato, pois, se houve motivo justo, seu comportamento é lícito, já que a recusa de contratar constitui exercício regular do direito"[22].

No que concerne à fase da proposta, policitação ou oblação, nada mais é do que a oferta formalizada. É o ato pelo qual uma das partes solicita a manifestação de vontade da outra com a finalidade de provocar uma adesão àquilo que foi oferecido.

Aquele que faz a proposta é denominado policitante, proponente ou solicitante; o que recebe a proposta é denominado policitado, oblato ou solicitado.

---

22. DINIZ, Maria Helena. *Curso de direito civil brasileiro*, cit., 23. ed., v. 3, p. 43.

Em regra, não depende de forma especial, pois, uma vez formulada, obriga o proponente, se o contrário não resultar dos termos dela, da natureza do negócio ou das circunstâncias do caso[23].

Umbilicalmente ligada à proposta está a aceitação. Nesse passo, é que se diz que a aceitação da proposta por parte do solicitado é o fecho do ciclo consensual, constituindo-se na segunda fase para a formação do vínculo contratual. A aceitação está intimamente ligada à oferta no *iter* de formação do contrato, pois sem ela não se terá negócio jurídico contratual, e a proposta não obrigará o policitante[24].

Desse modo, tendo o oblato acatado a proposta, a partir deste momento torna-se aceitante, com o consequente aperfeiçoamento do contrato.

Há algumas hipóteses, porém, em que a proposta não vincula o proponente, tais como as previstas na parte final do art. 427, em que a proposta não chega a se aperfeiçoar, ou, ainda, aquelas em que deixa de ser obrigatória, conforme previsão do art. 428 do Código Civil.

Feitas tais considerações, importante distinguir as regras de formação dos contratos entre ausentes e entre presentes.

Flávio Tartuce traz elucidativa diferenciação; explica que é necessário entender formado o contrato entre presentes – ou *inter praesentes* – quando houver uma facilidade de comunicação entre as partes, para que a proposta e a aceitação sejam manifestadas em um curto período de tempo, ou seja, quase que instantaneamente; entretanto, o contrato será considerado formado entre ausentes – ou *inter absentes* – quando não houver tal facilidade de comunicação quanto à relação pergunta-resposta (proposta-aceitação)[25].

A relevância dessa distinção dá-se quanto ao momento de aperfeiçoamento da tratativa. Se o contrato for entre presentes, em regra, a aceitação da proposta deve ser imediata, salvo se foi

---

23. MONTEIRO, Washington de Barros. *Curso de direito civil:* direito das obrigações – 1ª e 2ª partes. São Paulo: Saraiva, 2003. v. 5, p. 18.

24. R. LIMONGI, França (*RT* 651:118; *RJ* 153:56 e 173:82). In: DINIZ, Maria Helena. *Curso de direito civil brasileiro,* cit., 23. ed., v. 3, p. 57.

25. TARTUCE, Flávio. *Direito civil,* cit., 4. ed., p. 152.

estipulado prazo diverso. Se for entre ausentes, o contrato será reputado como concluído, a partir do momento em que a aceitação for exarada. Entretanto, essa regra do contrato entre ausentes comporta algumas exceções previstas no art. 434, I, II e III, do Código Civil combinado com art. 433 do mesmo diploma legal.

Tais regras aplicam-se em sua integralidade aos contratos de *factoring*, tanto no que se refere à policitação quanto à aceitação. Ressalte-se, ainda, ser possível que o faturizado e o faturizador sejam considerados partes presentes ou ausentes em sua celebração, aplicando-se daí as regras pertinentes.

A terceira fase da formação contratual em verdade é uma etapa dispensável, mormente no que tange ao *factoring*. Por tal razão, não serão tecidas maiores considerações a respeito. Trata-se da fase do contrato preliminar, prevista nos arts. 462 a 466 do Código Civil.

Por fim, a última fase de formação contratual é aquela denominada fase da conclusão do contrato ou fase do contrato definitivo. Transporta-se, para este momento, novamente os conceitos de contratos celebrados entre presentes e entre ausentes.

Os primeiros não oferecem grande dificuldade, uma vez que, aceita a proposta (não havendo prazo preestabelecido), as partes estarão automaticamente vinculadas, sujeitas às regras dos arts. 389 a 391, do Código Civil, no caso de inadimplemento.

Já no caso de contrato entre ausentes, a solução não se mostra tão clara, uma vez que *há, devido à ausência do oblato, um intervalo de tempo mais ou menos longo entre a manifestação do aceitante e o conhecimento do policitante*[26].

Nesse espeque, da leitura do art. 434 *caput* do Código Civil observa-se que, como regra, foi adotada a teoria da expedição. Entretanto três exceções são possíveis: a) no caso de retratação da aceitação, ou b) no caso de o proponente ter se comprometido a esperar a resposta, ou c) no caso de a resposta não chegar no prazo convencionado.

26. DINIZ, Maria Helena. *Curso de direito civil brasileiro*, cit., 23. ed., v. 3, p. 62.

2.1.3 Classificações gerais do contrato de fomento mercantil

Os contratos em geral podem ser agrupados conforme diversas categorias, o que permitirá ao interprete analisar suas particularidades, vantagens, desvantagens, efeitos jurídicos, bem como tecer comparações para sua melhor compreensão.

Nesse passo, a doutrina elenca alguns critérios para facilitar o estudo. Considerando a didática e a metodologia, haverá, como ponto de partida para a classificação do contrato de *factoring*, a divisão adotada por Maria Helena Diniz.

Complementando os ensinamentos de R. Limongi França, assevera a professora que, com base nas ideias desse ilustre civilista, poderá afirmar-se que os contratos se bipartem em: a) considerados em si mesmos, quanto: à natureza da obrigação entabulada, à forma, à designação, ao objeto, ao tempo de execução, à pessoa do contratante e b) reciprocamente considerados[27].

Os contratos considerados em si mesmos são aqueles que não possuem vinculação com qualquer outro, existem *de per si*. Classificam-se quanto a: a) natureza da obrigação entabulada, subdividindo-se em contratos unilaterais e bilaterais; oneroso e gratuitos; comutativos e aleatórios; paritários e por adesão; b) forma, caso em que poderão ser consensuais, formais e reais; c) designação, dividindo-se eles em nominados e inominados; d) objeto, quando, em atenção ao conteúdo do direito conferido pelos contratos, haverá os de alienação de bens, os de transmissão de uso e gozo, os de prestação de serviços e os de conteúdo especial; e) tempo da execução, hipótese em que surgem os contratos de execução imediata, de execução diferida e sucessiva; e f) pessoa do contratante, quando se têm contratos *intuito personae* e impessoais, salientando-se todos os seus caracteres e importância[28].

Washington de Barros Monteiro salienta que contratos unilaterais são aqueles em que só uma das partes se obriga em face da outra;

---

27. DINIZ, Maria Helena. *Curso de direito civil brasileiro,* cit., 23. ed., v. 3, p. 76.

28. DINIZ, Maria Helena. *Curso de direito civil brasileiro,* cit., 23. ed., v. 3, p. 77.

mercê deles, um dos contratantes é exclusivamente credor, enquanto o outro exclusivamente devedor, na relação contratual formada[29].

Complementando o ensinamento, como é cediço, Arnaldo Rizzardo explica que o contrato sempre será bilateral e oneroso, pois sempre o é em sua formação, eis que depende do acordo de duas ou mais vontades. Apenas no tocante a seus efeitos, ele poderá ser unilateral[30].

Já no que tange aos contratos bilaterais, Washington de Barros Monteiro explica que são aqueles que criam obrigações para ambas as partes, e essas obrigações são recíprocas; cada uma das partes fica adstrita a uma prestação[31].

Os contratos de *factoring* são considerados bilaterais ou sinalagmáticos, porque geram obrigações para ambos os contratantes[32].

Há, entretanto, quem entenda que o contrato de *factoring* é uma avença unilateral, tendo em vista que a sociedade operadora de *factoring* é quem decide se aceita, ou não, os títulos recebíveis do faturizado[33].

Com a devida vênia, não podemos, em nenhuma medida, concordar com esse posicionamento, pois isso reduziria o objeto do contrato de fomento mercantil à compra dos recebíveis, amputando aquela que, como ainda teremos a oportunidade de desenvolver, entendemos como a mais relevante e a mais importante fração objetiva desta avença: a prestação de serviços de efetiva alavancagem administrativo-empresarial que o operador de *factoring* deve prestar ao faturizado, aproximando este instituto do desconto bancário, ou, ainda, da agiotagem, o que, para nós, não é admissível sequer em tese.

---

29. MONTEIRO, Washington de Barros. *Curso de direito civil:* direito das obrigações, cit., v. 5, p. 26.

30. RIZZARDO, Arnaldo. *Contratos*, cit., 10. ed., p. 66.

31. MONTEIRO, Washington de Barros. *Curso de direito civil:* direito das obrigações, cit., v. 5, p. 27. Na lição de Orlando Gomes: "são casos em que as duas partes aceitam, simultaneamente, a dupla posição de credor e devedor. Sendo que cada qual tem direitos e obrigações. À obrigação de um corresponde o direito de outra".

32. GONÇALVES, Carlos Roberto. *Direito civil brasileiro*, cit., 7. ed., v. 3, p. 699.

33. LABIANCA, Marcelo. *Factoring. Rivista Diritto Comerciale*, n. I, 1979, p. 137 e s.

Labianca explica que cabe ao faturizador pagar as importâncias das faturas que apresentar o faturizado, assumir o risco do não pagamento dessas faturas e informar o cedente dos títulos a respeito dos devedores[34].

Denotando a estrutura sinalagmática e, portanto, bilateral da avença de faturização, caberá ao faturizado pagar as comissões devidas pela faturização quando da liquidação das faturas; apresentar a relação das contas dos clientes e remetê-los ao faturizador, relacionando tudo num *bordereau*, acompanhando as cópias das faturas e outros documentos pertinentes; e dar informações quanto aos clientes e ao recebimento das dívidas[35].

Nítida é, portanto, a presença do sinalagma. Há, nessa contratação, sem qualquer dúvida, prestação e contraprestação que conformam sacrifícios recíprocos dos contratantes para o cumprimento do escopo contratual[36].

Os contratos de *factoring* são contratos onerosos, pois geram proveitos aos contratantes e sacrifícios a outros[37].

Nessa esteira, o faturizado adquire vantagens. São evidentes: o auxílio na compra de matéria-prima, na organização e contabilidade, na controladoria do fluxo de caixa, no acompanhamento de suas contas a receber e a pagar, na elaboração de orçamentos de custos, na busca de novos clientes, na melhoria do padrão de seus produtos, na expansão das vendas.

Além disso, os créditos são comprados à vista pela sociedade de fomento mercantil, o que permite o ingresso de capital na empresa faturizada, sem que ela tenha necessidade de recorrer a empréstimo de terceiros[38].

---

34. LABIANCA, Marcelo. *Factoring*, cit., p. 137 e s.

35. RIZZARDO, Arnaldo. *Contratos*, cit., 10. ed., p. 1.403. Ver, ainda: DINIZ, Maria Helena. *Tratado teórico e prático dos contratos*, cit., 7. ed., v. 4, p. 105 e s.

36. Explica Maria Helena Diniz (*Curso de direito civil brasileiro*, cit., 23. ed., v. 3, p. 81-82) que os contratos a título oneroso são aqueles que trazem vantagens para ambos os contratantes, pois estes sofrem um sacrifício patrimonial, correspondente a um proveito almejado. Já os contratos benéficos ou gratuitos são aqueles que oneram somente uma das partes, proporcionando à outra uma vantagem, sem qualquer contraprestação.

37. MONTEIRO, Washington de Barros. *Direito ... v. 4, cit.*, p. 469.

38. LEITE, Luiz Lemos. *Factoring no Brasil*, cit., p. 6.

De outra parte, o faturizador também é beneficiado. Por obviedade, a empresa de fomento mercantil atua tendo em mira a possibilidade de lucro que a atividade lhe poderá gerar; e o ganho da empresa de *factoring* consiste na diferença resultante do valor pago à faturizada e no valor que irá receber do comprador da mercadoria ou do adquirente do serviço[39], ou seja, do deságio que embutirá no título faturizado, e, referido deságio, será composto de diversos elementos, que analisaremos em outro tópico.

Para Marcelo Negri Soares, "a remuneração do fomento mercantil se denomina fator (remuneração *ad valorem*), e na prestação de serviços usa-se o termo genérico remuneração"[40].

Vê-se, pois, que o *factoring* é contrato oneroso, por excelência. É, ainda, um contrato concebido à métrica daqueles comutativos, eis que conta, evidentemente, com prestações certas e determinadas[41]. No contrato comutativo, as partes disciplinam as cláusulas e não assumem riscos no concernente à contratação que é feita. O *factoring* é um contrato comutativo. Há que se asseverar isso, pois há ínsita à operação de *factoring* um risco muito peculiar, qual seja: o inadimplemento ou insolvência do devedor do faturizado.

Ora, se, na operação de *factoring*, além da prestação cumulativa de serviços, o faturizado entrega à faturizadora recebíveis que serão liquidados por esta última antecipadamente em favor do faturizado (aquele que os entregou), é notório que há, por parte da faturizadora, o risco de não vir a receber tais valores do devedor do faturizado, quer por inadimplência, quer por insolvência[42].

---

39. MONTEIRO, Washington de Barros. *Curso de direito civil:* direito das obrigações, cit., v 5, p. 469.

40. SOARES, Marcelo Negri. *Contrato de factoring*, cit., p. 51-52.

41. Nas modalidades aleatórias, o contrato está fundado na *alea* (risco/sorte) das partes. Evidentemente, quando falamos em comutatividade, de um turno, estamos nos referindo à equanimicidade ou equivalência de prestações, o que parece ser situação ordinária das relações contratuais; por outro, temos a noção de aleatoriedade dos contratos, situações em que temos o risco como centro gravitacional do pacto havido entre as partes.

42. Nestes casos, como veremos, a regra da cessão no fomento mercantil é *pro soluto*, o que faz com que, pelo menos em regra e em tese, a faturizadora não possa regressar contra o faturizado, o que poderia representar um risco da contratação de *factoring*.

Em nosso entendimento, não há que se confundir, com efeito, o risco de inadimplemento do título com o risco inerente ao contrato de *factoring*. Então, parece-nos claro que, muito embora, como operação mercantil e creditícia, o *factoring* represente risco financeiro à faturizadora, não poderá ser classificado como contrato aleatório[43].

Marcelo Negri Soares entende estar presente a comutatividade, dada a sua característica de possibilitar à parte avaliar a prestação da outra parte no que diz respeito à sua própria prestação, verificando previamente se são equivalentes, evitando contratos leoninos e abusivos e fulcrados no risco[44].

Do mesmo modo, entendem os italianos Omar Pace e Daniele Cherubini: "i contratti di factoring sono commutativi perchè si conoscono a priori le prestazione dovute dalle parti, nonché i relativi sacrifici ed oneri che queste dovranno sopportare"[45].

Outro tópico de classificação verte sobre a formação do contrato, tendo em mira a paritariedade ou a adesão[46].

O contrato de *factoring* enquadra-se como contrato paritário, na medida em que as partes têm ampla possibilidade de discutir acerca das disposições contratuais, adequando, desse modo, as

43. Não se pode, desse modo, classificar o *factoring* como contrato aleatório por haver – e este risco é da natureza desta operação – o risco de inadimplemento por parte do devedor em desfavor do faturizador. Sob este viés, Lisboa oferta reforço afirmando que é inconfundível o *factoring* com o contrato aleatório, pois o risco de inadimplência não transforma o contrato em aleatório, já que as prestações encontram-se totalmente delineadas desde a conclusão do negócio jurídico. LISBOA, Roberto Senise. *Manual de direito civil*. 4. ed. São Paulo: Saraiva, 2009. v. 3, p. 309.

44. SOARES, Marcelo Negri. *Contrato de factoring*, cit., p. 41.

45. PACE, Omar; CHERUBINI, Daniele. *Il factoring quale strumento della finanza d'impresa*, cit., p. 27. Tradução livre: Os contratos de *factoring* são comutativos, porque se conhecem, com antecedência, a prestação devida por cada uma das partes e os relativos sacrifícios e ônus que terão de suportar.

46. Dispensada aqui a discussão sobre a distinção entre contratos "de" e "por" adesão. "O contrato por adesão é aquele em que todas as cláusulas são previamente estipuladas por uma das partes, de modo que a outra, no geral, mais fraca, e na necessidade de contratar, não tem poderes para debater as condições, nem introduzir modificações, no esquema proposto. Este último contraente aceita tudo em bloco ou recusa tudo por inteiro". RODRIGUES, Silvio. *Direito civil*. 30. ed. São Paulo: Saraiva, 2004. v. 3, p. 44.

cláusulas da forma que melhor lhes aprouver[47]. Daí é possível que a fase de puntuação alargue-se, a fim de que sejam eliminadas as arestas e os pontos divergentes por transigência mútua.

Há, ainda, sobre o contrato de *factoring*, a discussão que o classifica como contrato real ou consensual[48].

O contrato de *factoring* é um contrato consensual, não formal e não solene. A praxe mostra que o contrato de fomento mercantil pode, até mesmo, ser firmado verbalmente[49].

Quanto ao momento de execução do contrato, há classificação dos contratos em: instantâneos, diferidos e de execução continuada. Os contratos de execução imediata ou instantânea são aqueles que se exaurem num único ato, num único momento, presente; os de execução diferida são aqueles que se exaurem em um único momento futuro; e os de execução continuada são aqueles que se arrastam no tempo. Podem, ainda, os contratos terem o seu momento de execução diferido para um único momento futuro[50].

---

47. A ideia de contrato de adesão surge em oposição à de contrato paritário. No conceito clássico de contrato, admite-se uma fase em que se proceda ao debate das cláusulas da avença e na qual as partes, colocadas em pé de igualdade, discutem os termos do negócio. É a chamada fase de puntuação, em que as divergências são eliminadas pela transigência dos contraentes. A esse tipo de negócio dá-se o nome de paritário, pois se supõe a igualdade entre os interessados.

48. Arnaldo Rizzardo (*Factoring*. 3. ed. São Paulo: RT, 2004, p. 79), antes de conceituar essa classificação, afirma de forma categórica que em seu entendimento não há maior interesse prático nesta especificação. Não obstante, conceitua como consensual o contrato que depende exclusivamente do consentimento das partes, dispensando qualquer forma especial ou solene. Explica que real é o contrato que, para se consumar, depende da entrega de certo objeto. Sem a entrega, tipifica-se, quando muito, uma promessa de contrato real. E complementa explicitando que a vontade é, pois, impotente para formar este tipo de contrato. Além do consentimento das partes, ou do acordo de vontades, reclama-se a entrega da coisa. O momento da formação é justamente o da tradição. Por fim, "formal", ou solene, é o contrato que exige forma especial para a celebração. São aqueles contratos em que o consenso deve revestir certa forma, legalmente prescrita.

49. VENOSA, Sílvio de Salvo. *Direito civil. Contratos em espécie*. 13. ed. São Paulo: Atlas, 2013, p. 593.

50. Diante disso, temos que os contratos podem ser classificados em: a) instantâneos – são aqueles em que a prestação e a contraprestação ocorrem num único momento, presente; b) diferidos – o pagamento irá realizar-se em um único momento futuro; c) de trato sucessivo ou execução periódica – é aquele cujo pagamento se prolonga

Para Mário Júlio de Almeida Costa, o débito obrigacional poderá executar-se em prestações: a) *instantâneas*: a prestação a ser executada o é em um só momento, extinguindo-se a correspondente obrigação com esse único ato isolado de satisfação do interesse do credor (ex.: entrega de determinado valor ou coisa no ato em que se firma a obrigação), ou, ainda, quando duradouras, por extensão do lapso temporal para cumprimento – ainda que em um único ato, o que preferimos denominar de diferidas; b) *fracionadas*: o cumprimento se efetua por partes, em momentos temporais diferentes – poderá ser *periódica* ou *não*, conforme medeiem intervalos certos entre os atos sucessivos; c) *execução continuada*: uma única prestação realiza-se por partes (prestação cindida), dado que existem, decorrentes de uma só relação obrigacional, diversas prestações a satisfazer periodicamente (ex. inquilino a pagar renda mensal ou anual) ou sem periodicidade (ex. obrigação de fazer reparos, à medida que sejam necessários) – teremos obrigações reiteradas, repetidas ou de execução continuada; d) *contínua:* considera-se assim atividade ou abstenção que se prolonga ininterruptamente no tempo, mas que implica conduta única, segundo critérios da prática, durante período mais ou menos longo (ex.: depositário que guarda a coisa depositada)[51].

Para Antunes Varela[52], em minuciosa análise da prestação, a *classificação entre prestações instantâneas e duradouras* trata de divisão quanto ao tempo da sua realização: a) **instantâneas**: prestações

no tempo. Uma parte da doutrina costuma esmiuçar essa classificação, realizando subdivisões quanto à sua forma de execução.

51. COSTA, Mario Júlio de Almeida. *Direito das obrigações*. 7. ed. Coimbra: Almedina, 1979, p. 453-469.

52. VARELA, João de Matos Antunes. *Das obrigações em geral*, cit., v. 1, p. 59-112. Varela esclarece, ainda, que as prestações *repartidas* não se confundem com as *duradouras*. Trata-se de obrigações cujo cumprimento se protela no tempo a partir de sucessivas *prestações instantâneas*, mas em que o objeto da prestação está previamente fixado, sem dependência da duração da relação contratual (ex.: preço pago em prestações, fornecimento de certa quantidade de mercadorias etc.). Não dependem do fator tempo, como nas duradouras. Aqui, o tempo não influi na determinação do seu objeto, apenas se relacionado com o modo de execução. A resolução abrange, em princípio, *todas as parcelas da prestação, mesmo as já efetuadas* (as duradouras, sobretudo as de execução continuada ou periódica, não abrangem, em princípio, as prestações já efetuadas).

em que o comportamento exigível do credor se esgota em um só momento (ex.: pagamento do preço); e b) **duradouras**: a prestação protela-se no tempo, tendo a duração temporal da relação creditória uma influência decisiva na conformação global da prestação (ex.: depositário, arrendatário etc.). A prestação duradoura se subdivide em *prestação de execução continuada* e *prestações periódicas, reiteradas* ou *com trato sucessivo*: b.i) *prestação de execução continuada*: o cumprimento se prolonga ininterruptamente no tempo (ex.: locador, fornecedor de água, comodante, depositário etc.); b.ii) *prestações periódicas, reiteradas* ou *de trato sucessivo*: renovam-se em prestações singulares sucessivas, por via de regra, no fim de períodos consecutivos (ex.: locatário, consumidor de água, gás, eletricidade etc.). Dentro dessas relações duradouras, podem surgir *prestações instantâneas* (ex.: renda vencida, indenização por despesas feitas pelo comodatário etc.).

O contrato de *factoring* é de execução continuada, pois se aperfeiçoa ao longo do tempo[53]. Vale transcrever as palavras de Omar Pace e Daniele Cherubini, ao afirmarem que se trata de um "contratto di durata":

> "Generalmente i formulari predevono una durata pari ad un anno, tacitamente rinnovabile, ma le parte possono anche stabilire che la convenzione produca i suoi effetti a tempo indeterminato, salva comunque la possibilita di recedere liberamente dopo un conguo preavviso"[54].

Durante este período em que o contrato de *factoring* fica "em vigor" entre as partes, o mais comum é que diversas operações de fomento sejam efetivadas, com prestação contínua de serviços prestados pela faturizadora à empresa faturizada.

---

53. MONTEIRO, Washington de. *Curso*. v.4.... cit., p. 469. E, ainda: NADER, Paulo. *Curso de direito civil*, cit., p. 494 e VENOSA, Sílvio de Salvo. *Direito civil. Contratos em espécie*, cit., p. 539.

54. PACE, Omar; CHERUBINI, Daniele. *Il factoring quale strumento della finanza d'impresa*, cit., p. 27. Tradução livre: Geralmente o contrato prevê uma duração de um ano, tacitamente renovável, mas as partes também podem prever que a convenção fica em vigor por tempo indeterminado, sujeito, no entanto, à possibilidade de resilição livre depois de prévio aviso.

Relevante notar, ainda, que, nas relações entre a sociedade de fomento mercantil e a empresa-cliente, deve prevalecer sempre o fator confiança, reforçado, no Código Civil, por força da boa-fé objetiva, que impõe maior cooperação mútua entre as partes, que devem ter por fim último a plena satisfação de seus interesses[55].

É evidente, assim, que, em qualquer relação contratual, a confiança será a base, e isso fica ainda mais claro nas relações empresariais, como explica Paula Forgioni. A disciplina dos contratos empresariais deve privilegiar a confiança, tutelar a legítima expectativa; quanto maior o grau de confiança existente no mercado, evidentemente menores serão os custos da transação entre as partes e ainda mais azeitado restará o fluxo de relações econômicas[56], isso é efetivamente salutar ao mercado em geral, em todos os campos de atuação jurídica e econômica.

O *factoring* cria entre as partes uma relação *intuito personae*, como bem enfatiza Luiz Lemos Leite, pois, entre a sociedade de fomento mercantil e sua cliente, deve haver relação fiduciária, que é imprescindível à execução do contrato, já que o *factoring* implica política de lealdade e transparência e é, de certo modo, um fator de moralização dos negócios[57].

2.1.4 Aplicação do Código de Defesa do Consumidor ao contrato de *factoring* e o controle judicial de abusos econômicos

O Código de Defesa do Consumidor é considerado pela maioria da doutrina como uma norma que contempla regras de

---

55. Contratos pessoais, também chamados de *intuito personae*, são aqueles em que a pessoa do contratante é considerada pelo outro como elemento essencial, determinante para a sua conclusão. A prestação apenas pode ser cumprida por aquela determinada pessoa, em decorrência de sua habilidade, competência idoneidade etc. DINIZ, Maria Helena. *Curso de direito civil brasileiro,* cit., 23. ed., v. 3, p. 99.

56. FORGIONI, Paula A. *Teoria geral dos contratos empresariais*, cit., p. 95. E, ainda: "Portanto, trata-se de um contrato pessoal, porque envolve características pessoais dos contratantes, mormente a confiança que deve imperar nas relações" LEITE, Luiz Lemos. *Factoring no Brasil*, cit., p. 239.

57. Explica o autor que nos contratos impessoais a figura do contratante não tem tamanha relevência, haja vista que é possível que a prestação seja cumprida por qualquer outra pessoa. LEITE, Luiz Lemos. *Factoring no Brasil*, cit., p. 239.

sobredireito. Normas de sobredireito nada mais são do que normas sobre normas. Os principais exemplos existentes no ordenamento são a Lei de Introdução às Normas do Direito Brasileiro (Decreto-lei n. 4.657/1942) e a Lei Complementar n. 95/98. Contudo, o Código de Defesa do Consumidor também traz em seu bojo algumas regras que expressam esse conteúdo, trata-se de uma lei principiológica que institui normas de ordem pública e de interesse geral.

É, pois, um diploma de normas protetivas que ingressou no sistema com o escopo de trazer maior equilíbrio entre as partes da relação contratual, haja vista que não raras eram as situações em que uma delas via-se oprimida pelo poderio econômico da outra.

Tendo por base essa noção, muito se discute acerca da aplicabilidade da Lei Consumerista ao contrato de *factoring*, vez que para alguns não parece tão evidente a possibilidade de se encaixar a figura do faturizador e faturizado nos conceitos de fornecedor e consumidor. Entretanto, conforme restará demonstrado, em nosso entendimento, a aplicação é absolutamente viável, em que pese não seja a regra geral.

O art. 3º, *caput*, do Código de Defesa do Consumidor prevê, entre outros dizeres, que é considerado fornecedor a pessoa jurídica, nacional ou estrangeira, que desenvolve atividade de produção de serviços e comercialização de produtos.

O seu art. 2º traz a definição de consumidor em sentido estrito, como toda pessoa física ou jurídica que utiliza produto ou serviço como destinatária final.

A subsunção do *factor* ao conceito de fornecedor não parece oferecer maiores dificuldades. Isso porque tem como atividade habitual a produção e a comercialização de bem ou serviço. Comercializa créditos (bem imaterial), na medida em que os compra à vista do faturizado, adiantando o valor mediante remuneração, e produz serviços, na medida em que se responsabiliza por toda a gestão de atuação da empresa-cliente frente aos devedores, prestando, como explicitaremos mais adiante, uma série de outros serviços ao faturizado.

O ponto nevrálgico da questão encontra-se no personagem do faturizado. Poderia ele ser considerado consumidor, na melhor acepção jurídica do termo? Nem a doutrina nem a jurisprudência trazem uma resposta única para o questionamento. A polêmica é tamanha que até o Superior Tribunal de Justiça tem posicionamento divergente.

Existem inúmeros argumentos favoráveis à aplicação da Lei Consumerista, para os quais os opositores sempre têm resposta tendente a desabilitá-los. Contudo, há um argumento, que até o presente momento não conseguiu ser superado, e é ele que justifica a aplicação do Código de Defesa do Consumidor ao *factoring*. Para fins didáticos, primeiramente será exposta a polêmica, para que, então, possamos expressar o argumento que julgamos decisivo.

Aqueles que negam a aplicação do Código de Defesa do Consumidor ao *factoring* apegam-se basicamente a duas justificativas: i) a falta de vulnerabilidade do faturizado, que se dá na maior parte dos casos e ii) o fato de ele não ser considerado destinatário final. *In verbis*, colaciona-se ementa de julgado do Superior Tribunal de Justiça:

> "Contrato de *factoring*. Recurso especial. Caracterização do escritório de *factoring* como instituição financeira. Descabimento. Aplicação de dispositivos do código de defesa do consumidor à avença mercantil, ao fundamento de se tratar de relação de consumo. Inviabilidade. 1. As empresas de *factoring* não são instituições financeiras, visto que suas atividades regulares de fomento mercantil não se amoldam ao conceito legal, tampouco efetuam operação de mútuo ou captação de recursos de terceiros. Precedentes. 2. 'A relação de consumo existe apenas no caso em que uma das partes pode ser considerada destinatária final do produto ou serviço. Na hipótese em que produto ou serviço são utilizados na cadeia produtiva, e não há considerável desproporção entre o porte econômico das partes contratantes, o adquirente não pode ser considerado consumidor e não se aplica o CDC, devendo eventuais conflitos ser resolvidos com outras regras do Direito das Obrigações'"[58].

E, ainda:

> "Com efeito, no caso em julgamento, verifica-se que a ora recorrida não é destinatária final, tampouco se insere em situação

58. REsp 836.823/PR, Rel. Min. Sidnei Beneti, 3ª Turma, *DJ* 23-8-2010.

> de vulnerabilidade, porquanto não se apresenta como sujeito mais fraco, com necessidade de proteção estatal, mas como sociedade empresária que, por meio da pactuação livremente firmada com a recorrida, obtém capital de giro para operação de sua atividade empresarial, não havendo, no caso, relação de consumo. 4. Recurso especial não provido"[59].

De proêmio, no que tange à vulnerabilidade, deve-se destacar que a sua ausência não pode ser considerada como regra absoluta. Isso porque o termo deve ser analisado em seu sentido técnico, e não simplesmente num sentido simplório como feito no respeitável julgado mencionado, em que se presumiu que, apenas pelo fato de o faturizado ser uma pessoa jurídica de natureza empresária, não poderia ser considerado vulnerável, ou, ainda, que não está em estado de vulnerabilidade, por não depender economicamente da faturizadora.

Essas são ideias, ao que nos parece, com a devida vênia, equivocadas. Em primeiro lugar, porque a vulnerabilidade não se sustenta apenas na dependência econômica e, em segundo lugar, porque o que se vê na prática, em situações em que as empresas são mal geridas, é uma relação até mesmo prejudicial de dependência absoluta que o faturizado cria com o faturizador.

É neste sentido que entendemos que a caracterização da relação de consumo, nestes casos, pode se dar, mas, evidentemente, há temperamentos e cada caso deve ser analisado com bastante vagar para não se concluir de modo geral, de maneira que haveria sério prejuízo social em um ou outro ponto de conclusão entre os possíveis.

O conceito é inexoravelmente mais profundo. A vulnerabilidade pode ser analisada sob quatro aspectos: técnico, jurídico (ou científico), fático (socioeconômico) e informal. Sob o aspecto técnico, o consumidor é vulnerável, na medida em que não possui conhecimentos específicos sobre o produto ou serviço, seja com relação às suas características, seja com relação à sua utilidade.

---

59. REsp 938.979/DF, Rel. Min. Luis Felipe Salomão, 4ª Turma, julgado em 19-6-2012, *DJe* 29-6-2012.

Quanto ao viés jurídico (ou científico), reconhece o legislador que o consumidor não possui conhecimentos jurídicos, de contabilidade, de economia, matemática, financeira, entre outros. Quanto ao aspecto fático (socioeconômico), o fornecedor é o detentor do poderio econômico, encontrando-se em posição de supremacia. Por fim, o viés informal decorre da vulnerabilidade técnica, pressupondo o controle da informação transmitida pelos fornecedores.

Analisando esses dizeres junto ao contrato de *factoring*, é possível cogitar-se a hipótese em que o faturizado se encontre em posição de vulnerabilidade fática, por exemplo, quando se constituir em uma empresa pequena, com recursos de pouca significação, se comparado a uma grande empresa de *factoring* ocupante do outro polo da relação. Portanto, não se pode generalizar afirmando-se que nunca haverá faturizado vulnerável. A análise do caso concreto mostra-se indispensável para uma resposta segura.

Quanto ao argumento referente ao ponto de ser ou não destinatário final, o estudo deve ser feito de maneira bipartida. Em um primeiro momento, analisar-se-á a postura da *factoring* e do faturizado na atividade de compra e venda de créditos e, após, a atividade referente à prestação dos serviços.

O posicionamento predominante quanto à compra e venda de créditos é o de que o faturizado não se configura como consumidor ao exercer tal atividade, uma vez que a venda dos direitos creditórios teria por escopo o fomento econômico de sua atividade comercial, isto é, a necessidade de reposição do capital de giro das empresas. O Código de Defesa do Consumidor adotou a teoria finalista, da qual se depreende que o conceito de consumidor foi construído sob uma ótica objetiva, porquanto voltada para o ato de retirar o produto ou serviço do mercado, na condição de seu destinatário final. Vejamos que não basta que seja apenas destinatário final fático do bem, mas também deve ser destinatário final econômico, o que significa dizer que não pode adquiri-lo para revenda, para uso profissional, pois seria o bem novamente um instrumento de produção cujo preço seria incluído no valor final do profissional que o adquiriu.

Logo, sob o enfoque de consumidor em sentido estrito (art. 2º do CDC), no que pertinente a essa atividade o faturizado não poderia ser considerado consumidor.

Não obstante tal conclusão, vale mencionar, na maioria das vezes, a atividade comercial de *factoring* equaciona uma operação de prestação de serviços com uma compra de direitos creditórios, empregando invariavelmente os recursos obtidos como fomento – e evidentemente esta é a razão primeira, mais relevante, para que se realize a operação de *factoring* – e visando a obtenção de lucros. Assim, enquadrar-se-ia na definição de consumidor ou de destinatário final para efeitos de aplicação do Código de Defesa do Consumidor. Isso porque é um equívoco definir que o valor obtido na compra e venda seja direcionado ao insumo, pois é recurso, em essência, não direcionado. É desse modo que se pode caracterizar o tomador do *factoring* como consumidor final, pois, mesmo que a utilização dos recursos obtidos por meio do contrato de *factoring*, em sua forma tradicional, seja vocacionada para o capital de giro, este não se configuraria, como de fato não configura, o insumo para o faturizado.

Por outras palavras, evidentemente, o contrato de *factoring*, em sua forma-base, contempla o fomento mercantil, o qual, em uma de suas modalidades, é o produto financeiro ofertado pela empresa de *factoring* contra o pagamento de títulos. Esse produto financeiro, o dinheiro, é sempre utilizado pelo consumidor como destinatário final, pois se exaure em si mesmo, uma vez que não é direcionado especificamente. O fomento mercantil é um efeito não vinculado ao pagamento.

O Código de Defesa do Consumidor regula o mercado de consumo de forma ampla, devendo ser extensiva a interpretação da definição de consumidor, para que não seja abatido por contratos iníquos, abusivos e excessivamente onerosos[60] aquele que retira o produto do mercado, de modo final.

Contudo, o art. 29 do mesmo diploma legal traz a figura do consumidor por equiparação, aplicável à pessoa jurídica que

60. SOARES, Marcelo Negri. *Contrato de factoring*, cit., p. 182-183.

comprova a sua vulnerabilidade e cujo contrato com o fornecedor encontra-se fora do seu âmbito de atividade.

Cláudia Lima Marques explica que o art. 29 do Código de Defesa do Consumidor supera os estritos limites da definição jurídica de consumidor para imprimir uma definição de política legislativa, harmonizando os interesses presentes no mercado de consumo e reprimindo eficazmente os abusos de poder econômico; protegendo os interesses econômicos dos consumidores finais, o legislador colocou um poderoso instrumento nas mãos daquelas pessoas (mesmo agentes econômicos) expostas às práticas abusivas. Estas, mesmo não sendo "consumidores *stricto sensu*", destaca a autora, poderão utilizar as normas especiais do Código de Defesa do Consumidor, seus princípios, sua ética de responsabilidade social no mercado, sua nova ordem pública, para combater as práticas comerciais abusivas[61].

Nesses casos, o Superior Tribunal de Justiça tem mitigado o rigor da concepção finalista do conceito de consumidor, consoante se extrai de alguns julgados[62].

---

61. MARQUES, Cláudia Lima. *Contratos no Código de Defesa do Consumidor:* o novo regime das relações contratuais. 4. ed. rev., atual. e ampl. São Paulo: RT, 2002, p. 635.

62. "Agravo regimental. Agravo de instrumento. Consumidor. Relação de consumo. Caracterização. Destinação final fática e econômica do produto ou serviço. Atividade empresarial. Mitigação da regra. Vulnerabilidade da pessoa jurídica. Presunção relativa. 1. O consumidor intermediário, ou seja, aquele que adquiriu o produto ou o serviço para utilizá-lo em sua atividade empresarial, poderá ser beneficiado com a aplicação do CDC quando demonstrada sua vulnerabilidade técnica, jurídica ou econômica frente à outra parte. 2. Agravo regimental a que se nega provimento" (AgRg no Ag 1.316.667/RO, Rel. Ministro Vasco Della Giustina, Des. Convocado do TJ/RS, 3ª Turma, julgado em 15-2-2011, *DJe* 11-3-2011). Ou, ainda: "Administrativo e consumidor. Multa imposta pelo procon. Legitimidade. Relação de consumo caracterizada. Art. 29 do cdc. 1. Hipótese em que o Procon aplicou à impetrante multa de R$ 3.441, 00, 'levando em consideração a publicação do anúncio não autorizado pelo Reclamante' (Auto Posto Boa Esperança). A recorrente sustenta que não poderia ter sido autuada, pois o serviço por ela prestado – publicidade em lista empresarial impressa – 'é classificado como insumo e não consumo'. 2. Discutem-se, portanto, o enquadramento da atividade desenvolvida pela impetrante como relação de consumo e a consequente competência do Procon para a imposição de multa, por infração ao Código de Defesa do Consumidor (CDC). 3. O CDC incide nas relações entre pessoas jurídicas, sobretudo quando se constatar a vulnerabilidade daquela que adquire o produto ou serviço, por atuar fora do seu ramo de atividade. 4. De acordo com o art. 29 do CDC, 'equiparam-se aos consumidores todas as pessoas determináveis ou

Assim, tendo o faturizado demonstrado estar em situação de vulnerabilidade frente ao faturizador e que este está se valendo de práticas comerciais abusivas, torna-se plenamente possível a aplicação da Lei Consumerista em defesa de seus direitos.

Eis que chegou o momento de se abordar o principal argumento acerca da aplicabilidade do Código de Defesa do Consumidor, qual seja, aquele referente à prestação de serviços. Como se sabe, o contrato de *factoring* possui como um de seus objetos a prestação de serviços em caráter cumulativo e contínuo, tais como o de verificação da situação creditícia de eventuais sacados, atuando na seleção dos créditos, a gestão de contas a pagar e a receber, entre outros.

Verificada a vulnerabilidade do faturizado, é inegável que, ao fazer uso desses serviços, configura-se ele como verdadeiro destinatário final, seja fático seja econômico. Isso porque, ao receber os serviços prestados, o faturizado não os repassa, não os reaplica em novas atividades. Daí, o serviço esgota-se, exaure-se no exato momento em que é prestado. Sua utilidade é apenas servir como pano de fundo para que a empresa faturizada possa ter segurança

---

não, expostas às práticas nele previstas'. Nesse dispositivo, encontra-se um conceito próprio e amplíssimo de consumidor, desenhado em resposta às peculiaridades das práticas comerciais, notadamente os riscos que, *in abstracto*, acarretam para toda a coletividade, e não apenas para os eventuais contratantes *in concreto*. 5. A pessoa jurídica exposta à prática comercial abusiva equipara-se ao consumidor (art. 29 do CDC), o que atrai a incidência das normas consumeristas e a competência do Procon para a imposição da penalidade. 6. Recurso Ordinário não provido" (RMS 27.541/TO, Rel. Ministro Herman Benjamin, 2ª Turma, julgado em 18-8-2009, *DJe* 27-4-2011) E, por fim: "Direito do consumidor. Recurso especial. Conceito de consumidor. Pessoa jurídica. Excepcionalidade. Não constatação na hipótese dos autos. Foro de eleição. Exceção de incompetência. Rejeição. – A jurisprudência do STJ tem evoluído no sentido de somente admitir a aplicação do CDC à pessoa jurídica empresária excepcionalmente, quando evidenciada a sua vulnerabilidade no caso concreto; ou por equiparação, nas situações previstas pelos arts. 17 e 29 do CDC. – Mesmo nas hipóteses de aplicação imediata do CDC, a jurisprudência do STJ entende que deve prevalecer o foro de eleição quando verificado o expressivo porte financeiro ou econômico da pessoa tida por consumidora ou do contrato celebrado entre as partes. – É lícita a cláusula de eleição de foro, seja pela ausência de vulnerabilidade, seja porque o contrato cumpre sua função social e não ofende à boa-fé objetiva das partes, nem tampouco dele resulte inviabilidade ou especial dificuldade de acesso à Justiça. Recurso especial não conhecido" (REsp 684.613/SP, Rel. Min. Nancy Andrighi, 3ª Turma, julgado em 21-6-2005, *DJ* 1º-7-2005, p. 530).

e organização no momento do fornecimento dos créditos. Além do que os serviços não configuram propriamente insumo, sendo, na maioria das vezes, ofertado no interesse da própria empresa de *factoring*, e não do faturizado. Portanto, o faturizado é destinatário final quanto a este aspecto[63].

63. "Agravo de Instrumento 0427938-1. Origem: Vara cível e anexos da comarca de Ibiporã. Agravante: Baggio & Guilherme Ltda-Me. Agravado: Faclins Fomento Mercantil Ltda. Relator: DES. Celso Seikiti Saito. Agravo de instrumento – Decisão que deixou de inverter o ônus da prova com base no art. 6º, VIII, do CDC e no art. 3º da Medida Provisória n. 1.820/99 – Ausência dos pressupostos de hipossuficiencia e verossimilhança das alegações – Manutenção – Código de defesa do consumidor – Aplicabilidade ao contrato de 'factoring' – Recurso conhecido e parcialmente provido. Trata-se de recurso de Agravo de Instrumento contra decisão interlocutória proferida nos autos de Embargos opostos à Execução de Título Extrajudicial, movida por Faclins Fomento Mercantil Ltda. Contra Baggio & Guilherme Ltda-ME; pela qual deixou de deferir o pedido de inversão do ônus da prova, mediante entendimento de ser inaplicável à espécie o art. 6º,VIII, do CDC, e o art. 3º da Medida Provisória n. 1.820/99, por ausência da verossimilhança das alegações. A discussão deste recurso versa sobre contrato de fomento mercantil celebrado pela agravante com a agravada, uma empresa de *factoring* que efetua cobranças de dívidas oriundas de títulos de outras empresas de produção de bens ou serviços, adiantando-lhes de imediato os respectivos créditos futuros. A atividade exercida pela agravada de *factoring* não se caracteriza em operação de desconto, mas sim de prestação de serviço de cobranças de títulos, para possibilitar aos seus titulares a utilização de imediato dos valores em seus negócios. Tal atividade é autorizada pela Circular do Banco Central n. 1.359/88, Lei n. 8.981/95, e ratificada pela Resolução n. 2.144/95, do CMN (Conselho Monetário Nacional). E como a empresa de *factoring* é reconhecida como uma prestadora de serviços aos pequenos e médios empresários, às suas relações comerciais jurídicas aplicam-se as normas do Código de Defesa do Consumidor, por força do artigo 3º, § 2º, do CDC, segundo o qual: 'Art. 3º Fornecedor é toda pessoa física ou jurídica, pública ou privada, nacional ou estrangeira, bem como os entes despersonalizados, que desenvolvem atividades de produção, montagem, criação, construção, transformação, importação, exportação, distribuição ou comercialização de produtos ou prestações de serviços. § 2º Serviço é qualquer atividade fornecida no mercado de consumo, mediante remuneração, inclusive as de natureza bancária, financeira, de crédito e securitária, salvo as decorrentes das relações de caráter trabalhista'. Para o caso específico deste feito, no entanto, a determinação de inversão do ônus da prova, com base no art. 6º, VIII, do Código de Defesa do Consumidor e na disposição da Medida Provisória n. 1.820/99, não se afigura possível. Isto porque, pela embargante (ora agravante) não faz a demonstração de sua hipossuficiência financeira e técnica na relação comercial em apreço, e nem a verossimilhança das alegações. A imputação de prática de agiotagem por parte da agravada não é merecedora de acolhimento, na medida em que a sua atividade não consiste em operação de desconto de títulos, mas sim de fomento mercantil autorizada por lei. A atividade de fomento mercantil, no entanto, não se afasta da sujeição às normas do Código de Defesa do Consumidor. A propósito, confira-se a jurisprudência deste Tribunal de Justiça: 'Processual civil. Agravo de instrumento. Ação revisional c.c. declaratória

Desse modo, é inequívoco que sob este viés o faturizado é considerado consumidor, o que atribuiria ao contrato de *factoring*, como um todo, natureza de contrato de consumo, devido à sua impossibilidade de cisão.

Outro não é o entendimento de Marcelo Negri Soares, que dita ser importante ofertar destaque ao fato de que não se poderá interpretar que um contrato seja parcialmente inserido no conceito

---

de nulidade de ato jurídico e repetição de indébito. Contrato de *factoring*. CÓDIGO DE DEFESA DO CONSUMIDOR. Aplicabilidade. Inversão do ônus da prova. Impossibilidade. Ausência do requisito da hipossuficiência. Recurso parcialmente provido. 1. Contrato de *factoring* – incidência da Norma Consumerista. O Código de Defesa do Consumidor é aplicável aos contratos de *factoring*, por força do disposto no artigo 3º, § 2º, da Lei 8.078/90. 2. Inversão do ônus da prova – ausência de requisito legal. Em que pese a incidência, como regra geral, da Norma Consumerista em face dos 'contratos de fomento mercantil' – *factoring*, para aplicação do princípio processual da inversão do ônus da prova, previsto no art. 6º do CDC, necessária a presença de requisitos legais integrativos da norma especial. No caso concreto, ausente o requisito da hipossuficiência, quer no aspecto financeiro, quer no técnico que envolve a controvérsia (TJ/PR – 12ª CCiv., AC 0280434-4, Rel. Jurandyr Souza Junior, *DJ* 13-5-2005)'. 'AGRAVO DE INSTRUMENTO – Embargos à execução – Pedido de inversão do ônus da prova com base em MP n. 1.820/99 – Inaplicabilidade ante a ausência de provas – Prática de usura – Não configurado. Havendo ausência de provas que configure a prática de usura. Não é cabível a inversão do ônus da prova tendo como base a Medida Provisória n. 1.820/99. Recurso conhecido e desprovido.' (TJ/PR, 2ª CCiv (Extinto TA), AI 0233026-9, Rel. Toshiharu Yokomizo, julgado em 27-8-2003, *DJ* 12-9-2003). Em conclusão, apesar da impossibilidade de inversão do ônus da prova como base no art. 6º, inciso VIII, do Código de Defesa do Consumidor e no art. 3º, da Medida Provisória n. 1.820/99, impõe-se reconhecer possível a aplicabilidade das normas da lei consumerista ao presente feito. Diante do exposto, voto no sentido de conhecer do recurso e dar-lhe parcial provimento, para o fim apenas de reconhecer a aplicabilidade do Código de Defesa do Consumidor ao contrato em exame, no que couber. O Tribunal de Santa Catarina também adota o mesmo posicionamento: 'Ação revisional de operações de *factoring*. Incidência do CDC admitida. Falta de clareza dos critérios de atualização do *quantum debeatur* efetivamente empregados na recompra dos títulos. Descumprimento do dever de informação ao consumidor. Verba, porém, que não se confunde com a 'taxa de desconto', de legalidade indiscutível, pois inerente ao negócio. Substituição dos critérios empregados nas operações de recompra dos títulos por juros simples de 12% ao ano. Repetição do indébito que se admite na forma simples. Recurso parcialmente provido. Pleito inaugural julgado procedente em parte. É inquestionável, pela natureza do vínculo e da prestação de serviço, a aplicabilidade do CDC aos contratos firmados com empresas de *factoring*''' (AC 2007.027996-7, de São José, Rel. Des. João Henrique Blasi, julgado em 29-7-2009). Se a faturizadora não elucidar devidamente ao consumidor a natureza dos encargos incidentes na recompra dos títulos inadimplidos, descumprindo o dever de informação que lhe é imposto pelo art. 6º, III, do CDC, devem tais critérios ser substituídos por juros lineares de 12% ao ano.

consumerista. E a outra parte? Fica afastada? Assim, quando o bem ou serviço ingressar na cadeia produtiva da empresa, esta não será consumidora final. Todavia, explica o autor, tendo em vista que no *factoring* há predominância da prestação de serviço de natureza consumerista, todo o contrato é atraído para a aplicação do Código de Defesa do Consumidor, ainda que parte dele não o seja. Assim, quando contratada compra total ou parcial de matérias-primas, importação e exportação, compra e venda de títulos de créditos representativos de vendas mercantis, como outras modalidades de *factoring*, desde que com prestação de serviços, essa relação estará toda sujeita aos termos do Código de Defesa do Consumidor[64].

Portanto, com o devido respeito aos posicionamentos contrários, é possível afirmar categoricamente que se aplica o Código de Defesa do Consumidor à relação entre faturizador e faturizado, haja vista haver tanto autorização legal, posicionamento doutrinário e tendência jurisprudencial, todos neste sentido.

Isso significa dizer que a Lei Consumerista vincula o direito privado como um todo, alcança o direito público e atinge indiretamente as relações jurídicas que não se amoldarem à sua aplicação direta. Deverá, por conseguinte, ser considerada uma legislação de função e aplicação geral sempre que descrever linhas básicas de ordem jurídica. Desse modo, as normas tidas como de sobredireito contidas no Código de Defesa do Consumidor permitem apropriação de seus conceitos fora de seu sistema. Assim, a pura existência de relação de consumo passa a não ser necessária para justificar a aplicação das normas constantes do CDC[65].

O principal exemplo é o mandamento previsto no art. 51, o qual prevê as cláusulas contratuais nulas de pleno direito. A norma pode ser aplicada quando revelar a melhor representação do justo e do direito para consumidores e não consumidores, sendo sempre passível de aplicação ao contrato de *factoring*. Nesse passo, resta autorizada, como desiderato natural, a redução da remuneração no contrato de *factoring*, no intuito de corrigir abusos praticados na

64. SOARES, Marcelo Negri. *Contrato de factoring*, cit., p. 184.

65. SOARES, Marcelo Negri. *Contrato de factoring*, cit., p. 186.

sua formação ou durante a execução. É, aliás, nessa linha que há muito já entende o Superior Tribunal de Justiça[66].

A constatação de abusividade é premissa principal para que determinada cláusula seja declarada nula, sendo que este conceito não é exclusivo do Código de Defesa do Consumidor. Daí a razão para sua possibilidade de aplicação em todo o ordenamento.

Negri Soares traz o exemplo do contrato de adesão em que a empresa de *factoring* elabora as cláusulas unilateralmente, sem a possibilidade de participação do faturizado. Assevera que, por mais que o faturizado estivesse ciente das cláusulas contratuais, isso não há de inibir o conhecimento da cláusula abusiva, porém ela deve ser especificada e pormenorizadamente indicada já na peça exordial[67]. Acrescenta que a declaração de nulidade pode se dar independentemente de qualquer vício de consentimento, haja vista as normas serem de ordem pública, bastando a demonstração ou militância de presunção em favor da tese da faturizada, com suporte nos fatos.

De fato, dependendo do grau da abusividade, é possível que a cláusula seja declarada nula, inclusive com fulcro nos arts. 421 e 422 do Código Civil, os quais determinam que os contratos devam ser entabulados nos limites da sua função social, guiados pela probidade e boa-fé em todas as suas fases.

Sobre o tema, comenta o autor supracitado que o sistema do Código de Defesa do Consumidor contém regras aplicáveis ao contrato de *factoring*, entre as quais: a declaração de nulidade de cláusulas e o conceito de parte hipossuficiente. Ambas são universais e com regramento geral, tanto no Código Civil quanto na Constituição Federal.

---

66. Conforme julgado: "Código de Defesa do Consumidor: artigos 3º, § 2º, e 6º, V. *Factoring*. Contrato de financiamento entre a empresa faturizadora e a adquirente do bem. Reajustamento pela variação cambial. Precedente da Corte. 1. O contrato de financiamento entre a empresa faturizadora e a adquirente do bem, distinto do contrato de *factoring*, está alcançado pelo art. 3º, § 2º, do Código de Defesa do Consumidor. 2. A brusca variação da cotação do dólar, na oportunidade de que cuida o presente feito, configura fato superveniente forte o suficiente para provocar a incidência do art. 6º, V, do Código de Defesa do Consumidor, configurada a onerosidade excessiva. 3. Recurso especial não conhecido" (REsp 329.935/MG, Rel. Min. Carlos Alberto Menezes Direito, 3ª Turma, julgado em 26-8-2002, *DJ* 25-11-2002, p. 229).

67. SOARES, Marcelo Negri. *Contrato de factoring*, cit., p. 185.

Além disso, tanto a teoria das nulidades quanto o princípio protetor do hipossuficiente podem ser extraídos da razoabilidade, da proporcionalidade, do devido processo legal substantivo e da proibição do enriquecimento sem causa, apontando inegavelmente para o fato de que a nulidade e hipossuficiência são conceitos aplicáveis para além do âmbito estrito da Lei n. 8.078/90[68].

É de se notar, por conseguinte, que o Código de Defesa do Consumidor traz normas para além do seu microssistema, as quais devem ser consideradas na interpretação dos contratos em geral, inclusive nos de *factoring*. Isso não significa, contudo, que a relação empresarial formada pelo contrato de *factoring* seja uma relação de consumo, mas destaca a natureza contratual, fundada em autonomia privada, dessa relação.

O texto legal do Código de Defesa do Consumidor é claro ao estampar as normas de consumo, a condição de norma de ordem pública e o interesse social, por conta da importância da matéria na sociedade capitalista, e desse comando podemos justificar a conduta *ex officio* dos magistrados na aplicação das normas de consumo, ou seja, independentemente de pedido formulado pelo consumidor em sua demanda, o juiz *deverá* – por conta do interesse social envolvido, já que a relação de consumo, ainda que apresentada individualmente no processo, sempre alcança um número indeterminado de pessoas – buscar a aplicação das normas de consumo, declarando, *v.g.*, a nulidade de uma cláusula abusiva, nos termos do art. 51 do CDC.

Destarte, serão nulas de pleno direito todas as estipulações que causarem manifesto desequilíbrio contratual em desfavor do faturizado-consumidor, mormente no que tange às cláusulas contratuais abusivas e manifestamente onerosas, as quais acarretam vantagem exagerada ao faturizador.

Diante desse cenário, ainda que não haja pedido expresso da parte prejudicada, o juiz está autorizado a declarar a abusividade, a fim de restaurar a paridade entre os contratantes[69].

68. SOARES, Marcelo Negri. *Contrato de factoring*, cit., p. 188.

69. Quanto à possibilidade de atuação de ofício do magistrado, frente às hipóteses do art. 51 do Código de Defesa do Consumidor, colaciona-se os seguintes julgados: "Agravo

Assim, considerando que os contratos de *factoring* são regidos também por dispositivos do Código de Defesa do Consumidor, é possível concluir que o juiz está autorizado a manter uma postura ativa caso se depare com disposições contratuais que afrontem a boa-fé e o interesse social. Em harmonia a essa assertiva, afirma Marcelo Negri que "é possível a declaração, de ofício, de nulidade de cláusulas do contrato de *factoring* que firam as normas do sistema protetivo do consumidor, bem como as normas protetivas do direito de empresa"[70].

2.2 O PRINCÍPIO DA FUNÇÃO SOCIAL DOS CONTRATOS[71]

A função social dos contratos, sobretudo desde o advento do Código Civil de 2002, tem presidido incontáveis debates na seara do direito civil.

---

regimental. Contrato de financiamento. Exame de ofício. Artigo 51, IV, CDC. Comissão de permanência. Limitação ao pacto. Honorários advocatícios. Fixação do valor em fase de liquidação. *Reformatio in pejus*. Impossibilidade. A jurisprudência permite afastar, de ofício, as cláusulas abusivas com base no Art. 51, IV, do CDC, questão de ordem pública.- É lícito a cobrança de comissão de permanência no período da inadimplência, desde que não cumulada com a correção monetária (Súmula 30), nem com juros remuneratórios, calculada pela taxa média de mercado, apurada pelo Banco Central do Brasil, limitada à taxa do contrato (Súmulas 294 e 296). – A redistribuição da verba honorária reserva-se à liquidação da sentença, limitada a condenação ao *quantum* fixado pelo acórdão recorrido, em atenção ao princípio da *reformatio in pejus*" (AgRg no REsp 645.902/RS, Agravo Regimental no Recurso Especial 2004/0037963-1, Ministro Humberto Gomes de Barros, julgado em 28-9-2004, publicado em 17-12-2004).

70. Idem, p. 190.

71. No recente 30 de abril de 2019 o presidente da República, Jair Bolsonaro, editou a Medida Provisória nº 881/2019 que institui a "Declaração de Direitos de Liberdade Econômica, estabelece garantias de livre mercado, análise de impacto regulatório, e dá outras providências".

A Medida, à evidência, gera profundas modificações na tônica exegética de muitos dos institutos do direito civil, empresarial, econômico, urbanístico e do trabalho, nas relações jurídicas que se encontrem em seu âmbito de aplicação e na ordenação pública sobre o exercício das profissões, juntas comerciais, produção e consumo e proteção ao meio ambiente.

Ora, é bastante claro que a *intentio* do executivo Federal tem em mira a facilitação das práticas de livre mercado e a redução da burocracia para o fomento de negócios, no Brasil. Sob este ponto de vista à evidência, também, cumpre destacar que tal liberdade em boa medida contribui com a ainda nebulosa situação do factoring no País, na medida em que esclarece s obre a liberdade econômica e de trato nos negócios.

No entanto, parece-nos evidente a irresponsabilidade da edição legislativa, eis que é absoluto e claro retrocesso do nosso ordenamento jurídico no que concerne ao tema da função social dos contratos. A Medida Provisória nº 881/2019 apresenta a seguinte

Temos observado que entre os que se debruçam sobre o estudo do direito contratual, muitos apontam o instituto como a panaceia e outros não lhe dão qualquer importância. Parece-nos que aqueles que não ofertam crédito ao instituto fazem-no ora sob o posicionamento, a nosso ver antiquado, de um caráter absoluto e inconteste da liberdade ampla e irrestrita de contratação, ora por entenderem que o instituto nada tem de novo, por já ser imposto desde os idos da Lei de Introdução ao Código Civil, hoje Lei de Introdução às Normas do Direito Brasileiro, sobretudo no que pertinente ao art. 5º do referido diploma normativo.

A autora lusitana Ana Prata, por exemplo, entende que o negócio, analisado sob o ponto de vista de seu funcionamento econômico e social realiza, por si só e automaticamente, a função que lhe é designada no campo da economia e da vida social. Desse modo, uma perquirição mais aprofundada sobre a função social do contrato é desnecessária, diante da realidade de que o preenchimento da função do contrato será encontrado na resposta à liberdade que detém o indivíduo para a sua entabulação, ou seja, a sua função é ser o exercício da autonomia privada[72].

Parece-nos, com a devida vênia, que a questão não passa tão perto dessa simplicidade referida pela mestra portuguesa e merece atenção mais detida no que tange às várias espécies contratuais típicas e atípicas, de maneira que cada vez mais nos seja fácil lidar com as relações contratuais.

O italiano Pietro Perlingieri explica que a autonomia privada como poder de autodeterminação em si mesma não encontra mais

---

redação para o art. 421: "a liberdade de contratar será exercida em razão e nos limites da função social do contrato, ***observado o disposto na Declaração de Direitos de Liberdade Econômica***".

Importa, pois, destacar que muito embora o texto normativo possa pôr em foco antigos problemas relacionados à ampla e irrestrita liberdade de contratação, já que é cediça a lição de Lacordaire: "entre o forte o fraco a liberdade escraviza e a lei, liberta", a nosso ver, apoiado na LINDB e necessidade de funcionalização de todos os institutos em direito admitidos, bem como nos direitos humanos de segunda geração, caberá ao judiciário a boa aplicação da ordem pública instalada e dos anseios maiores da dignidade humana, solidarismo constitucional, bem como dos axiomas da probidade e da boa-fé, de maneira a manter a relação contratual funcionalizada como sustentáculo da nossa sociedade moderna. Dito isso, enfrentemos o tema da função social.

72. PRATA, Ana. *A tutela constitucional da autonomia privada*. Coimbra: Almedina, 1982, p. 8.

qualquer amparo, posto que o juízo de mérito sobre o ato de autonomia privada somente será positivo quando o ato negocial corresponder a uma função que a ordem pública ou o ordenamento considerem útil e social[73].

A nossa constituição foi, sem qualquer sombra de dúvida, um marco social em nosso País. Claro que vários são os motivos para que se possa considerar desse modo. Trata-se de um texto constitucional concebido após um extenuante e severo período de ditadura militar.

Não à toa disse o então presidente da Assembleia Nacional Constituinte, Ulysses Guimarães, ao promulgar a nova Constituição Federal, em vigor até hoje: "Declaro promulgado o documento da liberdade, da democracia e da justiça social do Brasil"[74]. Foi este o instrumento normativo que teve o mérito de positivar direitos e garantias fundamentais que consolidaram o Estado Democrático e de Direito no Brasil como o conhecemos hoje.

Ora, a promulgação da nossa Constituição refletiu alteração e fez alterar de modo profícuo todo o panorama jurídico e social daquele momento. Fez instituir uma plêiade de direitos de cunho social, concretizando, no mais, preceitos já outrora insculpidos na Declaração Universal dos Direitos Humanos.

Sob este viés referido no parágrafo anterior, aliás, muitos entendem que o nosso texto constitucional de 1988 acabou por conjugar as principais tendências mundiais com as cartas maiores brasileiras anteriores. Ao inserir as novas disposições existencialistas entre os direitos e as garantias fundamentais, o legislador constituinte trouxe suporte para uma interpretação dos preceitos privados que não pode, de nenhum modo, deixar de lado ou caminhar na contramão do princípio da solidariedade social[75].

---

73. Perlingieri, Pietro. *Il diritto civille nella legalità costituzionale*. Napoli: Scientifiche Italiane, 1999.

74. LOURENÇO, Iolando; RICHARD, Ivan. *Marco entre a ditadura e a democracia, Constituição de 1988 completa 25 anos*. Edição de Marcos Chagas. Agência Brasil. In: <http://agenciabrasil.ebc.com.br/noticia/2013-10-04/marco-entre-ditadura-e-democracia-constituicao-de-1988-completa-25-anos>. Acesso em: 15 jan. 2014.

75. GAMA, Guilherme Calmon Nogueira; CIDAD, Felipe Germano Caccicedo. Função social no direito privado e constituição. In: GAMA, Guilherme Calmon Nogueira da. *Função social no direito civil*. 2. ed. São Paulo: Atlas, 2008, p. 37.

A promulgação desse texto constitucional com forte carga valorativa, fundada nos primados da existência humana digna e da solidariedade, passou a influenciar e ressoar em outras áreas do direito. Claro que o direito civil não ficou imune diante de tamanha demonstração de desenvolvimento e alcance da nossa ordem pública instalada, rogando por uma releitura.

Sem dúvida um dos campos mais atingidos por essa necessária releitura, depois da constituição de 1988, foi o da autonomia privada. Toda a contribuição que o liberalismo econômico trouxe para o direito civil passou a ser revisitada diante de aspectos extremamente bem pontuados no então novo texto constitucional, tais como: dignidade humana, solidariedade, livre-iniciativa equilibrada, função social da propriedade, livre planejamento familiar equilibrado, função social da família e etc.

Entendemos, é evidente, que o instituto realmente não é novo. Sempre houve a necessidade de respeito à função social dos institutos jurídicos. Todo o instituto em direito deve cumprir uma função social, sob pena de perder sua essência existencial no direito.

Parece-nos acertado o posicionamento que dá conta de que os referenciais éticos tornaram-se muitos no Código Civil atual, comparativamente ao Código de 1916. Claro que isto não ocorreu apenas pela consagração da eticidade como valor maior e da boa-fé como princípio norteador das relações contratuais e civis em geral, o que, aliás, como é cediço, vinha sendo construído por meio de reiterada jurisprudência. Tivemos, ainda, contribuição essencial dos usos e costumes, dos costumes do lugar, dos bons costumes, e da natureza das relações firmadas[76].

Nova, com efeito, é a carga que se deve aplicar ao instituto; nova é, portanto, a forma de lidar com as situações contratuais; nova é a extensão da exigência de aplicação da ética que envolve as relações contratuais e negociais em geral; nova é a profusão da noção solidarista que deve permear as relações civis puras, dependente de

76. BRANCO, Gerson Luiz Carlos. *Função social dos contratos:* interpretação à luz do Código Civil. São Paulo: Saraiva, 2009, p. 153. Esclarece, ainda, o autor que: "Essa modificação não representa a inserção de novas normas no âmbito do direito civil, mas a ampliação das atribuições aos juízes na construção da regra do caso concreto, o que torna essencial a compreensão do 'culturalismo'".

aplicação da isonomia substancial, respeitando-se os primados da dignidade da pessoa humana em cada caso concreto.

Diante disso, em nosso sentir, justifica-se, ainda, o estudo de um dos institutos referidos no primeiro parágrafo deste tópico que nem em um extremo nem em outro poderá ficar bem acomodado.

2.2.1 Breve noção do desenvolvimento do instituto como elemento de garantia da isonomia contratual substancial

Findo o período absolutista, deu-se início ao chamado Estado Liberal, com crescente ascensão da classe burguesa. As relações comerciais tornaram-se cada vez mais aquecidas, e, com este movimento, cresciam também as negociações contratuais. A autonomia da vontade era a premissa de formação de todas as avenças, por meio da qual o indivíduo tinha a intocável prerrogativa de escolher contratar, o que contratar e com quem contratar[77].

Essa tônica possuía o deliberado propósito de impulsionar o setor econômico, sobretudo após a Revolução Francesa e a Revolução Industrial, em que se evidenciava a necessidade de contratação livre da mão-de-obra, desvinculando-a de qualquer laço pessoal, como o existente entre o servo e o senhor feudal, no sistema anterior[78].

Nesse passo, se em um primeiro momento o sistema se mostrava extremamente harmônico e benéfico, pois desvinculava os indivíduos das corporações, dos vínculos feudais, garantindo-lhes, pelo menos sob o aspecto formal, a livre e irrestrita possibilidade de contratar, começou-se a perceber que os interesses verdadeiramente protegidos eram os da classe capitalista. Privilegiava-se assim, propositadamente, um determinado grupo de pessoas, e não toda a sociedade, ainda que as ideologias do capitalismo tentassem interessadamente fazer crer em uma coincidência[79].

---

77. GODOY, Cláudio Luiz Bueno de. *A função social do contrato*. São Paulo: Saraiva, 2004, p. 4. Explica, ainda, o autor que a concepção voluntarista da autonomia das partes para a elaboração dos contratos tinha em consideração ser esse o mecanismo de transmissão da propriedade e da vinculação da força de trabalho aos meios de produção.

78. GODOY, Cláudio Luiz Bueno de. *A função social do contrato,* cit., p. 4.

79. ROPPO, Enzo. *O contrato*. Tradução de Ana Coimbra e M. Januário C. Gomes Coimbra: Almedina, 2009, p. 39.

Assim, percebeu-se que a igualdade entre os contratantes era uma realidade inexistente. Referida constatação foi evidente na análise das relações contratuais de emprego, em que parte do trabalho era paga em crédito na empresa do próprio empregador, ou, ainda, nas contratações por jornadas excessivas.

Outro aspecto que passou a gerar cada vez mais evidência de ausência de isonomia contratual foi a massificação ou estandardização dos contratos. Além disso, restou evidenciada a abusividade na utilização da propriedade, em diversos aspectos. Os titulares exerciam seus direitos de forma ilimitada, e até mesmo emulativa, sem maiores preocupações com vieses sociais, difusos, diretos ou indiretos.

Referido cenário social foi evidenciando a necessidade de estabelecimento de novas premissas éticas que regulassem as relações privadas de uma nova concepção da liberdade contratual. Esse *animus* coincidiu com o momento em que se iniciou a transição do Estado Liberal para o Estado Social.

É claro que, nessa circunstância, foi fundamental a importância do papel do Estado para equilibrar as relações. Ora, no período absolutista, o Estado tinha a máxima força, todos os poderes ficavam, por óbvio, concentrados nas mãos do monarca. Ele era o Estado, ele era a lei, daí a liberdade de contratar era praticamente anulada diante da vontade do Estado-Rei.

Com a queda do absolutismo, o Estado enfraqueceu-se, ganhando força a classe burguesa. Historicamente podemos afirmar que é notório que houve, por assim dizer, um momento de verdadeira abstenção do Estado e, de outra parte, máxima liberdade de contratação, o que trouxe como resultado uma caótica desigualdade social. Eis que, novamente, o Estado foi chamado a intervir, dando-se início ao chamado *walfare state*. Diante dessa nova realidade, o contrato, como expressão da vontade individual, ganhou nova dimensão, passando a ser desenvolvido por novos princípios e diretrizes.

O Estado assume posição de verdadeiro garantidor, adota função ativa e positiva na promoção de direitos e objetivos que buscam promover o reequilíbrio social, até então perdido. Nasce, então, um movimento de *dirigismo contratual* (Estado "dirigista"), em que o Estado intervém, por meio do legislador e do juiz, para assegurar o predomínio de interesses sociais sobre os individuais[80].

Assim, começam a surgir legislações protetivas, direcionadas a determinadas classes de pessoas que se mostram enfraquecidas no polo da relação contratual, tais como a Consolidação das Leis do Trabalho, Código de Defesa do Consumidor, Estatuto do Idoso, Estatuto da Criança e do Adolescente, entre outras. Além disso, o juiz passou a ter a prerrogativa de, em situações excepcionais, alterar as disposições do contrato, visando corrigir situações de desigualdade, por exemplo nos casos de lesão ou onerosidade excessiva.

Arnaldo Rizzardo contribui denotando que a função social do contrato leva a prevalecer o interesse público sobre o privado. E, diante disso, a impor o proveito coletivo em detrimento do meramente individual, e a ter em evidência antes uma justiça distributiva do que meramente retributiva. Assim, rompe-se com o primado arrimado no velho brocardo latino *suum cuique tribuere* – dar a cada um o seu. Rompe-se, ainda, o individualismo que estava muito em voga no século XIX e até metade do século XX.

A função social do contrato decorre da doutrina que se opôs ao liberalismo decorrente da Revolução Industrial e veio a ser adotada pela Constituição Federal Brasileira de 1988, a partir do direito de propriedade (art. 170, III, da Constituição Federal), passando a se impor como diretriz das relações jurídicas[81].

Atualmente, de maneira confortável, podemos destacar as principais premissas que fundam a tônica da necessária nova estrutura contratual na Constituição Federal, retratadas pelas ideias de solidarismo constitucional (conforme, art. 3º, I) e de dignidade da pessoa humana (conforme, art. 1º, III), verdadeiros pilares axiológicos basilares do sistema. O contrato não mais pode ser visto como algo vertente apenas ao interesse das partes, e sim de uma perspectiva que deve atender à harmonização de interesses pessoais e sociais, implicando aplicação efetiva da socialidade, sob a manutenção existencial do pacto que foi havido entre as partes.

---

80. ROPPO, Enzo. *O contrato*, cit., p. 39.

81. RIZZARDO, Arnaldo. *Factoring*, cit., p. 21.

2.2.2 O conceito indeterminado e a dogmática jurídica: questão de decidibilidade

Tércio Sampaio Ferraz Júnior denota que, para que se possa compreender a dogmática jurídica contemporânea, faz-se absolutamente necessário reconhecer que ela nasce pelo fenômeno da positivação. Explica que tal fenômeno é caracterizado pela libertação que sofre o Direito dos parâmetros imutáveis e duradouros, de premissas materialmente invariáveis, apresentando uma tendência a certo formalismo e institucionalização da mudança e da adaptação, por meio de procedimentos cambiáveis, conforme as diferentes situações[82].

O direito posto, sabemos, é a problemática da dogmática, de maneira que acaba por delimitar o problema central. Seja qual for o objeto observado, sempre envolverá uma questão de decidibilidade sobre a norma posta.

Maria Helena Diniz esclarece que a ciência do direito, é articulada nos modelos i) *teórico hermenêutico* e ii) *teórico analítico*. No primeiro caso, de modo a encarar a decidibilidade do ângulo de sua relevância significativa, relacionando o conflito hipotético à hipótese da decisão judicial, tendo em vista o seu sentido, assumindo, então, uma atividade interpretativa[83], tendo uma função primordialmente avaliativa, por apresentar os indicadores que propiciam uma compreensão parcial ou total das relações, neste espectro de atuação, o modelo teórico hermenêutico exerce as seguintes funções: a) interpretação das normas; b) verificação da existência de lacuna jurídica; e o c) afastamento das contradições normativas, indicando critérios para solucioná-las.

82. FERRAZ JR., Tércio Sampaio. *Função social da dogmática jurídica*. São Paulo: Max Limonad, 1998, p. 84-85.

83. Explica, sob este viés, que "*Interpretar* é descobrir o sentido e alcance da norma, procurando a significação dos conceitos jurídicos. Devido aos motivos já mencionados – vaguidade, ambiguidade do texto, imperfeição e falta de terminologia técnica, má redação – o magistrado, a todo instante, ao aplicar a norma ao caso *sub judice*, a interpreta, pesquisando o seu significado. Isto é assim porque a letra da norma permanece, mas seu sentido se adapta a mudanças que a evolução e o progresso operam na vida social. Interpretar é, portanto, explicar, esclarecer; dar o verdadeiro significado do vocábulo; extrair, da norma, tudo o que nela se contém, revelando seu sentido apropriado para a vida real e conducente a uma decisão". DINIZ, Maria Helena. *Lei de introdução ao Código Civil brasileiro interpretada*. 10. ed. São Paulo: Saraiva, 2004, p. 147.

A teoria analítica, contudo, tem como objetivo a sistematização de normas para obter decisões possíveis, de modo a criar condições para classificação, tipificação e sistematização de fatos relevantes; portanto, uma função organizatória, sem, contudo, deixar de lado o modelo teórico empírico, que vislumbra na decidibilidade a busca de condições de possibilidade de uma decisão hipotética para um conflito hipotético, procurando investigar as normas, que, por serem encaradas como um procedimento decisório, fazem do pensamento jurídico um sistema explicativo do comportamento humano, enquanto controlado por normas. Tais modelos geram o apoio que se pode ter para tratar da ciência do direito, sob o ponto de vista tecnológico[84].

Apresenta-se, desse modo, o mais admirável viés da *função social da ciência jurídica*, que está no dever de limitar as possibilidades de variação na aplicação do direito e de controlar a consistência das decisões, visando ofertar à sociedade segurança jurídica, tendo por base outras decisões, gerando, por conseguinte, *previsibilidade sobre a dicção do direito.*

Calçada nesta "previsibilidade decisória", toda a sociedade pode descansar por entender que o Estado, em que pese poderoso, atua de modo justo no exercício do seu poder de império, pois, caso contrário, nada haverá a acalentar o ânimo social, o que pode gerar consequências socialmente desastrosas, que servem de elemento desencorajador do avanço tecnológico, industrial e da própria essência do desenvolvimento humano.

Tem, portanto, a ciência do direito um escopo de preservação tecnológica, com um fim muito claro: a manutenção da estabilidade da sociedade[85]. Eis que a função social da ciência jurídica não pode ser considerada como outra que não a de componente auxiliar e condutor da aplicação do direito.

A função da dogmática, por conseguinte, consiste em prever consequências pragmáticas para todos os casos concretos, de maneira a solucionar uma problemática com a menor perturbação possível.

---

84. DINIZ, Maria Helena. *Lei de introdução ao Código Civil brasileiro interpretada*, cit., p. 140.

85. Inspirado em: DINIZ, Maria Helena. *Lei de introdução ao Código Civil brasileiro interpretada*, cit., p. 141.

Quando o jurista fica frente a um dado caso de lide, tem início uma investigação jurídica sobre qual a melhor saída é a ciência jurídica, a única opção válida para o remate da questão. Por vezes a solução pode ser mais fácil do que por outras, mas é a sistematização que se forma a cada novo caso que poderá auxiliar no método utilizado e que, nos ditames da ciência jurídica, auxiliará o jurista a rumar no sentido do deslinde efetivo da questão que se põe à análise.

A dogmática legitima a flexibilidade de interpretar o que foi estabelecido por positivação. Consoante Tércio Sampaio Ferraz Júnior, a dogmática se estabelece como um instrumento mediador entre a generalidade que fica estabelecida nas proposições hipotéticas normativas e a singularidade dos casos concretos[86].

A ciência do direito aparece como teoria da decisão ao assumir o modelo teórico empírico, visto pretender ser o pensamento jurídico um sistema explicativo do comportamento humano regulado normativamente, por meio de uma investigação dos instrumentos jurídicos de controle da conduta. A ciência jurídica, neste sentido, portanto, é uma *teoria para obtenção da decisão*, indicando como se deve fazer para obter aquele controle[87].

Parece-nos, assim, que a veste mais importante da ciência do direito é o auxílio na obtenção da decisão, ou, ainda, a apresentação do caminho para a interpretação e a aplicação da decisão, vez que a lei pode, também, ser considerada uma decisão que é emanada de um poder competente.

Parece-nos hodiernamente inviável, sob o ponto de vista técnico-jurídico, em uma concepção de desenvolvimento existencialista da sociedade em respeito aos axiomas mais elevados que devem permear a ética que deve ser incorporada ao comportamento humano, uma análise que se pretenda séria e assertiva do plexo normativo privado sem a inserção de determinados elementos

86. FERRAZ JR., Tércio Sampaio. *Função social da dogmática jurídica*, cit., p. 98.

87. DINIZ, Maria Helena. *Compêndio de introdução à ciência do direito*. 19. ed. São Paulo: Saraiva, 2002, p. 208 e, também: DINIZ, Maria Helena. *Lei de introdução ao Código Civil brasileiro interpretada*, cit., p. 141-142.

ditos públicos[88], a saber: dignidade da pessoa humana, solidarismo constitucional e função social. É evidente, entretanto, que o direito privado pode ser concebido, estudado e desenvolvido como um sistema unívoco e até certa medida fechado, mas não sobremaneira hermético a ponto de ser impenetrável por outros microssistemas que compõem o direito como um todo.

Ora, a ideia de sistema é base do discurso científico, somente por meio dela pode-se pensar em uma racionalidade dogmática, ou até mesmo na identificação das instituições jurídicas, ou do próprio direito como sistema de comunicação, e, fundamentalmente, responder sobre a própria existência do direito, evitando que este se reduza a uma complexidade sem explicação[89].

O sistema é uma unidade, voltada a uma ideia de conhecimentos diversos, ou a ordenação de várias realidades em função de pontos de vista unitários, tendo uma específica consciência. Não se podendo admitir um sistema fechado, incontestável e simplesmente dedutivo. Para Canaris[90], o sistema jurídico é uma ordem axiológica

---

88. Mais do que cediça é a teorização dicotômica entre o direito público e o direito privado, mas com o escopo de amenizar os efeitos das nossas próprias dúvidas, não tencionando adentrar, portanto, nos chamados *novos contornos entre o público e o privado*, tratamos, aqui, do direito privado frente aos novos elementos que são de origem publicista, mas que, sem sombra de dúvidas, devem ser levados em consideração para a análise do direito civil com o advento da Constituição Federal de 1988 e, mister, com a Codificação de 2002. Assim, não nos seria apraz que tudo que aqui se pretende destacar soe como um traço novidadeiro que se pretende do direito privado "... Haciéndolo de este modo, no se pretende estar a la moda, porque en un tema como éste, muchas veces, lo que se toma por actualidad no pasa de ser una mera aparencia, por una iganoratio elenchi de cuantos pretenden arribar a un planteamiento novedoso, sin tener en cuenta lo que hay de permanente en esta problemática, despereciando la larga trayectoria recorrida, de forma brilhante, o más o menos penosa, por la jurisprudencia...". José Luiz de Loz Mozos. *Metodología y Ciencia en el Derecho Privado Moderno*, ed. Rev. de Derecho Privado, Madrid 1977 (prólogo). Apud LOTUFO, Renan. *Direito civil constitucional*. Caderno 1. São Paulo: Max Limonad, 1999, p. 12. Os próximos seis parágrafos que sucedem (incluindo este) foram produzidos com inspiração em capítulo do nosso: FIGUEIREDO, Fábio Vieira. *Direito de autor:* proteção e disposição extrapatrimonial. São Paulo: Saraiva, 2012, p. 82 e s.

89. CANARIS, Claus Wilhelm. *Pensamento sistemático e conceito de sistema na ciência do direito*. 2. ed. Lisboa: Fundação Calouste Gulbenkian, 1996, p. LXIII a C e 243/289 (Introdução: item III; § 7º e § 8º).

90. CANARIS, Claus Wilhelm. *Pensamento sistemático e conceito de sistema na ciência do direito*, cit., p. LXIII a C e 243/289.

ou teleológica de princípios jurídicos gerais, um sistema que não é fechado, mas antes aberto, e essa abertura, apesar das críticas, não contradita com a aplicabilidade do pensamento sistemático da ciência do direito, tão só representa especialidade mutável, inserida no processo da História.

Como forma de ilustrar a possibilidade de análise do tema exposto, mesmo sem o mergulho na questão *público vs. privado*, pois esse não é o escopo, temos o pensamento tópico de Theodor Viehweg[91]. O pensamento tópico orienta-se para a solução de problemas. O professor Paulo Ferreira da Cunha, da Universidade do Porto, salienta que a tópica jurídica pode assumir alguns sentidos[92], podendo ser ela: um cadastro, uma arte, um método, ou uma doutrina; de maneira eclética, há quem adote várias ou todas as perspectivas enunciadas, e quem, mesmo no seio de cada uma, assuma posicionamentos muito estritos. Seja como for, a tópica será um método para que chegue a uma decisão interpretativa, ou seja, uma decisão de interpretação.

Para Viehweg, a ciência do direito não poderia ser captada com o auxílio do pensamento sistemático, mas com base em uma doutrina tópica, ressoando tudo isso como provocação para aqueles que seguem o pensamento sistemático. Canaris, entretanto, refuta

91. Viehweg, Theodor. *Tópica y jurisprudencia.* Tradução de Luis Díes-Picazo Ponce de León. Madri: Taurus, 1986 (Tradução para o português de Tércio S. Ferraz Júnior).

92. "1. Um Catálogo: Um rol de tópicos, repertório, acervo de dados jurídicos, que podem ser de muitos e variados tipos, e com as mais diferentes funções. 2. Uma Arte: Uma arte argumentativa, utilizando postulados (*loci comunes, topoi...*) tidos como elementos de persuasão das partes envolvidas. 3. Um Método: Precisamente o método de, a partir da formação de um consenso entre os intervenientes na questão, fundado em princípios resultantes da experiência, encontrar soluções racionais para os problemas jurídicos sem olvidar os casos concretos. Isto é, em certo sentido, trata-se de uma metodologia de equidade sem ser uma pura casuística. 4. Uma Doutrina: Uma teorização e perspectiva de organização dos lugares comuns (experiências e valorações) considerados adquiridos na comunidade, especificamente na comunidade jurídica, ou científico-congregacional do Direito. 5. Posições eclécticas e posições puristas (reducionistas): Há ainda quem adopte várias ou todas das perspectivas enunciadas, e quem, mesmo no seio de cada uma, assuma posicionamentos muito estritos. A verdade, porém, é que a tópica é uma e plural, em todas as tópicas existentes. E pode até dizer-se ser anti-tópico postular uma perspectiva dogmática sobre o que deva ser, muito delimitadamente, a tópica." Paulo Ferreira da Cunha. Fonte: site da editora *Mandruvá*. Acesso em: 22 set. 2004.

esse pensamento, pois, para ele, nada mais representa do que a prova e a explicação da existência de um sistema aberto[93].

No entanto, parece-nos, a tópica pode não estar confrontando a noção de sistema quando for ela aplicada da maneira como a visualizamos, ou seja, em prol do desenvolvimento do próprio sistema, de maneira a descobrir a efetiva noção de seus elementos[94].

Utilizada, portanto, como instrumento de busca de premissas válidas para análise do caso concreto, sem dúvida a tópica poderá ser utilizada. Ocorre que o direito privado criou um vasto número de cláusulas gerais que, como tais, são carentes de aferição objetiva e última, neste ponto entendemos a tópica[95] como um procedimento de busca de premissas, sendo ela, em tal acepção, instrumento adequado, a nosso ver, para a concretização de princípios e cláusulas gerais cuja conceituação, por vezes, tem-se por indeterminada.

Cláudia Lima Marques[96], ao analisar a noção de uma *nova teoria contratual*, assevera que há ínsita relação com função social

---

93. Para Canaris, a tópica é inconciliável com a ideia de sistema, na medida em que suas premissas não se formam a partir *da opinião de todos ou da maioria dos sábios*, mas de um direito positivo. Além disso, o pensamento tópico está sempre orientado ao estreito, problema singular, ignorando a regra da unidade interior e da adequação da ordem jurídica, todo esse pensamento, para Canaris, é um mero recurso, representando importância tão somente na medida em que faltam valorações legais bastantes e onde não haja espaço para o pensamento sistemático. CANARIS, Claus Wilhelm. *Pensamento sistemático e conceito de sistema na ciência do direito*, cit., p. LXIII a C e 243/289.

94. "Na primeira hipótese, a tópica limita-se a oferecer pontos de vista ou premissas que podem, inclusive, servir à correção de falhas do sistema axiológico, desde que se tornem objeto de uma generalização. Ela atua, então, como instrumento auxiliar do pensamento orientado para o sistema de valores e princípios fundamentais, encontrando-se com ele em uma relação de inteira compatibilidade e complementaridade." ZANITELLI, Leandro Martins. Tópica e pensamento sistemático: convergência ou ruptura? In: MARTINS-COSTA, Judith (Coord.). *A reconstrução do direito privado:* reflexos dos princípios, diretrizes e direitos fundamentais constitucionais no direito privado. São Paulo: RT, 2002, p. 141.

95. Nas palavras do autor: "Não é demais ressaltar que, até o momento, a tópica foi tomada, neste item, simplesmente como um procedimento de busca de premissas. Com esta acepção ampla encontramos, de forma generalizada na concretização de princípios, conceitos indeterminados e cláusulas gerais". ZANITELLI, Leandro Martins. Tópica e pensamento sistemático: convergência ou ruptura?, cit., p. 140.

96. Segundo a autora: "Como resultado desta mudança de estilo de pensamento, as leis passam a ser mais concretas, mais funcionais e menos conceituais. É o novo ideal

e denota que o direito deixa aquele ideal positivista e dedutivo e passa a reconhecer em si elementos mais abertos e subjetivos que decorrem de influência social e exemplifica com: costume, moralidade, harmonia e tradição. Ressalta que este é um pensamento cada vez mais tópico, formando-se um novo ideal de concretude legal que opta por soluções mais abertas dando ampla margem de ação ao juiz e à doutrina.

Maria Helena Diniz destaca, consoante os ensinamentos de Emilio Betti, que a técnica jurídica tem três importantes tarefas: a) elaboração das normas jurídicas, que apresenta o desafio de concepção de categorias dogmáticas que sejam efetivamente aptas ao envolvimento dos fenômenos sociais; b) interpretação, que fará com que as normas editadas encontrem o seu contexto de aplicação na ordem jurídica real e viva; e, por fim, c) realização concreta e efetiva do direito.

Diante da dinâmica da sociedade, tanto a função social quanto a liberdade de contratação somente terão seu conteúdo definido pelo processo de preenchimento das cláusulas gerais fornecido por meio da atividade jurisdicional. Denota que a atividade jurisdicional poderá, contudo, tomar dois rumos diversos para o preenchimento: a) partir de princípios ideais, de imperativos categóricos válidos em qualquer circunstância e lugar; ou b) partir da ética da situação, por meio da utilização dos usos e costumes, dos costumes do lugar, segundo a natureza e o vulto dos investimentos, conforme posto no Código Civil[97].

Gerson Branco explica que, nessa lógica, alguns temas, tais como o contrato, não mais são estudados na perspectiva de algo dado pelo legislador, mas como modelos cujas consagração

---

de concretude das leis que, para alcançar a solução dos novos problemas propostos pela nova realidade social, opta por soluções abertas as quais deixam larga margem de ação ao juiz e à doutrina, usando frequentemente noções-chaves, valores básicos, princípios como os de boa-fé, equidade, equilíbrio, equivalência das prestações e outros. São *topoi* da argumentação jurídica, fórmulas variáveis no tempo e no espaço, de inegável força para alcançar a solução justa do caso concreto". MARQUES, Cláudia Lima. *Contratos no Código de Defesa do Consumidor:* o novo regime das relações contratuais. 4. ed. rev., atual. e ampl. São Paulo: RT, 2002, p. 179.

97. BRANCO, Gerson Luiz Carlos. *Função social dos contratos*, cit., p. 177.

legislativa e aplicação dependerão de atos de escolha que conformam a norma segundo os valores que se quer realizar, em razão de fatos sociais e naturais anteriores[98].

É, por conseguinte, na realização concreta do direito que estaremos diante da interpretação que se aplica, com efeito, como diagnose dos fatos, dos fenômenos sociais. É, portanto, o efetivo reconhecimento das condições de subsunção, ou seja, dos elementos que, juntos, propiciarão que a proposição hipotética normativa seja aplicada aos fatos[99].

Esse reconhecimento explicitado no parágrafo anterior, evidente ato de interpretação, é a circunstância que efetivamente acomoda o resultado da decisão do aplicador.

Referido ato interpretativo revela que a concreta aplicação da função social do contrato – diante i) da generalidade da disposição legal, ii) do grau de indeterminabilidade que carrega o tipo, iii) da vagueza dos termos utilizados (em vista da concepção cultural-tridimensionalista que informou o nosso diploma civil) – estará muito menos na tentativa de aplicação de uma ciência do direito como suporte do discurso e análise da possibilidade de uma consequência que tente, sob um viés puro, parecer fatal e infalível diante da ocorrência do fato (o que respeitaria a regra de que *se "A" é "A", então deve ser*), mas muito mais, e a nosso ver com elevado grau de acerto, na esfera da *decidibilidade do magistrado* em cada caso concreto, respeitando a margem de análise valorativa que deve informar a busca do bem comum pela *ética da situação*, informada por um juízo prévio que tenha sido instalado pela *dialética da complementariedade*, para a construção do sistema específico que será aplicado caso a caso, evidenciando a *norma do caso concreto*.

98. BRANCO, Gerson Luiz Carlos. *Função social dos contratos*, cit., p. 168. "A diferença entre o conceito de modelo adotado por Miguel Reale e os institutos jurídicos é a natureza prospectiva dos modelos, enquanto o estudo dos institutos jurídicos tem caráter estático. Nessa lógica, os contratos, a propriedade, a resolução por inadimplemento etc. não mais são estudados na perspectiva de algo dado pelo legislador, mas como modelos cujas consagração legislativa e aplicação dependerão de atos de escolha que conformam a norma segundo os valores que se quer realizar, em razão de fatos sociais e naturais anteriores."

99. DINIZ, Maria Helena. *Compêndio de introdução à ciência do direito*, cit., p. 108.

2.2.3 O limite de contratar e a liberdade

O art. 421 do Código Civil, ao dispor sobre a função social do contrato, determina que a liberdade de contratar será exercida em razão e nos limites da função social do contrato. Logo, dois vieses distintos e igualmente relevantes emergem da noção de função social do contrato, eis que é a fonte primígena que faz erigir da própria liberdade de contratar, e nela mesma, na função social, está o seu limite.

Ora, *a priori*, parece até beirar o contrassenso ou o ilógico dizer que a função social do contrato é a razão de ser e o limite da liberdade de contratar. Entendendo um pouco mais o trabalho de Miguel Reale, principal artífice do nosso Código Civil vigente, denotamos que o seu culturalismo, em aplicação tridimensional, esclarece em profundidade a necessária noção dialética que deve imperar na análise do dispositivo citado do Código Civil.

É evidente que, diante da tonicidade culturalista de seu trabalho, Miguel Reale sempre tinha preocupação com a aplicação, a efetividade, a dicção do direito, encarando evidentemente a dogmática como meio de transporte que levasse à interpretação mais coerente, lógica, razoável e justa.

O Código Civil, ao tratar da função social do contrato, parece bem demonstrar a aplicação da *dialética da complementariedade* ao fazer conviverem em um mesmo dispositivo a liberdade de contratar e a função social do contrato.

Evidente, ainda, que a *ética da situação* fará com que esses elementos possam ser aplicados pelo magistrado no caso concreto[100]. Importa, contudo, pontuar que o fato de o contrato estar

100. Texto inspirado em: BRANCO, Gerson Luiz Carlos. *Função social dos contratos*, cit., p. 151. Para o autor, ainda, vale citar: "A eticidade que marca o direito contratual no novo Código Civil consiste em uma remissão contínua e constante à chamada ética da situação, que é um conceito distinto da ética enquanto capítulo da filosofia social. A ética da situação, também chamada de ética do concreto, deriva do conjunto de regras que disciplinam o cotidiano, o dia a dia, do homem comum, de onde pode ser deduzida. Miguel Reale foi quem cunhou a expressão, mas ele não é o responsável pelo processo de eticização, salvo por sua insistente atuação no sentido de preservar a sistemática do projeto do Código Civil, no qual a eticidade é uma marca".

sujeito a preceitos de cunho ético e moral, para que se confirme a legitimidade de atuação sob o manto da autonomia privada, não implicando, portanto, a avença contratual em abuso do exercício do direito subjetivo, não significa, de maneira alguma, o *fim da segurança jurídica*, ou do *pacta sunt servanda*. Evidentemente, o contrato continua devendo ser cumprido.

Ocorre que uma importante carga valorativa social, que tem, como no exemplo culturalista, o homem como centro de atenção pelo valor maior que emana e, principalmente, sua vida digna, é aplicada à liberdade de contratar.

O processo cognoscitivo da ciência cultural é a compreensão dos temas humanos.

Explica Maria Helena Diniz que, para o culturalismo, a ciência jurídica é uma ciência cultural que estuda o direito evidentemente como objeto cultural. O direito, por conseguinte, é analisado como uma realização do espírito humano, que é desenvolvido com um substrato e um sentido. Destaca que o culturalismo jurídico aplica ênfase aos valores do direito. Contudo, parece claro que alguns desses valores serão predominantes em razão da época e do local em que se vive, por força da aplicação ideológica inafastável que se liga à operação mental, que implica a efetiva aplicação do direito, por força da problemática social que se vive em cada realidade específica. Ensina, ainda, que uma das principais concepções culturalistas do direito é a tridimensionalista de Miguel Reale[101].

Miguel Reale assume um tridimensionalismo dinâmico, concreto e dialético, em que fato, valor e norma são apresentados como elementos integrantes do direito e estão em constante atração polar, já que o fato tende a realizar o valor, por meio da norma.

101. DINIZ, Maria Helena. *Compêndio de introdução à ciência do direito*, cit., p. 148. Explica, ainda, a professora que: se o substrato do direito for um objeto físico, temos objeto cultural mundanal ou objetivo, que corresponde ao "espírito objetivo" de Hegel e à "vida humana objetivada" de Recaséns Siches; e a corrente culturalista que o estuda será a *teoria cultural objetiva* de que são representantes, entre outros, Ortega y Gasset, Recaséns Siches e Miguel Reale. Esclarece que, se seu substrato for a conduta humana, será um objeto cultural egológico ou subjetivo, estudado pela *teoria egológica do direito*, que é representada principalmente por Carlos Cossio e Aftalión.

Assim é que o jusfilósofo, o sociólogo e o jurista devem estudar o direito na totalidade de seus elementos constitutivos, visto ser logicamente inadmissível que qualquer pesquisa que se faça sobre o direito deixe de implicar a consideração concomitante desses três fatores[102].

Na relação contratual, o que se deve buscar para que se atinja benesse social, ou seja, uma eficiente ferramenta do bem comum, é extirpar as circunstâncias de dependência exacerbada ou sujeição entre contratantes.

É cediço que, em relações de sujeição contratual, não há desenvolvimento social ou empresarial, ou muito menos humano, sob o ponto de vista da boa experiência. Então, por óbvio, a busca pela garantia do tratamento igualitário e digno deve ser uma constante[103].

Ora, as atividades sociais do Estado Social não podem anular ou macular a autonomia da vontade, pois esta é o maior primado do direito privado. Sem a autonomia de vontade, não há que se falar em direito civil, em direito do cidadão. Destarte, há a limitação de seu exercício dentro da equação entre bem individual e bem comum, de maneira a compor-se a autonomia privada de contratação que contempla, sem dúvida, a autonomia de vontade limitada em sua própria concepção e por essência, sob pena de ser corroída pelo mau exercício. Também, não se trata de o direito público absorver o direito privado. Espera-se que as regras de intervenção estatal assegurem ainda mais amplamente o campo de atuação privada[104].

Logo, nos ditames da autonomia privada, em seus limites mais precisamente, poderemos encontrar objetivamente as margens de um dado negócio jurídico. Parece-nos que, quando tratamos de

102. DINIZ, Maria Helena. *Compêndio de introdução à ciência do direito*, cit., p. 157-158.

103. FERREIRA, Carlos Alberto Goulart. *Equilíbrio contratual. Direito civil constitucional.* Caderno I. São Paulo: Max Limonad, 1999, p. 60.

104. GODOY, Cláudio Luiz Bueno de. *A função social do contrato*, cit., p. 21; BETTI, Emilio. Autonomia privata. In: Azara, Antonio e Ernesto Eula (a cura di). *Novíssimo digesto italiano*. Torino: UTET, 1974. t. 1, p. 93 e LÔBO, Paulo Luiz Netto. *Condições gerais dos contratos e cláusulas abusivas*. São Paulo: Saraiva, 1991, p. 11.

autonomia privada de contratação, estamos a tratar da liberdade contratual informada pelos limites: i) da lei, e ii) dos aspectos ditos públicos que invadem o direito subjetivo de contratar, tais como: solidariedade, probidade, dignidade humana, eticidade, livre-iniciativa equilibrada, entre outros, ainda pelos limites da ordem pública instalada. É notório diante disso que não se cabe falar em voluntarismo contratual, eis que a moderna tônica da autonomia privada limita – por assim dizer e, em nosso sentir, de dentro para a fora – a liberdade de contratar.

Pietro Perlingieri[105] entende que a autonomia privada é o poder concedido pelo ordenamento a um indivíduo ou a um determinado grupo de indivíduos de determinar vicissitudes jurídicas em consequência de comportamentos, em qualquer medida, livremente assumidos[106].

Assim, a autonomia privada é o poder gerador de uma norma de caráter privado que regerá determinada relação de cunho privatístico e tem como instrumento o negócio jurídico entabulado entre as partes, que será a própria norma.

O Código Reale, parece-nos, tende a esgarçar cada vez mais a decantada dicotomia existente entre direito público e privado, uma vez que, nos espaços de atuação particular do indivíduo, estão compreendidas, necessariamente, áreas com interferência de normas de caráter público que buscam equilíbrio da vida em sociedade e até mesmo preservação de direitos subjetivos dos particulares.

Essa noção de função social como conceito indeterminado, carente de aferição última revela-nos um enorme poder de atuação jurisdicional para a efetiva repreensão de condutas que a

---

105. Perlingieri, Pietro. *Perfis do direito civil:* introdução ao direito civil constitucional. Rio de Janeiro: Renovar, 1997, p. 17.

106. Luigi Ferri define a autonomia privada como um poder conferido ao indivíduo para a consecução de fins privados, dos quais derivarão liberdades, faculdades ou direitos e, ainda, deveres, uma vez que referido autor sustenta que todo o dever tem como correlato um direito, uma liberdade ou uma faculdade. FERRI, Luigi. *La autonomia privada*. Madrid: Revista de Derecho Privado, 1969, p. 105-162. Denota, ainda, que a autonomia privada é um direito objetivo, faz parte da dinâmica do direito, criando novas normas, portanto, é direito objetivo; já o direito subjetivo faz parte da estática do direito.

sobrepujem, bem como correção de situações que a agridam. É, hoje, evidente, como veremos mais adiante, que a agressão ao valor da função social do contrato consubstancia-se em conduta abusiva intolerável pela sociedade e, por conseguinte, pelo direito[107].

As mudanças que Miguel Reale aponta como consectárias do reconhecimento do valor da pessoa em nossos dias, a nosso ver, são caricatas daquela noção efetiva de *ética da situação*, que nos é imposta e está intimamente ligada à função social dos contratos e ao abuso de direito: superar as desigualdades perante as leis, vencer a discriminação das minorias, reduzir as diferenças de oportunidade no estudo e no trabalho, integrar a mulher no mundo do trabalho e do estudo e construir uma sociedade livre e menos desigual[108].

Ora, então, tal qual todos os institutos em direito admitidos, do direito contratual também se exige submissão a uma função social, que sem dúvidas toma espeque na relação contratual equilibrada e no diminuto potencial lesivo de um contrato a toda coletividade. Esta é, a nosso ver, a busca de uma contratação tomada pela função social.

É muito comum que o direito contratual, assim como o direito das obrigações, seja definido como o direito de tráfego ou intercâmbio de bens. É certo que o direito das obrigações trata, substancialmente, do intercâmbio de bens, mas certamente não se resume a isso. Há diversos negócios obrigacionais que não se esgotam com a transmissão de coisas, por exemplo: mandato e sociedade[109].

---

107. Sobre ver: CARVALHO, José Mauricio de. A ética culturalista de Miguel Reale. *Revista de Estudos Filosóficos* n. 11/2013, Universidade Federal de São João del-Rei/MG. E, ainda: BRANCO, Gerson Luiz Carlos. *Função social dos contratos*, cit., p. 151 e s.; TARTUCE, Flávio. *A função social dos contratos – do Código de Defesa do Consumidor ao novo Código Civil*. São Paulo: Método, 2005; REALE, Miguel. *Experiência e cultura*. 2. ed. Campinas: Bookseller, 2000; REALE, Miguel. *O direito como experiência*. São Paulo: Saraiva, 1968; REALE, Miguel. *Questões de direito privado*. São Paulo: Saraiva, 1997.

108. REALE, Miguel. *Experiência e cultura*, cit.; e REALE, Miguel. *O direito como experiência*, cit. Inspiramo-nos, em: CARVALHO, José Mauricio de. A ética culturalista de Miguel Reale, cit.

109. LARENZ, Karl. *Derecho de obligaciones*. Tradução de Jaime Santos Briz. Madrid: Revista de Derecho Privado, 1958. v. 1, p. 13-45. Para Karl Larenz, a relação de

Dessa forma, Larenz vê a obrigação como uma relação jurídica total, como um processo. Realça que a obrigação compreenderá uma série de deveres de prestação e de conduta, podendo, ainda, conter, para uma ou outra parte, direitos de formação. Assim, é a relação obrigacional um conjunto de consequências jurídicas ou de relações e situações que correspondem ao mundo da validade objetiva do ordenamento jurídico[110].

Mário Júlio de Almeida Costa destaca que a relação obrigacional deve ser analisada como um processo que tende a desembocar na satisfação do crédito; e pontua que parece seguro que a ótica complexa e dinâmica que encara a relação obrigacional como um sistema, organismo ou processo, encadeado e desdobrado em direção ao adimplemento, à satisfação dos efetivos interesses do credor, possibilita mais rigorosa compreensão anatomofisiológica do instituto e de certos dados da fenomenologia jurídica, evidentemente no campo do direito das obrigações e dos contratos.

Ensina o professor Junqueira que os novos princípios do direito contratual são a boa-fé objetiva, o equilíbrio econômico do contrato e a função social do contrato[111]. Nota-se, assim, que a função social do contrato está inserida numa tríade de novos

---

obrigação é a relação jurídica pela qual duas ou mais pessoas se obrigam a cumprir e adquirem o direito de exigir determinadas prestações. Desse modo, é sempre formada por pessoas determinadas, das quais uma sempre será credora, e a outra, devedora. Destaca que, mesmo depois de cumprida a obrigação, o dever de prestação não desaparece do mundo, do pensamento jurídico, visto que vigorará como fundamento jurídico da prestação realizada. Além disso, esclarece que toda relação obrigacional vislumbra um fim, que é atingir a satisfação do crédito, e, desta feita, pode ser tida como um processo que é meio para a consecução de tal fim. Ressalta que os elementos essenciais da obrigação são o dever de prestação e os deveres de conduta, o crédito como direito à prestação e a possibilidade de sua realização pela via judicial, e a garantia do credor pela responsabilidade, normalmente conectada à dívida.

110. Sobre, ver, ainda: SILVA, Clóvis do Couto e. *A obrigação como processo*. São Paulo: José Bushatsky, 1976.

111. AZEVEDO, Antônio Junqueira de. Princípios do novo direito contratual e desregulamentação do Mercado – direito de exclusividade nas relações de fornecimento – Função social do contrato e responsabilidade aquiliana do terceiro que contribui para o inadimplemento contratual. *Revista dos Tribunais*, São Paulo, v. 750, p. 113-120, abr. 1998.

princípios norteadores das relações contratuais, ao lado do princípio da boa-fé objetiva e da probidade contratual, determinando o equilíbrio geral intrínseco e extrínseco do contrato[112].

Vê-se, pois, os nascimentos de novas matizes a balizarem as relações contratuais, privilegiando a igualdade material e o equilíbrio entre as partes, adotando-se uma ideia de cooperação mútua para o desenvolvimento da relação contratual.

Surgem então novas fontes para o direito contratual, que não apenas a vontade das partes e passam a ser consideradas valores e princípios do próprio ordenamento derivados da Constituição Federal.

Assim, enquanto na visão clássica vigia a tríade de premissas: liberdade das partes (autonomia da vontade), força obrigatória dos contratos (*pacta sunt servanda*) e relatividade contratual (o contrato apenas produz efeitos entre as partes); os ideais modernos trouxeram-lhes um enfoque inovador.

A autonomia da vontade deixou de ser absoluta, pois a liberdade de contratar, o que contratar e com quem contratar não era mais exercida de forma plena. Ilustrando, traz-se à baila os contratos de adesão e a ação renovatória de aluguel. Daí, passamos à autonomia privada de contratação.

Seguindo essa tendência, também se passou a admitir a relativização do *pacta sunt servanda*, quando o juiz verificasse manifesta desigualdade entre as partes, como ocorre nos casos de onerosidade excessiva.

Quanto ao princípio da relatividade dos efeitos, o contrato deixou de ser visto como um ato isolado e passou a ser analisado levando-se em consideração as consequências que produz na sociedade em geral.

---

112. Neste espeque, observa Cláudia Lima Marques que a nova concepção de contrato é uma concepção social desse instrumento jurídico, para o qual não só o momento da manifestação de vontade (consenso) importa, mas também onde e, principalmente, se os efeitos do contrato na sociedade serão levados em conta, momento em que a condição social e econômica das pessoas nele envolvidas ganha em importância. MARQUES, Cláudia Lima. *Contratos no Código de Defesa do Consumidor*. 3. ed. São Paulo: RT, 1999, p. 101.

Evidentemente estamos a tratar de um aspecto do traço evolutivo que norteia essencialmente o direito. Uma influência de regras da experiência de rogo cultural, inclusive.

Não se pode cingir o direito à regra positivada ou sua metalinguagem, isso seria pouco, muito pouco. É necessário em análise mais acurada entender que o Direito regula a vida em sociedade, daí a necessidade de se buscar na vida, em sociedade, as melhores respostas.

A busca pelo valor que realmente regule cada situação é deveras importante, posto que legitima social e existencialmente a noção que se encontra e a solução de cada caso concreto. Nesse sentido, conforme explica José Mauricio Carvalho, deve-se aproximar o significado de vida única cuja experiência é a da fenomenalidade, mas que é uma jornada que não termina no fato positivo, pois se vive com os olhos virados para além do imediatamente experimentado. Assim, esclarece o autor que o mundo particular de cada homem, mergulhado num *a priori* cultural, é o ponto de partida para voos distantes em direção a um horizonte axiológico em permanente aperfeiçoamento. E conclui que aí é encontrado o traço fundamental do culturalismo, o que o guia como transcendência. Tem-se, desse modo, valores construídos na história e reconhecidos pelas gerações como exigências válidas[113].

Vê-se que os paradigmas começaram a tomar novo rumo, guiados principalmente pela promoção da dignidade da pessoa humana (art. 1º, III, da CF) e do solidarismo constitucional (art. 3º, I, da CF), alterando-se toda a estrutura do direito contratual.

Antônio Junqueira de Azevedo explica que estamos em época de hipercomplexidade e que, diante disso, os dados se acrescentam, sem se eliminarem, de tal forma que, aos três princípios que gravitam em volta da autonomia da vontade e, se admitido como princípio, o da ordem pública, somam-se outros três – evidentemente, os anteriores não devem ser considerados abolidos pelos novos tempos, mas, certamente, deve-se dizer que viram seu

113. CARVALHO, José Mauricio de. Miguel Reale: ética e filosofia do direito. Porto Alegre: Edipucrs, 2011. 224 p... cit., p. 268.

número aumentado pelos três novos princípios. Explica que estes três novos princípios são a boa-fé objetiva, o equilíbrio econômico do contrato e a função social do contrato[114], que são, sem dúvida, fundantes da ordem privada, verdadeiras forças matrizes e motrizes dos direitos civis.

Destarte, conclui-se que a função social do contrato surgiu numa era de valorização do ser humano em detrimento do patrimônio, representando nítido reflexo do direito civil constitucional.

Está previsto expressamente no art. 421 do Código Civil, *in verbis*: "A liberdade de contratar será exercida em razão e nos limites da função social do contrato". É possível verificar que o legislador não definiu a expressão "função social do contrato", o que leva à conclusão de que se trata de uma cláusula geral.

Por meio dessa técnica legislativa, dá-se maior liberdade ao juiz na interpretação da norma, permitindo-o interpretar de formas diversas, conduzindo à declaração de nulidade de cláusulas ou até mesmo de toda a avença.

Acerca do tema, Maria Helena Diniz ensina que, diante do disposto no art. 421 do Código Civil, repelido está o individualismo – nítida é, explica a professora, como diz Francisco Amaral, a função institucional do contrato, visto que resta limitada a autonomia da vontade pela intervenção estatal, ante a função econômico-social daquele ato negocial, que o condiciona ao atendimento do bem comum e dos fins sociais. Amputam-se, assim, os excessos do individualismo e da autonomia da vontade, consagrando-se o princípio da socialidade[115].

---

114. AZEVEDO, Antônio Junqueira de. Princípios do novo direito contratual e desregulamentação do Mercado – direito de exclusividade nas relações de fornecimento – Função social do contrato e responsabilidade aquiliana do terceiro que contribui para o inadimplemento contratual. *Revista dos Tribunais*, São Paulo, v. 750, p. 113-120, abr. 1998. Contudo, o mesmo professor Junqueira já avisava, com relação à função social do contrato e ao novo código civil, que se lançava mão de um elevado número de conceitos vagos, expressões, portanto, carentes de aferição última que não têm conteúdo, sendo vazios, sob o ponto de vista axiológico. O princípio da boa-fé nos contratos. *Revista CEJ*, n. 9, set./dez. 1999, p. 43.

115. DINIZ, Maria Helena. *Curso de direito civil brasileiro*, cit., 23. ed., v. 3, p. 24.

E completa o seu pensamento citando o art. 2.035 do Código Civil, o qual prevê que nenhuma convenção prevalecerá se contrariar preceitos de ordem pública, tais como os estabelecidos por este Código, para assegurar a função social da propriedade e a dos contratos.

A função social da propriedade e a dos contratos constituem limites à autonomia da vontade, na qual se funda a liberdade contratual, que deverá estar voltada à solidariedade (art. 3º, I, da CF), à justiça social (art. 170, *caput*, da CF), à livre-iniciativa, ao progresso social, à livre circulação de bens e serviços, à produção de riquezas, ao equilíbrio das prestações, evitando o abuso do poder econômico, a desigualdade entre os contratantes e a desproporcionalidade, aos valores jurídicos, sociais, econômicos e morais, ao respeito à dignidade da pessoa humana (art. 1º, III, da CF)[116].

2.2.4 Aplicação ao contrato de *factoring*

Os ditames da função social aplicam-se integralmente ao contrato de *factoring*.

Por meio da relação travada entre faturizada e faturizadora, viabiliza-se o desenvolvimento, principalmente das pequenas e médias empresas. Ressaltando a importância desse aspecto, reproduzem-se as palavras do Desembargador do Tribunal de Justiça de Santa Catarina Nelson Juliano Schefer Martins ao afirmar que a empresa exerce atividades indispensáveis à prosperidade e à grandeza da sociedade, vez que detém fontes de riqueza, alavancadas para o progresso socioeconômico[117].

Nesse passo, a empresa possui poder de influência no local que se encontra, razão pela qual se impõe aos seus administradores o dever de harmonização de suas atividades com os interesses da sociedade. Tanto é assim que a função social da empresa vem

116. DINIZ, Maria Helena. *Curso de direito civil brasileiro,* cit., 23. ed., v. 3, p. 24.

117. MARTIS, Nelson Juliano Schefer. A função social do fomento mercantil. *Fomento Mercantil*, 57, nov. 2005, p. 13.

expressamente prevista na Lei n. 6.404/76 (Lei das Sociedades Anônimas), nos arts. 116, parágrafo único[118], e 154[119].

Outrossim, o art. 170 da Constituição Federal indica os dois pilares sobre os quais estrutura-se a ordem econômica brasileira: trabalho e capital.

Imersas nesse cenário, as empresas de *factoring* exercem poder empresarial e, por tal razão, observa o Magistrado, devem cumprir deveres positivos e negativos com atenção a interesses internos e externos.

Explica que os *interesses internos* dizem respeito às pessoas que contribuem para o funcionamento da empresa, seus sócios, trabalhadores e clientes. Os *interesses externos* relacionam-se com as expectativas da comunidade onde a empresa atua e, acrescenta-se, evidentemente, com a possibilidade de se neutralizar o eventual potencial lesivo que o contrato firmado pode acarretar à comunidade.

Os *deveres negativos* impostos às empresas de fomento mercantil, explica o autor, no exercício de sua função social, estão relacionados com restrições à liberdade e podem ser assim discriminados: i) proibição da prática ou da superação dos limites impostos pelo seu fim econômico ou social, boa-fé, bons costumes; na contratação e execução do negócio envolvendo *factoring* devem ser observados os princípios da probidade, lealdade, boa-fé, diligência ética e respeito (Código Civil, arts. 187, 421, 422 e 1.011); ii) observância severa dos preceitos jurídicos que proíbem a realização de operações privativas de instituições financeiras e o abuso das necessidades da empresa-cliente com a obtenção de vantagens excessivas, sob as penas da Lei n. 7.492, de 16-6-1986, art. 16, e da Lei n.1.521 de 26-12-1951, art. 4º; iii) atenção às

118. Art. 116, parágrafo único: "O acionista controlador deve usar o poder com o fim de fazer a companhia realizar o seu objeto e cumprir sua função social, e tem deveres e responsabilidades para com os demais acionistas da empresa, os que nela trabalham e para com a comunidade em que atua, cujos direitos e interesses deve lealmente respeitar e atender".

119. Art. 154. "O administrador deve exercer as atribuições que a lei e o estatuto lhe conferem para lograr os fins e no interesse da companhia, satisfeitas as exigências do bem público e da função social da empresa".

origens dos títulos apresentados para negociação para que não se configure infração à Lei n. 9.613, de 3-3-1998, que dispõe sobre crimes de lavagem de bens, direitos e valores.

Os *deveres positivos* decorrem da postura ativa que às empresas de fomento mercantil cumpre adotar. Em sintonia com as regras da Constituição, art. 170 e seus incisos, enunciam-se as seguintes ideias: i) fortalecimento dos princípios da livre-iniciativa, da propriedade privada, da livre concorrência e do tratamento favorecido às empresas de pequeno porte; o fomento mercantil atua em apoio a setor vital da economia, as pequenas, médias e microempresas; as empresas-clientes encontram na atividade de *factoring* maiores facilidades burocráticas em comparação com os serviços dos bancos e obtêm inegáveis vantagens ao transformar suas vendas a prazo em vendas à vista, além de incrementarem suas produções e de baratearem seus custos com a aquisição de insumos a preços mais atrativos; suporte técnico de consultoria mercadológica que torna as empresas-clientes mais eficientes em mercado cada vez mais competitivo; ii) cumprimento de importante desempenho, a partir da vigência da Lei n. 11.105, de 9-2-2005, que regula a recuperação judicial, extrajudicial e a falência do empresário e da sociedade empresária; as empresas de fomento mercantil podem contribuir na elaboração do plano de recuperação judicial, pois conhecem os problemas e as dificuldades das empresas-clientes, e auxiliar no custeio de insumos para a produção com aquisição direta de matéria-prima[120].

O autor explora a função social do *factoring* tanto no seu viés intrínseco (*inter partes)* como no seu viés extrínseco (*extra partes*), além de trazer deveres de abstenção de determinadas condutas e deveres de adoção de outras, a fim de se atingir o meio termo para que a função social se exteriorize de forma plena.

Sob um aspecto prático e extremamente atual, Ernani Desbesel afirma que a função social do contrato de *factoring* não está na garantia do recebimento de créditos aos faturizados, mas no

120. MARTIS, Nelson Juliano Schefer. A função social do fomento mercantil, cit., p. 13.

fornecimento de crédito àqueles que o mercado financeiro não alcança, em atribuir socorro na hora de maior necessidade do empresário[121].

Destaca que não existe função social maior do que ajudar empresas a sobreviverem quando lhes é negado o crédito pelas instituições financeiras, o que seria o seu último socorro. Em nosso país, essa tem sido a real função social das milhões de operações de fomento realizadas mensalmente[122]. As empresas de fomento mercantil, em muitas oportunidades, são a última possibilidade de manutenção da existência de determinadas empresas.

Ora, a função social do contrato de fomento mercantil resta, por conseguinte, evidente no momento em que a sociedade de fomento mercantil presta os serviços de apoio e paga o valor do título negociado, e a empresa-cliente utiliza esses recursos para o giro normal de seus negócios. É por força dessa atuação presente da empresa de fomento mercantil que o empresário, em muitas oportunidades, terá condições de adquirir matéria-prima e de honrar seus compromissos fiscais e salariais[123].

Com o escopo de ilustrar a função social do *factoring* na realidade hodierna e de tornar palpáveis tais considerações, citamos fato ocorrido no final do ano de 2008 e início de 2009, quando os bancos retraíram o crédito de forma considerável, prejudicando sobremaneira os que já tinham poucas linhas de crédito disponíveis, restando às empresas de *factoring* alcançar o capital necessário para tornar possível aos pequenos e médios empresários ultrapassarem este período de fortíssima instabilidade econômico-financeira[124].

Por conseguinte, é possível concluir que o contrato de *factoring* traz, intrincado à sua essência, importante ferramenta não apenas de propulsão de desenvolvimento econômico às partes contratantes,

---

121. DESBESEL, Ernani. *A função social do contrato de factoring*. Disponível em: <http://www.portaldofomento.com.br/artigo.php?id=51>. Acesso em: 19 mar. 2013.

122. Idem.

123. LEITE, Luiz Lemos. *Factoring no Brasil*, cit., p. 241.

124. Disponível em: <http://www.portaldofomento.com.br/artigo.php?id=51>. Acesso em: 19 mar. 2013.

mas ao sistema mercadológico como um todo, de modo a garantir o *azeitamento das relações comerciais*[125]. Nesse espeque, sua função social é alcançada na medida em que se atinge o equilíbrio entre os interesses empresariais individuais e os interesses coletivos.

Sobre os aspectos extrínsecos da função social dos contratos Gama e Cidad esclarece-se que, dentro do constitucionalismo brasileiro, a ordem econômica sempre representou a função social do contrato e da empresa, ao enunciar o princípio fundador da livre-iniciativa e livre concorrência (conforme arts. 1º, IV, e 170, III, ambos da CF), arrimados na proteção da dignidade humana e no compromisso com a construção de uma sociedade livre, justa e solidária.

Explicam referidos autores que a função social do contrato, ademais, deve traduzir as inúmeras finalidades constitucionais da República, não apenas as assim denominadas nos primeiros artigos do Texto Magno, mas também as traçadas em seu bojo. Dessa forma, o respeito à cultura, ao desenvolvimento do ensino científico e do desporto, além do meio ambiente, compõe o quadro de proteções constitucionais que integram o conceito de função social[126].

Ora, assim, parece bem claro, para nós, que existem pelo menos duas frentes de atuação do princípio da função social do contrato. A primeira, muito debatida nos contratos em geral, é aquela da função social intrínseca, também chamada de interna, ao contrato. Sob este viés, cumpre lembrar que o contrato deve encerrar trocas justas e úteis, de modo a denotar-se como equilibrado entre as partes, que põem e contrapõem seus sacrifícios em prol do cumprimento da avença entabulada.

Há, sem qualquer dúvida, uma **segunda vertente,** qual seja: a da função social **extrínseca, externa** ou *extra partes*.

Conforme seus termos, em rigor, o contrato não prejudica nem beneficia terceiros que lhe são alheios, tendo em vista que o contrato,

125. Expressão de FORGIONI, Paula A. *Teoria geral dos contratos empresariais*, cit. (diversas passagens).

126. GAMA, Guilherme Calmon Nogueira; CIDAD, Felipe Germano Caccicedo. Função social no direito privado e constituição, cit., p. 35 e s.

como sempre se disse, é *res inter alios acta tertio nec nocet nec prodest*. Vale dizer, assim, que essa face externa ou extrínseca da função social do contrato significa flagrante corte no elastério clássico de um dos tradicionais princípios do contrato: o de sua relatividade[127].

Ora, a imposição de análise dos potenciais efeitos extrínsecos do contrato é, hoje sabemos disso, sempre necessária, visto que o contrato não poderá ter conteúdo que seja potencialmente lesivo aos direitos da sociedade ou da coletividade.

Em vista do rogo da ordem pública instalada pela sociabilidade, e até mesmo diante da necessidade de cooperação e de solidariedade nas relações contratuais sobre as quais se assenta o próprio contrato, o princípio da relatividade acaba por sofrer uma nova leitura.

É claro, portanto, e aí a eficácia dos elementos ditos públicos sobre o direito privado, já referidos neste trabalho, que o contrato entabulado entre as partes poderá levar a vantagens, prejuízos ou deveres a terceiros, afinal o contrato deve ser considerado como uma instituição social[128].

O contrato é um elo que, de um lado, põe o valor do indivíduo que o cria, mas, de outro, estabelece a sociedade como o lugar onde o contrato vai ser executado e onde vai receber uma razão de equilíbrio e medida[129].

Nesse sentido, Godoy lembra que Junqueira ensina que a determinação constitucional do valor social da livre-iniciativa impõe ao jurista a proibição de ver o contrato como um átomo, algo que somente interessa às partes; desvinculado de tudo o mais, o contrato, qualquer contrato, tem importância a toda a sociedade, e essa asserção por força da constituição faz parte de todo o ordenamento jurídico brasileiro – de resto, o art. 170, *caput*, da Constituição Federal, de novo salienta o valor geral para a ordem econômica da livre iniciativa[130].

---

127. GODOY, Cláudio Luiz Bueno de. *A função social do contrato*, cit., p. 132.

128. E não um assunto individual, como lembra: LORENZETTI, Ricardo Luis. *Fundamentos do direito privado*. São Paulo: RT, 1998.

129. REALE, Miguel. *O projeto do Código Civil*. São Paulo: Saraiva, 1986, p. 9.

130. Entre outros: AZEVEDO, Antônio Junqueira de. Princípios do novo direito contratual e desregulamentação do Mercado – direito de exclusividade nas relações de forne-

Para Antônio Junqueira de Azevedo, o princípio da função social do contrato visa impedir que o contrato venha a prejudicar a coletividade ou a pessoas determinadas[131].

Sobre esta última hipótese de verdadeiro alargamento do conceito de oponibilidade do ajuste, vem se considerando integrar o que se convencionou chamar de tutela externa do crédito, ou efeito obrigacional externo, que, na lição de Carlos Alberto da Mota Pinto, "significa a existência dum dever geral de abstenção de quaisquer terceiros, relativamente à obrigação concebida como valor patrimonial"[132].

Dessa forma, por óbvio, apresenta-se a necessidade de que todo e qualquer contrato seja analisado de maneira a revelar-se se há ou não potencialidade de efeitos lesivos desse mesmo contrato em relação a terceiros e à coletividade como um todo.

O Enunciado 21 do Conselho de Justiça Federal, aprovado na I Jornada de Direito Civil, assim esclarece:

> "A função social do contrato, prevista no art. 421 do novo Código Civil, constitui cláusula geral a impor a revisão do princípio da relatividade dos efeitos do contrato em relação a terceiros, implicando a tutela externa do crédito".

No que concerne ao contrato de fomento mercantil ou *factoring*, é notória uma gama enorme de fatores que, por si só, destacam essa vocação para ser benéfico à sociedade[133], portanto,

---

cimento – Função social do contrato e responsabilidade aquiliana do terceiro que contribui para o inadimplemento contratual. *Revista dos Tribunais*, São Paulo, v. 750, p. 113-120, abr. 1998; BATIFFOL, Henri. La crise du contrat e sá portée. In: *Archives de Philosophie du Droit*. Paris: Sirey, 1968; FERREIRA, Carlos Alberto Goulart. *Equilíbrio contratual. Direito civil constitucional*, cit., p. 60; GODOY, Cláudio Luiz Bueno de. *A função social do contrato*, cit., p. 132.

131. AZEVEDO, Antônio Junqueira de. Princípios do novo direito contratual e desregulamentação do Mercado, cit., p. 113-120.

132. GODOY, Cláudio Luiz Bueno de. *A função social do contrato*, cit., p. 141.

133. "Do ponto de vista socioeconômico, as empresas associadas à ANFAC contribuíram para viabilizar transações econômicas industriais, comerciais e de serviços e, ainda, para sustentar 2,2 milhões de empregos diretos e indiretos. O giro de carteira das empresas associadas foi da ordem de aproximadamente 81 bilhões de reais ao final

algumas maneiras dessa avença mostrar-se apta ao cumprimento do comando maior de atendimento às exigências do bem comum.

Marco Antônio Vasconcellos explica que a teoria econômica representa um só corpo de conhecimento, mas, como os objetivos e métodos de abordagem podem diferir, de acordo com a área de interesse do estudo, costuma-se dividi-la da forma a seguir: i) microeconomia: estuda o comportamento de consumidores e produtores e o mercado no qual interagem. Preocupa-se com a determinação dos preços e quantidades em mercados específicos; ii) macroeconomia: estuda a determinação e o comportamento dos grandes agregados, como PIB, consumo nacional, investimento agregado, exportação, nível geral de preços, entre outros, com o objetivo de delinear uma política econômica. Tem enfoque conjuntural, isto é, preocupa-se com a resolução de questões como inflação e desemprego, a curto prazo[134].

Podemos elencar como consequências da prestação de serviços de *factoring*, sob o ponto de vista macroeconômico-financeiro, em benefício da sociedade: i) o fornecimento de capital de giro ao empresário, ii) a expansão do potencial produtivo da empresa, iii) a implantação de procedimentos claros de recebimentos e pagamentos, iv) a otimização de pessoal, profissionalização gerencial, entre outros. Claro que tudo isso com um fim maior: a manutenção da atividade empresarial.

É necessário esclarecer que não se quer aqui maquiar a realidade intentando esfumaçar o fato de que, por vezes, sejam encontrados nas operações contínuas entre faturizadoras e faturizadas o empenho em longos e rentáveis contratos de fomento, baseados, sob o ponto de vista prático, acima de tudo, na antecipação de recebíveis.

---

do exercício de 2010, retomando o espaço perdido em 2008/2009." Disponível em: <http://www.anfac.com.br/v3/factoring-estatistica.jsp>. Acesso em: 19 jan. 2014. O levantamento estatístico da Associação Nacional e Fomento Comercial (ANFAC), levou em consideração dados extraídos da Factors Chain International – FCI e das pesquisas brasileiras.

134. VASCONCELLOS, Marco Antônio Sandoval de. *Economia – micro e macro*. 3. ed. São Paulo: Atlas, 2002, p. 35.

Contudo, evidentemente, nos contratos de fomento mercantil, há um pacto de fidúcia entre a faturizada e a faturizadora que faz emergir uma relação de aconselhamento tão contínuo e empresarialmente íntimo da gestão de crédito que se denota como prestação de serviços de gestão empresarial. Assim, também não se pode entender como rompido o dever de probidade, ou até mesmo a função social extrínseca do contrato, como se verá em momento oportuno. Daí, é necessário que se analise em cada caso qual a efetiva relação.

É relevante perquirir se, em cada caso concreto, o que ocorre é somente a antecipação de recebíveis. Nesse último caso, estaremos em zona limítrofe entre o *factoring* e a atividade bancária, ou até mesmo o ilícito da agiotagem, a depender da taxa de retorno da empresa responsável pela faturização. Mas, efetivado de modo adequado, o *factoring* oferece efetiva contribuição social e exerce fundamental papel na manutenção da atividade de pequenas e de médias empresas.

2.3 ADEQUAÇÃO DOS TÍTULOS DE CRÉDITO À OPERAÇÃO DE *FACTORING*

No direito romano, devedor e credor estavam pessoalmente ligados ao cumprimento da obrigação. O inadimplemento contratual tinha até mesmo uma feição criminosa, e o devedor era punido pessoalmente, e não economicamente, pelo inadimplemento da obrigação.

Vigorava, portanto, a determinação pessoal da obrigação, ou seja, o devedor pagava, sob pena de execução pessoal, corporal. Assim, a sua liberdade ou até mesmo o seu próprio corpo constituíam a garantia do adimplemento da prestação por ele devida.

Ao longo do tempo, a execução pessoal da obrigação mostrou-se completamente dispensável diante do seu caráter apragmático. Desse modo, com a *Lex Poetelia Papiria*, no ano de 326 a.C., a execução obrigacional passou a recair sobre os bens, e não mais sobre o corpo do devedor, dando-se, assim, a *indeterminação pessoal da execução obrigacional*[135].

135. ALVES, José Carlos Moreira. *Direito romano*. 6. ed. Rio de Janeiro: Forense, 2005. v. 2, p. 7.

Dessa forma, é possível que uma obrigação originariamente firmada entre um credor e um devedor determinados seja simplesmente transferida para outro sujeito e, ainda assim, continue a existir sem os protagonistas primitivos, não importando quem lhes tomou o lugar. Esse é o caráter ambulatório das obrigações, que possibilita a transmissão do vínculo jurídico obrigacional.

Tal não ocorre, entretanto, nas obrigações chamadas personalíssimas ou *intuitu personae*, que serão objeto de estudo mais adiante.

Houve, portanto, uma grande transformação da teoria obrigacional, tal qual a iniciaram os romanos, e isso trouxe maior facilidade e celeridade às relações, sem que restasse prejudicada a segurança das partes envolvidas. Por óbvio, contudo, que um dos pilares do sistema econômico moderno está fundado no crédito, responsável pelo desenvolvimento e pela expansão das principais atividades econômicas atualmente existentes.

O crédito evidentemente possibilita a circulação de riquezas, independentemente da efetiva posse de valores. Essa abstração da situação econômica (assim tido o crédito em tese) possibilita a obtenção de lucro, satisfaz as necessidades humanas e mantém a atividade empresarial em suas inúmeras situações.

Fran Martins explica que[136] os títulos de crédito são documentos que representam certos e determinados direitos e, mais que isso, que dão a possibilidade a que esses direitos incorporados nos documentos circulem, sejam transferidos facilmente de pessoa a pessoa, revestidos de inúmeras garantias para os credores e todos quantos figurem nesses papéis.

Segundo Vivante, título de crédito "è uno documento necessario per esercitare il diritto litterale ed autonomo che vi è menzionato"[137].

Ressalta-se, contudo, que falta ao conceito de Vivante a referência ao conteúdo econômico e ao pagamento de quantia

136. MARTINS, Fran. *Títulos de crédito*. 14. ed. São Paulo: Forense, 2009, p. 4

137. VIVANTE, Cesare. *Trattato de diritto commerciale*. 3. ed. Milano: Vallardi, 1912, v. 3. Tradução livre: é um documento exigido por lei para o exercício literal e autônomo do direito a ele referente.

em dinheiro. De qualquer forma, o legislador pátrio reproduziu o citado conceito de forma praticamente literal no art. 887 do Código Civil, a saber: "o título de crédito, documento necessário ao exercício do direito literal e autônomo nele contido, somente produz efeito quando preencha os requisitos da lei".

A existência do título recebível e a noção exata de cada um deles é extremamente relevante.

Ressalta Pietro Perlingieri, sobre a importância do título para o direito de crédito, pois é dado o título ou a causa originária do direito de crédito em cada caso concreto, que se pode saber da estrutura de tal direito e, com tal estrutura, poder-se-á tratar da possibilidade de extinção, modificação ou transferência do direito e, até mesmo, saber em quais casos se poderá ter uma atuação unilateral ou não, em determinadas circunstâncias. Trata do princípio da intangibilidade da esfera jurídico-patrimonial e realça que tal princípio é a expressão do pancontratualismo, ou seja, da simetria estrutural entre a fonte da relação e o fato modificativo ou extintivo[138].

O Código Civil, de 2002, no Livro I da Parte Especial, que trata do Direito das Obrigações, passou a disciplinar, no Título VIII, os títulos de crédito. Ressalta-se, entretanto, que tais regras têm natureza suplementar, pois não revogaram as leis especiais que continuam disciplinando diversas espécies de títulos de crédito, por exemplo, a Lei Uniforme sobre Letras de Câmbio e Notas Promissórias (Decreto n. 57.663, de 1966), a Lei de Duplicatas (Lei n. 5.474, de 1968), a Lei dos Cheques (Lei n. 7.357, de 1985), a Lei do Conhecimento de Depósito e *Warrant* (Decreto n. 1.102, de 1903), entre outras.

2.3.1 Letra de câmbio

Segundo o entendimento de Fran Martins, a letra de câmbio trata de uma ordem dada, por escrito, a uma pessoa, a fim de que

138. Perlingieri, Pietro. Autonomia privata e diritti di credito. In: BELVEDERE, Andrea; GRANELLI, Carlo. *Confini atualli dell'autonomia privata*. Padova, Cedam, 2001, p. 93-110.

esta efetue o pagamento a um beneficiário indicado ou a alguém à ordem deste determinada importância em dinheiro. Tal jurista continua o seu entendimento acerca da letra de câmbio, afirmando que a letra de câmbio é um título de crédito, dotado de *literalidade* e de *autonomia* das obrigações. Por isso, desempenha importantíssima função econômica, diante, ainda, da ampla utilização do crédito que proporciona[139].

Clareando tal afirmação, importante trazer a lume a posição adotada por José Maria Whitaker[140], quando afirma ser a letra de câmbio um título capaz de realizar imediatamente o valor que representa, é, portanto, um título destinado à circulação.

É evidente que o caráter autônomo da letra de câmbio, bem como a sua literalidade, propicia diversos negócios jurídicos, tendo-a como objeto, incluindo-se aí o *factoring*.

2.3.2 Duplicata

A duplicata é um título de crédito genuinamente brasileiro. Sua origem remonta ao Código Comercial de 1850. Esse código trazia em seu art. 219 (atualmente revogado pelo atual Código Civil) a necessidade dos comerciantes atacadistas apresentarem ao comprador duplicata no ato da entrega das mercadorias e a fatura ou conta dos gêneros vendidos, devendo ser ambas assinadas, ou uma ou outra; assim, uma via ficava na posse do vendedor e a outra na do comprador.

A criação desse título possibilitou maior fiscalização de cunho tributário exercida pelo Fisco, bem como trouxe maior segurança aos comerciantes, de forma que, ao possuírem duplicada a fatura das mercadorias vendidas e ainda não pagas, poderiam cobrar de maneira mais eficaz de seu devedor.

A duplicata é título à ordem de pagamento relacionado a constituição, circulação e cobrança do crédito oriundo de operações

139. MARTINS, Fran. *Títulos de crédito*, cit., 14. ed., p. 28.

140. Apud GONÇALVES, Carlos Roberto. *Direito civil brasileiro*, cit., 7. ed., v. 3, p. 636.

de compra e venda mercantil ou de contratos de prestação de serviços[141].

Destarte, importante ressaltar a natureza causal dessa espécie de título de crédito, ou seja: não é gerado por qualquer relação jurídica e/ou obrigação, mas apenas por aquelas relativas a circulação de mercadorias e prestações de serviços, distanciando-se da letra de câmbio, diante deste aspecto muito mais concentrado.

É notável, na atualidade, a utilização prática de fomento mercantil para a liquidação antecipada desses títulos perante o credor primitivo.

2.3.3 Conhecimento de transporte

Os conhecimentos podem ser títulos nominativos à ordem ou a seu portador.

Luiz Lemos Leite preleciona que se trata do título que é passado pelo transportador ou condutor de mercadorias ou de outros objetos e entregue ao carregador ou consignante, como prova do contrato de transporte.

Desse modo, é o título representativo dos próprios objetos entregues para o transporte, ou seja, a comprovação e o instrumento de execução da contrapartida do transporte devido ao transportador[142].

2.3.4 Conhecimento de depósito

Emitido com o fim de facilitar as negociações relativas às mercadorias depositadas. Geralmente, é transmitido acompanhado pelo *warrant* (outro título de crédito). Segundo o ensinamento de Luiz Lemos Leite, o título é emitido pelos armazéns gerais ou armazéns de depósito, a favor da pessoa que neles depositou mercadorias de sua propriedade, como prova dessa entrega e de

141. GONÇALVES, Carlos Roberto. *Direito civil brasileiro*, cit., 7. ed., v. 3, p. 655.

142. LEITE, Luiz Lemos. *Factoring no Brasil*, cit., p. 265.

existência no depósito das aludidas mercadorias, que ficam sob a guarda e a conservação do depositário[143].

2.3.5 *Warrant*

O termo é de origem inglesa e significa garantia, segurança, garantia e penhor. Como seus significados expressos, o *warrant* é título de garantia emitido sobre mercadorias depositadas em armazéns.

A expedição do título dá-se normalmente, concomitantemente ao conhecimento de depósito.

O *warrant*, no entanto, tem natureza diversa da do conhecimento, enquanto este é o documento apropriado para a transferência da mercadoria depositada, aquele serve de instrumento às cauções, penhores, que se faça sobre o conhecimento, ou sobre as próprias mercadorias[144]. Assim, temos que o *warrant*, por si só, não é instrumento hábil à transferência da propriedade das mercadorias depositadas, e não encontramos em nossa pesquisa, ou empiricamente sequer, uma formalização de operação de fomento mercantil com aludido título, muito embora julguemos possível tal afirmação diante da abstração que se pode compreender nos títulos de crédito.

2.3.6 Nota promissória

Ainda, seguindo o entendimento de Fran Martins, temos como conceito de nota promissória: "(...) a promessa de pagamento de certa soma em dinheiro, feita, por escrito, por uma pessoa, em favor de outra ou à sua ordem"[145].

É aquele que contém a assunção de obrigação de dar conforme disposto no próprio título, consistente em promessa de pagamento. Observa-se a inexistência de uma ordem dada a alguém para que

143. LEITE, Luiz Lemos. *Factoring no Brasil*, cit., p. 265.

144. LEITE, Luiz Lemos. *Factoring no Brasil*, cit., p. 266.

145. MARTINS, Fran. *Títulos de crédito*, cit., 14. ed., p. 259.

se efetue o pagamento para outrem; na nota promissória temos apenas a imagem de quem emite a promessa, em favor de quem irá dela se beneficiar[146].

2.3.7 Nota promissória rural

Regulamentada pelo Decreto-lei n. 167, de 14 de fevereiro de 1967, a nota promissória rural será utilizada se se tratar de vendas a prazo de bens de natureza agrícola, extrativista ou pastoril, realizadas por seus próprios produtores rurais ou por suas cooperativas; nos recebimentos pela cooperativa de produtos de mesma natureza entregues por seus cooperadores, bem como nas entregas de bens de produção ou de consumo feitas pelas cooperativas aos seus associados[147].

2.3.8 Cheque

O cheque é uma ordem de pagamento à vista que é ofertada pelo emitente (emissor do título), em favor próprio ou de terceiros, a uma determinada instituição bancária/sacado, que se sustenta pela provisão de fundos existente em conta corrente do emitente. Para que o título seja válido como tal é necessário que se acomode nos requisitos determinados pelo artigo 1º da Lei n. 7.357/85: a) a denominação "cheque" constante do próprio texto do título e no mesmo idioma utilizado para a sua redação; b) a ordem incondicional de pagar quantia determinada, expressa em cifra e por extenso; c) o nome e a identificação do banco ou da instituição financeira que deva pagar; d) a data de emissão; e e) a assinatura do emitente, ou de seu mandatário com poderes especiais.

O art. 2º da citada Lei 7.357 determina que o título, a que falte qualquer dos requisitos enumerados não vale como cheque, salvo, quando: i) na falta de indicação especial, é considerado lugar de pagamento o lugar designado junto ao nome do sacado; se

146. LISBOA, Roberto Senise. *Manual de direito civil*, cit., 4. ed., p. 408.

147. LEITE, Luiz Lemos. *Factoring no Brasil*, cit., p. 266.

designados vários lugares, o cheque é pagável no primeiro deles; não existindo qualquer indicação, o cheque é pagável no lugar de sua emissão; ii) não indicado o lugar de emissão, considera-se emitido o cheque no lugar indicado junto ao nome do emitente.

2.3.8.1 O art. 25 da Lei n. 7.357/85 nos títulos utilizados em factoring

A Lei n. 7.357/85 é conhecida como a "Lei do Cheque". Dispõe o art. 25 que:

> "quem for demandado por obrigação resultante de cheque não pode opor ao portador exceções fundadas em relações pessoais com o emitente, ou com os portadores anteriores, salvo se o portador o adquiriu conscientemente em detrimento do devedor".

Alguns autores defendem que o artigo supramencionado não tem aplicação nos contratos de *factoring*, pois não há circulação do título de crédito em decorrência da proximidade da relação entre o faturizador e o faturizado[148].

Entretanto, importa ressaltar que o cheque não possui autonomia absoluta, de forma que, em havendo prática de ilícito, caracterização de má-fé, ou até mesmo inexistência da relação jurídica por ele retratada, ter-se-á situação autorizadora da investigação da *causa debendi*.

Nesses casos, portanto, a nosso ver, sem dúvida, caberá a oposição em relação ao crédito manifestamente inexistente daquele decorrente de contrato rescindido, ou, ainda, daquele emitido para contemplar o pagamento pela entrega de mercadorias, que não foram entregues.

Isso porque, como já dito, o cheque não possui autonomia absoluta, podendo ter sua causa investigada, mister para aferição de má-fé da empresa faturizadora atual portadora do título de crédito.

148. SOARES, Marcelo Negri. *Contrato de factoring*, cit., p. 141.

Ademais, o entendimento da não existência da circulação do título de crédito em decorrência da proximidade do faturizado com a empresa faturizadora é infundado.

O contrato de *factoring* tem como um dos principais institutos envolvidos a cessão de crédito, de forma que deverá ser aplicado o previsto no Código Civil. O que se denota, portanto, é que, a despeito da atipicidade do contrato de *factoring*, que é atípico por acumular características principalmente da cessão de crédito, do mandato e da prestação de serviços, aplicam-se a esta modalidade contratual, no que forem com ela compatíveis, as normas do Código Civil sobre cessão de crédito, tendo em vista a grande aproximação entre esta e a faturização[149]. Evidentemente, neste mesmo sentido, serão ainda aplicáveis aquelas normas relativas à sub-rogação convencional ativa.

Assim, a transferência dos títulos de crédito pertencentes ao faturizado para a empresa faturizadora configura cessão destes títulos. Por sua vez, em atendimento ao disposto no art. 290 do Código Civil, para que a cessão possua eficácia frente ao devedor, este deverá ser notificado dela, ou seja, aquele que declarou estar ciente da cessão realizada.

Nessa toada, importante destacar o entendimento de Fábio Ulhoa Coelho, que destaca que, para ter eficácia em relação ao cedido (devedor), a cessão deverá ser comunicada a ele. Denota, ainda, que a Lei determina como forma adequada para esta comunicação a notificação, que pode ser extrajudicial. Admite, contudo, qualquer declaração do sujeito passivo, feita por escrito, público ou particular, de ciência da transmissão da obrigação como bastante também para a plena eficácia do ato[150].

Destarte, não há que se falar em inaplicabilidade do art. 25 da Lei do Cheque.

Ora, se o emitente (devedor) emite cheque para o pagamento de determinada obrigação assumida com o beneficiário/portador,

---

149. SANTIAGO, Mariana Ribeiro. Contrato de *factoring*. *RDPr* 33/240. Ver, ainda: OLIVEIRA, James Eduardo. *Código Civil anotado e comentado*. Rio de Janeiro: Forense, 2010, p. 301.

150. COELHO, Fábio Ulhoa. *Curso de direito civil*. 4. ed. São Paulo: Saraiva, 2010. v. 2, p. 110.

caso este possua contrato de *factoring* com empresa faturizadora, quando esta antecipar o valor a ser recebido, logicamente já deduzida a sua remuneração, e tonar-se cessionária e portadora do título, notificará o devedor, que poderá imediatamente opor-lhe as exceções pertinentes, não lhe cabendo defesa por tais motivos se não o fizer neste oportuno momento.

Observa-se, ainda, que, tendo em vista a cessão ocorrida, o devedor (emitente), depois de devidamente notificado e tendo restado silente diante da cientificação da cessão aperfeiçoada, não poderá opor exceções pessoais em relação ao antigo portador do cheque (cedente), pois este último não mais será o credor da obrigação. Conclui-se, por derradeiro, que o art. 25 da Lei do Cheque é aplicável ao contrato de *factoring*.

Se, entretanto, houver algum justo motivo para que o devedor/emitente se recuse ao pagamento à faturizadora, tratar-se-á daquelas hipóteses excepcionais em que a cessão de crédito toma viés *pro solvendo*, ou seja, o portador do título terá regresso contra o cedente, posto que, por algum motivo, não poderá cobrar o título do devedor (emitente do cheque)[151].

---

151. Por muito tempo, o entendimento majoritário nos casos de contrato de *factoring* foi no sentido de que, em referida figura contratual, não se poderia firmar pacto de cessão *pro solvendo*, isso porque o risco da operação deveria ser integral do faturizador. Evidentemente que este entendimento sempre seguiu a exceção dos casos em que o que se discutia era a legitimidade, a legalidade ou até mesmo veracidade do crédito. Como exemplo, temos o posicionamento de Arnaldo Rizzardo (*Factoring*, cit., p. 222), ao tratar de cláusulas que podem ser objeto de revisão judicial nos contratos de *factoring*, segundo o qual especificamente: "Quando consignadas permissões para ação de regresso que ofendem a própria natureza da faturização, isto é, não envolvendo a defesa, a legitimidade, a legalidade e a veracidade. Apenas em tais hipóteses pode o faturizador dirigir a sua reclamação contra o faturizado". Entretanto, hodiernamente o entendimento tem sido alterado, no sentido de que há liberdade para que as partes (faturizador e faturizado) disciplinem se a cessão que dá ensejo à faturização será *pro soluto* ou *pro solvendo*. Ver: LEITE, Luiz Lemos. *Factoring no Brasil*, cit., p. 230. Entendimento ainda minoritário, porém com fundamentos tão ou mais abalizados do que os anteriormente examinados, reputa viável a estipulação da cláusula *pro solvendo* por ocasião da formalização do contrato de *factoring*. O grau de risco, segundo a aludida corrente, pode ser contratualmente pactuado pelas partes, decorrendo daí a possibilidade do contrato de *factoring* dar-se com, ou sem, a cláusula de regresso, como ocorre nos países europeus, entre eles a Espanha e a Itália. BEBER, Jorge Luis Costa. *Contrato de factoring*: legalidade da cláusula de regresso. Disponível em: <http:// www.portaldofactoring.com.br/artigo.php? id=61>. Acesso em: 15 jan. 2014.

2.3.8.2 *Do cheque em ação monitória sem a demonstração da origem do crédito*

Por óbvio, o tema proposto não é cerne da nossa discussão, mas merece menção no trabalho, tendo em vista que toma relevo como aspecto prático da relação de fomento mercantil interno.

A ação monitória fora criada com o escopo de diminuir a distância existente entre o processo de conhecimento e o de execução. É um meio viável para tornar reconhecível determinada obrigação que perdera a sua executividade, por exemplo cheque que já esteja prescrito.

Importante ressaltar que, para que a propositura da ação monitória seja válida e eficaz, é imperioso que, além da observância dos requisitos exigidos no art. 282 do Código de Processo Civil, o autor parta de prova pré-constituída, de modo a revestir seu pedido com verossimilhança, comprovando a origem da dívida, ou seja, a *causa debendi*[152].

---

152. SOARES, Marcelo Negri. *Contrato de factoring*, cit., p. 214. Veja, sobre: "Ementa: ação monitória - cheque prescrito - origem da dívida não demonstrada - indeferimento da inicial. honorários advocatícios - minoração.1. Em se tratando de ação monitória baseada em cheques sem força executiva, porque prescritos, cumpre ao credor demonstrar a origem da dívida reclamada, sem o que a inicial deve ser indeferida em face da ausência de causa de pedir. 2. Sendo excessivo o arbitramento da verba honorária, dada a natureza da demanda e o trabalho desenvolvido pelo causídico, impõe-se a sua minoração a patamar que se adeque às peculiaridades da causa. 3. Recurso provido parcialmente. Decisão unânime" (TJ/DF. Apelação Cível 1-664089., Des(a) Rel(a) Adelith de Carvalho Lopes, *DJ* 29-9-1999). Ou: "Ementa: Apelação - ação monitória - cheque prescrito - prescrição da pretensão - prazo quinquenal - pretensão - início - vencimento do título - cheque pós-datado - irrelevância - pagamento parcial - reconhecimento do direito pelo devedor - causa de interrupção da prescrição - monitória - necessidade de prova escrita - comprovação de dívida líquida, certa e exigível. 1 - O prazo prescricional para a propositura de ação monitória é de cinco anos. 2 - A pretensão ao recebimento de obrigação líquida e positiva dá-se com o vencimento do título, sendo este o termo inicial do prazo prescricional, independentemente de se tratar de cheque pós-datado. 3 - O pagamento parcial consiste em ato inequívoco do devedor de reconhecimento do direito do credor, consubstanciando hipótese de interrupção do prazo prescricional. 4 - O procedimento monitório exige a apresentação na inicial de prova escrita, documento este que deve ser suficiente, por si só, para comprovar a existência da dívida líquida, certa e exigível alegada na exordial" (TJ/MG, Apelação Cível 1.0396.10.002064-5/001, Des. Rel. Pedro Bernades, *DJ* 27-3-2012, publicação da súmula: 23-4-2012). E, por fim: "Ementa: Monitória. Cheque prescrito. Cessão de crédito. Negócio subjacente. Prova. Ação de cobrança de che-

Nossos tribunais, em diversas oportunidades já se manifestaram no sentido de que, em se tratando de ação monitória baseada em cheques sem força executiva, porque prescritos, cumpre ao credor demonstrar a origem da dívida reclamada, devendo ser, na falta de referida demonstração, a inicial indeferida, de plano, diante da ausência de causa de pedir. Explicam, ainda, que o prazo prescricional da ação monitória é de cinco anos, tendo termo inicial no vencimento do título.

2.4 DA TRANSMISSÃO DO CRÉDITO AO FATURIZADOR

Como é cediço, cessão de crédito é negócio jurídico bilateral, que, em regra, tem caráter especulativo e oneroso, pelo qual o credor transfere a outrem seus direitos na relação obrigacional.

A transmissão do crédito é fundamental quando tratamos de *factoring*.

No **Peru**, por exemplo, que conta com legislação expressa sobre o tema desde junho de 2011, há disposição específica a determinar, no art. 2º da Lei n. 29.623, de 7 de dezembro de 2010, que será nulo todo e qualquer pacto tendente a limitar a negociabilidade de títulos.

---

que prescrito e objeto de cessão. Demanda ajuizada fora do prazo da ação prevista no art. 61 da Lei do Cheque. Necessidade de demonstração, pelo autor, do negócio que deu origem à dívida em cobrança. Prova da frustração do negócio realizado entre a embargante e o credor originário. Falta de demonstração da existência da dívida. Art. 333, I, CPC. Precedente. Ação improcedente. Deram provimento" (TJ/RS, Apelação Cível 70041322785, Relator Carlos Rafael dos Santos Júnior, julgado em 27-9-2011). Ainda, traz-se a lume a existência, ainda que minoritária, de jurisprudência em sentido contrário, ou seja, defendendo que, para a propositura da ação monitória com base em cheque prescrito, não se exige do autor a comprovação da origem da dívida, vejamos alguns julgados: "Ementa: apelação cível. Ação monitória lastreada em cheque. Cártula endossada a empresa de *factoring*, em face de contrato de fomento mercantil. Indeferimento da inicial por alegado descumprimento de despacho determinativo de emenda à inicial para a apresentação de documentos comprobatórios da faturização e demonstração da *causa debendi*. Documentação juntada. Regularidade da operação de fomento mercantil positivada. Desnecessidade de declinação da origem da dívida. Sentença extintiva do feito desconstituída. Recurso provido" (AC 2008.026990-7, de Joinville Rel. Des. João Henrique Blasi, julgado em 4-3-2009).

Há, ainda, que se notar traço bastante comum entre os países europeus, e em especial entre aqueles que compõem a **União Europeia**, na abordagem disciplinar do *factoring*: a tentativa de adaptar ferramentas já conhecidas para adequá-las a esta nova figura contratual.

Portanto, não deve restar surpreendente a heterogeneidade e as diferenças, em primeiro exame, entre as diversas jurisdições europeias: enquanto a **Itália**, a **Alemanha** e a **Espanha** utilizam-se do recurso contratual da venda de recebíveis, a **França** usa a sub-rogação, a **Bélgica** usa o endosso da fatura e o **Reino Unido** usa a atribuição do título[153].

No Brasil, como perceberemos, muito embora, o mais comum seja os empresários valerem-se da cessão de créditos como fundamento e mecanismo de faturização, encontramos resquícios claros do endosso e da sub-rogação convencional nos pactos de *factoring*.

É bastante evidente, destarte, que a transmissibilidade dos títulos de crédito é fundamental para a operação de *factoring*. De acordo com a legislação brasileira, aquele a quem o crédito é cedido terá direito aos seus acessórios, assim como ocorre na legislação **italiana**, conforme art. 1.263 do Código Civil **italiano**. Os acessórios do crédito são aquelas circunstâncias que ao crédito se agregam. Fazem parte dos acessórios os juros, as garantias do crédito, sejam elas fidejussórias ou reais, e também as disposições especiais de multas ou cláusulas penais.

São partes na cessão de crédito: o cedente, que é o titular originário do crédito, ou seja, aquele que transfere seu crédito; e o cessionário, aquele que recebe o crédito e passa a ser sujeito ativo da relação obrigacional.

---

153. CALZOLAIO, Ermano. *Il factoring in Europa*, cit., p. 5. "Se esiste un tratto comune tra i paesi europei, e in particolare tra quelli che compongono l'Unione, nel modo di affrontare la disciplina del *factoring*, esso può essere identificato nel tentativo di adeguare strumenti già noti alle esigenze poste da questa nuova figura contrattuale. Cosi, non devono stupire l'eterogeneità e le differenze, ad un primo esame anche vistose, tra gli ordinamenti: mentre l'Italia, la Germania e la Spagna ricorrono alia cessione dei crediti, la Francia utilizza la *subrogation*, il Belgio *l'endossement de lá facture* e l'Inghilterra *l'assignment*." Tradução livre, no corpo do texto.

Entretanto, esses efeitos apenas serão completos caso haja a devida notificação ao devedor-cedido. Tal afirmação encontra respaldo no art. 290 do Código Civil, o qual prevê que a cessão será ineficaz em relação ao devedor que não for notificado. Isso significa que, caso o devedor não seja informado sobre a transmissão do crédito, o faturizador não poderá exercer o direito de cobrança judicial ou extrajudicial em face dele. Tal fato ocorre porque não há obrigação jurídica do devedor frente ao *factor*, ante a ausência de vínculo jurídico (já que não se conformará o *haftung* obrigacional) pela falta de notificação.

Importante registrar, contudo, que tanto a doutrina como a jurisprudência são dissidentes no que se refere ao assunto, havendo posicionamento no sentido de que a notificação seria dispensável para a cobrança do crédito pelo cessionário, do que, como veremos, com a devida vênia, discordamos.

De qualquer forma, certo é que, se o devedor não for notificado, o pagamento realizado ao cedente (faturizado) será válido, exonerando-o da dívida. Entretanto, caso tenha sido informado e tenha anuído com a cessão, deverá pagar ao faturizador, pois se pagar ao cedente (faturizado) terá pagado mal, o que lhe acarretará o dever de pagar novamente ao cessionário. Daí a necessidade da cessão do crédito para que se possa efetivar a operação de fomento mercantil.

Diante disso, vale lembrar que situações há em que a cessão estará impossibilitada. Óbvia é a necessidade de domínio sobre esta informação para o operador de fomento mercantil. São hipóteses excepcionais, que devem ser observadas no caso concreto.

O art. 286 do Código Civil indica as situações excepcionais em que o crédito não poderá ser cedido: a) em razão de sua própria natureza – ex.: obrigações de caráter personalíssimo; b) em virtude de lei – ex.: cessão de crédito já penhorado (art. 298, do Código Civil) e herança de pessoa viva (art. 426, do Código Civil); e c) por convenção entre as partes – a autonomia contratual permite aos contratantes ajustar a inacessibilidade do crédito; ressalta-se, nesse último caso, que a cláusula proibitiva da cessão não poderá ser oposta ao cessionário de boa-fé se não constar do instrumento da obrigação (art. 286, do Código Civil).

Já decidiu o Tribunal de Justiça do Rio Grande do Sul que deverá ser mantida a sentença de extinção do processo sem julgamento de mérito, não tendo sido efetuada a transferência do contrato de mútuo perante o mutuante, quando houver cláusula proibitiva de cessão, sem consentimento do banco, aliás, do mesmo modo que determina o art. 1.267 do Código Civil **italiano**[154].

O devedor ainda pode opor ao cessionário ou ao cedente as exceções que lhe competirem, no momento em que tiver conhecimento da cessão. O tema também será aprofundado ao longo da exposição, mormente no que tange à possibilidade de oposição de exceções pessoais ao faturizador.

Por fim, tendo em vista que o *factoring* também gera a sub-rogação do faturizador, caso o devedor venha a falir ou se submeta à recuperação judicial ou extrajudicial, o faturizador tem o direito de habilitar-se nos respectivos processos.

2.4.1 Indeterminação pessoal da obrigação

O direito civil brasileiro tal como se conhece foi principalmente inspirado pelo direito romano. Em Roma, as questões envolvendo inadimplementos acarretavam ao devedor punição corporal.

A obrigação na era romana tinha cunho estritamente pessoal. Os sujeitos eram definidos e somente eles poderiam cumprir com as obrigações. Tínhamos a figura da determinação pessoal,

---

154. Ap. Cível 198084543, 11ª Câm., Rel. Marcelo Cezar Muller, julgado em 24-10-2001. Com relação à disposição sobre a cláusula proibitiva, o Código Civil italiano determina do mesmo modo, no artigo 1260: "Cedibilità dei crediti. Il creditore può trasferire a titolo oneroso o gratuito il suo credito (1198) anche senza il consenso del debitore, purché il credito non abbia carattere strettamente personale o il trasferimento non sia vietato dalla legge (323, 447, 1823). Le parti possono escludere la cedibilità del credito; ma il patto non è opponibile al cessionario, se non si prova che egli lo conosceva al tempo della cessione". Tradução livre: artigo 1260: "Cessão de crédito. O credor pode ceder a título oneroso ou gratuito seu crédito (1198), mesmo sem o consentimento do devedor, desde que o crédito não seja de natureza personalíssima ou a cessão não seja proibida por lei (323, 447, 1823). As partes podem excluir a possibilidade de cessão do crédito, mas o pacto não é oponível ao cessionário, se não se puder provar que referido pacto era de conhecimento deste último ao tempo da cessão".

de sorte que o devedor se responsabilizava, inclusive, com sua vida como garantia.

Destarte o devedor inadimplente poderia ser vendido como escravo, escalpelado vivo a trote de cavalo ou, ainda, retalhado em pedaços por seus credores. Apesar de acarretar consequências aterrorizantes, este meio executivo mostrou-se ineficaz, havendo necessidade de formas mais eficientes para satisfação do crédito.

Em 326 a.C., surgiu a figura da *Lex Poetelia Papiria*, de forma que a execução deixou seu caráter determinista pessoal e passou a recair sobre os bens do devedor, e não mais sobre o seu corpo, dando-se, assim, a *indeterminação pessoal da execução obrigacional.* De sorte que somente a partir daí os efeitos da execução passaram a ser de ordem estritamente patrimonial.

2.4.2 Ambulatoriedade obrigacional: a obrigação como objeto de tráfego jurídico

Em decorrência imediata da indeterminação pessoal, temos a ambulatoriedade obrigacional. De sorte que a satisfação das obrigações não dependia exclusivamente de quem as pactuava. Assim, era possível transferir o adimplemento da obrigação para terceiro que queria assumi-la, sem extinguir a obrigação como ocorria na fase da determinação pessoal.

A locução *ambulatoriedade obrigacional* remete-nos à visualização de ambulantes, ou seja, a obrigação deixou de ser estática, fixa às pessoas que lhe deram causa e, ao contrário, tornou-se dinâmica, podendo ser transmitida para quem aceitar assumir a dívida ou o crédito.

Em breves palavras, há a transmissão do vínculo obrigacional. Arnoldo Wald[155] posiciona-se no sentido de que, na obrigação ambulante (do latim: *ambulare* = andar), a obrigação anda de um a outro titular, de forma que só aparece o sujeito ativo da obrigação quando este for exercer o seu direito.

---

155. WALD, Arnoldo. *Direito civil*. 18. ed. São Paulo: Saraiva. 2009. v. 2: Direito das obrigações e teoria geral dos contratos, p. 56.

Importa salientar que nem todas as obrigações possuem o caráter dinâmico da ambulatoriedade. Isso se dá porque, em determinadas obrigações, só determinada pessoa poderá, de fato, satisfazer a obrigação. São as hipóteses de obrigações personalíssimas, ou subjetivamente infungíveis, nestas, somente determinada pessoa poderá cumprir a obrigação.

2.4.3 Sub-rogação convencional no *conventional factoring* e no *maturity factoring*

Explica Maria Helena Diniz que o contrato de *factoring*, além de acarretar a cessão de crédito com todas as suas consequências, também gera a sub-rogação do faturizador nos direitos do faturizado (cliente – cedente), passando aquele a ser o credor do comprador, tendo, por este motivo, o direito de ação contra o devedor inadimplente[156].

O instituto da sub-rogação convencional decorre da autonomia privada. Dessa forma, a manifestação das partes lhe dá origem. O art. 347 do Código Civil autoriza as seguintes hipóteses de sub-rogação convencional: a) quando o credor recebe o pagamento de terceiro e expressamente lhe transfere todos os seus direitos – o credor transfere seus direitos ao terceiro não interessado diretamente. Há uma manifestação expressa (documento público ou particular) do credor de sub-rogar em suas prerrogativas aquele que pagou a dívida de seu devedor. Veja-se que a anuência deste último é dispensável; em que pese o inciso I do art. 347 do Código Civil diga que se aplicam a esse tipo de sub-rogação as disposições relativas à cessão de crédito, com esta não se confunde, dado que seu objetivo precípuo é a exoneração do devedor perante o antigo credor. Assim, as regras da cessão de crédito, aplicáveis à sub-rogação, serão aquelas concernentes à eficácia e à responsabilidade do cedente; b) quando terceira pessoa empresta ao devedor a quantia precisa para solver a dívida, sob a condição expressa de ficar o mutuante sub-rogado nos direitos do credor

156. DINIZ, Maria Helena. *Tratado teórico e prático dos contratos*. 3. ed. São Paulo: Saraiva, 1999. v. 4, p. 115.

satisfeito – trata-se de um negócio jurídico entre o devedor e o terceiro, que lhe empresta o valor para quitação do débito. Ora, deverá haver disposição expressa da sub-rogação, sob pena de que esta não seja reconhecida.

A distinção fundamental entre o *conventional factoring* e o *maturity factoring* está no fato de que, no primeiro modelo, o faturizado arca com a liquidação do título antecipadamente em relação à data do vencimento. No segundo modelo, aquele do *maturity factoring*, o faturizador aguarda a data de vencimento do título para liquidá-lo. Daí resulta distinção muito importante no concernente ao momento em que se opera a sub-rogação do faturizador no crédito do faturizado, em cada caso.

No *conventional factoring*, tendo em vista o adimplemento antecipado, parece bastante claro que ocorre uma espécie de sub--rogação convencional do faturizador (terceiro não interessado na quitação do débito) – diz-se espécie, porque não há quitação, mas sim antecipação com aplicação do fator geral de deságio, havendo, dessarte, situação que mistura os institutos de cessão e sub-rogação, exatamente nos termos do que preconiza o art. 347, I, do Código Civil. Esse mesmo instituto é apontado para fundamento do fomento mercantil na legislação **francesa**, que, muito embora tenha a cessão de crédito prevista nos termos do art. 1.690, encontra fundamento do *affacturage*, na sub-rogação, conforme disposição do art. 1.250, do **Código Civil Francês**[157].

---

157. Article 1.250. Cette subrogation est conventionnelle: 1° Lorsque le créancier recevant son aiement d'une tierce personne la subroge dans ses droits, actions, privilèges ou hypothèques contre le débiteur: cette subrogation doit être expresse et faite en même temps que le paiement; 2° Lorsque le débiteur emprunte une somme à l'effet de payer sa dette, et de subroger le prêteur dans les droits du créancier. Il faut, pour que cette subrogation soit valable, que l'acte d'emprunt et la quittance soient passés devant notaires; que dans l'acte d'emprunt il soit déclaré que la somme a été empruntée pour faire le paiement, et que dans la quittance il soit déclaré que le paiement a été fait des deniers fournis à cet effet par le nouveau créancier. Cette subrogation s'opère sans le concours de la volonté du créancier. Tradução livre: artigo 1.250: "Sub-rogação é convencional: 1° Quando o credor receber o pagamento de uma terceira pessoa e restar sub-rogado em seus direitos, ações, privilégios creditórios, penhoras ou hipotecas contra o devedor, tal sub-rogação deverá ser expressamente feita ao mesmo tempo que o pagamento; 2° Quando o devedor toma emprestado uma soma com a finalidade de pagar sua dívida e sub-rogar o mutuante nos direitos

Nas situações de *maturity factoring* ocorre, em essência, a nosso ver, uma promessa de garantia, eis que o faturizador não opera, de plano, a liquidação do título. No entanto, a liquidação futura com a consequente sub-rogação do faturizador é, também, essencial à efetivação da operação.

2.4.4 Cessão de crédito, promessa de garantia e endosso no *maturity factoring*

A circulação é, sem dúvida alguma, uma das principais características dos títulos de crédito, fator determinante para a mobilização do crédito. Em razão da circulação, o crédito mobilizado adquiriu valor e se tornou elemento fundamental para o desenvolvimento econômico.

Por meio dos títulos de crédito, as ordens e as promessas de pagamento passaram a ser feitas não apenas em benefício de pessoa determinada, mas de quaisquer outras que se tornem legítimas detentoras do título.

Fran Martins[158] ensina que, mesmo quando discriminado o nome da pessoa a quem o título beneficiará, poderá esta transferi-lo facilmente a outra pessoa, passando a esta, com a transferência do documento, os direitos que estão lá incorporados.

A circulação poderá, entretanto, ocorrer de formas diversas.

A doutrina apresenta algumas divergências quanto a esse critério de classificação dos títulos de crédito. Fran Martins e Rubens Requião[159], representando o posicionamento da maioria de nossa doutrina, tendo por base as lições de Cesare Vivante e Tulio Ascarelli, bem como a orientação adotada pelo nosso Código

do credor. Tal sub-rogação só é válida se o ato de empréstimos e o pagamento forem escriturados por notários no ato de tomá-lo emprestado informando que o dinheiro foi emprestado para fazer o pagamento, e no de liberar uma declaração de que o pagamento foi feito com fundos do novo credor. A sub-rogação tem efeito mesmo sem a anuência da vontade do credor".

158. MARTINS, Fran. *Títulos de crédito*, cit., 14. ed., p. 17-21.

159. REQUIÃO, Rubens. *Curso de direito comercial*. 20. ed. São Paulo: Saraiva, 1995. v. 2, p. 391.

Civil, destacam que os títulos de crédito podem ser classificados como: a) ao portador (conforme disposição dos arts. 904 a 909, do Código Civil); b) à ordem (conforme disposição dos arts. 910 a 920, do Código Civil); ou c) nominativo (conforme disposição dos arts. 921 a 926, do Código Civil).

Com abordagem distinta, Fábio Ulhoa Coelho[160] explica que os títulos de crédito podem ser classificados, quanto à sua circulação, como: a) ao portador; b) nominativos à ordem; e c) nominativos não à ordem.

2.4.4.1 Aplicabilidade do endosso

A forma de circulação do título poderá variar em razão de ser ele classificado como ao portador, à ordem ou nominativo, consoante previsto nos arts. 904 a 926 do Código Civil. Fábio Ulhôa Coelho propõe uma classificação, a nosso ver, mais adequada e até mesmo didática, ao classificar os títulos apenas em duas categorias: ao portador e nominativos, sendo que estes últimos se subdividem em títulos à ordem e não à ordem[161].

O título ao portador é aquele que circula por mera tradição e não indica o nome do beneficiário do crédito. Já o título nominativo traz em seu conteúdo a indicação do beneficiário. Caso contenha a cláusula "à ordem", circulará por endosso. De outra parte, se contiver a cláusula "não à ordem", circulará por cessão de crédito.

Neste ponto, importante que se faça uma distinção e um esclarecimento fundamental: ao lado dos títulos ao portador, os títulos nominativos podem circular de duas maneiras: por endosso ou por cessão de crédito (*formas de circulação dos títulos nominativos*). Entretanto, temos também a expressão "transmissão do crédito", que, em sentido amplo, significa *tráfego do crédito*. Assim, pode-se dizer que a cessão de crédito, ou cessão *stricto sensu*, é aquela que diz respeito à forma de circulação dos títulos nominativos com cláusula "não à ordem", e a transmissão do crédito,

160. COELHO, Fábio Ulhoa. *Curso de direito civil*, cit., v. 1, p. 393.

161. COELHO, Fábio Ulhoa. *Curso de direito civil*, cit., v. 1, p. 402 e s.

ou cessão de crédito *lato sensu*, é aquela referente à transmissão do crédito, sob qualquer forma. Essa distinção é importante, pois tanto no endosso como na cessão de crédito *stricto sensu* ocorre uma transmissão do crédito.

Em ambos os casos, assim, os créditos são cedidos (salvo no endosso impróprio em que ocorre a transferência do título, mas não do crédito nele encartado). Contudo, aqueles que são transmitidos por endosso seguem regras próprias, distintas daquelas aplicáveis à cessão de crédito *stricto sensu*.

O endosso é ato cambial pelo qual o credor de um título à ordem, também chamado endossante, transfere os respectivos direitos creditícios a terceiro, chamado endossatário, vinculando-se ao seu pagamento na qualidade de codevedor.

Nota-se que o endosso, enquanto uma declaração unilateral de vontade, é um ato cambial, ou seja, um instituto próprio do direito cambiário, que só existe e se presta por força dos títulos de crédito.

É também um ato abstrato, pois desvincula o título de crédito da causa que lhe deu origem. O endossatário, por meio do endosso, passa a titularizar um direito novo, abstrato e autônomo, desvinculado da relação causal que lhe deu origem, características fundamentais para a segurança jurídica na circulação dos títulos de crédito. Daí a inoponibilidade de exceções pessoais ao terceiro de boa-fé.

O endossante, em regra, responde não apenas pela existência do crédito transferido ao endossatário, como também pela própria solvência do devedor principal e de todos aqueles que o antecederem na cadeia de endossos. Trata-se de uma importante distinção entre o endosso e a cessão de créditos, uma vez que o cedente, muito embora também responda pela existência do crédito cedido, não é responsável, em regra, pela solvência do devedor principal.

A fim de exonerar o endossante de responsabilidade, é possível a inclusão da cláusula "sem garantia" no ato do endosso, hipótese em que o endossante legitimará o endossatário na posse do título, transferindo-lhe o respectivo crédito, mas sem vincular-se ao pagamento como codevedor.

Corroborando com essas informações, explicitamos o posicionamento de Antônio Carlos Donini acerca da conceituação do instituto e de sua aplicabilidade prática nos contratos de *factoring*, para quem o endosso é a declaração cambial lançada no título cambial à ordem, operando-se, por meio dele, a circulação, a fim de transferi-lo a terceiro. Explica o autor que nas operações de fomento mercantil, situação em que o crédito transferido está geralmente representado por duplicatas ou cheques, é imprescindível o endosso, pois é o meio para a transferência do título. Desse modo, conforme o autor, ao endossar, o endossante (sacador-faturizado) transfere ao endossatário (faturizador) o título e, em consequência, os direitos nele incorporados[162].

O autor afirma, categoricamente, que, "em razão de sua natureza cambial, os títulos – objeto da cessão de crédito – na operação de *factoring* são circulados através do endosso"[163].

De fato, o raciocínio encontra fundamento legal, uma vez que a matéria é regulamentada por uma série de leis esparsas que convivem no sistema. Dessarte, há que se mencionar as Leis Uniformes sobre cheques e letras de câmbio e notas promissórias, convivendo com as leis sobre cheque (Lei n. 7.357/85) e sobre cambiais (Decreto n. 2.044, de 31-12-1908)[164].

Tomando como exemplo a duplicata, Arnaldo Rizzardo desenvolve o seguinte raciocínio: o art. 25 da Lei n. 5.474/68 prevê que se aplicam a duplicatas e triplicatas, no que couber, os dispositivos da legislação sobre emissão, circulação e pagamento das letras de câmbio.

A Lei Uniforme de Genebra, introduzida no Direito Brasileiro por meio do Decreto n. 57.663/66, cuida tanto das letras de câmbio quanto das notas promissórias. Prevê, em seu art. 11, que toda letra de câmbio, ainda que não envolva expressamente a cláusula à ordem, é transferível via endosso.

162. DONINI, Antônio Carlos. *Factoring*. Rio de Janeiro: Forense, 2002, p. 86.

163. DONINI, Antônio Carlos. *Factoring*, cit., p. 87.

164. DONINI, Antônio Carlos. *Factoring*, cit., p. 87.

O art. 8º do Decreto n. 2.044, de 31-12-1908, prescreve em seu art. 8º que o endosso transmite a propriedade da letra de câmbio. O art. 14 da Lei Uniforme assevera que o endosso transmite todos os direitos inerentes da letra, e, por fim, o art. 15 determina que o endossante, salvo cláusula em contrário, é garante tanto da aceitação como do pagamento da letra[165].

Logo, não restam dúvidas acerca da aplicabilidade do endosso para a circulação dos títulos cambiais.

Do mesmo modo, não há qualquer dúvida sobre a possibilidade de aplicação do endosso às operações de *factoring*.

Na **Bélgica**, o *factoring* é regulado pela portaria de 31-3-58 que revogou a Lei de 25 de outubro de 1919 – sobre endosso de faturas, modificando, também, o art. 1.690 do Código Civil, permitindo o endosso, por uma única vez.

Fora admitido um instrumento jurídico de efetivação do *factoring* não utilizado em outros lugares: o endosso da fatura. Regido pela Lei de 25 de outubro de 1919, alterada por uma portaria de 31 de março de 1958. Destacamos que esta legislação foi criada para alavancar a atividade de pequenos comerciantes, permitindo geração de créditos. No entanto, ela tem sido usada com sucesso pelas empresas belgas de *factoring*, eis que permite a venda dos recebíveis. Não se trata, explica Calzolaio, da criação de um novo direito cambiário belga, mas de uma possibilidade aberta pela lei[166].

165. RIZZARDO, Arnaldo. *Factoring*, cit., p. 100.

166. CALZOLAIO, Ermano. *Il factoring in Europa*, cit., p. 59-60. "Anche la comparazione con il Belgio presenta spunti interessanti, poiché in questo ordinamento si è adottato uno strumento giuridico totalmente sconosciuto altrove: l'endossement de la facture» (girata della fattura). Esso è disciplinato dalla legge dei 25 ottobre 1919, modificata da una ordonnance dei 31 marzo 1958 «sur la mise en gage du fonds de commerce, l'escompte et la gage de ia facture ainsi que l'agréation et i'expertise des fournitures faites directement à la consommation». Tale normativa nacque per agevoiare l'attività dei piccoli commercianti, permettendo di smobilzzarne i crediti (52). Ciò nondimeno, essa è stata utilizzata con successo dalle società belghe di factoring, in quanto – a ben vedere consente la cessione, attraverso girata, di: «toute créance née d'activité professionneiles, commerciaies ou civiles et qu'il est d'usage de constater par une facture» (art. 13). L'art. 15 richiede che beneficiario delia girata sia «une banque ou un étabilssement de crédit agréé»; ciò che non ha costituito impedimento aicuno, in quanto ie società difactoring beighe hanno facilmente ottenuto l'autorizzazione

Naquele país, as empresas de fomento são consideradas instituições financeiras. Há, contudo, larga evolução jurisprudencial do instituto. No ano de 2012, conforme demonstrativo Factors Chain International (FCI), a **Bélgica** movimentou mais de 40 milhões de Euros em negócios de títulos faturizados.

Todavia, a questão causa-nos certa inquietude no que concerne às consequências da conclusão. Isso porque, nos termos supramencionados, o art. 15 da Lei Uniforme prevê a responsabilidade do endossante como garante tanto da aceitação como do pagamento do título.

Nas palavras de Antônio Carlos Donini, dois efeitos e duas funções, portanto, têm o endosso: i) o de transferir a propriedade do título entregue ao endossatário e ii) o de garantir-lhe o pagamento. O endossador, como qualquer outro signatário da letra, responde solidariamente pelo aceite e pelo pagamento da soma cambial, sendo considerada não escrita qualquer cláusula excludente ou restritiva de sua responsabilidade (conforme art. 44, IV, da Lei Uniforme)[167].

---

a rendersi giratarie di fatture (53). Con l'istituzione di questo strurnento Il legisiatore belga non ha però inteso creare un nuovo procedimento di diritto cambiario: il secondo comma dell'art. 15 sancisce, infatti, il divieto di girate successive («les endossements successifs sont interclits») (54). Adeinpimenti formali particoiari sono richiesti dalla legge in ordine ai contenuto della fattura: il secondo comina dell'art. 13 prescrive l'indicazione della data, dell"identità dei creditore e dei debitore, cosi come dei prezzo di ogni fornitura da cui risulti il credito e l'ammontare totale dello stesso. Le società di factoring impongono ai loro clienti il rispetto di tali forme; ad esempio, nell'art. 3a del contratto Heiler si iegge: «Ces factures doivent porter toutes mentions ímposées par ia ioi du 31 mars 1958, qui exige la mention de leur date, de i'identité du créancier et du débiteur, du prix des fournitures dont résulte la créance et du montant totale de celie-ci». Anche per la girata è richiesto il rispetto di forme particolari: la menzione dei nome dei giratario insieme alla sottoscrizione e alla data apposte dal girante (art. 14) (55). Quanto al momento in cui possono intendersi trasferiti i crediti, la Cour de Cassation belga ritiene ammissibile la cessione di «une créance future», purché sia identificata la persona dei debitore (56). Dailo studio delle condizioni generali di contratto emerge che le parti si accordano per la cessione di crediti non ancora sorti al momento della stipulazione. Infatti, secondo un'espressione ricorrente nei formulari: «E [...] le client s'engage a céder toutes ses créances à terme» (corsivo nostro) (57); in concreto il cliente si obbilga a girare, quando diviene titolare di un credito, la relativa fattura al factor (58). In tale contesto la girata della fattura si colloca come momento esecutivo di un accordo concernente la globalità dei crediti del cliente." Tradução livre: em paráfrase no corpo do texto.

167. DONINI, Antônio Carlos. *Factoring*, cit., p. 87.

Como consequência, isso daria à obrigação transmitida o caráter *pro solvendo*, o que, em regra, aplica-se apenas no que tange à existência do título, má-fé do faturizado (por ceder o crédito ciente da insolvência do devedor) ou nos casos em que haja convenção expressa para tanto, conforme será exposto adiante de forma pormenorizada.

Não obstante, a discussão fica ainda mais complexa se trouxermos à baila o art. 914 do Código Civil, que exige cláusula expressa para obrigar o endossante a responder pelo cumprimento da obrigação.

Essa situação, em um primeiro momento, pode até mesmo parecer circunstância antinômica, diante do destacado conflito normativo entre lei especial anterior e lei geral posterior. Contudo, esse confronto evidentemente, a nosso ver, e com a devida vênia, é apenas aparente, uma vez que o próprio Código Civil, em seu art. 903, solucionou a questão ao prever que, "Salvo disposição diversa em lei especial, regem-se os títulos de crédito pelo disposto neste Código".

Assim, aplica-se o art. 15 da Lei Uniforme. Daí, é possível concluir que o faturizado, ao ceder os créditos ao *fator*, por endosso, responde pela solvência do devedor e também pela aceitação referente à ordem de pagamento ao sacado, salvo se vier a apor expressamente, no título, a cláusula "*sem garantia*".

Sendo assim considerada a questão, a linha de pensamento estaria perfeitamente harmônica, não fosse pelo art. 9º da Lei Uniforme, que preceitua que: "O sacador é garante tanto da aceitação como do pagamento da letra. O sacador pode exonerar-se da garantia da aceitação; toda e qualquer cláusula pela qual ele se exonere da garantia do pagamento considera-se como não escrita".

Neste espeque, também, o já mencionado art. 44, IV, do Decreto n. 2.044/1908 reforça a responsabilidade da faturizada no que diz respeito ao pagamento da dívida, "considerando não escrita a cláusula excludente ou restritiva de responsabilidade e qualquer outra beneficiando o devedor ou o credor, além dos limites fixados por esta Lei".

Criou-se, então, intrigante celeuma, tendo em mira que a Lei Uniforme vinculou o faturizado ao pagamento do débito na hipótese de insolvência sobre o título. Contudo, logo se começou a perceber que não seria possível a aplicação desses dispositivos ao contrato de *factoring*, haja vista tratar-se de contrato atípico, dotado de uma série de particularidades, com estrutura e conteúdo próprio.

Assim, seria necessário adaptar os institutos já existentes para essa nova realidade. Preceitua Arnaldo Rizzardo ser impossível o endosso utilizado para a livre circulação de títulos e manter o seu significado e tratamento previstos em leis especiais. Explica o autor que, tendo surgido um mecanismo jurídico, não se pode vê-lo como uma sombra, ou simbiose, ou remodulação de institutos que possuem a individualidade própria. Novas definições e componentes jurídicos aparecerão, com a necessidade de desvinculação dos conceitos de figuras antigas e paralelas. A garantia do pagamento que acompanha a transferência pelo titular do crédito pode deixar de existir em situações diferentes do simples endosso.

No *factoring*, ensina Rizzardo, há compra de crédito ou do ativo de uma empresa, e não apenas de títulos. Não se opera o simples endosso, mas a negociação do crédito. Há uma individualidade própria, em conteúdo mais extenso que o mero endosso, ou a simples cessão de crédito[168].

Seguindo essa linha de raciocínio, entendeu-se ser mais acertada a adoção da regra de que o faturizado não responde pela solvência do comprador.

Assim apregoa Eduardo de Souza Carmo que os mais ilustres comercialistas não põem em dúvida a possibilidade de o portador endossar o título de crédito, dispensando-se de assegurar o seu pagamento e o seu aceite: A Lei Uniforme, como anteriormente dito, permite o endosso sem que o endossante se responsabilize pela aceitação e pelo pagamento da letra (art. 15, 1ª. al.). Para que tal possa ocorrer, entretanto, necessário é que o endosso traga cláusula especial a respeito, destacando a declaração do endossante o fato a fim de que posteriores detentores da letra não sejam ludibriados. Explicita que, em tal caso, o endosso tem por finalidade apenas justificar a circulação da letra, mas o endossante que transmitiu

168. RIZZARDO, Arnaldo. *Factoring*, cit., p. 105.

o título com essa cláusula fica desonerado de responsabilidade quanto a não aceitação ou não pagamento do mesmo. A cláusula de transferência, por endosso, sem garantia, destina-se a liberar o endossante, como endossante, da responsabilidade pelo pagamento e aceite do título de crédito. Por conseguinte, ainda que tirado o protesto contra o principal obrigado, ou contra o sacado – ato extrajudicial que autorizaria ação de regresso contra os obrigados subsidiários (sacadores, endossantes e seus respectivos avalistas) – o endossante, que transmitiu o documento, por via do endosso sem garantia, estará protegido das ações do portador do título, visando ao pagamento da obrigação cartular[169].

Nota-se, dessa guisa, que aos títulos endossáveis em operação de *factoring* aplicam-se regras especiais, mormente devido à atipicidade do contrato e de suas características especiais.

Nessa esteira, merece destaque a não vinculação do faturizado (endossante) como responsável pelo adimplemento do crédito, o que retira do faturizador, ao menos ordinariamente, o direito de regresso. Esta máxima concede à relação de *factoring* o caráter de obrigação *pro soluto*, vinculando o faturizado à solvência do devedor apenas em caráter excepcional, ou seja, aqueles previstos para a remanescente responsabilidade do cedente na operação de cessão de crédito.

2.4.4.2 Aplicabilidade da cessão de crédito

A cessão de crédito é instituto diretamente direcionado à aplicação civil estrita. Isso significa que se trata de créditos estampados em títulos comuns (não cambiais) ou títulos cambiais, nominativos, com a cláusula "não à ordem", ou, ainda, títulos à ordem que não passam pelo mero endosso, mas sim por negociação complexa que envolve outros objetos relevantes para a manutenção das atividades empresariais, como gestão do crédito fracionado contínuo, do fluxo comercial e financeiro, entre outros pontos.

169. CARMO, Eduardo de Sousa. Endosso sem garantia. *Revista de Direito Mercantil*, 1988, apud MARTINS, Fran. *Títulos de crédito.* Rio de Janeiro: Forense, 1977. v. 1, p. 189.

Aplicam-se aos contratos de *factoring* quase que exclusivamente os dispositivos do Código Civil, salvo algumas particularidades.

No Código Civil **espanhol**, as regras civis sobre a cessão são colocadas imediatamente após à compra e venda, e isso reafirma e está de acordo com a teoria de que a cessão é uma compra e venda que se caracteriza pela particularidade de ter um bem incorpóreo como objeto da negociação[170].

Ermanno Calzolaio em profícua análise sobre o *factoring* na Europa revela que na **Espanha**, nos estudos mais tradicionais, o *factoring* sempre foi estatuído como um contrato preliminar, porque se argumenta produzir efeitos apenas como uma ligação que obriga o cliente faturizado a oferecer os títulos à compra pelo faturizador[171].

O crescente desenvolvimento da operação de fomento mercantil, levou a doutrina a questionar o caráter obsoleto desse entendimento. Verificou-se que havia na legislação, ao encarar-se a cessão como compra e venda, um impedimento para a aquisição global de créditos, inclusive futuros, pelo faturizador.

Com efeito, na **Espanha**, a difusão do *factoring* foi menor do que a que ocorreu no início dos anos 1960 em outros países

---

170. CALZOLAIO, Ermano. *Il factoring in Europa*, cit., p. 47. Nel Código civil le norme sulla cessione sono collocate subito dopo quelle sulla vendita; ciò in ossequio ala tradizionale teoria che configura la cessione come una compravendita speciale, caratterizzata dall'avere ad oggetto beni «incorporali».

171. CALZOLAIO, Ermano. *Il factoring in Europa*, cit., p. 46 e s. "Negli studi più tradizionali, il *factoring* viene ricostruito secondo lo schema del contratto preliminare, in quanto – si sostiene esso produce solo effetti obbligatori, consistenti nell'obbligo da parte del cliente di offrire in cessione la globalità dei propri crediti alla società *di factoring* e nel correlativo obbligo dei *factor* di acquistare i crediti stessi, previa accettazione (29). *Pili* in particolare, sotto il profilo strutturale, il contratto viene scomposto in due momenti: la «oferta de factorización» e la «facultad de aprobación» (30). Si ritiene, infatti, che il primo atto dovuto da parte del cliente sia di offrire in cessione i crediti alla società *di factoring;* questa offerta può assumere poi due modalità concrete: o di cessione di un credito futuro, rispetto ad un determinato debitore, ovvero di un credito presente, con pagamento dilazionato. Nel primo caso, se *il factor* approva il credito il cliente dovrà trasferirlo alla società stessa nel momento in cui verrá in esistenza; nel secondo caso, invece, la facoltà di approvazione del credito da parte del *factor* costituirà una accettazion dell'offerta, mediante la quale si perfeziona la cessione (31). L'analisi si completa ricostruendo l'obbligo di cedere i crediti da parte del *factor* come «efecto de una situación previa, pero radicalmente distinta de la cesión, puesto que ésta exige la existencia de un credito actual»(32)." Tradução livre: no corpo do texto.

europeus, e, como consequência, a doutrina deu pouca importância ao instituto. No final da década de 1980, no entanto, o volume de negócios saltou de modo estrondoso. De 2002 para 2012, o volume de negócios firmados com *factoring* na **Espanha** passou de aproximadamente 60 mil para 124 milhões de euros. Esse fenômeno passou a despertar o interesse de estudiosos e também levou a uma profunda e necessária revisão das conclusões anteriormente alcançadas no campo jurídico sobre o *factoring*, naquele país[172].

A doutrina **espanhola** hodierna revela que, pelo menos em matéria de *factoring*, a cessão de crédito não pode ser considerada uma venda, porque o interesse do cessionário não se limita à compra de recebíveis. Assim, na **Espanha**, o *factoring* resta recebido como um contrato atípico. Era nesta perspectiva que se aplicavam, até 2011, os arts. 1.529 e 1.271 do Código Civil **espanhol**, para que se explicitasse que poderiam ser objeto, até mesmo da venda, neste caso, as coisas boas que ainda estariam por vir, ou seja, a possibilidade da cessão global de créditos, inclusive aqueles futuros que serão entendidos como transferidos no momento em que veem à existência[173].

172. CALZOLAIO, Ermano. *Il factoring in Europa*, cit., p. 47. "In Spagna il *factoring* ha avuto una diffusione minore rispetto a quella avvenuta agli inizi degli anni *'60* in altri paesi europei: di riflesso, anche l'interesse dela dottrina è stato per lungo tempo assai limitato. Sul finire degli anni '80, però, il *turnover* è balzato da pochi milardi di *pesetas* a circa *36* miliardi (pari a *430* miliardi di lire), fino a passare, nel 1989, a 150 miliardi (1800 miliardi di lire). Questo fenomeno ha ridestato l'interesse degli studiosi e ha altresi condotto a sottoporre a profonde revisioni le conclusioni in precedenza raggiunte." Tradução livre: no corpo do texto.

173. CALZOLAIO, Ermano. *Il factoring in Europa*, cit., p. 49-50. "Pur volendo prescindere da queste considerazioni di carattere generale, la dottrina in esame rileva che, perlomeno nel *factoring*, la cessione non può essere considerata una vendita, poichè l'interesse del cessionario non si esaurisce nell'acquisto dei crediti in quanto tali, ma consiste nei ricevere il corrispettivo per le prestazioni in favore dei ceduto (35). In altri termini, si sostiene che le norme della cessione configurano un meccanismo di trasferimento, che può trovare la propria causa non solo nella vendita, bensì anche in un contratto come il *factoring(36)*. In tale prospettiva, il tenore letterale dell'art. 1529 non è tradito ed anzi entra in gioco l'art. 1271 del *Código civil*, da cui si desume che possono formare oggetto del contratto anche beni futuri (37). Quanto al momento in cui i crediti si intendono trasferiti al *factor*, dalla concezione tradizionaie del *factoring* come preilminare di vendita discende che ogni singolo credito si intenderà trasferito nel momento in cui, una volta sorto, sara offerto in cessione al *factor* da parte del cliente (mediante la «oferta de factorización»). Seguendo la teoria propugnata da

Na **Espanha**, hoje, por força do art. 218 do Decreto real legislativo espanhol: 3/2011, de 14 de novembro, tem-se disciplinada a possibilidade de cessão que funda as operações de *factoring*[174].

Na **Inglaterra**, as regras da cessão de crédito regem o *factoring*, conforme disposição do *Law of Property Act* 1925, sec. 136 (1). Há, no entanto, três requisitos que merecem observação: a) a cessão deve ser absoluta, ou seja, compreendendo todos os direitos do cedente sobre o determinado crédito; b) a cessão deve ser feita por escrito; c) o devedor ou cedido deve ser comunicado[175].

---

più parti e da ultimo riferita, invece, i crediti si intenderanno trasferiti nel momento in cui essi vengono ad esistenza. È evidente, in tale contesto, che solo un intervento della giurisprudenza potrà contribuire ad una maggiore chiarezza. Ai nostri fini, è sufficiente conciudere che, pur nell'incertezza determinata da una disciplina codicistica che non riconosce alla cessione dei crediti una posizione autonoma rispetto alla vendita, nonché dalla esigua giurisprudenza in argomento, dovuta senza dubbio alla tardiva diffusione del contratto in Spagna, anche in questo ordinamento il *factoring* é un contratto atípico, il cui fondamento giuridico viene rinvenuto neil'istituto della cessione dei crediti." Tradução livre: no corpo do texto.

174. Art. 218 do Decreto real legislativo espanhol: 3/2011, de 14 de novembro, tem-se disciplinada a possibilidade de cessão que funda as operações de *factoring*: Transmisión de los derechos de cobro. 1. Los contratistas que, conforme al artículo anterior, tengan derecho de cobro frente a la Administración, podrán ceder el mismo conforme a Derecho. 2. Para que la cesión del derecho de cobro sea efectiva frente a la Administración, será requisito imprescindible la notificación fehaciente a la misma del acuerdo de cesión. 3. La eficacia de las segundas y sucesivas cesiones de los derechos de cobro cedidos por el contratista quedará condicionada al cumplimiento de lo dispuesto en el número anterior. 4. Una vez que la Administración tenga conocimiento del acuerdo de cesión, el mandamiento de pago habrá de ser expedido a favor del cesionario. Antes de que la cesión se ponga en conocimiento de la Administración, los mandamientos de pago a nombre del contratista o del cedente surtirán efectos liberatorios.

175. CALZOLAIO, Ermano. *Il factoring in Europa*, cit., p. 62. "Sono state chiarite a suo luogo (59) le ragioni che impongono la considerazione a sè stante della <cessione> nei factoring in diritto inglese. Si può, allora, passare subito a descrivere più nel dettaglio le regole sull' <assígnment>. Con l'assignment il creditore 'trasferisce' i propri diritti derivanti da un credito ad un terzo, che li accetta, senza il consenso dei debitore (60). L'accordo può essere raggiunto secondo due modalità, a seconda, cioè, che si tratti di uno «statutory» (detto anche «legal») o di un «equitable assignment». Lo statutorv assignment è ora disciplinato dal Law of Property Act 1925, sec. 136 (1): «An absoiute assignment in writing under the hand of the assignor (not purporting to be by way of charge only) of any debt or other legal thing in action, of which express notice has been given to the debtor, trustee or other person from whom the assignor would have been entitled to claim such debt or thing in action, is effectual in law (subject to equities having priorities over the right of the assignee) to pass and transfer from the date of such notice: a) the legal right to such debt or thing in action, b) ali legal and

Na **Itália**, um dos países do globo com a maior difusão do *factoring*, que operou mais de 180 milhões de euros em títulos faturizados, somente no ano de 2012, conforme informações obtidas no sítio da ***Factors Chain International***, o *factoring* é exclusivamente operado por cessão de crédito.

De acordo com o art. 1º, a cessão de crédito que atua no âmbito da Lei n. 52/1991, na **Itália**, é aquela composta de três requisitos conjuntos: i) o cedente deve ser um empreendedor (a largura desta formulação permite, incluir-se, também, o agricultor e o pequeno empresário), ii) as reivindicações atribuídas devem surgir a partir de contratos firmados pelo cedente em sua atividade empresarial e, por fim, iii) o cessionário deverá ser um banco ou um intermediário financeiro regulado pela Lei consolidada na operação bancária e de crédito emitido nos termos do art. 25, § 2º, da Lei n. 142, de 19 de fevereiro de 1992[176].

---

other remedies for the same, and c) the power to give a good discharge for the sarne without the concurrence of the assignor». Debbono, quindi, sussistere tre requisiti perchè si realizzi uno statutory assignment: la cessione deve essere absolute, e cioè il contratto deve contenere l'espressa manifestazione di volontà delle parti di trasferire tutti i diritti dei cedente relativi al credito (61); deve essere stipulato per iscritto (62); infine, la cessione deve essere notificata al debitore. La notifica non è però intesa in modo formale, e quindi può essere effettuata in qualsiasi modo e da parte tanto dei cedente quanto dei cessionario; la sua importanza è però grande, perché la cessione è valida eci efficace solo dai momento in cui il debitore ne è informato (63). Quando la cessione difetta di taluno di questi requisíti, essa può essere ritenuta valida in equity, purché non sussistano dubbi sulla reale intenzione delle parti di trasferire il credito e sempre che vi sia una «valuable consideration» (64). L'equitable assignment non deve essere stipulato per iscritto, né la sua efficacia è subordinata alla notifica al debitore, benché in difetto questi possa validamente pagare al creditore originario (65). Sebbene sotto il profrio sostanziale le differenze tra i due tipi di assignment siano ritenute, oggi, praticamente inesistenti (66), nondimeno solo un legal assignee può agire da solo e in nome proprio in giudizio per recuperare il credito, mentre un equitable assignee di regola non può, senza la partecipazione del cedente (assignor), agire in giudizio (67)."

176. "Secondo l'art. 1, la cessione dei crediti che rientra nell'ambito di applicazione della normativa è quella che avviene <verso corrispettivo>, quando concorrono tre condizioni, che debbono sussistere congiuntamente: il cedente deve essere un imprenditore (l'ampiezza di tale formulazione consente di inciudere anche l'imprenditore agricolo ed il piccolo imprenditore); i crediti ceduti debbono sorgere da contratti stipulati dal cedente nell'esercizio dell'impresa (è dunque irrilevante che siano debiti d'impresa o professionali per il debitore); il cessionario deve essere «una banca o un intermediario finanziario disciplinato dai testo unico delle leggi in materia bancaria e creditizia emanato ai sensi dell'art. 25, comma 2, della legge 19 febbraio 1992, n. 142,

Entre os países que adotam a cessão de crédito, é comum que os estudos sobre *factoring* incluam a **Holanda.**

Na verdade, até 1º de janeiro 1992, quando passou a ter vigor o novo Código Civil Holandês (*NBW – Nieuw Nederlands Burgerlijk Wetboek*), a situação era clara: o contrato de *factoring* era admitido como alienação fiduciária. Para o novo Código, no entanto, é inválido o ato que transmite títulos como garantia (art. 83, § 3º, Livro III, do NBW). Diante disso, as regras da novel codificação Holandesa tornam-se inutilizáveis às empresas de fomento mercantil.

Ora, hoje, infelizmente, a única alternativa possível na nova disposição codificada **holandesa** é a figura do *penhor sem transmissão de posse*, disciplinado pelo art. 239, § 1º, Livro III, do NBW, que permite o penhor de um direito ao crédito devido por uma pessoa determinada, ficando o instrumento autêntico com o credor original, submetendo-se o ato à transcrição. No entanto, naquele país, a transcrição notarial é extremamente cara, o que acaba por inviabilizar a prática do fomento mercantil em larga escala. Isso explica porque, pelo menos até 2012 (até onde nos foi possível pesquisar), a **Holanda** não contava com nenhuma empresa associada à *Factors Chain International* e não revelou qualquer expressividade em negócios de fomento[177].

---

i cui oggetto sociale preveda l'esercizio dell'attività di acquisto di crediti d'impresa." CALZOLAIO, Ermano. *Il factoring in Europa*, cit., p. 32.

177. CALZOLAIO, Ermano. *Il factoring in Europa*, cit., p. 51-52. "Tra i paesi che adottano la cessione dei crediti si è soliti includere anche L'Olanda. In effetti, fino ai 10 gennaio 1992, quando é entrato in vigore il nuovo codice civile («NBW»: Nieuw Nederlands Burgerlijk Wetboek), la situazione era chiara (38): il factoring veniva ricostruito come contratto di cessione fiduciaria (fiducia cum creditore), che il codice previgente riteneva ammissibile. Per il nuovo codice, invece, è invalido l'atto mediante il quale vengono trasferiti beni a scopo di garanzia (art. 83, comma 3, libro III NBW). D'altro canto, le regole in materia di cessione contenute nel nuovo codice rendono inutlllzzabile per le societi di factoring anche questo istituto. In fatti, perchè la cessione dei crediti sia perfetta non è sufficiente il sempilce accordo tra cedente e cessionario, ma occorre altresi la notifica al ceduto (art. 94, co. 1, libro III NBW). L'unica alternativa alia cessione, attualmente utilizzata nella prassi, è il cd. «pegno senza spossessamento», disciplinato dall'art. 239, co. 1, libro III NBW, che consente la costituzione di un pegno su un diritto di credito, vantato nei confronti di una persona determinata, con atto autentico o con scrittura privata, purché l'atto sia sottoposto a trascrizione. Le società di factoring sono state costrette a ricorrere a questo istituto, sebbene non

A **Alemanha** sustenta as relações de fomento sob o comando dos §§ 398 e s. do BGB que disciplinam a cessão de crédito[178].

A legislação brasileira admite que a cessão de crédito seja gratuita ou onerosa. Entretanto, no que tange aos contratos de *factoring* a transmissão da obrigação se dará sempre com caráter oneroso (regra que também se aplica ao endosso).

Arnaldo Rizzardo reforça essa afirmação ao explicitar que, no *factoring*, uma empresa cede à outra todos ou parte dos créditos de que é titular, mas que isso sempre ocorrerá a título oneroso, no que mais se aproxima da cessão do Código Civil, prevista no art. 295[179].

Uma segunda regra diz respeito à definitividade da transferência e impossibilidade de direito de regresso do cessionário (faturizador). Não é permitida a desconstituição do negócio, ainda que o devedor não pague a dívida. No mais, em regra o cedente (faturizado) não responde pela solvência do devedor, sendo a obrigação, portanto, *pro soluto*, conforme art. 296 do Código Civil.

O cedente (faturizado), versa o entendimento hodierno majoritário, apenas será responsável pelo pagamento perante o cessionário (faturizador), nos casos de i) vício de inexistência do crédito, ii) comprovada má-fé do cedente que, ao ceder conhece o estado de insolvência do devedor/cedido, e iii) avença de responsabilidade entre as partes da cessão, da maneira como rege o art. 296 do Código Civil brasileiro. É o que prevê, ainda, expressamente, o já mencionado art. 295 do Código Civil.

Novamente, Arnaldo Rizzardo contribui com seus ensinamentos ao evidenciar que, se fica responsável (o cedente/faturizado)

---

con soddisfazione, perché la trascrizione dell'atto è in concreto molto onerosa. Generalmente, ai fine di ridurre i costi, in via per cosi dire sperimentale é stata adottata la prassi di far trascrivere in modo cumulativo piú crediti, indicando i principali dati di riferimento degli stessi, la somma totale e il nome del primo ed ultimo debitore dell'elenco. In dottrina questa prassi è stata però ritenuta una frode alia legge, tale da rendere invalidi gli stessi negozi (39). Per il momento, pertanto, il quadro legislativo di riferimento per le operazioni di factoring in Olanda è quanto mai incerto." Tradução livre: no corpo do texto.

178. CALZOLAIO, Ermano. *Il factoring in Europa*, cit., p. 45.

179. RIZZARDO, Arnaldo. *Factoring*, cit., p. 55.

ao tempo da cessão, obrigatoriamente deve garantir a validade do título e a licitude do crédito, denotando que o crédito há de ter origem em um ato ou contrato lícito e deve representar uma operação válida[180].

Relevante destacar que, muito embora o título circule por meio de cessão em sentido estrito, deve-se atentar para o fato de que a operação realiza-se no âmbito de um contrato de *factoring* que, por sua natureza, não possui como objeto apenas a cessão de título de crédito.

Isso significa, em nosso entendimento, que, além de ocorrer a cessão propriamente dita, haverá uma larga gama de serviços envolvida na operação, tais como gestão de crédito e dos negócios de comerciantes, fabricantes e prestadores de serviços, a admissão de contas a pagar e a receber, assessoria aos clientes na seleção de riscos até a venda final dos produtos, cobrança de títulos, fornecimento de recursos, saneamento do mercado, otimização da capacidade gerencial do pequeno e médio empresário, garantia de solvência, além de outras atividades[181].

Neste sentido, complementa Amadeo Bassi.

> "Il factor, dunque, nella realtà, non si limita as acquistare crediti, perchè svolge anche, per il cedente, una serie di servizi, talora sofisticati, che sono in qualche maniera collegati alla cessione"[182].

Ora, o endosso confere direitos autônomos, enquanto da cessão resultam direitos derivados. Assim, no endosso, a nulidade de um deles não afeta os endossos posteriores, devido à autonomia das relações cambiárias. O devedor pode opor ao cessionário a mesma defesa que teria contra o cedente. O devedor, segundo o

180. RIZZARDO, Arnaldo. *Factoring*, cit., p. 57.
181. RIZZARDO, Arnaldo. *Factoring*, cit., p. 55.
182. BASSI, Amadeo. *Factoring e cessioni dei crediti*, cit., p. 56. Tradução livre: "O factor, portanto, na realidade, não se limita a comprar créditos, porque também oferece para o cedente uma gama de serviços, muitas vezes sofisticados, que estão de alguma forma relacionados com a cessão do crédito".

art. 294 do Código Civil, pode opor tanto ao cessionário como ao cedente as exceções que lhe competirem no momento em que tiver conhecimento da cessão; no endosso, não. O endossatário não pode opor exceção senão diretamente contra o endossante que lhe transferiu o título[183].

Nota-se que as consequências da utilização do endosso, em alguns pontos específicos, são quase que antagônicas às da transmissão em sentido estrito, daí a necessidade de um apaziguamento nesta situação, definindo-se se o que se aplica é o endosso ou a cessão de crédito.

O projeto da lei do *factoring*, PL n. 13/2007, que se encontra aguardando julgamento de um recurso no Legislativo, desde o ano de 2012, para continuidade de tramitação final, determina se serão aplicáveis as leis específicas de transmissão, evidentemente, queremos entender, conforme os títulos faturizados e, nos casos de falta de disposição específica, determina a utilização do instituto da cessão de crédito, na forma do art. 6º e parágrafos.

À evidência, para nós, parece que a situação permanece sem solução, pois não se terá, ainda assim, pacificidade, já que as disposições especiais com relação à transmissão de crédito há muito geram exacerbada polêmica na doutrina e na jurisprudência, como vimos.

Melhor seria, assim, em nosso entendimento, que o legislador previsse a utilização do instituto da cessão de crédito nos negócios de faturização, visando atender de maneira muito mais confortável o escopo empresarial do instituto coroando-o nos termos da autonomia privada de contratação, atendendo, assim, em cada caso específico, à avença que melhor se encaixe na relação entre as partes.

2.4.4.3 Garantias do faturizador: generalidades

Importante esclarecer que a questão referente às garantias do faturizador é tema tormentoso tanto na doutrina como jurisprudência pátrias.

183. REQUIÃO, Rubens. *Curso de direito comercial*. 26. ed. São Paulo: Saraiva, 2006. v. 2, p. 331.

Nas origens do instituto do *factoring* no direito brasileiro, não se admitia a possibilidade do direito de regresso do faturizador contra o faturizado, ou seja, a cessão de crédito que consubstanciava a faturização sempre se dava *pro soluto*, nunca *pro solvendo*.

Devido às características peculiares do contrato de *factoring*, é preciso que essas regras se amoldem às efetivas necessidades sociais que lhe dão vida e corriqueira aplicação na relação empresarial.

Arnaldo Rizzardo entende não ser possível o direito de regresso da faturizadora no que tange à insolvabilidade do devedor. Explica o autor que não é sem razão facultada ao *factor* a escolha dos créditos. Ao receber o *bordereau* dos títulos, tem o faturizador a faculdade de rejeitar os que não lhe interessam, por qualquer motivo. Explica que os títulos devem ser acompanhados ou podem ser exigidos os comprovantes da entrega das mercadorias, ou declarações de prestação de serviços, o que infunde maior garantia ao negócio, eis que o faturizador consegue, ao menos, indício mais confiável do aperfeiçoamento do negócio no qual o título faturizado lastreia-se. Leva-se em conta, ainda, que surgiu um tratamento especial e diferente do desconto, e mesmo da cessão, em vários aspectos. Considera-se o custo de quem vende os seus créditos, pagando um ágio ou um *plus*, relativamente ao valor inserido nos títulos. Não haveria sentido permitir-se, posteriormente, ao cessionário ir contra aquele que pagou o título, o que se verifica pela diferença a menos recebida, quanto ao montante contido na cártula[184].

Afirma, ainda, o autor que o direito de regresso tornaria sem sentido a remuneração recebida pelo faturizador, afinal nela já estaria embutido o risco da inadimplência do devedor. Nessa esteira, o negócio se configura como uma compra de crédito, sendo inerente ao mesmo negócio o risco para o faturizador, tanto que cobra um deságio, cujo montante aumenta proporcionalmente à dimensão do risco[185].

---

184. RIZZARDO, Arnaldo. *Factoring*, cit., p. 121.

185. Neste sentido, o autor menciona julgados: "Embargos à execução. 'Factoring'. Cheque Cuidando-se de 'factoring', a remuneração e a liquidação do título negociado passa a ser risco do faturizador, nada podendo ser exigido do faturizado, exceto se agiu de má-fé, no caso, não caracterizada. Sucumbência mantida. Apelação

Assim, restaria ao *factor* apenas a possibilidade de voltar-se contra o devedor-cedido, habilitando o seu crédito na eventual falência ou insolvência. Note-se que essa conclusão aplica-se tanto para os créditos transferidos por cessão como por endosso. A respeito do endosso, Arnaldo Rizzardo ainda faz questão de frisar a inaplicabilidade literal dos dispositivos da Lei Uniforme, esclarecendo que o endosso não segue as diretrizes traçadas pela Lei Uniforme de Genebra e que está desacompanhado de garantia. Assim, explica, transfere-se a propriedade do título *sem garantia*, não sendo, dessa guisa, sem razão que se reclama do faturizador cautela na seleção dos créditos. Em verdade, *factoring* tem como inerente a atividade de gerenciamento de créditos, não bastando a mera aquisição[186].

Marcelo Negri Soares adota posição ainda mais radical neste sentido, ao afirmar ser nula de pleno direito eventual cláusula que autorize o direito de regresso do faturizador perante o faturizado. Explica que é nulo de pleno direito o contrato que rezar a responsabilidade *pro solvendo* do faturizado, eis que estará a empresa de *factoring* oferecendo, na prática, um contrato de desconto de títulos, realizando a cobrança e, se infrutífera, o regresso em conta corrente mantida perante a faturizadora.

Destaca que essa prática caracteriza, à toda prova, um contrato tipicamente bancário, ainda que haja rotulação diversa deste. Na configuração comum, a empresa de *factoring* elabora um contrato de adesão intitulado "contrato de *factoring*", mas, no corpo, as cláusulas encampam um contrato bancário, com o fim específico e escuso de encobrir a operação ilícita. Nesse caso, foi a empresa

desprovida" (TJ/RS, 5ª Câmara Civ., AP 7000424527, Rel. Des. Leo Lima, julgado em 19-9-2002). Ou, ainda: "Apelação cível. Ação declaratória de inexistência de relação débito/crédito. *Factoring*. Cheque. Emissão de letra de câmbio contra o faturizado pelo inadimplemento de título negociado. Impossibilidade. É da natureza jurídica do fomento mercantil a inexistência de direito de regresso do cessionário contra o cedente quanto à solvabilidade do crédito cedido, excetuadas as hipóteses de vício no negócio jurídico subjacente, o que não veio demonstrado nos autos. Apelação Provida. Unânime" (TJ/RS, 8ª Câmara Civ., Ap 599086279, Rel. Des. Claudio Augusto Rosa Lopes Nunes, julgado em 27-3-2003).

186. RIZZARDO, Arnaldo. *Factoring*, cit., p. 123.

faturizadora quem elaborou o contrato, a sua má-fé estará caracterizada *ab initio*[187].

Entretanto, a doutrina traz também alguns entendimentos contrários, que pregam certa flexibilização quanto à admissibilidade da cláusula *pro solvendo* nos contratos de fomento mercantil nas hipóteses de insolvabilidade do devedor.

Rogério Alessandre de Oliveira Castro, comentando os ensinamentos de Fábio Konder Comparato, explica que este último não exclui totalmente a possibilidade de o *factoring* envolver cláusula *pro solvendo*, mas apenas estabeleceu que nesse tipo de contrato a cessão deve ser, via de regra, *pro soluto*, definitiva, sem direito de regresso, podendo, todavia, em face das características da operacionalização de sua atividade, a sociedade de *factoring* receber alguns créditos *pro solvendo*. Essa exceção é decorrência do princípio da globalidade que também deveria nortear o contrato de *factoring*[188].

Em nosso entendimento, é bastante claro que a vedação à cláusula *pro solvendo* fazia absoluto sentido nas origens do *factoring* brasileiro. Momento de desconhecimento do instituto que fazia com que as orientações econômico-protetivas limitassem a possibilidade de *factoring*, eis que as confundiam com a situação de agiotagem, a usura, desde 1933 expressamente reprimida no ordenamento jurídico pátrio.

Em 1982, o Bacen restringiu a prática do *factoring* apenas às instituições financeiras (confundindo a figura com o desconto bancário). A reversão desta situação teve como argumento central a diferença entre o *factoring* e o desconto bancário, que, naquela época, foi enfatizada como a assunção de risco integral do faturizador que figurava como cessionário dos créditos do faturizado, sem direito de regresso contra este último.

O que se pôde notar na pesquisa foi que, quando do surgimento do *factoring*, a totalidade da doutrina adotava posicionamento mais retraído e rígido no que tange ao direito do

187. SOARES, Marcelo Negri. *Contrato de factoring*, cit., p. 121.

188. COMPARATO, Fábio Konder. *Contrato...* cit., p. 60 in CASTRO, Rogério Alessandre de Oliveira. *Factoring no Brasil na Argentina*. Curitiba: Juruá, p. 139.

regresso entre faturizado e faturizador, entendendo-o como proibido; muito embora este continue o entendimento, que muito respeitamos, de alguns, com a evolução do instituto e o aumento da complexidade das relações, o posicionamento foi ganhando novos contornos.

Note-se o exemplo de Gonçalo Ives Ferraz da Cunha e Sá, que defende que a cessão *pro soluto* é da essência da contratação do *factoring*, mas a sociedade de *factoring*, ou seja, a faturizadora, poderá, excepcionalmente, não assumir o risco pela impontualidade e insolvência do devedor do crédito cedido[189].

Parece-nos que essa tem sido a tendência atual. Aliás, parte da doutrina, inclusive, mudou de posicionamento para admitir a possibilidade da cessão *pro solvendo* no caso de não pagamento da dívida pelo devedor.

Como exemplo, ainda, citamos Carlos Renato de Azevedo Ferreira, que, em 1985, escreveu um artigo defendendo a impossibilidade do direito de regresso e, em 2002, em defesa da sua dissertação de mestrado, que se pede vênia para citar, afirmou que, após detida meditação e pesquisa sobre o tema, mormente face às normas legais vigentes no país, reviu o seu posicionamento e concluiu pela ampla possibilidade do exercício do direito regressivo[190].

Luiz Lemos Leite, presidente da ANFAC, que foi, sem dúvida, o precursor dos estudos sobre *factoring* no Brasil, do ano de 1982 a 1999, defendeu que a aquisição dos créditos em contrato de fomento mercantil se dava, exclusivamente, *pro soluto*. Contudo, em 1999, após a realização do V Congresso Nacional de *Factoring*, passou a entender possível a cessão de crédito decorrente de o contrato de *factoring* ser *pro soluto* ou *pro solvendo*, dependo do que for convencionado entre as partes[191].

---

189. SÁ, Gonçalo Ives Ferraz da Cunha. O *factoring* e a nova constituição. *Revista de Direito Mercantil*, Revista dos Tribunais, São Paulo, v. 73, p. 100-119, 1.105, jan./mar. 1989, apud CASTRO, Rogério Alessandre de Oliveira. *Factoring no Brasil na Argentina*, cit., p. 139.

190. FERREIRA, Carlos Renato de Azevedo. *Factoring*. São Paulo: Fiúza, 2003, p. 81.

191. CASTRO, Rogério Alessandre de Oliveira. *Factoring no Brasil na Argentina*, cit., p. 140.

Atualmente, o autor citado conclui que não se encontra hodiernamente no ordenamento jurídico brasileiro qualquer norma restritiva específica que proíba a prática do direito de regresso, ou seja, da transmissão *pro solvendo*, ou que invalide a sua licitude, quando se dispõe expressamente no contrato de faturização, a cláusula de garantia de solvência do devedor (sacado) pelo faturizado ou de opção de compra nas operações de fomento mercantil[192].

Existem entendimentos em ambos os sentidos. São esclarecedoras as lições de Fran Martins e Fábio Konder Comparato, citados na obra de Maria Helena Diniz ao ensinar que o *factoring* pode ser *pro soluto* ou *pro solvendo*; neste último, a responsabilidade é subsidiária, estabelecida entre a empresa-cliente (vendedora) e o seu cliente (comprador sacado-devedor).

Explica, ainda, a professora que, se o fomento mercantil é uma venda e compra de créditos mercantis, nada impede que a empresa-cliente responda pela solvência do devedor, desde que haja cláusula contratual, nesse sentido, mas os endossatários têm o direito de regresso. Nada há que proíba o exercício do direito regressivo, que invalide a licitude da cláusula de garantia de solvência do devedor (sacado) ou de opção de compra nas operações de fomento mercantil[193].

No **direito comparado**, parece, também, tranquila a possibilidade de cessão *pro soluto* e *pro solvendo*, ao tratarmos da cessão

---

192. LEITE, Luiz Lemos. *Factoring no Brasil*, cit., p. 230. E, ainda: "O instituto do endosso e as cláusulas *pro soluto* e *pro solvendo* podem ser manejados livremente pelas empresas de *factoring*, valendo o *pacta sunt servanda*. Noutras palavras, impõe-se demonstrar que constitui um descomunal erro jurídico caracterizar o *factoring* (o negócio principal) como endosso em preto *pro soluto* (o subnegócio). As operações das empresas de *factoring* bem podem prever o recebimento, em cessão onerosa, de títulos cambiariformes, com cláusula de corresponsabilidade do cedente, em caso de simples inadimplemento dos sacados, embora formal e materialmente perfeitos, os títulos constantes do portfólio, i. e., sem vícios os fraudes". COELHO, Sacha Calmon Navarro; COELHO, Marco Aurélio Caldeira. O negócio jurídico denominado *factoring*. A possibilidade de cessão onerosa de crédito, com garantia de pagamento pelo cedente por inadimplemento do sacado – IOF – Não incidência. *Revista Dialética de Direito Tributário*, Coordenação de Valdir de Oliveira Rocha. São Paulo: Dialética, v. 59, ago. 2000, p. 147-161.

193. MARTINS, Fran. *Contratos e obrigações comerciais*. 5. ed. Rio de Janeiro: Forense, 1977, p. 574-575; COMPARATO, Fábio Konder. Contrato de *factoring*. In: *Enciclopédia Saraiva de Direito*. São Paulo: Saraiva, 1977, p. 345 e 349 e DINIZ, Maria Helena. *Curso de direito civil brasileiro*, cit., 23. ed., v. 3, p. 742.

para faturização. Consta do art. 1.267 do Código Civil italiano esta possibilidade que admite o *factoring pro soluto, senza rivalsa* ou *pro solvendo, com rivalsa.*

Ainda a legislação **italiana**, bastante evoluída no que concerne ao *factoring*, e no que versa sobre cessão de crédito com todos os caracteres do fomento mercantil, nos termos da Lei n. 52, de 21 de fevereiro de 1991, determina expressamente em seu art. 4º que o cedente garante a solvência do devedor perante o cessionário, exceto quando este último abra mão deste direito de garantia[194].

Em **Portugal**, a aceitação dos créditos pela empresa de fomento mercantil pode se dar, também, com ou sem direito de regresso, ou seja, o factor lá, também, poderá assumir o risco do incumprimento ou da insolvência de alguns ou até mesmo de todos os títulos cedidos, ou não[195].

---

194. Lei n. 52, de 21 de fevereiro de 1991 – Itália. Art. 4. 1. Il cedente garantisce, nei limiti del corrispettivo pattuito, la solvenza del debitore, salvo che il cessionario rinunci, in tutto o in parte, alla garanzia. E, ainda: CALZOLAIO, Ermano. *Il factoring in Europa*, cit., p. 36. Conforme explica o autor: "Venendo all'art. 4 della legge, esso stabilisce una inversione della regola dettata dall'art. 1267 cod. civ. Come è noto, nel sistema del codice la cessione, salvo patto contrario, si presume *pro soluto:* <il cedente non risponde della solvenza dei debitore, salvo che ne abbia assunto la garanzia. In questo caso egli risponde nei limiti di quanto fícevuto [...]> (art. 1267, co. 1, cod. civ.). Secondo la nuova legge, invece, <[il]cedente garantisce, nei limiti dei corrispettivo pattuito, la solvenza del debitore, salvo che il cessionario rinunci, in tutto o in parte, alla garanzia>. Pertanto, la cessione si intende, qui, sempre *pro solvendo: il* cedente é obligato non solo a garantire il *nomen verum* del credito, ma anche il suo *nomen bonum* e ciò si pone in linea con la prassi contrattuale, secondo cui generalmente la società si riserva di <garantire> i diversi crediti che le sono offerti in cessione dal cliente". Consoante disposição expressa da Lei, conforme mencionado: "Art. 4. Garanzia di solvenza: 1. Il cedente garantisce, nei limiti del corrispettivo pattuito, la solvenza del debitore, salvo che il cessionario rinunci, in tutto o in parte, alla garanzia". Tradução livre: A observação do art. 4º da Lei n. 52/1991 faz compreender que se estabelece uma inversão da regra disciplinada no art. 1.267 do Código Civil italiano, eis que, como é sabido, lá, também, o sistema de código determina que, salvo acordo em contrário, presume-se a cessão *sin recurso*, ou seja, sem regresso, assim é que: o cedente não será responsável pela solvência do devedor, a menos que ele tenha prestado esta garantia de modo expresso. E, neste caso, ele responde à medida do que recebeu. Segundo a lei específica, no entanto, o cedente garante, na medida da operação, a solvência do devedor, salvo se houver a renúncia à garantia pelo cessionário.

195. VASCONCELOS, Luís Miguel D. P. Pestana de. Cessão de crédito com ou sem recurso (Portugal). *Revista do Factoring: destaque para o direito de regresso.* Coordenação de Antônio Carlos Donini, ano II, v. 12, São Paulo: Klarear. 2005, p. 35 e s.

Na **Grécia** há legislação específica a tratar do tema que possibilita a pactuação com ou sem o direito de regresso. Sob a égide da Lei n. 1.905/90 a cessão poderá ser *pro soluto* ou *pro solvendo*, para os fins do fomento mercantil.

Na **Inglaterra** há, também, possibilidade do *recourse factoring*, admitido portanto, com ou sem o regresso.

Na **Espanha**, o espeque fundamental do *factoring* é a cessão de crédito que é regulada pelos arts. 1.526 e s. do Código Civil espanhol. O ato de cessão não necessita revestir-se de forma especial e, quanto à garantia de solvência, o art. 1.529, do mesmo diploma legislativo espanhol, prevê que o cedente não é necessariamente o garante efetivo do cumprimento do devedor, a menos que isso seja expressamente acordado[196]. Admite-se, portanto, o *factoring sin recurso* e *con recurso*.

O estudo sobre a prática contratual do *factoring* **alemão** revela que lá se pratica o *factoring* convencional (próprio). De modo concreto, a relação contratual ocorre de forma muito semelhante à de outros países, qual seja: o cliente lança seu empenho no sentido de fornecer continuamente todos os créditos que possuir à compra do factor; e, de sua parte, o factor empenha-se em aceitar tais créditos. Há a peculiaridade de que o fator sempre assume o risco da insolvência do devedor, exceto quando expressamente negociado por outra forma.

Na **Alemanha**, o *factoring ohne rückgriff* (*echtes factoring*) e o *factoring mit rückgriff* (*unechtes factoring*) também são aceitos; do mesmo modo, na **França** admite-se *affacturage sana recours* e *affacturage avec recours*.

Parece-nos, portanto, que, havendo disposição expressa em contrato, não há quaisquer dificuldades para se solucionar a questão, já que estamos aqui sob os domínios da autonomia privada.

---

196. CALZOLAIO, Ermano. *Il factoring in Europa*, cit., p. 47. "La cesión de créditos è disciplinata dagli artt. 1526 ss. del Código civil spagnolo; l'atto di cessione non deve rivestire alcuna forma particolare e, quanto alla garanzia della solvenza, l'art. 1529 prevede che il cedente non è tenuto a garantire l'effettivo adempimento del debitore, a meno che ciò non sia espressamente pattuito (cessione pro soluto) (28). Nel Código civil le norme sulla cessione sono collocate subito dopo quelle sulla vendita; ciò in ossequio alla tradizionale teoria che configura la cessione come una compravendita speciale, caratterizzata dail'avere ad oggetto beni «incorporali»."

Por óbvio, as situações mais complexas restam nos casos em que as partes permanecem silentes nesse sentido.

Tratando-se de transmissão de crédito por endosso, em regra, o endossante (faturizado) responde pelo pagamento da dívida perante o endossatário (faturizador) juntamente com o devedor, salvo se fizer constar no título a cláusula "sem garantia". Então, em regra, neste caso, a cessão (sentido amplo) seria *pro solvendo*, e apenas excepcionalmente *pro soluto*. Entretanto, ausente a cláusula "sem garantia", seria possível sustentar a cessão *pro soluto*.

Já no caso da transmissão de créditos via cessão de crédito (sentido estrito), nos termos do art. 296 do Código Civil, em regra, o cedente (faturizado) não responde perante o cessionário (faturizador) pela solvência do devedor. O cedente (faturizado) apenas será responsabilizado por eventual má-fé e pela existência do crédito, ainda que não conste expressamente em contrato, nos termos dos arts. 295 e 296, ambos do Código Civil.

Demonstrando respaldo ao acolhimento da tese da possibilidade de cessão *pro solvendo*, no Brasil, colaciona-se interessante julgado do Tribunal de Justiça do Estado de São Paulo:

> "Direito de regresso. Contrato de fomento mercantil (*factoring*). Validade e eficácia de cláusula em que a contratante assume a responsabilidade solidária pelos títulos sacados por terceiros e não pagos"[197].

Há quem entenda, ainda hoje, que o direito de regresso não deve ocorrer nas operações de *factoring*. Para outros, há limites de atuação na disposição do direito de regresso, pois a assunção do risco pelo faturizador é de caráter essencial na relação de fomento mercantil, sob pena de o *factoring* aproximar-se em sua plenitude do desconto bancário.

Rogério Castro[198], em obra robusta sobre o *factoring* no Brasil e na Argentina, admite a cláusula de cessão *pro solvendo* apenas

---

197. TJ/SP, AC 93.328-4/SP, 1ª Câmara Direito Privado, Rel. Des. Laerte Nordi, julgado em 22-12-1998.

198. CASTRO, Rogério Alessandre de Oliveira. *Factoring no Brasil na Argentina*, cit., p. 144 e s.

no início da relação entre faturizador e faturizada, eis que se trata de momento em que a faturizadora ainda não conhece a fundo a atividade do faturizado e, por isso, precisa primeiro inteirar-se do ramo de atividade, para depois assumir maiores riscos.

Para demonstrar como a questão ainda está longe de ser pacificada, mostra-se extremamente pertinente a crítica tecida por Rogério Alessandre de Oliveira Castro no que tange à adoção da cláusula *pro solvendo* na hipótese de insolvabilidade do devedor, pois referido autor denota preocupação com o futuro do fomento mercantil e finca, como um dos marcos da problemática, a possibilidade da cessão *pro solvendo.*

Explica que não basta que o *factoring* continue crescendo em quantidade, em números; é também necessário que cresça em qualidade, para que tenhamos um instituto cada vez mais reconhecido, aceito e respeitado pela sociedade. Para que o *factoring* seja tudo isso, não precisamos de uma fórmula miraculosa; basta praticá-lo da forma como ele foi construído no Brasil – duas atividades contínuas, inseparáveis e cumulativas – ou seja: a prestação de serviços e a compra de créditos, não olvidando ainda o espírito de uma verdadeira parceria.

Destaca que, apesar de boa parte da doutrina já existente e da própria norma em concepção tentar trazer um modelo desejado para o *factoring*, o que se tem verificado na prática, nos últimos anos, é um outro modelo, uma atividade única, separável e não cumulativa, consistente apenas e tão somente na compra, com o direito de regresso, de créditos que sequer advém de uma venda e compra mercantil ou de uma prestação de serviços.

Para aqueles que pensam o *factoring* dessa forma, é conveniente defender a cláusula *pro solvendo* para as suas operações. Segundo a opinião do autor, se esta fosse a verdadeira função do *factoring*, não haveria qualquer dúvida em afirmar-se que a cláusula *pro solvendo* se encaixa com perfeição. Agora, para aqueles que entendem o *factoring* como algo a mais, primeiro uma prestação de serviço e, somente depois, uma compra de créditos, a cláusula *pro solvendo* não é apropriada, para não dizer um contrassenso.

Ora, se a sociedade de *factoring* se propõe a uma parceria com o cliente que o procura, voltada primeiramente à gestão de seus créditos e de seus débitos e de seu fluxo de caixa, recebendo inclusive por essa prestação de serviços, parece-nos, no mínimo, estranho que não assuma o risco do negócio que passou a administrar em conjunto com o seu cliente. Em nosso entendimento, a assunção dessa responsabilidade seria uma consequência lógica, muito embora reconheçamos um aumento de risco para a sociedade de *factoring* e, por via reflexa, um aumento do custo da operação para o cliente.

Explica o autor, diante disso, que é até aceitável a utilização esporádica da cláusula *pro solvendo,* principalmente no início da relação, quando ainda não houve tempo para o empresário de *factoring* se familiarizar com o negócio de seu cliente. Porém, é um estado de exceção, provisório e efêmero, que não deve perdurar, principalmente na visão daqueles que entendem o *factoring* como algo mais que uma simples troca de papéis de crédito, "troca de sacolas e mais sacolas de cheques", cuja origem dos créditos o empresário de *factoring* sequer conhece[199].

Particularmente, com a máxima vênia, mesmo admirando o trabalho desenvolvido, daí um dos motivos de termos parafraseado as palavras do autor, não podemos concordar. Esta acepção da vedação da cláusula *pro solvendo* alça ao centro de gravidade do contrato de fomento mercantil a compra dos recebíveis.

Em nosso sentir, o *factoring* tem outro centro gravitacional, que é a alavancagem empresarial que é fundada, sim, na necessária liquidez proporcionada pelo faturizador ao faturizado, mas, antes de tudo, na gama de multisserviços oferecidos à empresa faturizada, de modo a proporcionar-lhe a oportunidade de ter foco máximo em sua produção, entrega e clientes.

Concluída a exposição acerca das garantias do faturizador no que tange à solvabilidade do devedor-cedido, há que se analisar suas garantias no que concerne aos possíveis vícios existentes no crédito e aos vícios existentes no título.

---

199. CASTRO, Rogério Alessandre de Oliveira. *Factoring no Brasil na Argentina*, cit., p. 144-145.

2.4.4.3.1 Vícios do crédito

São aparentemente maiores as garantias ao faturizador no que tange aos vícios existentes no crédito e aos vícios existentes no título. A doutrina e até mesmo a jurisprudência concordam no sentido de que, nessas hipóteses, a responsabilidade do faturizado é *pro solvendo*, sem maiores discussões. Entretanto, há ainda alguns poucos entendimentos contrários, conforme se verificará.

O crédito está sujeito a sofrer vícios quanto à sua existência, à sua validade e à sua eficácia. Daí, o crédito pode ser inexistente, nulo ou anulável, ou sofrer alguma causa de impedimento de produção de efeitos. Vê-se, pois, que os mesmos requisitos aplicáveis aos negócios jurídicos em geral aplicam-se nesta análise quanto ao crédito[200].

---

200. Todo e qualquer negócio jurídico pode ser analisado sob três planos: o da existência, o da validade e o da eficácia. Entretanto, a fim de proporcionar uma melhor compreensão sobre o tema, importante que sejam feitas algumas breves, mas necessárias, digressões sobre o tema. Neste espeque, não obstante as inúmeras variáveis e variantes, optou-se por trazer de base a esta análise as lições de Pontes de Miranda, que concebeu uma estrutura ímpar para aclarar tais elementos. Nas palavras de Pontes de Miranda: "Existir, valer e ser eficaz são conceitos tão inconfundíveis que o fato jurídico pode ser, valer e não ser eficaz, ou ser, não valer e ser eficaz. As próprias normas jurídicas podem ser, valer e não ter eficácia. O que se não pode dar é valer e ser eficaz, ou valor, ou ser eficaz, *sem ser*; porque não há validade, ou eficácia que não o é". Sobre ver: PONTES DE MIRANDA, Francisco Cavalcante. *Tratado de direito privado*. 4. ed. São Paulo: Borsoi, 1974, t. 3, 4, 5. No que tange ao objeto, para que seja válido, há de ser lícito, possível, determinado, ou ao menos determinável. O conceito de licitude é formulado de forma negativa. Atinge-se a compreensão do objeto lícito pelo conceito de ilicitude. Nas palavras do autor: "A lei impõe limitações ao objeto do negócio. O objeto do ato não gozará de proteção legal quando for contrário às leis de ordem pública ou aos bons costumes". Além disso, o objeto será considerado possível, quando estiver dentro das forças humanas ou das forças da natureza, havendo, portanto, efetiva possibilidade de cumprimento. Será impossível o objeto que fugir a essas forças. É preciso, nesse ponto, distinguir a impossibilidade absoluta, que a todos indistintamente atinge, da impossibilidade relativa, pois o que pode ser impossível para uns pode não ser para todos. Levamos em conta, também, que a impossibilidade para o presente não significa sempre a impossibilidade para o futuro. A impossibilidade pode emanar de leis físicas ou naturais, bem como de leis jurídicas, tendo-se aí a impossibilidade jurídica. No que concerne à determinabilidade do objeto, ele pode ser determinado no próprio ato, mas, caso não o seja, é imprescindível que seja ao menos determinável. Traz-se uma classificação acerca da determinação absoluta e relativa, a primeira se dá quando o ato individualiza a prestação, e a segunda quando as partes adotam algum critério a ser subsequentemente observado. Sobre, ver: VENOSA, Sílvio da Salvo. *Direito* ... cit., v. 1, p. 374 e s.

Nessa esteira, o crédito sofrerá do vício de inexistência quando faltar manifestação de vontade, idoneidade objetiva e finalidade negocial. O crédito inexistente torna inviável a operação de *factoring*, pois sem ele perde-se o núcleo objetivo do contrato, que é a

---

Sobre o contrato de *factoring*: "O objeto do contrato de *factoring* é lícito, na medida em que a operação de compra de ativos mediante a antecipação de recebíveis cumulada com a prestação de serviços de outra natureza é expressamente permitida em lei, como se pode denotar dos seguintes diplomas normativos: Lei n. 8981/95, Lei n. 9.430/97, Resolução n. 2.144/95 do Conselho Monetário Nacional, dentre outras. Ademais, o objeto não encontra nenhuma impossibilidade física ou jurídica, seja porque a execução da venda e entrega dos títulos é ação plenamente realizável, seja porque não há nenhum impedimento legal para tal prática. A vontade é elemento de fundamental importância dos negócios jurídicos" Maria Helena Diniz (*Curso* ... cit., v. 1, p. 463). Explicita ser indubitável que a manifestação de vontade exerce papel preponderante no negócio jurídico, sendo um de seus elementos básicos. Destaca, ainda, que a declaração volitiva deve ser livre e de boa-fé, não podendo conter vício de consentimento, nem social, sob pena de invalidade do ato negocial que fora perpetrado. O consentimento pode ser expresso ou tácito, desde que o negócio, por sua natureza ou por disposição legal, não exija forma expressa (art. 432 do Código Civil). No *factoring*, a manifestação de vontade é receptícia, haja vista que uma das partes expressa a vontade de contratar aguardando o contraponto da outra, a fim de que o contrato de *factoring* se aperfeiçoe. Por óbvio, ainda que diante do fato de ser um contrato de execução continuada, as intenções são constantemente renovadas, impondo verdadeiro dinamismo quanto a este requisito. Ainda, no que se refere à forma, Clóvis Beviláqua a explicava como sendo o conjunto de solenidades, que se devem observar, para que a declaração de vontade tenha eficácia jurídica. É o revestimento jurídico a exteriorizar a declaração de vontade. Esta é a substância do ato, cuja forma que lhe é aplicada se revela, conforme se pode ver em: BEVILÁQUA, Clovis. *Código Civil dos Estados Unidos do Brasil*. Ed. Histórica. Rio de Janeiro. Editora Rio, 1977, t. I, p. 386. A regra quanto à forma do negócio jurídico vem prevista no art. 107 do Código Civil. Nesse passo, a declaração de vontade não exige forma especial, salvo quando a lei expressamente o exigir. Consagra-se, daí, o *princípio da liberdade das formas*. Nesse contexto, o contrato de *factoring* segue referida máxima, tendo em vista que não existe forma especial para a sua concretização (muito embora o Projeto de Lei n. 13/2007 preveja a necessidade de que o pacto de fomento mercantil se dê por escrito, com inúmeras escriturações). Outras circunstâncias com relação à forma devem ser observadas, no que tange à eficácia da cessão de crédito que serve de suporte para o fomento mercantil, mas isso será objeto de análise específica em momento mais apropriado deste trabalho. Ausentes tais requisitos de validade, o negócio jurídico estará eivado de vício, que poderá acarretar sua invalidação absoluta (nulidade absoluta) ou relativa (nulidade relativa). Sob o enfoque do *factoring*, haverá nulidade absoluta nas hipóteses previstas nos arts. 166 e 167 do Código Civil, no que trata dos casos de simulação. O contrato padecerá de nulidade relativa quando houver vício de consentimento (erro, dolo, coação, estado de perigo, lesão), algum tipo de vício social, como a fraude contra credores, for dissimulado ou for entabulado por pessoa relativamente incapaz. À evidência, a última situação deverá restar afastada, pois o *factoring* é um contrato que se dá essencialmente entre pessoas jurídicas.

assunção do crédito pelo faturizador. Todavia, não obstante a sua indispensabilidade pareça óbvia, há julgado mantendo o contrato de *factoring*, mesmo que o crédito seja inexistente[201] – mas que, diante da pesquisa feita, é um julgado isolado, pois há entendimento do Superior Tribunal de Justiça, com fulcro no art. 295 do Código Civil, no sentido de que, constatada a inexistência do crédito, o faturizado terá responsabilidade pelo seu pagamento, o que nos parece bem mais acertado, e até mesmo óbvio[202].

Antônio Carlos Donini delineia de forma didática o ensinamento ao afirmar que a responsabilidade do cedente-faturizado é obrigatória, havendo assim direito de regresso em caso de vício (*nomen verum*)[203].

Daí verificar-se que o crédito deve ser certo quanto à sua existência. Isso implica questões relativas à sua veracidade e à sua legitimidade, o que significa dizer que o crédito deve ter uma origem, um lastro efetivo, ou representar um negócio jurídico, e o faturizado realmente deve ser credor do cedido (devedor do título).

No que concerne à sua validade, é possível que o crédito sofra de vícios de nulidade e anulabilidade.

Será nulo se não atender às exigências do art. 166 do Código Civil, isto é, se for contraído por agente absolutamente incapaz, se o seu objeto for ilícito, impossível ou indeterminado, se a vontade não for livre, consciente e voluntária, entre outros requisitos ali previstos. Ademais, também será nulo no caso de simulação (art. 167 do Código Civil).

A nulidade poderá, ainda, não estar insculpida no crédito, mas sim no título de crédito que se apresenta, como se verá no próximo tópico deste trabalho. Nessa situação, deve-se atentar às

201. RIZZARDO, Arnaldo. *Factoring*. 3. ed. São Paulo: RT, 2004. p. 124.

202. "Frustrada a expectativa do cessionário de títulos, por força de contrato de *factoring*, de receber o respectivo valor, por ato imputável ao cedente, fica esse responsável pelo pagamento." (REsp 43.914/RS, de 28-11-1995, *DJ* 4-3-1996). E, ainda: "Se a empresa cedente dos títulos, em decorrência de contrato de *factoring*, deu causa a que os mesmos não pudessem ser recebidos, fica responsável pelo pagamento" (REsp 330.014/SP, de 28-5-2002, *DJU* 26-8-2002).

203. DONINI, Antônio Carlos. *Factoring*, cit., p. 103.

normas específicas em cada caso, para cada título de crédito, em estrito cumprimento das normas de direito cambiário.

O crédito será anulável se contraído por agente relativamente incapaz, ou com algum vício de consentimento (art. 171 do Código Civil), ou em decorrência de negócio jurídico dissimulado (art. 167, 2ª parte, do Código Civil).

Em ambos os casos, da nulidade ou da anulabilidade, é possível que o *factor* reclame o pagamento do faturizado[204].

Por fim, o crédito será ineficaz se os seus efeitos estiverem subordinados a algum dos elementos acidentais de controle de eficácia dos negócios jurídicos, quais sejam, condição ou termo.

Importante registrar que muitos autores incluem, na análise de vício do crédito, a hipótese de vício redibitório[205]. Com a devida vênia, entendemos não ser esta a posição mais acertada.

Nos termos do art. 441 do Código Civil, vícios redibitórios são os defeitos ocultos que tornam a *coisa* imprópria para o uso. Daí, ser possível concluir que apenas bens materiais são passíveis de serem eivados de vícios redibitórios. Tanto é verdade que o critério eleito pelo Código acerca do prazo decadencial de reclamação consiste na mobilidade do bem (bens móveis, trinta dias, e bens imóveis, um ano, a contar da entrega efetiva), característica que só se aplica a bens palpáveis, e não a bens imateriais, como é o caso do crédito.

Assim, ainda que a coisa esteja eivada de tal defeito (entendendo-se vício e defeito como sinonímias), é possível que o crédito permaneça íntegro e intangível.

---

204. Uma vez não sendo certo, lícito e regular o crédito, cabe o direito de o cessionário reclamar contra o transmitente aquele mesmo crédito, ou o valor que ele pagou pelo título. São sempre oponíveis as exceções que afetam a própria subsistência do crédito, como as de nulidade por vícios de consentimento, prescrição etc. RIZZARDO, Arnaldo. *Contratos*, cit., 10. ed., p. 125. E, ainda, na p. 131: "Como já ressaltado várias vezes, é reconhecido o direito de regresso se o título ou o crédito apresentar vício ou nulidade em sua causa ou origem. O crédito deve ser verdadeiro, real, legal e legítimo. Cumpre que exista quando da transação, ou que já não se encontre alienado. O negócio que o criou há de ser real e válido, de sorte que não venha o devedor, quando demandado, alegar a desconstituição da compra".

205. RIZZARDO, Arnaldo. *Contratos*, cit., 10. ed., p. 125 e LEITE, Luiz Lemos. *Factoring no Brasil*, cit., p. 245.

Portanto, o *factor* não pode ser prejudicado pela alegação do comprador de que o bem está impróprio para o uso. O crédito apenas será inexigível se for reconhecida uma das causas que o maculem, quais sejam, inexistência, invalidade ou ineficácia, que, de fato, podem ter origem em vício redibitório da coisa. Mas, repise-se, o entrave advém do bem, e não do crédito.

2.4.4.3.2 Vícios do título

Os vícios do título são aqueles referentes à preterição de formalidades e de solenidades em sua elaboração.

Evidentemente, quando tratamos de forma, tratamos da conformação do ato, ou seja, daquilo que é exigido para sua formação. Assim, se a lei exige que determinado ato se dê por escrito, aí está uma formalidade, mas, se nada é exigido para a formação do ato, estar-se-á diante de um ato não formal.

Por sua vez, a solenidade é questão de aperfeiçoamento do ato. É o caso da necessidade de registro na matrícula do imóvel para a transmissão proprietária.

Assim, é indispensável que o título respeite as exigências legais quanto a esses requisitos para que seja plenamente válido. Transportando esses conceitos para a realidade concreta das operações de *factoring*, consoante outrora mencionado, em regra, embora não haja empecilho legal de se praticar fomento com outros títulos, os créditos vêm encartados em duplicatas e cheques.

Tais títulos exigem certas formalidades para a sua elaboração, previstas respectivamente na Lei n. 7.357/85 e na Lei n. 5.474/68. Ambas exigem a forma escrita, por exemplo. É essencial que conste no cheque o nome do banco ou da instituição financeira que deve pagar (art. 1º, III, da Lei n. 7.357/85). No que tange à duplicata, faz-se necessário que conste no título o número da fatura (art. 2º, §1º, II, da Lei n. 5.474/68).

Preteridas tais formalidades, o título estará eivado de vício, o que poderá acarretar a sua invalidação e, portanto, prejudicar a operação de antecipação dos recebíveis.

Além dessas hipóteses, há muitas outras exigências previstas nas referidas normas, às quais o faturizador deve se atentar quando da efetivação da faturização, para evitar problemas futuros.

No que concerne à solenidade, dificilmente se exigirá que um título que seja objeto de contrato de *factoring* seja lavrado por meio de escritura pública. Mas, caso a lei assim o exija, esta será uma condição de validade para sua regular emissão.

Ressalte-se, por fim, que a o faturizado, como regra, responde perante o faturizador pelos vícios constantes do título, o que lhe acarreta responsabilidade *pro solvendo*. Nesse sentido, Rogério Alessandre de Oliveira Castro esclarece que a impossibilidade de regresso que defendemos se volta apenas à ocorrência do não pagamento por parte do devedor (simples inadimplência ou insolvabilidade judicial), não se estendendo, contudo, aos vícios que possam surgir do título negociado[206].

Entretanto, o mandamento não é absoluto, pois há decisão do Tribunal de Justiça do Estado de São Paulo no sentido de que, ainda que haja vício no título, não haverá direito de regresso presumido por parte do faturizador[207].

Vê-se, pois, que a questão não é pacífica, enfrentando divergência no ordenamento. Todavia, não se pode perder de vista que o julgado anterior ainda configura hipótese de excepcionalidade,

---

206. CASTRO, Rogério Alessandre de Oliveira. *Factoring no Brasil na Argentina*, cit., p. 142.

207. Ementa: "Embargos à execução. Nota promissória. Exigência de título de crédito em garantia do adimplemento de contrato de *factoring*. Operação financeira que não pode ser realizada por empresa de faturização, cujo âmbito de atuação está restrito à negociação de créditos resultantes da atividade mercantil do faturizado. Inexigibilidade da cártula reconhecida, o que por, consequência, torna inadmissível o processamento da execução contra a avalista. Nulidade da execução decretada. Embargos do devedor julgados procedentes. Sentença mantida. Recurso improvido. Embargos à execução. Nota promissória. *Cláusula do contrato de factoring por meio da qual responsabiliza-se a faturizada por eventuais 'vícios' das cártulas negociadas. Inadmissibilidade. Inexistência do direito de regresso nos contratos de faturização. Necessidade de prova da responsabilidade (má-fé) da cedente por meio da ação de conhecimento própria*. Embargos julgados procedentes. Nulidade da execução declarada. Sentença mantida. Recurso improvido" (Apelação Cível 0010303-37.2010.8.26.0224, Rel. Des. João Camillo de Almeida Prado Costa; 19ª Câmara de Direito Privado, julgado em 28-1-2013).

razão pela qual destacamos que, em nosso entendimento, o faturizado poderá ser demandado a responder pelo adimplemento em hipótese de vício sobre o título.

2.4.4.3.3 Responsabilidade do faturizado pela existência da relação jurídica

A responsabilidade do faturizado pela existência da relação jurídica vem expressamente prevista no art. 295, 1ª parte, do Código Civil[208].

De proêmio, importante ressaltar que essa regra aplica-se à cessão em sentido amplo, daí ser aplicável tanto na cessão em sentido estrito como no endosso.

Com o escopo de aclarar os dizeres da norma, Maria Helena Diniz explicita que a cessão produz efeitos entre as partes, ou seja, entre cedente e cessionário. Esclarece que o cedente, independentemente de declaração expressa, assumirá a responsabilidade perante o cessionário pela existência do crédito ao tempo em que lhe cedeu, se se tratar de cessão por título oneroso, ou de cessão por título gratuito, ou se procedeu de má-fé[209].

O objetivo primordial desse dispositivo é evitar o enriquecimento sem causa por parte do cedente, razão pela qual responderá pela concretude do crédito cedido.

Consoante preceitua James Eduardo Oliveira, o sentido da palavra "existência" previsto no dispositivo é extremamente abrangente, haja vista que o cedente (faturizado) responde inclusive pelos vícios de validade e de eficácia que macularem o negócio jurídico, pois, segundo referido autor, a existência do crédito envolve vários aspectos, tais como: i) a veracidade do crédito; ii) a ausência de vícios ou de nulidades nele; iii) a titularidade em receber a favor do cedente, de modo que não pertença a terceiro, e não tenha sido transferido; iv) que não se encontre submetido a condições suspensivas e até

---

208. "Na cessão por título oneroso, o cedente, ainda que não se responsabilize, fica responsável ao cessionário pela existência do crédito ao tempo em que lhe cedeu."

209. DINIZ, Maria Helena. *Código Civil anotado*. 14. ed. São Paulo: Saraiva, 2009, p. 288.

resolutivas; v) a abrangência dos acessórios além da obrigação principal, e assim das garantias (fiança, aval, hipoteca, penhor), dos juros e rendimentos, dos encargos e outros consectários[210].

A jurisprudência pátria também é assente quanto a esse posicionamento, com incontáveis decisões no sentido de que o cedente, nos casos de cessão de títulos onerosos, deverá responsabilizar-se pela existência do crédito ao tempo da cessão, nos termos do art. 295 do Código Civil[211].

Novamente, há que se relembrar do art. 295 do Código Civil, para que se possa dar início ao estudo do tópico em comento. Da sua leitura, é possível se extrair as seguintes conclusões (lembrando-se sempre de que se está a tratar da cessão em sentido amplo, portanto aplicável à cessão em sentido estrito e ao endosso): na hipótese de cessão a título oneroso, não importa a má-fé ou boa-fé do cedente, pois ele sempre responderá pela existência do crédito; já na cessão a título gratuito o cedente apenas responderá pela existência do crédito caso tenha agido de má-fé.

Maria Helena Diniz aponta as razões dessa diferenciação, explicitando que tal se dá porque a cessão gratuita é instituto equivalente à doação, logo, pela disposição do art. 295, *in fine*, do Código Civil, o cedente apenas responderá se agir dolosamente ao transmitir crédito ao cessionário, mesmo sabendo que ele inexiste. O cessionário,

---

210. RIZZARDO, Arnaldo. *Direito das obrigações*. 2. ed. Rio de Janeiro: Forense, p. 268 apud OLIVEIRA, José Eduardo. *Código Civil anotado e comentado*. 2. ed. Rio de Janeiro: Forense, 2010, p. 310.

211. Para ilustrar a afirmação: Apelação Cível 2.0000.00.496486-9/000, Rel. Des.(a) Fabio Maia Viani, 13ª Câmara Cível, julgamento em 11-1-2007, publicação da súmula em 9-2-2007. E, ainda: "Ementa: Processual cível. Ação indenizatória cumulada com declaratória de nulidade de dívida. Pedido de denunciação à lide, com base no art. 70, III, do cpc. Alegação de cessão de crédito. Ausência de comprovação. Muito embora o cedente do crédito fique responsável ao cessionário pela existência do crédito ao tempo em que lhe cedeu, nos termos do art. 295, do CC, no caso dos autos não há prova de que o negócio jurídico havido entre o recorrente e a Brasil Telecom abrangeu o crédito em discussão. Agravo de instrumento manifestamente improcedente. Negado o seguimento" (TJ/RS, Ag 70030201347, 10ª Câmara Cível, Rel. Paulo Antônio Kretzmann, julgado em 25-5-2009). Por fim, colaciona-se: "Cessão de direitos. Fica o cedente responsável pela existência do crédito, mas não, necessariamente, pela possibilidade prática de que seja satisfeito" (REsp 74.440/MG, Rel. Ministro Eduardo Ribeiro, 3ª Turma, julgado em 18-3-1997, *DJ* 28-4-1997, p. 15.862).

então, terá direito a uma indenização pelos danos sofridos na cessão, por título gratuito, feita de má-fé. Se o cedente cedeu onerosa ou gratuitamente, de má-fé, um título nulo ou inexistente, deverá, por obviedade, ressarcir todos os prejuízos causados[212].

Em se tratando de contrato de fomento mercantil, é notória a feição onerosa que permeará a cessão, já que, se gratuita for, *factoring* não haverá. O que evidencia a impossibilidade de aplicação da parte final do dispositivo[213].

Consoante observa Arnaldo Rizzardo, "o seu objeto é a venda do crédito, razão pela qual não há, na figura, a cessão gratuita, o que leva a concluir pela não aplicação, no caso, da parte final do dispositivo"[214].

Assim, no que tange à existência, considerando que a cessão do crédito se dará sempre de forma onerosa, o faturizado terá responsabilidade pelo adimplemento do título frente ao faturizador, independentemente de boa ou de má-fé, conforme disposto para as cessões onerosas do crédito constituído.

Por conseguinte, no caso de inexistência da relação na qual o título se apoia, o faturizador tem autorização para exigir do faturizado o pagamento.

Para finalizar, interessante pontuar a questão referente aos créditos prescritos. O cedente também será chamado a arcar com a responsabilidade pelo adimplemento perante o faturizador. Em amparo, Paulo Nader reforça a assertiva explicitando que, se, após a cessão celebrada, verifica-se que o crédito se achava prescrito à época do negócio, o cedente deverá responder por perdas e danos, além de restituir qualquer importância recebida. Se a inviabilidade do crédito for uma decorrência de fatos anteriores à cessão, esclarece Cunha Gonçalves, a responsabilidade será do cedente[215].

212. DINIZ, Maria Helena. *Código Civil anotado*, cit., 14. ed., p. 288.

213. "O seu objeto é a venda do crédito, razão pela qual não há, na figura, a cessão gratuita, o que leva a concluir pela não aplicação, no caso, da parte final do dispositivo." RIZZARDO, Arnaldo. *Factoring*, cit., 3. ed., p. 126.

214. RIZZARDO, Arnaldo. *Factoring*, cit., 3. ed., p. 126.

215. NADER, Paulo. *Curso de direito civil*, cit., p. 239.

Esclarecemos que difere da questão referente à responsabilidade do cedente-faturizado pela existência da relação jurídica, aquela concernente à sua responsabilidade pela má-fé na transmissão. Daí a sua análise, na sequência, em tópico apartado.

2.4.4.3.4 Responsabilidade do faturizado pela má-fé na transmissão

Parece claro que o faturizado que entrega à empresa de fomento títulos de relação inexistente está a agir de má-fé. Ora, disso ninguém tem dúvida, já que, ciente da inexistência da relação que apoia o crédito, o sujeito transmite tais créditos que, por conseguinte, são, também, inexistentes.

Ocorre, contudo, que a doutrina convencionou especificar a situação, como o fez, também, a legislação. Assim, dividimos duas situações distintas, aquela em que ocorre a inexistência da relação jurídica e, portanto, do crédito, e aquela outra de má-fé do faturizado, nos casos em que cede o crédito à faturização ciente da insolvência do devedor (cedido)

Dessa guisa, traz ainda maior polêmica a seguinte indagação: o faturizado será responsável, caso venha a ceder por má-fé ao faturizador créditos de um devedor que sabe ser insolvente? Ou, então, seria possível responsabilizar a faturizada por eventuais vícios nas cártulas negociadas, independentemente da análise de sua boa ou má-fé?

Quanto ao primeiro questionamento, são inúmeros os julgados determinando que o faturizado não responde pela solvência do devedor[216].

216. "Agravos retidos. Não reiteração em contrarrazões de apelação. Não conhecimento. *Factoring*. Revisão de contrato. *Factoring* é contrato de risco, em que o faturizado não responde pelo inadimplemento dos créditos cedidos – *Se o faturizado, como cedente do crédito, não responde pela solvência do devedor, o mesmo não se pode dizer, no entanto, com relação à existência da dívida. Art. 295 do CC* – Duplicatas cedidas sem causa subjacente. Inexistência do crédito cedido. Direito de regresso da faturizadora contra a faturizada. Regularidade do instrumento de confissão de dívida e das notas promissórias. Encargos abusivos. Não comprovação. Ônus da autora. Art. 333, I, do CDC. Inaplicabilidade do CDC. Condição puramente potestativa. Inexistência. Negócio jurídico produziu seus efeitos plenamente, sem qualquer óbice. Apelação desprovida" (Apelação Cível 0128603-78.2006.8.26.0100, Rel. Álvaro Torres Júnior,

Neste passo, considerando que o faturizado, em regra, não responde pela solvência do devedor, em um primeiro momento poder-se-ia cogitar que não faz diferença se a cessão se deu de boa ou de má-fé, afinal o faturizado não terá responsabilidade pelo adimplemento dos créditos, salvo se assumir essa obrigação expressamente.

Entretanto, essa não parece ser a melhor interpretação que se coaduna com os vieses de boa-fé e de função social do contrato elencados no Código Civil. Suponhamos que o faturizado tenha efetuado uma grande venda a prazo e, após, tenha tomado conhecimento, por meio de informações privilegiadas, de que o devedor tornou-se insolvente. Daí, a fim de minimizar os seus prejuízos, celebra um contrato de *factoring* vendendo todos esses créditos "desprovidos de fundos" ao *factor*, mantendo-se silente quanto ao assunto.

Ora, é evidente que a má-fé do cedente não pode ser prestigiada. Como consequência, para a solução da questão, seria possível responsabilizar o faturizado pela quebra dos deveres anexos ao contrato, e, quiçá, cogitar ainda anulabilidade do negócio pela configuração de dolo essencial, haja vista que fora omitida informação de extrema relevância que, se conhecida da outra parte, certamente inviabilizaria a concretização da avença. Mas, é evidente, tais alegações precisam ser devidamente provadas, o que nem sempre se mostra tarefa simples.

No que se refere à responsabilização do faturizado pelos vícios nas cártulas transmitidas, conforme julgado colacionado no item 2.4.4.3.2 (*Vícios do título*), há entendimento sinalizando que deve ser comprovada a má-fé do cedente para que haja a sua responsabilização.

Todavia, há julgados do Superior Tribunal de Justiça mencionando que, no caso de cessão de duplicata simulada, em que haja vícios formais no título, é possível que o sacado oponha exceções pessoais ao endossatário, ainda que este esteja de boa-fé[217].

São Paulo ÓJ: 20ª Câmara D. Privado, j. 17-9-2012, data de registro 25-9-2012. Outros números: 1286037820068260100).

217. Por exemplo: "Duplicata de prestação de serviços. Emissão irregular. Simulação. Inoponibilidade das exceções pessoais a endossatários de boa-fé. Não aplicação. Vício formal intrínseco. 1. O que o ordenamento jurídico brasileiro veda – e isso desde o

Transportando essa ideia ao contrato de *factoring*, poder-se-ia construir o seguinte raciocínio: considerando que o devedor pode alegar exceções de quaisquer naturezas em face do endossatário-faturizador, independentemente de sua boa ou má-fé quando se tratar de vícios formais do título, analogicamente seria possível dizer que o faturizador também poderia acionar o cedente-faturizado em caso de vício no título, tenha sido este transferido de boa ou má-fé. Ora, a conclusão parece razoável, uma vez que, a partir do momento em que se abre o precedente para o devedor, parece justo que a benesse se estenda ao *factor*, afinal não pode ele arcar com o prejuízo por uma fraude perpetrada única e exclusivamente pelo cedente, este é o nosso entendimento.

Por fim, relevante tecer algumas palavras acerca da cessão de posição contratual e da má-fé do cedente. A cessão da posição contratual não se confunde com a cessão de crédito e assunção de dívida.

Consoante ensina Hamid Charaf Bdine Júnior, muitas vezes, após a celebração do contrato, um dos contratantes decide excluir-se da relação jurídica e fazer-se substituir por alguma outra pessoa. Trata-se de uma substituição em que uma pessoa, que até o presente momento era absolutamente estranha ao contrato, passa a integrá-lo como parte, e isso caracteriza a cessão contratual. Explica o autor e magistrado paulista que, no Brasil, o Código Civil que passou a viger em 2003 regula a cessão de créditos, a assunção de dívidas e a sub-rogação, mas não disciplina especificamente a cessão de contrato, o que, mesmo assim, não impede a aplicação do instituto[218].

Decreto n. 2.044/1908, passando-se pelo Código Civil de 1916 e, finalmente, chegando-se à Lei Uniforme de Genebra – é a oposição de exceções de natureza pessoal a terceiros de boa-fé, vedação que não abarca os vícios de forma do título, extrínsecos ou intrínsecos, como a emissão de duplicata simulada, desvinculada de qualquer negócio jurídico e, ademais, sem aceite ou protesto a lhe suprir a falta. 2. Em relação à Duplicata – é até ocioso ressaltar –, a Lei n. 5.474/68 condiciona a sua emissão à realização de venda mercantil ou prestação de serviços, bem como a aceitação do sacado ou, na ausência, o protesto acompanhado de comprovante da realização do negócio subjacente, sem os quais estará configurado o vício de forma intrínseco, o qual poderá ser oposto pelo sacado a qualquer endossatário, ainda que de boa-fé. 3. Recurso especial conhecido e improvido".

218. BDINE JUNIOR, Hamid Charaf. *Cessão da posição contratual*. 2. ed. São Paulo: Saraiva. 2008, p. 36.

Pensemos, então, nesta figura subsumida ao contrato de *factoring*. Tanto o faturizado quanto o faturizador podem fazer-se substituir no polo da relação. Veja que ocorrendo esta situação, momentaneamente teremos duas relações jurídicas: i) a originária, entre faturizado e faturizador e ii) uma nova relação entre aquele que irá deixar o contrato (cedente da posição contratual) e aquele que irá ingressar no contrato (cessionário da posição contratual).

No *factoring*, a cessão da posição contratual será sempre onerosa, pois ela implica no mais das vezes uma cessão do crédito (que também é onerosa, haja vista que ocorre, quando há a cessão, essencialmente, a venda do crédito). No que concerne à primeira relação, os direitos e as obrigações das partes continuam os mesmos, ainda que substituídas. No que se refere à segunda, o cedente responderá perante o cessionário pelos danos e pelos prejuízos que lhe causar, se o contrato for nulo ou ineficaz; e também responderá, à evidência, se proceder de má-fé.

No caso de cessão da posição contratual gratuita, o cedente só responderá pela inexistência ou invalidade da posição contratual se agiu de má-fé, como resulta da aplicação analógica à hipótese do art. 295 do Código Civil[219].

Daí nota-se que há regras independentes para regularizar cada uma das relações, razão pela qual é indispensável identificá-las para a adequada regulamentação de cada uma delas.

2.4.4.3.5 Níveis de eficácia da cessão de crédito e efetividade do contrato de fomento mercantil

A cessão de crédito é um negócio jurídico e, assim, evidentemente está sujeita às mesmas circunstâncias de inexistência, nulidade, anulabilidade e ineficácia que maculam os atos negociais em geral. Assim, a cessão de crédito será inexistente se lhe faltar a vontade, a idoneidade do objeto ou, ainda, a finalidade negocial; nula, se uma ou ambas as partes forem absolutamente incapazes sem a devida representação, se o objeto for ilícito, for ilícito, impossível

219. BDINE JUNIOR, Hamid Charaf. *Cessão da posição contratual*, cit., p. 100.

ou indeterminável, se o motivo determinante, comum a ambas as partes, for ilícito, se o negócio não revestir a forma prescrita em lei, se for preterida alguma solenidade que a lei considere essencial para a sua validade, se tiver por objetivo fraudar lei imperativa, se a lei taxativamente a declarar nula, ou proibir-lhe a prática, sem cominar sanção, ou, ainda, se houver simulação de cessão.

Será anulável, entre outros casos, se houver incapacidade relativa das partes ou de uma das partes sem a devida assistência, se o ato for viciado por erro, dolo, coação, estado de perigo, lesão, fraude contra credores, se o negócio se deu com herdeiros necessários ou se foi dissimulado.

Contudo, é com relação à eficácia da cessão que avulta a preocupação mais relevante no que concerne ao fomento mercantil. Se a cessão do crédito, que, ao nosso ver, é o centro de gravidade do *factoring*, não se apresenta eficaz, não haverá que se falar em *factoring*.

O negócio jurídico de cessão de crédito (*lato sensu*) apresenta ao menos quatro distintos possíveis níveis de eficácia: i) o primeiro nível de eficácia se apresenta entre cedente e cessionário, ou seja, as partes da cessão; ii) o segundo nível se denota perante o devedor ou cedido – evidentemente o devedor não é parte na cessão de crédito, mas tem absoluto interesse jurídico neste negócio; iii) o terceiro nível de eficácia se apresenta perante os terceiros interessados na cessão; e, por fim, iv) o quarto nível de eficácia trata da eficácia *erga omnes* da cessão de crédito.

Feitos esses esclarecimentos, passa-se à análise de cada um dos níveis. O primeiro nível de eficácia da cessão verifica-se entre cedente e cessionário; para tanto será necessário um acordo de vontades entre as partes (expresso, tácito, escrito ou verbal).

Paulo Jorge Sacartezzini Guimarães afirma que, como regra, "a cessão de crédito tem eficácia imediata entre as partes"[220]. De fato, há eficácia imediata, o que não descarta, entretanto, a necessidade de manifestação de vontade, que, aliás, mostra-se elemento

220. GUIMARÃES, Paulo Jorge Scatezzini. *Obrigações*. Coordenação de Renan Lotufo e Giovanni Ettore Nanni. São Paulo: Atlas, 2011, p. 242.

essencial de existência em todo e qualquer ato negocial. Vejamos como denotam de Lisoprawski e Gerscovich:

> "Entre las partes – ya aclaramos que por tales se comprende al cedente y al cesionario únicamente – se produce Il traspaso de credito por la sola fuerza del contrato de cesión. Por el mero consentimento expresado por escrito y sin outra formalidad, la propiedad del derecho objeto de la cesion se trasmite em propriedad al cesionario, sin necesidad de notificación o aceptación de la cesión por el deudor cedido"[221].

Note-se, portanto, que, nesse passo, não estamos a tratar de existência ou de validade da cessão, mas tão somente de aptidão para produção de efeitos, e, neste primeiro nível, única e exclusivamente com relação às partes do ato negocial, ou seja, cedente e cessionário. Para isso, nada mais é necessário do que o acordo de vontades entre essas mesmas partes da cessão de crédito.

O segundo nível trata da eficácia perante o devedor. Para tanto, é indispensável que o devedor seja comunicado, o que se dá por meio de notificação.

Washington de Barros Monteiro explica que a notificação é necessária para que o devedor não fique prejudicado, pois, desconhecendo a transmissão de crédito havida entre cedente e cessionário, pode vir a pagar com equivocidade ao credor primitivo[222].

A lei menciona como forma adequada para essa comunicação a notificação, que pode ser judicial ou extrajudicial. Entretanto, admite-se que a notícia seja passada ao devedor por qualquer meio idôneo. É o que ensinam Omar Pace e Daniele Cherubini[223].

---

221. LISOPRAWSKI, Silvio V.; GERSCOVICH, Carlos G. *Factoring*. Buenos Aires: Depalma, 1997, p. 147.

222. MONTEIRO, Washington de Barros. *Curso de direito civil:* direito das obrigações – 1ª e 2ª partes. 36. ed. São Paulo: Saraiva, 2009. v. 4, p. 240.

223. PACE, Omar; CHERUBINI, Daniele. *Il factoring quale strumento della finanza d'impresa*, cit., p. 40. "Per porre fine a una lunga discussione, contribuisce un orientamento giudiziario, che è stata consolidata con il quale la notifica della cessione al debitore ceduto, è possibile sarà attuata con ogni mezzo idoneo ad informare pienamente l'interessato." Tradução livre: "Para pôr um fim à longa discussão, contribui uma orien-

Além disso, se o devedor praticar ato que demonstre a sua ciência inequívoca quanto à cessão, a notificação fica de pronto dispensada. Nesse sentido, Paulo Jorge Sacartezzini Guimarães explica que terá os mesmos efeitos que a notificação um comportamento do cedido que deixe claro o seu conhecimento, portanto, sua ciência inequívoca sobre a cessão (como uma proposta ou um acordo firmado com o cessionário) ou qualquer ato que leve o cedido a tomar plano conhecimento da cessão, isto é, a sua citação na ação proposta pelo cessionário[224].

O Superior Tribunal de Justiça, inclusive, já se manifestou nesta linha, determinando que a cessão de crédito não vale em relação ao devedor, senão quando a ele notificada, contudo, a manifestação de conhecimento pelo devedor sobre a existência da cessão supre a necessidade de prévia notificação[225].

Nota-se, portanto, que se faz necessária a cientificação do devedor, que pode se dar de qualquer forma idônea. Assim, recomenda-se que a notificação seja receptícia, nestes casos.

Discute-se a possibilidade acerca da notificação verbal do devedor. Há controvérsia tanto na doutrina como na jurisprudência. Entre os doutrinadores contrários, cita-se Orlando Gomes, para quem a notificação não deve estar sujeita a uma forma especial, mas deve ser feita por escrito, para maior facilidade de sua prova. Não precisa, tampouco, ser judicial. Importando, mesmo, que os interessados empreguem meio idôneo a comprovar que a comunicação chegou ao conhecimento do devedor[226].

---

tação jurisprudencial, que se consolidou, segundo a qual a notificação da cessão ao devedor-cedido poder-se-á ser implementada por qualquer meio idôneo a informar plenamente o interessado".

224. GUIMARÃES, Paulo Jorge Scatezzini. *Obrigações*, cit., p. 251.

225. "Direito processual civil. Recurso especial. Ação de execução. Cessão de crédito. Substituição de partes. Ausência de notificação. Conhecimento pelo devedor. Anuência desnecessária. – A cessão de crédito não vale em relação ao devedor, senão quando a ele notificada, contudo, a manifestação de conhecimento pelo devedor sobre a existência da cessão supre a necessidade de prévia notificação. Precedentes desta Turma" (AgRg no AgRg no Recurso Especial 1.408.914/PR (2013/0331677-7), Min. Sidnei Beneti, publicação 5-2-2014).

226. GOMES, Orlando. *Obrigações*. 11. ed. Rio de Janeiro: Forense, 1997, p. 210.

Admitem, entretanto, a notificação verbal os doutrinadores argentinos Pizzaro e Vallespinos, o português Antunes Varela, o alemão Von Thur, o italiano Trabucchi e Paulo Jorge Sacartezzini Guimarães, sob a seguinte justificativa: não há vedação legal no ordenamento.

Assim, a maior dificuldade seria apenas quanto ao meio probatório do ato de notificação. Em suas palavras: "Entendemos mais correta a posição que admite a notificação verbal. Na verdade, o problema está apenas na prova dessa comunicação, questão que pode e deve ser vista em cada caso concreto pelo juiz"[227].

O próprio Superior Tribunal de Justiça não possui um posicionamento formado sobre o assunto. Por vezes, exigindo a notificação escrita e, em outras oportunidades, admitindo a verbal[228].

Apenas para fins de comparação, noticiamos que no ordenamento jurídico **italiano** há julgado isolado admitindo a notificação verbal[229].

Com a devida vênia aos entendimentos contrários, de fato não há como admitir a notificação verbal, haja vista que

---

227. GUIMARÃES, Paulo Jorge Scatezzini. *Obrigações*, cit., p. 252.

228. Pela notificação escrita: "Direito civil. Recurso especial. Embargos à ação monitória. Documento de crédito. Cheque prescrito. Cessão civil de crédito. Eficácia perante o devedor-sacador. Notificação. Ausência. Suprimento por depoimento testemunhal. Inadmissibilidade. Ilegitimidade ativa *ad causam*. – Na cessão civil de crédito, o depoimento pessoal do cedente em juízo constitui mero ato de instrução processual, insuscetível de substituir a necessidade de comunicação escrita da cessão ao devedor, como exigida pelo art. 1069 do CC" (REsp 317.632/MG, Rel. Ministra Nancy Andrighi, 3ª Turma, julgado em 18-12-2001, *DJ* 25-3-2002, p. 276). Por outro lado, admitindo notificação verbal: "Responsabilidade civil. Resgate de cotas do Fundo 157. Art. 1.069 do Código de Processo Civil. 1. Não existe na disciplina do art. 1.069 do Código Civil nenhum comando para que seja feita comunicação formal, bastando que tenha o devedor conhecimento do fato, assim, no caso, a existência de escritura de doação das cotas. 2. Recurso especial conhecido e provido" (REsp 94.648/SP, Rel. Ministro Ari Pargendler, Rel. p/ Acórdão Ministro Carlos Alberto Menezes Direito, 3ª Turma, julgado em 15-2-2000, *DJ* 8-5-2000, p. 88).

229. PACE, Omar; CHERUBINI, Daniele. *Il factoring quale strumento della finanza d'impresa*, cit., p. 42. "E in ultimo si propone un'isolata pronuncia giurisprudenziale, la quale non esclude cha la semplice forma orale della comunicazione possa ritenersi sufficiente a rendere efficace, Nei confronti del ceduto, l'avvenuta cessione." Tradução livre: E, finalmente, propõe-se um entendimento isolado do Judiciário, o qual não exclui a simples comunicação verbal como meio suficiente para tornar efetivo o aviso.

se trata de um ato receptício, configurado como verdadeira cientificação[230].

É de se notar que a relevância da cientificação do cedido para a eficácia da cessão de crédito é extrema, porque, não se dando a eficácia com relação ao cedido, este poderá opor ao cessionário as exceções que poderia opor ao cedente, uma vez que é como se a cessão não houvesse ocorrido para o devedor. Contudo, se notificado foi e não se manifestou oportunamente, não poderá mais contra o cessionário ou novo credor opor as mesmas exceções.

O terceiro nível de eficácia da cessão é aquele perante terceiros interessados. Neste passo, é necessário que a cessão de crédito tenha sido feita por termo escrito, seja por instrumento público ou privado, cumprindo-se os requisitos do art. 654, § 1º, do Código Civil.

Inicialmente importa definir quem são os terceiros da relação. Todo aquele que não fizer parte do negócio jurídico é terceiro. Logo, até mesmo o devedor é terceiro no tocante à cessão e também ao *factoring*. Entretanto, o devedor não é um terceiro qualquer, haja vista que, para que a cessão tenha eficácia com relação a ele, não basta que seja feita por escritura pública ou por instrumento particular devidamente registrado. O devedor tem o direito de ter a informação levada até ele, por meio da notificação. Assim, vê-se que é um terceiro (em relação à cessão, e não ao crédito existente entre ele e o credor) com características especiais, isto é, um terceiro qualificado.

Considerando que o devedor é terceiro e que, para que a cessão tenha eficácia perante o terceiro, ela deve ser feita necessariamente por escrito, para que a cessão tenha eficácia perante o

---

230. A exigência de notificação da cessão de crédito por escrito vem disposta no art. 1, n. 4, da Convenção de Ottawa, evitando-se, assim litígios quanto à prova de sua ocorrência: "cumpre mencionar que, por ter a Convenção de Ottawa o seu âmbito de aplicação restrito aos contratos de *factoring* internacional, faz-se necessário que os créditos cedidos na base da operação do contrato de *factoring* sejam decorrentes de um contrato de compra e venda de mercadorias ou de prestação de serviços entre um fornecedor e um devedor estabelecidos em Estados diferentes". BRUEL, Denise Kung. O contrato de factoring internacional nos ordenamentos jurídicos brasileiro e português e a uniformização das regras aplicáveis a esta modalidade contratual, cit., p. 109.

devedor, também apenas pode ser feita por escrito. Portanto, pela lógica, espancando quaisquer dúvidas que ainda pudessem surgir, resta evidente que é inadmissível a notificação verbal.

Retomando, portanto, para que a cessão tenha eficácia com relação a terceiros interessados, ela deve ser feita por escrito. Tratando-se de créditos com eficácia de garantia real, é possível vislumbrar-se ainda um quarto nível de análise, qual seja, a eficácia *erga omnes*. Para tanto, é necessário que a cessão seja devidamente registrada ou averbada, por exemplo, na matrícula do imóvel.

Evidentemente que, entre outras situações, o mais relevante aspecto que separa os direitos reais dos direitos pessoais é o caráter absoluto daqueles frente a relatividades destes. Contudo, há obrigações com eficácia real e, nestes casos, é importante que se trate da eficácia *erga omnes* de créditos cedidos neste tipo de obrigação que, sem dúvidas, é muito peculiar.

Ora, se o sujeito cede o crédito hipotecário, por exemplo, de que é titular, à evidência será necessário que esta cessão seja averbada na matrícula do imóvel, sob pena de não ter, por falta de publicidade, eficácia *erga omnes*, não podendo, em um caso como este, por exemplo, o cessionário opor a sua cessão ao eventual credor do credor hipotecário primitivo quando penhorado este mesmo crédito hipotecário.

Subsumindo-se todos esses conceitos ao contrato de *factoring*, tem-se o seguinte: i) para que a cessão tenha eficácia entre faturizado e faturizador, basta o acordo de vontade entre eles; ii) para que tenha eficácia no que concerne ao devedor-cedido, é indispensável a sua notificação escrita, ou expressão inequívoca de sua ciência no concernente à cessão, como detalhadamente exposto anteriormente; iii) quanto aos terceiros interessados, a eficácia ocorrerá desde que haja contrato escrito, seguidas as regras para os termos públicos e privados. No que tange ao quarto nível de eficácia, haverá necessidade de averbação ou registro, conforme o caso.

CAPÍTULO 3

CONTORNOS DA LIBERDADE DE CONTRATAR NO *FACTORING*: A AGRESSÃO À PROBIDADE COMO ELEMENTO DE ANIQUILAÇÃO DA FUNÇÃO SOCIAL DO CONTRATO DE *FACTORING*

3.1 AUTONOMIA PRIVADA DE CONTRATAÇÃO E A SUPREMACIA DA ORDEM PÚBLICA E A QUESTÃO DA CAUSA E MOTIVO COMO LIMITE À LIBERDADE DE CONTRATAR

O princípio da autonomia privada de contratação tem como ideia central a autorregulamentação da vontade das partes. Ao longo da história, sofreu considerável evolução até se concretizar na noção que temos nos dias atuais.

Originariamente, era chamado de princípio da autonomia da vontade. Adquiriu destaque com o fim do Estado Liberal e início do *walfare state*. A economia feudalista, eminentemente agrária, começou a perder força para o comércio de mercadorias nos grandes centros, promovidos pelos burgos. As relações tornaram-se cada vez mais complexas, razão pela qual o contrato se tornou peça-chave na formalização e normatização das avenças. Cláudio Luiz Bueno de Godoi explica que o contrato, na sua visão clássica, representava, no século XIX, um instrumento de afirmação econômica, então ascendente[1].

1. GODOY, Cláudio Luiz Bueno de. *A função social do contrato*, cit., p. 4.

Os pactos eram extremamente fechados e inflexíveis. A vontade foi colocada em um patamar quase que absoluto. Fulcrada na tríplice e irretocável prerrogativa de escolher contratar, o que contratar e com quem contratar, foi sendo envolvida em um invólucro protetivo que não permitia acessos ou limites. Estava posta a liberdade de contratação, destituída de quaisquer formas de controle. Em tese, teoricamente esse novo modelo permitia acesso a todos os membros da sociedade para desenvolverem-se economicamente, criando, assim, de modo formal o conceito de igualdade.

Todavia, não demorou para que os abusos trazidos por essa nova realidade viessem à tona. Eram muito comuns contratos com jornadas excessivas de trabalho, contratos de massa sem respeito à individualidade de cada ser, estandardizados, que impediam a punctuação por parte dos contratantes.

Diante desse contexto de manifesto desequilíbrio social, o Estado (que até então vinha exercendo uma participação diminuta na vida da sociedade) novamente foi chamado a intervir, dando-se início ao período conhecido como "Estado Social".

Além de exercer o perfil de garantidor, na medida em que assegurava a aplicabilidade do direito e impunha sanções à sua violação, passou a exercer também papel dirigista, como interveniente das relações, por meio do legislador e do juiz, para assegurar o predomínio dos interesses sociais sobre os individuais[2].

Destarte, o contrato deixou de ter caráter puramente individualista, passando a ser considerado como instrumento passível de causar repercussão à coletividade.

Cláudio Luiz Bueno de Godoy bem explica a inovação ao explanar que sobressaem, em moderno modelo, alguns axiomas impostos pela concepção do Estado Social, de privilégio à igualdade real, ao equilíbrio das partes, que passam a estar em relação, como em uma verdadeira posição de cooperação, corolário do solidarismo, em que sua autonomia da vontade vê-se relançada em novas bases e para desempenho de um novo papel sociocontratual.

2. GODOY, Cláudio Luiz Bueno de. *A função social do contrato*, cit., p. 4.

Nesse novo desenho, explica o autor, deixa de ser a vontade das partes a única fonte da relação contratual entre elas havida, a fim de que a seu lado concorram valores e princípios que, mesmo não dispostos pelos contratantes de modo expresso, são impostos pelo ordenamento, antes de tudo pela própria Constituição do país.[3]

Assim, o princípio da autonomia da vontade ganhou nova leitura. A liberdade de contratar não mais podia ser considerada de forma absoluta. Se até então havia opção entre contratar ou não contratar, o que contratar e com quem contratar, agora esse arbítrio passou a ser relativizado. Nascia assim o princípio da autonomia privada de contratação, o qual é composto pela autonomia da vontade com determinadas limitações. Maria Helena Diniz bem elucida que é preciso lembrar que a liberdade contratual não é absoluta, eis que está limitada pela supremacia da ordem pública, que proíbe convenções que lhe sejam contrárias ou aos bons costumes, de forma que a vontade dos contratantes está subordinada ao interesse coletivo, pelo Código Civil, no art. 421; Constituição Federal, arts. 1º, IV, 5º, XXIII, e 170, III. O contrato deverá ter, portanto, por finalidade e por limite a sua função social[4].

Vê-se, pois, que o art. 421 do Código Civil rechaça o individualismo, permitindo a intervenção estatal, a fim de garantir a função econômico-social das avenças. Aparam-se, assim, as arestas da autonomia da vontade. Nesse passo, os contratantes devem sujeitar sua vontade às normas de ordem pública e aos bons costumes[5].

---

3. GODOY, Cláudio Luiz Bueno de. *A função social do contrato,* cit., p. 7.

4. DINIZ, Maria Helena. *Curso de direito civil brasileiro,* cit., 23. ed., v. 3, p. 24.

5. "Às normas de ordem pública, pois são elas que fixam, atendendo aos interesses da coletividade, as bases jurídicas fundamentais em que repousam a ordem econômica e moral da sociedade, uma vez que são atinentes ao estado e à capacidade das pessoas; à organização da família; aos princípios básicos da ordem de vocação hereditária, da sucessão testamentária, do direito de propriedade, da responsabilidade civil, da liberdade e da igualdade dos cidadãos, da liberdade de trabalho, de comércio e de indústria; e à organização política, administrativa e econômica do Estado. Já os bons costumes são os relativos à moralidade social." DINIZ, Maria Helena. *Curso de direito civil brasileiro,* cit., 23. ed., v. 3, p. 25.

Até mesmo a jurisprudência dos nossos tribunais denota a moderna realidade da autonomia privada[6].

Assim, é possível concluir, sobre a autonomia privada e a supremacia da ordem pública, que, hodiernamente, a vontade dos contratantes encontra certas balizas legais, a fim de compatibilizar o interesse das partes com o interesse de toda a sociedade. Além disso, há que se ressaltar que, quando falamos em autonomia de vontade e liberdade de contratar, como princípios norteadores do direito contratual, há evidentemente ligação estreita com a intenção

6. "Embargos de declaração – omissão – inexistência – rejeição – A matéria foi examinada e deduzidos os fundamentos adequados quanto à aplicação do disposto no art. 413 do CC, não sendo a autonomia privada princípio absoluto – Embargos rejeitados.413CC" (TJ/SP, EDcl 4813971200982600000/SP 0048139-71.2009.8.26.0000, 35ª Câmara de Direito Privado, Rel. José Malerbi, julgamento em 3-9-2012, data de publicação 3-9-2012). Ou, ainda: "Ementa: Apelação. Ação declaratória. Preliminar de inépcia da inicial e impossibilidade jurídica do pedido. Cessão de quotas de sociedade limitada via instrumento particular. Negócio jurídico. Validade. Ausência de alteração contratual formalizada. Transação havida entre os próprios participantes da empresa. Vícios de consentimento. Ausência probatória. Negócio jurídico válido. 1. Não há falar em inépcia da inicial, se inocorrentes quaisquer das causas determinantes previstas no parágrafo único do artigo 295 do CPC. E sendo suficiente a exposição dos fatos e claro o objetivo da parte autora, evidenciado que a ré, bem compreendendo a demanda, sem prejuízo e com amplitude, exercitou a defesa, estabelecendo-se o contraditório, a petição inicial não deve ser reputada inepta. 2. A impossibilidade jurídica do pedido, assim definida no artigo 267, inciso VI, do Código de Processo Civil, refere-se a uma análise abstrata do pedido, e não à possibilidade material do caso concreto, que é questão do mérito. 3. O negócio jurídico, baseado na autonomia privada, traduz uma declaração de vontade limitada pelos princípios da função social e da boa-fé objetiva, pela qual o agente pretende livremente alcançar determinados efeitos juridicamente possíveis. 4. Para que o negócio jurídico seja considerado válido e possua aptidão para gerar efeitos, é necessário que: a) a vontade seja livre e de boa-fé; b) o agente seja capaz e legitimado; c) o objeto seja lícito, possível, determinado ou determinável; e d) forma seja aquela prescrita ou não defesa em lei. 5. A pretendida invalidação do ato jurídico praticado somente alcançaria êxito, mediante a inequívoca demonstração de vícios de consentimento a macular a vontade e autonomia da apelante, o que definitivamente não ocorreu nos autos, cujas alegações não foram comprovadas. 6. A negociação de cotas sociais operara-se entre as próprias sócias, sendo apta a produzir efeitos imediatos. A teor do disposto no parágrafo único do referido dispositivo legal, somente em face de terceiros é que a eficácia da transferência das cotas depende da averbação do respectivo documento, o que, todavia, não é o caso. 7. Na medida em que inexiste previsão específica, possui o contrato referido forma livre, em homenagem ao princípio da liberdade de formas – artigo 1.057 do CC/2002" (TJ/MG, Apelação Cível 1.0105.07.236281-4/002, 16ª Câmara Cível, Rel. Des. Sebastião Pereira de Souza, julgado em 4-7-2012, publicação da súmula em 13-7-2012).

das partes, eis que, nas declarações de vontade, é este *animus* que deve prevalecer, conforme a disposição do art. 112 do Código Civil.

O Código Civil brasileiro, segundo o art. 104, determina como elementos essenciais do negócio jurídico: capacidade do agente, licitude, possibilidade e determinabilidade do objeto, e forma prescrita ou não defesa em lei.

Conforme a doutrina mais acertada, devemos, ainda, acrescentar como elemento essencial do negócio jurídico, a manifestação de vontade livre e de boa-fé. Esclarece Maria Helena Diniz que os elementos essenciais são imprescindíveis à existência e à validade do ato negocial, pois são eles que formam sua substância[7].

O Código Civil brasileiro não menciona expressamente a causa ou o motivo como elemento essencial do negócio jurídico, mas determina que o falso motivo, quando expresso como razão determinante ou essencial, vicia o ato negocial, bem como prevê que, quando o motivo determinante, comum a ambas as partes, for ilícito, o negócio jurídico será nulo[8].

Assim, se o motivo é capaz de invalidar o ato negocial, torna-se relevante a indagação sobre o seu conceito. Mas, para que se possa perscrutar sobre a motivação negocial, é mister apartar dois conceitos: causa e motivo, na teoria geral dos negócios jurídicos.

Apesar de as definições semânticas as apresentarem como sinônimos, o mesmo não pode ser dito a partir de um estudo do sentido jurídico das expressões. Isso porque o motivo é fator interno, pessoal. É a razão subjetiva da efetivação do ato negocial, como ressalta Maria Helena Diniz é o impulso psíquico que leva alguém à efetivação do negócio jurídico, o que pode se dar por obtenção de um prazer ou satisfação pessoal; atendimento de pedido feito

7. DINIZ, Maria Helena. *Código Civil anotado*. 11. ed. São Paulo: Saraiva, 2005, p. 148.

8. Art. 140. *O falso motivo só vicia a declaração de vontade quando expresso como razão determinante*. E, ainda, art. 166: É nulo o negócio jurídico quando: I – celebrado por pessoa absolutamente incapaz; II – for ilícito, impossível ou indeterminável seu objeto; III – o motivo determinante, comum a ambas as partes, for ilícito; IV – não revestir a forma prescrita em lei; V – for preterida alguma solenidade que a lei considere essencial para a sua validade; VI – tiver por objetivo fraudar lei imperativa; VII – a lei taxativamente o declarar nulo, ou proibir-lhe a prática, sem cominar sanção.

por um ente querido; intenção de recompensar alguém por um favor prestado e outras situações[9].

Darcy Bessone, ao trabalhar o que denomina como causa do contrato, afirma que esta é o motivo que leva o sujeito a integrar-se no contexto da relação contratual. Explica que se trata de situação subjetiva, que atua no ânimo do contratante, conduzindo-o à manifestação da vontade, ao consentimento. É, portanto, anterior e exterior à convenção, não se caracterizando como elemento do contrato[10].

Tomemos, como exemplo, a seguinte situação: Simone, domiciliada em Sorocaba, recebeu uma proposta de emprego na Capital do Estado de São Paulo, para onde terá de se mudar. Assim, decide vender sua casa em Sorocaba para obter o capital necessário para a mudança, celebrando, então, um contrato de compra e venda. No exemplo citado, temos que o motivo é a necessidade de mudar-se para São Paulo, mas poderiam ser outros, tais como aplicar o dinheiro recebido, adquirir outro imóvel menor, investir em cirurgia plástica, entre outros. Todos esses motivos não têm relevância jurídica.

Para Durval Ferreira, motivo são todas as circunstâncias cuja representação intelectual determina com essencialidade a vontade de querer aquele dado negócio jurídico e que se conforme nos precisos termos em que ele foi feito[11].

É, destarte, em nosso entendimento, elemento interno relegado ao plano psíquico do sujeito, que, na maior parte das vezes, é ignorado pelo outro contratante. Em razão desse caráter interior, o motivo, em regra, é irrelevante para o direito. O motivo com relevância jurídica será para o vendedor receber o preço, e para o comprador receber a coisa mediante o pagamento. Para o direito, a rigor, essencialmente, pouco importa se o vendedor aplicará o dinheiro recebido no mercado de capitais ou comprará outro imóvel.

---

9. DINIZ, Maria Helena. *Curso de direito civil brasileiro, v. 1*. cit., 2009, p. 471.
10. BESSONE, Darcy. *Do contrato:* teoria geral. 4. ed. São Paulo: Saraiva, 1997, p. 102.
11. FERREIRA, Durval. *Erro negocial*: objecto, motivos, base negocial e alteração de circunstâncias. Coimbra: Almedina, 1995, p. 33.

É, a nosso ver, muito esclarecedora a noção apontada pelo italiano Roberto de Ruggiero ao explicitar que, entre toda a série de motivos que estão entre si indissoluvelmente ligados como os elos de uma corrente, o direito apenas atende ao último, aquele que estiver mais próximo da conduta, que dela for inseparável. É, assim, na visão do autor, relevante para o direito o motivo que determina a ação e que, objetiva e juridicamente, justifica a promessa ou o ato, não se importando o direito com outras motivações remotas ao negócio. Não se olvida, explica o autor, que o fato de os motivos remotos atuarem sobre a vontade do agente o levaram, com efeito, a manifestar-se, mas, por si só, não bastam para determinar e para justificar a conduta, a ação última, juridicamente apreciável. Explica, ainda, o autor que tais motivos (remotos) são, por via de regra, irrelevantes para o direito, salvo se foram incorporados na própria declaração de vontade, sob a forma de condição, de modo ou de pressuposição, de maneira a constituir parte integrante dessa mesma declaração[12].

Todavia, parece-nos, por vezes, que não se pode afastar por completo o "motivo" que leva o sujeito a celebrar o contrato, posto estar intimamente ligado aos fins por ele almejados.

Os princípios da função social do contrato e da boa-fé objetiva causam profundo impacto na teoria geral dos negócios jurídicos e obrigam-nos a considerar essa finalidade pessoal e íntima do agente e a verificar se ela está em consonância com os ideais metaindividuais do que se pode chamar de *espírito social solidarista do direito privado*.

Desse modo, a nosso ver, não basta que a vontade seja exteriorizada por quem tenha discernimento para tal (agente capaz). Essa manifestação de vontade deve ter sido feita de boa-fé e deverá, ainda, condizer com os objetivos sociais da moderna teoria contratual. Aliás, por essa razão, a doutrina mais acertada indica, como elemento essencial à validade do negócio jurídico, a manifestação de vontade livre e de boa-fé. As razões a justificar tal proteção são de cunho eminentemente social, em virtude da necessidade superior de resguardo aos cidadãos, levando o ordenamento, seja

12. RUGGIERO, Roberto de. *Instituições de direito civil*. 2. ed. Campinas: Bookseller, 2005, p. 358.

por meio das normas ou dos costumes, a taxar determinados fins como socialmente repulsivos, em função de uma presumida utilidade social que reveste o ato.

Como bem esclarece Darcy Bessone, é conveniente que se tenha sempre presente ao espírito que os contratos são apenas meios para, em regime de autonomia privada, perseguir fins socialmente úteis. O contratante deve adaptar-se aos interesses gerais. Há fins ou resultados inequivocamente condenáveis e que, acrescentamos, dessa guisa, serão reprimidos[13].

Assim, apesar de o motivo não se apresentar como elemento essencial do negócio jurídico, se for ilícito (tomado o termo em seu sentido amplo, seja contra a ordem positiva, seja contra a ordem social, seja contra os bons costumes), e comum a ambas as partes (eivado desta ilicitude), maculará sua validade, taxando-o como nulo, nos exatos termos do art. 166, inciso III, do Código Civil. Se não for comum a ambas as partes, mas ainda assim ilícito, deverá ser determinante para a declaração de ineficácia do ato negocial.

No que concerne à causa do ato negocial, para Enzo Roppo o contrato é uma operação econômica, realizada por meio da produção de efeitos jurídicos, e tais efeitos consistem no fato de uma pessoa dar qualquer coisa a outra pessoa, transferindo-lhe um direito que lhe pertence, ou, ainda, de uma pessoa *prometer* qualquer coisa a uma outra pessoa, vinculando-se juridicamente a executar uma prestação a favor desta.

O autor, então, em atividade retórica questiona: "Mas por que, no âmbito das operações econômicas revestidas da forma de contrato, uma parte dá ou promete à outra, empobrecendo-se a favor desta última que, correlativamente, se enriquece?" e explica, então, que isso ocorre por duas razões, alternativas entre si: i) ou *porque* – movido por impulsos de generosidade e de altruísmo – deseja beneficiar a contraparte; ou ii) *porque* esta é a condição com a qual pode conseguir que a contraparte dê ou prometa aquilo em que está interessado. Assim, explica que o indivíduo dá para receber, na lógica econômica.

13. BESSONE, Darcy. *Do contrato*, cit., p. 103.

Evidencia que, sob este aspecto, a análise do motivo, como elemento intrínseco do agir, é irrelevante, eis que a análise mais importante seria aquela que verte para o resultado econômico do negócio havido entre as partes. Na ausência de uma dessas duas razões possíveis, a operação contratual não teria sentido, eis que, diante disso, seria incompreensível. O problema e a função da causa consistem justamente nisto, ou seja: explicar o porquê, *a razão e o sentido das transferências de riqueza*, que constituem a substância de qualquer operação contratual.

No primeiro caso, esclarece Roppo que se poderá dizer que a causa do contrato (de doação) consiste no *espírito de liberalidade*, em virtude do qual o doador procede ao enriquecimento do donatário gratuitamente, sem pretender deste qualquer correspectivo: a razão objetiva da transferência de riqueza operada com a doação, na verdade, não está senão no espírito de liberalidade do doador. No segundo caso, deverá, pelo contrário, dizer-se que a causa consiste na *troca entre as prestações contratuais* a que as partes se obrigaram reciprocamente, entre aquilo que cada uma das partes dá ou promete e aquilo que a si, como correspectivo, é dado ou prometido pela contraparte. Por outras palavras, a transferência de riqueza efetuada por cada uma das partes a favor da outra encontra causa – razão, justificação, explicação aos olhos tanto dos contraentes como do ordenamento jurídico – na transferência de riqueza que outra parte efetua em favor da primeira, e o contrato em seu conjunto encontra causa na combinação e na relação entre as duas transferências de riqueza – em definitivo, na troca.

Mas, finaliza o autor, a relação e a combinação entre as duas transferências de riqueza não mais é a razão da operação econômica à qual o contrato dá veste e força legal. Explica, por derradeiro, que a causa do contrato identifica-se, então, afinal, com a operação jurídico-econômica realizada tipicamente por cada contrato, com o conjunto dos resultados e dos efeitos essenciais que tipicamente dele derivam, com a sua função econômico-social, como frequentemente se diz: acolhida esta noção de causa do contrato, resultam claros os nexos que a ligam ao conceito de tipo contratual[14].

14. ROPPO, Enzo. *O contrato*, cit., p. 195-197.

Roberto de Ruggiero, ao tratar a causa dos negócios jurídicos no direito **italiano,** afirma que a generalidade dos escritores costuma tratar principalmente da teoria do contrato (arts. 1.108 e 1.133 do Código Civil **italiano**), seguindo assim o sistema do Código francês, salvo a adição do art. 1.121 do Código Civil italiano, que naquele não se encontra.

Explica o autor que no Código **francês** o conceito de causa foi introduzido com base nas doutrinas de Pothier e de Domat, mas seria errôneo pensar que constitua uma inovação do direito moderno. Eis que, conforme sustenta, o conceito de causa deriva das doutrinas romanistas e, posto que modificado à face do conceito próprio do direito romano, é nele que encontra a sua primeira e mais sólida base[15].

A causa, assim parece, é a motivação típica do ato, critério objetivo, caracterizada pelo fim econômico ou social reconhecido e garantido pelo direito, na qual se procura o fim prático a que todo negócio se destina. Utilizando-nos do exemplo já aventado, a causa seria, para o vendedor, a obtenção do numerário. A causa é o motivo juridicamente relevante, motivo gerador de consequências jurídicas.

Em relação à causa como elemento dos negócios jurídicos, a doutrina não é harmoniosa, dividindo-se em duas correntes: a anticausalista, que nega ser a causa elemento essencial aos negócios, e as causalistas, que o admitem, subdividindo-se essas em subjetivista e objetivista.

Os defensores da *teoria anticausalista* sustentam não ser a causa um elemento autônomo no negócio jurídico, de forma que esta categorização seria desnecessária, pelo fato de ela se confundir com o próprio objeto ou conteúdo do negócio – a prestação da outra parte.

José Jairo Gomes esclarece que os anticausalistas, nos contratos onerosos, arguem se a causa está na contraprestação dada ou prometida à contraparte, se ela coincide com seu objeto, de sorte que causa e objeto terminam por se confundir em muitos

15. RUGGIERO, Roberto de. *Instituições de direito civil*, cit., p. 357.

aspectos[16]. Foram seus principais defensores: Ernst, Planiol, Laurent, Huc, Baudry-Lacantinerie, Bradie, Cornil, Giorgio Giorgi, Artur, Timbal, Beviláqua.

O Código Civil de 1916 seguiu a linha anticausalista, havendo tímida menção em seu art. 90[17]. No entanto, parece que não há argumentos concretos para sustentar esta teoria, posto que o objeto do contrato, nesse sentido, configura-se na obrigação dele gerada, que só surgirá em momento subsequente à sua celebração (o motivo se apresenta anteriormente a efetivação dele, não podendo se confundir com a obrigação em virtude dele gerada).

Para os que adotam a *teoria causalista*, é superada a questão da causa se apresentar ou não como elemento do negócio jurídico.

A corrente subjetivista, que predominou entre os juristas franceses, sustenta que a causa é a razão determinante, a motivação típica do ato que se pratica, objetivamente relacionada à espécie do negócio jurídico praticado, e que não pode ser tomada como seu motivo.

Tal concepção rende-se à ideia de que a causa deve ser compreendida como a representação psicológica que faz as partes concluírem o negócio ou o fim próximo para referida conclusão. Os fins remotos são simplesmente os motivos ou móveis do ato (móvel subjetivo), irrelevantes para o Direito. O fim próximo (motivo determinante é relevante) é justamente a causa. No nosso exemplo, é causa para o vendedor receber o preço, e para o comprador receber a coisa mediante o pagamento.

Assevera Pablo Stolze que, se o sujeito vende a sua casa de praia, a causa, dentro da concepção subjetivista, é a obtenção do numerário (*razão de ser da obrigação, causa final determinadora do consentimento*), pouco importando os motivos que o levaram a tomar tal atitude (pretender comprar uma fazenda, querer mudar de cidade etc.). Da mesma forma, nos negócios benéficos, como na

16. GOMES, José Jairo. *Direito civil:* introdução e parte geral. Belo Horizonte: Del Rey, 2006, p. 372.

17. CC/1916: "Art. 90. Só vicia o ato a falsa causa, quando expressa como razão determinante ou sob forma de condição".

doação pura, a causa seria a própria liberalidade, *independentemente das razões íntimas do doador – altruísmo, exibicionismo hipócrita, ou mesmo compaixão*[18].

A corrente objetivista[19], da qual fazem parte Betti, Cariota-Ferrara e Torquato Castro, por sua vez, sustenta não haver relação de investigação da causa com a motivação subjetiva do ato, desvinculando seu aspecto subjetivo, interior, da noção de causa, concentrando-se esta na conotação social do negócio, de forma que ela se configure pela função prática do negócio jurídico, com seus matizes sociais reconhecidos pelo direito, que somente vem a tutelar atos que se prestem ao atendimento do interesse coletivo, de toda a sociedade.

Para a *concepção objetivista*, a causa vem a ser aquele elemento distintivo do negócio jurídico para cada tipo de negócio, ou a função econômico-social própria de cada figura negocial. Trata-se da finalidade intrínseca do negócio. Na compra e venda, por exemplo, a causa seria a própria prestação do negócio, ou seja, a entrega da coisa e o pagamento do preço. O comprador recebe a coisa porque pagou o preço. O vendedor recebe o preço porque entregou a coisa.

Conforme esclarece Vicente Ráo[20], para os adeptos da teoria objetivista, a causa seria a função econômico-jurídica do ato (Ascarelli) ou a função prático-social do negócio jurídico reconhecida pelo Direito (Cariota-Ferrara), de forma que o ordenamento só poderia tutelar aqueles atos socialmente úteis, o que muito bem coaduna com a ideia de função social intrínseca do pacto havido entre as partes.

Pablo Stolze Gagliano, apresentando o pensamento de Junqueira de Azevedo, traz a seguinte hipótese: o contrato de seguro é um negócio admitido pelo ordenamento jurídico para que todos possam eliminar as consequências patrimoniais de um sinistro, prevenindo-se do risco. A causa estaria na transferência lícita do risco (função prático-social do negócio). Todavia, se o seguro encobre

---

18. GAGLIANO, Pablo Stolze; PAMPLONA FILHO, Rodolfo. *Novo curso de direito civil*, cit., 11. ed., v. I, p. 327.

19. Adotada principalmente na Itália. Ver: RÁO, Vicente. *Ato jurídico*. São Paulo: Saraiva, 1979, p. 100 e s.

20. RÁO, Vicente. *Ato jurídico*, cit., 1979, p. 100 e s.

uma aposta, o contrato não vale, pois se desvirtuou a sua função ou a sua finalidade socioeconômica e jurídica, ou seja, em outras palavras, distorceu-se a sua causa.

As correntes causalistas – subjetivista e objetivista – tiveram como seus defensores: Domat, Pothier, Aubry e Rau, Demolombe, Colin e Capitant, Venzi, Cariota-Ferrara, Ruggiero, Mirabelli, Bonfante, Stolfi, Messineo, Amaro Cavalcanti e Torquato Castro[21].

O Código Civil vigente, embora trate a causa de maneira tímida, não deixou de admiti-la expressamente (como, aliás, vê-se nos arts. 166, III, e 140). Darcy Bessone, ao estudar a influência da causa no negócio jurídico, cita Domat (Domat, Oeuvres complètes – lês lois civile), segundo o qual causa é o fundamento da obrigação, no sentido de que, sempre que alguém se obriga, o vínculo se funda em algo oriundo do credor da obrigação. Para Domat, segundo Bessone, pode não haver uma contrapartida ou contraprestação, mas haverá a entrega de uma coisa ou, quando menos, um mérito do donatário (contratos gratuitos) a fundamentar a vinculação de quem assume a obrigação.

As perquirições posteriores não afetaram, no essencial, a teoria de Domat, mas precisaram de uma distinção rica de consequências: a que discrimina entre a causa da obrigação e os motivos determinantes do vínculo.

A doutrina de Domat recebeu, algum tempo depois, poderoso estímulo, partido da autoridade de Pothier que é muito bem explicado por Bessone, seguindo a tese de que todo ajuste deve ter uma efetiva causa honesta. Nos contratos onerosos, assim, a causa da obrigação que contrai uma das partes é que a outra lhe dê, ou se obrigue a lhe dar, ou se arrisque àquilo de que se encarrega. Nos contratos benéficos, a liberalidade que uma das partes quer exercer para com a outra é causa suficiente da obrigação que aquele contrai para com este (Código Civil francês art. 1.131). Mas quando a obrigação não tem causa alguma, ou quando a causa pela qual foi construída é falsa, é nula a obrigação, e nulo o contrato[22].

---

21. Ver: RÁO, Vicente. *Ato jurídico*, cit., 1979, p. 100 e s.

22. BESSONE, Darcy. *Do contrato*, cit., p. 102 e s.

Notamos que alguns ordenamentos jurídicos, notadamente **o francês**, em seus arts. 1.108 e 1.131 a 1.133 (do Code Civil), e o **italiano**, especialmente os arts. 1.325 e 1.343 a 1.345, mencionam a causa como elemento do contrato. Outros, como o **alemão, o suíço, o português e o brasileiro**, omitem-na, ou, referindo-a, não lhe reconhecem o caráter que lhe atribuem os Códigos da França e da Itália, por exemplo.

A causa – vista como elemento extrínseco ao querer íntimo do agente negocial – é elemento de fundamental influência no negócio, e o motivo é visto como elemento intrínseco, desde que declinado como fator determinante do negócio, ou quando, ainda que não declinado, venha a atentar contra a ordem pública, em decorrência de ilicitude, ou, ainda, por agressão à mesma ordem, por atingir a eticidade, a probidade ou a função social que devem permear toda e qualquer relação negocial, será também extremamente importante, na medida em que controlará a validade do ato e evidentemente a sua função social.

3.2 OBRIGATORIEDADE CONTRATUAL

O princípio da obrigatoriedade contratual reflete a máxima de que o contrato faz lei entre as partes, *pacta sunt servanda.* Uma vez entabulada a avença, ela ingressa no mundo jurídico vinculando os contratantes. A força obrigatória dos contratos é indispensável a fim de promover segurança jurídica no ordenamento.

3.2.1 Obrigatoriedade estrita do contrato

Prestigia-se, diante desse princípio, a confiança de cada uma das partes no que tange ao cumprimento do avençado e, caso haja o inadimplemento, a garantia de que há meios legais para se compelir o devedor a cumprir o contrato ou a indenizar pelas perdas e danos.

Silvio Rodrigues explica que o princípio da força que vincula as partes por convenção (ou obrigatoriedade contratual) consagra a ideia de que o contrato, uma vez obedecidos os requisitos e os parâmetros legais, torna-se, entre as partes, obrigatório, e que dele não se podem desligar, senão por outra avença, em tal sentido, isto é, o contrato constituirá uma forma de lei privada entre as partes, adquirindo força vinculante igual à do preceito legislativo, pois vem munido de uma sensação que decorre da norma legal, representada pela possibilidade de execução patrimonial do devedor, para que se faça cumprir a avença[23].

Numa visão clássica, o contrato, em regra, é intangível, isto é, imutável. Daí, pode-se concluir que, necessariamente, deve ser cumprido nos termos em que for entabulado, salvo os casos de rescisão expressa e voluntária, ou nas hipóteses de caso fortuito e de força maior.

Entretanto, é possível se dizer que o princípio *pacta sunt servanda* vem sofrendo certa relativização, por meio da norma que expressa a teoria da imprevisão ou *cláusula rebus sic stantibus*, prevista no art. 317 do Código Civil. É de se esclarecer que referida cláusula dá ao juiz o poder de revisão por imprevisibilidade sobre os atos negociais, havendo desigualdade superveniente das obrigações contratadas e consequente enriquecimento indevido de um dos contratantes, podendo ainda o juiz decretar a resolução do contrato[24].

Essa premissa vem no sentido de compatibilizar a obrigatoriedade com o equilíbrio contratual. Daí, tendo o magistrado verificado a presença dos requisitos legais e tomando em conta o caráter excepcional da medida, está autorizado a promover a revisão contratual, a fim de restaurar a paridade entre as partes, flexibilizando, portanto, regra da obrigatoriedade estrita.

3.2.2 Exceção do contrato não cumprido, cláusula *solve et repete* e teoria do adimplemento substancial do contrato

A exceção do contrato não cumprido é norma que se extrai do art. 476 do Código Civil, a qual prevê que, nos contratos bilaterais, a parte que não cumpre suas obrigações não pode impor ao outro contratante o cumprimento daquelas que estiverem ao seu cargo.

23. RODRIGUES, Silvio. *Direito civil*, cit., 30. ed., v. 3, p. 17.

24. DINIZ, Maria Helena. *Curso, v. 3* ...cit., p. 30.

Haja vista a existência do sinalagma, é possível dizer que há uma interdependência entre as prestações. Daí a sua inaplicabilidade em contratos unilaterais[25].

Além da bilateralidade, é indispensável que as prestações sejam exigíveis de forma simultânea. Isso porque, caso a exigibilidade se dê de forma sucessiva, àquele que primeiro couber cumprir sua prestação, ele não poderá deixar de cumpri-la, alegando que o outro contratante, por hipótese, não cumprirá a sua parte.

Assim, alerta James Eduardo Oliveira que, sendo o instituto animado de um sopro de equidade, deve a sua invocação ser presidida pela regra da boa-fé, não podendo erigir-se em pretexto para o descumprimento do avençado. Desse modo, explica que, se ambas as prestações têm de ser realizadas sucessivamente, é claro que não cabe a invocação de *exceptio* por parte do que deve em primeiro lugar, pois que a do outro ainda não é devida; mas, ao que tem de prestar em segundo tempo, cabe o poder de invocá-la, se o primeiro a deixou de cumprir.

Sendo simultâneas, no entanto, as prestações das partes no contrato, a sua interdependência funcional autoriza a recusa, sob a alegação de falta de cumprimento. Não sendo as prestações simultâneas, realizáveis a um só tempo, mas sucessivas, não pode ser invocada a exceção pela parte a que caiba o primeiro passo a iniciativa do inadimplemento; em uma venda, por exemplo, não tendo o crédito, o comprador que não paga o preço não pode exigir a entrega da coisa. Quem tem o direito de realizar por último a prestação pode procrastiná-la, até que o outro contraente satisfaça a própria obrigação[26].

Esta regra, contudo, admite uma exceção, prevista no art. 477 do Código Civil. Aquele que primeiro detinha o dever de

25. "Execução por título extrajudicial. Inépcia inocorrente. Demanda instruída com título executivo (confissão de dívida). Execução por título extrajudicial. Contrato de mútuo que é unilateral. Impossibilidade de se arguir a *exceptio non adimpleti contractus*. Execução por título extrajudicial. Alegação de ato ilícito. Inconsistência. Embargos improcedentes. Recurso desprovido" (TJ/SP, 1015990720088260000/SP 0101599-07.2008.8.26.0000, 15ª Câmara de Direito Privado, Rel. Araldo Telles, julgado em 14-2-2012, publicação 15-2-2012).

26. OLIVEIRA, James Eduardo. *Código Civil anotado e comentado*, cit., p. 493.

cumprir sua obrigação pode deixar de prestá-la, até que a outra parte cumpra a sua ou lhe preste garantias, na hipótese de ser verificada a diminuição patrimonial deste último ou se tornar duvidosa a prestação a que se obrigara.

Tendo em vista que os contratos de *factoring* são classificados como contratos sinalagmáticos, isto é, que possuem obrigações para ambas as partes, e o cumprimento dos deveres de cada uma delas deve se dar no mesmo momento, aquele que se sentir prejudicado pelo inadimplemento da prestação pode invocar o instituto em sua defesa.

Com a maestria usual, ensina Maria Helena Diniz que a figura da *exceptio non adimpleti contractus* é uma defesa oponível pelo contratante demandado contra o cocontratante inadimplente, nos casos em que, esclarece a professora, o demandado recusa-se a cumprir a sua obrigação sob a alegação de não ter aquele que a reclama cumprido com o seu correspectivo dever, dado que cada contratante está sujeito ao estrito adimplemento do contrato. Dessa forma, se um dos contratantes não cumpre o contrato, o outro tem, por sua vez, o direito de opor-lhe uma defesa. Trata-se, portanto, de uma exceção. Mas isso somente poderá ocorrer nos casos em que nem a Lei nem o contrato determinem a quem competirá efetuar a obrigação em primeiro lugar, caso contrário, não se estará diante desta especial hipótese[27].

Sob o aspecto processual, ressalta-se que se trata de um meio de defesa, que se opõe à ação, a qual se constitui numa via de ataque. A *exceptio* pode ser classificada como uma defesa indireta contra a prestação ajuizada. Ao alegá-la, o requerido não debate o mérito do direito arguido, mas apenas contesta sua exigibilidade. Assim, o réu não ficará dispensado de cumprir a sua parte na avença. Apenas adquire a prerrogativa de recusar a prestação que lhe cabe, enquanto o requerente não cumprir a contraprestação sob sua incumbência. Daí ser plenamente possível que a ação seja julgada procedente, e o réu seja compelido a cumprir sua prestação[28].

27. DINIZ, Maria Helena. *Curso de direito civil brasileiro*, cit., 23. ed., v. 3, p. 118-119.

28. "Civil. Processual civil. Recurso especial. Ação declaratória de existência de relação jurídica. Distrato que resultou inadimplido por ambas as partes. Existência de uma série de ações judiciais sobre cláusulas contratuais. Alegação de ocorrência de coisa

Considerando que as partes possuem liberdade para deliberar sobre o conteúdo da avença, é possível que renunciem ao direito de opor a exceção do contrato não cumprido, ao preverem expressamente a cláusula *solvere et repetere*. Essa cláusula obriga o contratante a cumprir sua obrigação, mesmo diante do inadimplemento do outro. Resta ao primeiro apenas voltar-se contra o inadimplente, exigindo o cumprimento do contrato ou sua resolução em perdas e danos.

Carlos Roberto Gonçalves esclarece que a eficácia da aludida cláusula consiste em uma das partes não poder se eximir da prestação, nem a retardar, pelo fato de opor exceções que, em outra situação, seriam justificadas pelo comportamento do outro contraente, por exemplo por força da exceção do contrato não cumprido. Deve, sim, a parte, nesses casos, prontamente cumprir com o avençado, sem prejuízo de fazer valer, em ação própria, seus direitos nascidos do comportamento lesivo da outra parte ao deixar de cumprir com seu débito na avença.

Em outras palavras, deve renunciar à vantagem que resultaria da aplicação do princípio da economia processual. A mencionada cláusula não é muito comum nas relações civis puras, sendo encontrada em alguns contratos administrativos, para proteger a

julgada quanto aos fundamentos de decisão anterior. Alegação de violação ao art. 535 do CPC. Arguição de exceção de contrato não cumprido como matéria de defesa. Natureza jurídica do instituto. Efeitos. Inadmissível recurso especial quanto à questão que, a despeito da oposição de embargos declaratórios, não foi apreciada pelo tribunal 'a quo'. Nos termos do art. 469 do CPC, os fundamentos de acórdão transitado em julgado não se revestem da qualidade referente à imutabilidade de seus efeitos. A alegação de exceção de contrato não cumprido, quando arguida como mera defesa na contestação, tem efeitos limitados a suspender temporariamente a execução do contrato, até que o autor cumpra a parte que lhe cabe na avença; assim delimitada, tal defesa dilatória não tem poder para provocar a resolução contratual. Recurso especial conhecido e provido" (REsp 723.205/RN, Rel. Ministra Nancy Andrighi, 3ª Turma, julgado em 6-2-2007, *DJ* 26-3-2007, p. 235). E ainda: "Civil e processo civil. *Exceptio non adimpleti contractus*. Efeito processual. A exceção de contrato não cumprido constitui defesa indireta de mérito (exceção substancial); quando acolhida, implica a improcedência do pedido, porque é uma das espécies de fato impeditivo do direito do autor, oponível como preliminar de mérito na contestação (CPC, art. 326). Recurso especial conhecido e provido" (REsp 673773/RN, Rel. Ministra Nancy Andrighi, Rel. p/ Acórdão Ministro Ari Pargendler, 3ª Turma, julgado em 15-3-2007, *DJ* 23-4-2007, p. 256).

Administração pública, bem como em contratos de locação de imóveis residenciais, de compra e venda de móveis (em geral, máquinas) e de sublocações (em favor do locador). Nas relações de consumo, deve ser evitada, em razão da cominação de nulidade, toda cláusula que coloque o consumidor em desvantagem exagerada (CDC, art. 51)[29].

Consoante se verifica, esta cláusula não é comumente aplicada nos contratos de *factoring*, haja vista que dificilmente uma das partes renunciará a esta possibilidade de defesa, em decorrência da complexidade da relação e, muitas vezes, das vultosas transações envolvidas.

Outra situação relevante é aquela do adimplemento substancial que impede a sua resolução unilateral. O cumprimento, pelo devedor, de parte substancial das prestações a que se comprometeu impede que a avença seja resolvida.

É notório que a teoria toma fundamento no princípio da conservação dos pactos, posto que busca a preservação do contrato havido entre as partes diante de inadimplementos absolutos, mas parciais, que não interferem na essência do cumprimento contratual, como no caso do contrato de empreitada com acabamento na construção de uma casa em que o empreiteiro não coloca os azulejos de um dos quatro banheiros construídos no imóvel. Preserva-se, assim, a continuidade do vínculo obrigacional e a função social do contrato[30].

29. GONÇALVES, Carlos Roberto. *Direito* ...cit., p. 189.

30. Na linha dos precedentes desta Corte e do Superior Tribunal de Justiça, a falta do pagamento de parcela mínima do financiamento atrai a aplicação da teoria do adimplemento substancial, uma vez que a parcela não paga não induz o desequilíbrio entre as partes e representa parcela ínfima do objeto contratual, devendo o autor buscar forma diversa para exigir o cumprimento da obrigação, que não seja tão gravosa quanto a devolução do bem (TJ/DFT, AC 2004.01.025119-0, 4ª Turma, Rel. Des. Cruz Macedo, julgado em 9-5-2005). E, ainda: "A resolução por inadimplemento do devedor somente pode ser reconhecida se demonstrada e aceita a falta considerável do pagamento devido. Do contrário, a regra é a de que se preserve o contrato, permitindo ao credor ainda insatisfeito a propositura de ação de cobrança do que lhe for devido. É por isso que na legislação estrangeira, no trato de comércio internacional e também na mais recente doutrina nacional, tem sido admitido que o adimplemento substancial pelo devedor impeça a extinção

3.2.3 Intangibilidade contratual

O contrato é em regra intangível, imutável. Essencialmente foi concebido como um instrumento a ser utilizado para expressar a estrita vontade das partes, regulamentando a relação acerca de um determinado objeto.

Assim, considerando que os indivíduos são livres para entabular avenças entre si, podendo escolher, na grande maioria das vezes, o que contratar, quando e com quem contratar, nada mais evidente que tenham que se submeter às consequências deste ato, não cabendo ao juiz interferir no que foi ajustado.

Em respaldo a tal afirmação, Orlando Gomes explica que o princípio da força obrigatória consubstancia-se na regra de que o contrato é uma lei entre as partes. Sendo celebrado com a observância de todos os pressupostos e requisitos necessários à sua validade, deve ser executado pelas partes como se preceitos legais imperativos fossem suas cláusulas. Assim, em qualquer circunstância em que tenha de ser cumprido, o contrato obriga os contratantes[31]. Destarte, o contrato obriga as partes que o entabularam exatamente na medida em que foi elaborado, daí por que o princípio da intangibilidade também é chamado de princípio da força vinculante ou obrigatoriedade contratual[32].

Entretanto, como nada, ou quase nada, em Direito pode ser considerado de forma absoluta, em certo ponto também

---

do contrato" (STJ, REsp 226.283, 4ª Turma, voto-vista, Min. Rosado de Aguiar, *DJU* 27-8-2001).

31. GOMES, Orlando. *Contratos*. 17. ed. Rio de Janeiro: Forense, 1996, p. 36.

32. Carlos Roberto Gonçalves, de maneira didática, enumera os seus fundamentos explicitando que o aludido princípio tem por fundamentos: a) a necessidade de segurança nos negócios, que deixaria de existir se os contratantes pudessem não cumprir a palavra empenhada, gerando a balbúrdia e o caos; b) a intangibilidade ou imutabilidade do contrato, decorrente da convicção de que o acordo das vontades faz lei entre as partes, personificada pela máxima *pacta sunt servanda* (os pactos devem ser cumpridos), não podendo ser alterados nem mesmo pelo juiz. Qualquer modificação ou revogação terá de ser, também, bilateral. O seu inadimplemento confere à parte lesada o direito direito de fazer uso dos instrumentos judiciários para obrigar a outra a cumpri-lo, ou a indenizar pelas perdas e danos, sob pena de execução patrimonial, conforme o art. 389, do Código Civil. GONÇALVES, Carlos Roberto. *Direito civil brasileiro*, cit., 7. ed., v. 3, p. 49.

passaram a ser admitidas exceções ao referido princípio, haja vista o aumento da complexidade das relações sociais, mormente em decorrência da globalização, incentivo à livre concorrência e massificação dos contratos.

Ocorre que o sistema passou a admitir que a avença pudesse ser revista pelo juiz em situações em que concorresse a excepcionalidade e imprevisibilidade das circunstâncias, dando-se, por conseguinte, a chamada teoria da imprevisão.

3.3. A VEDAÇÃO AO ABUSO DE DIREITO NA RELAÇÃO CONTRATUAL DE *FACTORING* COMO ELEMENTO DA CONSTRUÇÃO DA FUNÇÃO SOCIAL DO CONTRATO

Com relação ao abuso de direito como instituto jurídico, é possível observar-se grande apego da doutrina na diferenciação do que seja ato abusivo e do que seja ato ilícito.

O Código Civil de 1916 não se ocupou de modo expresso da figura do ato abusivo. Mas, ainda assim, houve quem atribuísse à dicção do inciso I do art. 160 do antigo Código, que disciplinava que: "Não constituem atos ilícitos: I – os praticados em legítima defesa ou no exercício regular de um direito reconhecido", a missão de consagrar a *contrario sensu* uma forma de ilicitude que se aproximava, já, do ato abusivo.

Daniel Boulos, em trabalho monográfico sobre o tema, explica que se pode afirmar que os arts. 186 e 187 do Código Civil descrevem formas distintas pelas quais a ilicitude pode se manifestar no campo do direito civil. São, pois, na visão do autor, as circunstâncias descritas no aludido art. 187 do Código Civil, atos ilícitos, mas não da mesma realidade normativa, ou, ainda, não da mesma espécie considerada ato ilícito no referido art. 186 do Código Civil.

Conforme explica, o art. 186 do Código Civil descreve o ato ilícito praticado a partir da ausência de qualquer direito ou de qualquer prerrogativa em favor daquele que viola a norma nele contida. Já o art. 187 do Código Civil descreve uma situação de ilicitude que resta configurada a partir da existência, sobre aquele que viola a norma nele espelhada, de uma prerrogativa *a priori* assegurada pelo ordenamento jurídico, mas que, no seu exercício, apresentou-se em descompasso com o sentimento jurídico dominante[33].

Explica, por conseguinte, que, para a configuração da ilicitude prevista no art. 186 do Código Civil, é necessária a comprovação da culpa *lato sensu*, que, conforme o autor, trata-se de elemento absolutamente prescindível para a configuração da ilicitude descrita na norma do art. 187 do Código Civil[34].

Assim, denota o autor, o abuso de direito implica uma diferença com relação à típica atividade ilícita, em razão da complexidade da aferição da ilicitude, porquanto não se procede à investigação da inexistência de um direito sobre a conduta que se perpetra, de modo a entender-se a conduta não calçada como ilícita e antijurídica, mas, sim, com foco exclusivo sobre a valoração que acaba por excluir a legitimidade do exercício de um direito que seria aprioristicamente reconhecido e deferido, em tese, no caso concreto. De fato, um dos pressupostos para a configuração do ato ilícito descrito no art. 187 do Código Civil é a titularidade de um direito, por parte daquele a quem se pretende imputar a prática da ilicitude. Por este motivo, não se cogitará da aplicação válida da regra do art. 187 do Novo Código se aquele contra quem se alegou o ato abusivo não for reconhecidamente titular de um direito, ou, ao menos, de qualquer outra situação jurídica subjetiva.

---

33. BOULOS, Daniel. *Abuso de direito no novo Código Civil*. São Paulo: Método, 2006, p. 44-48.

34. Neste mesmo sentido, pudemos observar muitos outros entendimentos. FARIAS, Cristiano Chaves de; ROSENVALD, Nelson. *Curso de direito civil*. Salvador: Podium, 2012. v. 4, p. 183. "No corpo do novo Código Civil, o abuso do direito é tratado com destaque, pois surge um novo regime dos atos ilícitos, fulcrado em duas cláusulas gerais de antijuricidade. No art. 186, há uma cláusula geral de responsabilidade por culpa – praticamente reiterando o famoso art. 159 do Código Civil de 1916. Em contrapartida, o art. 187 enfatiza cláusula geral de ilicitude, de índole objetiva, ao mencionar que 'comete ato ilícito o titular de um direito que, ao exercê-lo, excede manifestamente os limites impostos pelo seu fim econômico ou social, pela boa-fé ou pelos bons costumes'. O mérito do art. 187 do Código de 2002 é realçar que o critério do abuso não reside no psicológico da culpabilidade, mas no desvio do direito de sua finalidade ou função social. Acolhe-se a teoria objetiva finalista, que tem em *Josserand* o seu maior expoente."

Por isso, Daniel Boulos destaca que o reconhecimento da titularidade do direito é, pois, questão prejudicial à aplicação do art. 187 do Código Civil, defendendo que esta circunstância isoladamente considerada já seria suficiente para defender a existência de uma diferença entre o ato ilícito classicamente considerado, tal como definido na norma do art. 186 do Código Civil, e o ato ilícito consubstanciado no exercício desconforme de posições jurídicas subjetivas, de mais a mais, ressalte-se, novamente, que os pressupostos para a configuração das formas de ilicitudes descritas nos arts. 186 e 187 do Código Civil são diferentes, o que também corrobora o entendimento segundo o qual, embora se trate de atos ilícitos, não corresponde ao mesmo tipo de ato ilícito, ou se preferirem, ao mesmo ato ilícito[35].

Maria Helena Diniz esclarece que quem usa de um direito seu não causa dano a ninguém (*qui iure suo utitur neminem laedit*) e que, nesses domínios, somente haverá "ato ilícito" se houver abuso do direito ou seu exercício irregular ou anormal. Diante disso, a autora e professora explana que, segundo o art. 187 do Código Civil: "Também comete ato ilícito o titular de um direito que, ao exercê-lo, excede manifestamente os limites impostos pelo seu fim econômico ou social, pela boa-fé ou pelos bons costumes", o uso de um poder, direito ou coisa, além do permitido ou extrapolando as limitações de um direito, lesando alguém, traz como efeito jurídico o dever de indenizar.

Realmente, sob a aparência de um ato legal, ou lícito, esconde-se a "ilicitude", que se prefere denominar de antijuridicidade *sui generis*, no resultado, por atentado ao princípio da boa-fé e aos bons costumes e por desvio da finalidade socioeconômica para a qual o direito foi estabelecido.

35. O autor finaliza com o seguinte entendimento: "Por estes motivos entendemos que a controvérsia acerca da identidade do ato abusivo com o ato ilícito perdeu qualquer razão de ser, basta que seja reconhecido que o ato abusivo, no direito brasileiro, corresponde a ato ilícito, embora com características substancialmente diversas daquelas que compõem o ato ilícito tradicionalmente existente em nosso direito. Ambos figuram dentro do terreno do ilícito (e por isso são denominados de atos ilícitos) mas correspondem a realidades normativas diversas embora possam apresentar, no caso concreto, no mais das vezes (embora não sempre), as mesmas sanções". BOULOS, Daniel. *Abuso de direito no novo Código Civil*, cit., p. 48.

Maria Helena Diniz ensina que se trata, em verdade, de constituir uma limitação ao exercício daquele direito, e não uma forma de ato ilícito, de uma categoria *sui generis* e autônoma de antijuridicidade.

Isto é assim porque se trata de uma conduta lícita, mas desconforme, por vezes, com a finalidade socioeconômica pretendida pela norma e, por outras, com o princípio da boa-fé objetiva. Explica, ainda, que é um instituto que necessita, para sua configuração, de uma valoração axiológica do exercício de um direito subjetivo, consoante se extrai da disciplina do art. 5º da LINDB, tendo por base os valores contidos na Constituição Federal.

Destaca a autora, como inseridas na órbita do abuso de direito, ensejando responsabilidade civil, as seguintes circunstâncias: a) os atos emulativos ou *ad emulationem*; b) os atos ofensivos aos bons costumes ou contrários à boa-fé; c) os atos praticados em desacordo com o fim social ou econômico do direito subjetivo.

Hodiernamente, nos domínios do direito contratual parece cada vez mais clara a noção de que, para que seja cumprida a função social de um instituto, exige-se que sejam observados padrões e procedimentos de conduta no desenvolvimento da avença, em seu cumprimento e até mesmo depois de findo o contrato; para tanto, alguns pontos de atenção são extremamente relevantes.

Ora, os direitos subjetivos são direitos eminentemente funcionais, direitos-função[36]. Quando esta função é usurpada de algum modo, é notório que se tem o abuso, que deve ser, por essência, reprimido pela lei, sob pena de prevalecer a lei do mais forte.

A nosso ver, é bastante evidente que o instituto do abuso de direito é fruto da concepção e do desenvolvimento culturalista de Miguel Reale. José Maurício de Carvalho[37] esclarece que, apesar

36. "Aqui, coloca-se em relevo outro elemento do ato abusivo – a sua causa considerado em sentido teleológico: o direito subjetivo é um direito-função e o seu exercício abusivo motiva a ruptura do equilíbrio dos interesses sociais concorrentes (CARRANZA, Jorge. *El abuso del derecho en la reforma del código civil*)". FARIAS, Cristiano Chaves de; ROSENVALD, Nelson. *Curso de direito civil*, cit., p. 184.

37. Sobre ver: CARVALHO, José Mauricio de. A ética culturalista de Miguel Reale, cit. E, ainda: BRANCO, Gerson Luiz Carlos. *Função social dos contratos*, cit., p. 151 e s.;

da crise de civilização reconhecida por muitos pensadores, Miguel Reale considera que a pessoa permanece como o valor de referência. É a pessoa humana o maior valor, pois é fonte de todos os demais. Isso porque a pessoa humana conhece as razões da sua ação e pode dar rumo próprio à vida, guiando-se pelos valores.

No contrato de f*actoring*, não é diferente. Há, portanto, como já vimos, uma série de preceitos de ordem positiva, que devem ser seguidos, para que se realize a função social do contrato de *factoring*, contudo há padrões de abstenção, obrigações de não fazer. Há, por conseguinte, uma série de atos que não podem ser perpetrados na relação de fomento mercantil, sobretudo pela faturizadora, posto que implicariam frontal agressão à função social deste mesmo pacto, quer pelo viés intrínseco, quer pelo viés extrínseco.

Nelson Juliano Schaefer Martins, explica, em publicação especializada sobre fomento mercantil, sobre os *padrões negativos*, ou seja, deveres de abstenção aos quais deverá submeter-se a empresa de fomento mercantil, na busca pelo cumprimento da função social deste contrato, explicitando que os deveres negativos impostos às empresas de fomento mercantil no exercício de sua função social estão relacionados com restrições à liberdade, ou seja, circunstâncias que envolvem obrigação de não fazer, e elenca estas aludidas restrições: a) proibição da prática ou da superação dos limites impostos pelo seu fim econômico ou social, boa-fé, bons costumes; na contratação e execução do negócio envolvendo *factoring* devem ser observados os princípios da probidade, lealdade, boa-fé, diligência, ética e respeito (Código Civil, arts. 187, 421, 422 e 1.011); b) observância severa dos preceitos jurídicos que proíbem a realização de operações privativas de instituições financeiras e abuso das necessidades da empresa-cliente com a obtenção de vantagens excessivas, sob as penas da Lei n. 7.492, de 16-6-1986, art. 16, e Lei n. 1.521, de 26-12-1951, art. 4º; c) atenção às origens dos títulos apresentados para negociação para que não se configure infração à Lei n. 9.613, de 3-3-1998, que

---

TARTUCE, Flávio. *A função social dos contratos – do Código de Defesa do Consumidor ao novo Código Civil*, cit.; REALE, Miguel. *Experiência e cultura*, cit.; REALE, Miguel. *O direito como experiência*, cit. e REALE, Miguel. *Questões de direito privado*, cit.

dispõe sobre crimes de lavagem de bens, direitos e valores. Os deveres positivos decorrem da postura ativa que às empresas de fomento mercantil cumpre adotar[38].

A vedação do abuso de direito, entendemos, funciona como um padrão negativo de conduta, ou dever de abstenção capaz de colaborar na construção e cumprimento da função social do *factoring*, portanto.

O direito **espanhol** determina que os direitos devem ser exercidos em conformidade com as exigências da boa-fé, e que a lei não ampara o abuso de direito ou o exercício antissocial deste mesmo direito.

Nesse sentido, especifica que as condutas omissivas ou as comissivas que, diante das intenções do agente, das circunstâncias em que se realizarem ou, ainda, diante do seu objeto, sobrepujarem manifestamente para além dos limites normais do exercício de um direito, efetivando-se danos a terceiros, resultarão no dever de indenizar e na adoção de medidas judiciais ou administrativas para impedir o abuso persistente.

A determinação a que nos referimos está no art. 7º do Código Civil **espanhol**, que, aliás, também prevê a figura do abuso de direito, da forma que segue:

---

38. Explica, ainda, referido autor que, estando em sintonia com as regras da Constituição, art. 170 e seus incisos, enunciam-se as seguintes ideias: a) fortalecimento dos princípios da livre-iniciativa, da propriedade privada, da livre concorrência e do tratamento favorecido às empresas de pequeno porte; o fomento mercantil atua em apoio a setor vital da economia: as pequenas, médias e microempresas; as empresas-clientes encontram na atividade *factoring* maiores facilidades burocráticas em comparação com os serviços dos bancos e obtêm inegáveis vantagens ao transformar suas vendas a prazo em vendas à vista, além de incrementar suas produções e de baratear seus custos com a aquisição de insumos a preços mais atrativos; suporte técnico de consultoria mercadológica que torna as empresas-clientes mais eficientes em mercado cada vez mais competitivo; b) cumprimento de importante desempenho a partir da vigência da Lei n. 11.101, de 9-2-2005, que regula a recuperação judicial, extrajudicial e a falência do empresário e da sociedade empresária; as empresas de fomento mercantil podem contribuir na elaboração do plano de recuperação judicial, pois conhecem os problemas e dificuldades das empresas-clientes, e auxiliar no custeio de insumos para a produção com aquisição direta de matéria-prima. MARTINS, Nelson Juliano Schaefer. A função social do *factoring*. *Jornal do Fomento Mercantil*: opinião legal, 2005, p. 13. Disponível em: <*http://www.anfac.com.br/jsp/revista/57/pag13.pdf*>. Acessado em: 16 jan. 2014, p. 13.

> "1. Los derechos deberán ejercitarse conforme a las exigencias de la buena fe. 2. La Ley no ampara el abuso del derecho o el ejercicio antisocial del mismo. Todo acto u omisión que por la intención de su autor, por su objeto o por las circunstancias en que se realice sobrepase manifiestamente los límites normales del ejercicio de un derecho, con daño para tercero, dará lugar a la correspondiente indemnización y a la adopción de las medidas judiciales o administrativas que impidan la persistencia en el abuso".

No mesmo sentido, a disposição expressa do Código Civil **paraguaio**, que disciplina o exercício abusivo de direitos, na forma do art. 372, que determina:

> "Los derechos deben ser ejercidos de buena fe. El ejercicio abusivo de los derechos no está amparado por la ley y compromete la responsabilidad del agente por el perjuicio que cause, sea cuando lo ejerza con intención de dañar aunque sea sin ventaja propia, o cuando contradiga los fines que la ley tuvo en mira al reconocerlos. La presente disposición no se aplica a los derechos que por su naturaleza o en virtud de la ley pueden ejercerse discrecionalmente".

Quando um sujeito da relação contratual manifestamente ultrapassa os limites da boa-fé, dos bons costumes e das próprias finalidades socioeconômicas do ato a ser exercido, está em flagrante situação de abuso de direito.

Com aplicação em quase todos os campos do direito, o instituto do abuso é destinado a reprimir o exercício de conduta antissocial apoiada em direitos subjetivos.

O Código Civil **suíço**, em seu artigo 2, determina reprimenda ao exercício abusivo de direitos, da forma que segue: "1 Chacun est tenu d'exercer ses droits et d'exécuter ses obligations selon les règles de la bonne foi. 2 L'abus manifeste d'un droit n'est pas protégé par la loi"[39]. O Código Civil **alemão** também trata da situação de

39. Tradução livre: "1. Cada um é obrigado a exercer os seus direitos e a cumprir suas obrigações de acordo com as regras da boa-fé. 2. A manifesta violação de um direito não é protegida por lei".

abuso de direito, como uma situação de agressão à ordem pública, traçando uma cláusula geral de proteção à boa-fé, no § 826: "Sittenwidrige vorsätzliche Schädigung: Wer in einer gegen die guten Sitten verstoßenden Weise einem anderen vorsätzlich Schaden zufügt, ist dem anderen zum Ersatz des Schadens verpflichtet"[40].

Em nosso sentir, na seara contratual a situação do abuso de direito está intimamente ligada aos deveres de solidariedade[41] e probidade contratual. O Código Civil de 1916 tratava, no art. 159, do ato ilícito. Daí, mais uma importante inovação trazida pelo Código Reale, em 2002, que passou a dividir as noções de ato ilícito, que podemos destacar como "ilícito puro", do ato ilícito que é consubstanciado pelo abuso de direito[42].

As circunstâncias de abuso de direito destacam-se por agredirem a noção daquilo que é esperado pelas partes.

Trata-se de uma conduta lícita que carrega em seu bojo um "toque de ilicitude", diante da fortíssima carga de má-fé que acaba por contaminar o ato.

É bastante evidente que uma análise dessa natureza, na vida prática, dependerá de uma percepção deveras aguçada por parte do órgão julgador, conhecendo os parâmetros gerais da atuação social em cada caso concreto, de modo a estabelecer que, para aquele caso concreto, o justo, o correto, o probo, não foram observados,

---

40. Tradução livre: "Uma pessoa que, de forma contrária à ordem pública, intencionalmente causa dano a outra pessoa é responsável perante a outra pessoa para fazer a reparação do prejuízo".

41. "O abuso de direito encontra expressa previsão legal no art. 187 do CC. Compreensão do instituto a partir do parâmetro constitucional, especialmente o art. 3º, I, CF. O princípio da solidariedade introduziu importantes alterações no âmbito do Direito Civil e da responsabilidade civil, coibindo-se o exercício dos direitos subjetivos fora dos padrões de coexistência. O abuso de direito está relacionado com a situação jurídica subjetiva, conjunto de direito e deveres do sujeito. Os direitos de ação e petição devem ser exercidos dentro dos limites impostos pela boa-fé, bons costumes e pela própria finalidade de institucionalização" (TJ/RS, AC 70044485399/RS, data da publicação 24-4-2012).

42. Nesse sentido, determina o art. 187 do Código Civil que, pedimos vênia para a transcrição: "Art. 187. Também comete ato ilícito o titular de um direito que, ao exercê-lo, excede manifestamente os limites impostos pelo seu fim econômico ou social, pela boa-fé ou pelos bons costumes".

merecendo, dessarte, intervenção e repreensão estatal, de modo a garantir os primados maiores de sustentação da sociedade moderna.

Renan Lotufo destaca que o exercício de direitos não é algo ilimitado e sem freios, constituindo limites fixados pela lei, pela boa-fé, pelos costumes e pelos fins econômico e social (assevera, sob tal aspecto, que a boa-fé é um limite genérico, e a finalidade socioeconômica é um limite específico do negócio). Traçando o escorço histórico do tema, o autor denota que nas origens mais primitivas do direito romano, em que pese não se falasse em abuso do direito, há três institutos que podem denotar o seu embrião: a *emulatio*, trata do exercício de um direito sem utilidade própria; a *exceptio doli*, que era um meio de defesa em face de uma *actio* injusta, tinha estreita ligação com a boa-fé; e, por fim, as relações de vizinhança que serviram para impor limitações tendentes a obter uma convivência pacífica entre os vizinhos[43].

Os atos emulativos são aqueles atos, a princípio lícitos, que não visam, *prima facie*, um benefício ao seu autor, mas, antes, um malefício, um prejuízo, a quem se dirigem estes mesmos atos[44].

O Código Civil **boliviano**, por exemplo, trata da vedação ao ato emulativo, logo depois de tratar da função social da propriedade, conforme disposição do art. 107, daquele diploma legal: "El propietario no puede realizar actos con el único propósito de perjudicar o de ocasionar molestias a otros y, em general, no le está permitido ejercer su derecho en forma contraria al fin económico o social en vista al cual se le ha conferido el derecho". Do mesmo modo, sob o título de proibição ao assédio, o Código Civil **alemão** – BGB trata da proibição aos atos emulativos, no §

---

43. O autor destaca o conceito de abuso de direito que traz Limonge França: "um ato jurídico de objeto lícito, mas cujo exercício, levado a efeito sem a devida regularidade, acarreta um resultado que se considera ilícito". E, ainda, o entendimento de Juan Carlos Molina, para quem, nestes casos, o ato carece de eficácia e vincula a responsabilidade do agente por danos causados. LOTUFO, Renan. *Código Civil comentado:* parte geral (arts. 1º a 232). São Paulo: Saraiva, 2003, p. 499-500.

44. "Entende-se por emulação, o exercício de um direito com o fim de prejudicar outrem(...)". DANTAS, San Tiago. *Aulas proferidas na Faculdade Nacional de Direito.* Revisão, anotações e prefácio de José Gomes Bezerra de Barros. Rio de Janeiro: Editora Rio, 1979, p. 368.

226, como segue: "Schikaneverbot: Die Ausübung eines Rechts ist unzulässig, wenn sie nur den Zweck haben kann, einem anderen Schaden zuzufügen"[45].

É necessário, pois, que se garanta a virtude dos atos jurídicos sem que os preceitos maiores do sistema sejam atacados. Em última análise, o julgador deverá observar, em cada caso concreto, se há agressão efetiva aos valores maiores do sistema, conforme a noção do "justo"[46] de Ulpiano: "*honest vivere, neminem laedere, suum cuique tribuere*".

---

45. Tradução livre: "Da proibição ao assédio: O exercício de um direito não é admissível se ele só pode ter o propósito de prejudicar aos outros".

46. "Por certo que nem sempre, nem em todos os lugares, o signo 'justiça' foi ostensivamente utilizado na defesa e combate de ideias e coisas, todavia, o reto, o correto, o direito, a equidade, a ordem, o progresso, o probo, o honrado, o adequado, o isonômico, o proporcional, o razoável e o racional, e outras expressões empregadas com idênticos propósitos são inegavelmente postulados implícitos do valor 'justiça', para além ou também dos umbrais da Ética. Em outras palavras, todos os valores e conceitos que indicam ou sinalizam progressivamente o caminho de busca da suprema virtude são cobertos pela semântica do 'justo' ou da 'justiça'. Eis os grandes postulados da justiça, segundo o grande jurista romano, ULPIANO: '*honest vivere, neminem laedere, suum cuique tribuere*' (viver honestamente, não ofender ninguém e dar a cada um o que lhe pertence) e '*constans et perpetua voluntas ius suum cuique tribuendi*' (vontade constante e perpétua de dar a cada um o seu direito). Não por acaso, pode dizer-se ser o sentimento de justiça o único sentimento comum a todos os povos, de todos os lugares e de todos os tempos, com seus correlatos práticos da conquista da paz, da segurança, da igualdade, da satisfação das necessidades e da felicidade. A paz espiritual e social; a satisfação material e espiritual e os estados de graça individual, grupal e social são os objetivos últimos de todas as sociedades conhecidas, que se realizam na mais ampla concepção de dignidade da pessoa humana (ampla, plena e completa), ainda quando suas práticas pareçam indicar o contrário, como as privações, as resignações, as abstenções e as omissões de pessoas e grupos." Explica, ainda, o autor consultado que: "A definição dos romanos, com precedentes na filosofia grega (ARISTÓTELES. *Ética a Nicômano*. 2. ed. Brasília: Ed. UnB, 1992), marca profundamente a tradição ocidental. A fórmula foi repetida por S. Ambrósio e por S. Agostinho, que escreveu: '*Iustitia (...) ea virtus est, quae sua cuique distribuit*' (A justiça é aquela virtude que distribui a cada um o seu direito), (AGOSTINHO, Santo. *A cidade de Deus contra os pagãos*. 2. ed. Petrópolis: Vozes, 1990). Tomás de Aquino retomou a fórmula clássica da justiça como '*perpetua et constans voluntas, ius suum unicuique tribuens*' (vontade perpétua e constante, atribuindo a cada um apenas o seu direito) (AQUINO, Tomás de. *Summa theologiae*. Madrid: Biblioteca de Autores Cristianos, 1961)". Toda a citação desta nota é do trabalho do professor da Universidade Federal do Rio Grande do Norte: MORES, José Diniz de. O que é justiça? Palestra proferida no Centro de Estudos Filosóficos da UFRN em 8.5.2012, sobre o tema o "Que é a Justiça, p. 4-37.

São, pois, os atos emulativos figuras que caracterizam o abuso de direito, e é, em nosso pensar, notório quando um dos sujeitos do contrato age de maneira perversa de modo a prejudicar o outro.

Ora, age em flagrante descompasso com a boa-fé, por exemplo, o faturizador que, de posse de um cheque em branco com mandato tácito para preenchimento, utiliza o cheque para ver saldado o valor constante de título inadimplido pelo devedor em faturização com cessão *pro soluto*. De modo geral, portanto, sendo a regra da faturização a cessão *pro soluto*.

Tem-se observado, contudo, decisões de nossos tribunais que determinam que não há qualquer irregularidade no preenchimento de cheque assinado em branco. Eis que, nestes casos, estará clara, no mais das vezes e por regra de boa conduta, a presunção de que há mandato em favor do portador para preenchimento posterior. Ninguém nega, entretanto, que é abusivo o preenchimento de cheque em branco com valores que incluem total garantia ao contrato de *factoring*, por títulos não adimplidos por seus respectivos devedores[47].

A reprimenda legal expressa ao abuso de direito é uma das expressões da carga valorativa que Miguel Reale impôs à legislação

---

47. "Ementa: contrato. *Factoring*. Recompra de títulos. Garantia. 1. Não incorre em cerceamento de defesa o julgamento realizado após concessão de oportunidade de realização de provas. As provas indeferidas não podem ser novamente requeridas, porquanto contra tal indeferimento já houve interposição de recurso, devidamente negado. 2. Alegação de entrega de cheque como garantia que encontra guarida no conjunto probatório colhido. Alegação, de outro lado, de recompra voluntária que não merece acolhida, até diante da natureza do contrato de 'factoring'. 3. No contrato de 'factoring', a faturizadora assume riscos da compra de títulos, em razão de ágio que recebe a título de remuneração pela operação. Em regra, não tem direito de regresso em face da faturizada, a não ser quanto aos títulos eivados de vícios. 4. Não cabe garantia da operação de *factoring*, dado o risco inerente a esse contrato. 5. Não há irregularidade, em princípio, no preenchimento de cheque assinado em branco. Há presunção de outorga de mandato em favor do portador para preenchimento posterior. 6. É abusivo, no entanto, o preenchimento de cheque em branco com valores que incluem total garantia ao contrato de 'factoring', por títulos não adimplidos por seus respectivos devedores. 7. Não cabendo direito de regresso senão quanto aos títulos viciados, e não cabendo garantia no contrato de *factoring*, o cheque objeto do feito é inexigível. 8. Recurso provido" (TJ/SP, AC 170273120088260320/SP 0017027-31.2008.8.26.0320, 14ª Câmara de Direito Privado, Des. Rel. Melo Colombi, publicação 16-8-2012).

civil pátria, diante da sua consagrada concepção tridimensional culturalista do direito. Assim, nas relações contratuais como de resto em todas as relações intersubjetivas, não basta que se atue de forma lícita, há extremada relevância na carga valorativa da conduta, que deverá, sempre, atender aos ditames da boa-fé, do probo, do que é justo e correto, eis que a pessoa, a sua existência digna, mais precisamente, deve ser o centro axiológico do Direito.

O fundamento maior do direito das obrigações e, por via de consequência, dos contratos é a boa-fé ou a fé de um ser humano em outro. Não há como imaginar o direito obrigacional diante da absoluta e completa falta de fé de um ser humano em outro. Como destaca Stuart Mill: não há outro fundamento assinalável às obrigações senão as funestas consequências de falta de fé de um ser humano em outro[48].

O implemento efetivo da boa-fé no direito das obrigações, analisado como um plexo dispositivo dinâmico, traduz-se em fundamento e limite de atuação obrigacional, funcionalizando esse instituto.

Na legislação vigente, há diversas sanções aplicáveis à figura: imposição de restrições ao exercício de atividade, imposição de cessação da atividade, declaração de ineficácia de negócio jurídico, demolição de obra construída, declaração de nulidade de ato por ilícito, obrigação de ressarcimento dos danos, suspensão ou perda do poder familiar e outras.

Há, assim, clara disposição normativa balizando quais os pontos de atenção para combater os tais atos emulativos. É neste sentido que os atos jurídicos devem atender às finalidades econômica e social adequadas, bem como à boa-fé e aos bons costumes. Este dever geral de zelar por este aspecto de socialidade e solidarismo, sem nenhuma dúvida, é refletido pela limitação e razão de ser da autonomia de contratação, que é alimentada e conformada pela função social do contrato.

---

48. Citado por Renan Lotufo. *Código Civil comentado*. São Paulo: Saraiva, 2004, v. 2: Introdução. Ver, ainda: VARELA, João de Matos Antunes. *Das obrigações em geral*, cit., p. 74.

É evidente, assim, que o contrato maculado ou orientado em qualquer de suas fases pelo abuso do direito não pode ser considerado como instrumento de cumprimento de função social e roga por repreensão legal.

3.3.1 Da finalidade econômica adequada

O atendimento à finalidade econômica adequada dos atos, sob o ponto de vista contratual, certamente busca impedir que se dê à lesão, enorme o descompasso econômico do contrato, a opressão contratual pelo abuso do poder econômico de uma das partes.

O abuso de direito, assim, à evidência, é fruto de um direito exercido de modo manifestamente abusivo, ofendendo à justiça[49]. O que, aliás, pode ser observado não só em certas e dadas relações de fomento mercantil, mas em grande parte dos modais de relações contratuais existentes em nossa sociedade, em que há diversas situações de opressão econômica contratual.

É óbvio que as partes têm o direito de contratar e de se manterem contratadas e que, além disso, é direito de todos firmar contratos com o escopo de obter alto lucro. Este direito à contratação, entretanto, deve ser exercido de modo a respeitar uma finalidade econômica que se entenda minimamente razoável. Não se pode pretender a escravização da outra parte na relação contratual, ou tamanha desproporção que gere sacrifício descomunal da outra parte para sustentar avença, ainda que esta desproporção seja desenvolvida na senda contratual, situação em que se aplicará a figura da revisão judicial do contrato.

No contrato de *factoring*, como sabemos, muito embora haja a possibilidade de se estipularem juros de correção vinculados ao limite legal, é muito comum dizer que, não sendo banco, a empresa

49. "No ato abusivo há violação da finalidade econômica ou social. O abuso é excesso manifesto, ou seja, o direito é exercido de forma ostensivamente ofensiva à justiça. Para R. Limongi França, 'o abuso de direito consiste em um ato jurídico de objeto lícito, mas cujo exercício, levado a efeito sem a devida regularidade, acarreta um resultado que se considera ilícito'". DINIZ, Maria Helena. *Curso de direito civil brasileiro*. 26. ed. São Paulo: Saraiva, 2009b. v. 1, p. 477.

de fomento mercantil não cobra juros e, por isso, não se vincula aos limites legais da contratação de juros, o que em certa medida é correto. Entretanto, parece-nos que, por vezes, há compreensão equivocada com o que se quer dizer sobre "não se poder cobrar juros" ou "não estar vinculada aos limites legais".

Em verdade, a remuneração da empresa de *factoring* não se dá com base em juros. Há possibilidade de cobrança de juros de correção no limite legal e da cobrança de um determinado valor que encontra correspondência na prestação de serviços da empresa de fomento mercantil ao faturizado, que, do mesmo modo, não poderá comportar abusividade, pois a referência que faz o Código Civil ao abuso de "direito" envolve, também, circunstâncias de direitos potestativos, limitando a autonomia privada[50].

Evidentemente, a correção monetária (entendida como a atualização da cártula), ainda que acrescida de juros legais, poderá ser convencionada, e também poderá ser convencionado o preço pelo serviço prestado entre faturizador e faturizado, a depender, evidentemente, do serviço e do risco do faturizador. Contudo, nas figuras de *conventional factoring* (em que há antecipação de valores ao faturizado pelo faturizador), tanto a correção quanto o preço pelo serviço que é prestado são extraídos do deságio sobre o título que é apresentado pelo faturizado à faturizadora, e, nestes casos, é que podemos encontrar verdadeiros despautérios, ou seja, situações esdrúxulas nas quais fica evidente que a opressão e o abuso econômico motivaram a contratação do serviço pelo faturizado, diante do claro domínio econômico que o faturizador sobre ele exerce. Esse tipo de relação perversa não deve ser tolerada, pois, à evidência, desregula o mercado empresarial e impede o desenvolvimento socioeconômico sustentável, sob a ótica da socialidade.

50. Quando o art. 187 do Código Civil se refere à palavra "direito", abrange não apenas os direitos subjetivos como também outras situações que impliquem poderes, liberdades e faculdades, incluindo-se aí os direitos potestativos. No tocante ao abuso do direito potestativo, há norma repressiva expressa (art. 473, parágrafo único) que suspende a eficácia do direito potestativo à resilição unilateral por um dos contratantes, enquanto não for superado um lapso temporal suficiente para a outra parte se compensar quanto aos investimentos efetuados para a execução do contrato. Trata-se de evidente imposição de limites éticos à autonomia privada. FARIAS, Cristiano Chaves de; ROSENVALD, Nelson. *Curso de direito civil*, cit., p. 185.

3.3.2 Dos convenientes fins sociais

No que concerne à finalidade social, é, também, bastante clara a carga valorativa de socialidade imposta pelo professor Miguel Reale no Código de 2002. É cediço que a figura da função social não nasce no Código Reale, mas, sem dúvidas, toma posição de destaque nas relações privadas nesta legislação.

As cláusulas de conteúdo aberto ou cláusulas gerais contidas na nossa atual legislação civil, sem dúvida, facilitaram a implantação desta carga valorativa de socialidade no regramento privado[51], conduzindo necessariamente o julgador à decisão que se quer mais justa e orientada para o tratamento desigual dos desiguais na justa medida de suas desigualdades[52]. É claro que o escopo é conferir dinâmica ao ordenamento jurídico positivo e maior amplitude axiológica ao julgador.

Para Antonio Junqueira de Azevedo, houve uma evolução do juiz do Estado Liberal, como a "boca da lei", passando para expressão própria do Estado Social, a "boca do juiz", chegando aos elementos da legislação dotada de extrema vagueza para a solução das questões sociais[53]. Para o implemento da carga de socialidade que revela aplicação do personalismo ético[54], é necessário que a norma tenha este grau de elasticidade, pois uma norma sem este elastério, diante da cambiante vida moderna social, não seria capaz de abarcar todas as possibilidades de aplicação às intrincadas vicissitudes das relações intersubjetivas, sobretudo aquelas decorrentes dos direitos de créditos contratuais, em que a carga de autonomia privada, por vezes, dificulta a compreensão fática por parte do órgão julgador.

---

51. Karl Engish (*Introdução ao pensamento jurídico*. Lisboa: Fundação Calouste Gulbenkian, 2004, p. 248 e s.) esclarece que, em última análise, importa mesmo é que as regras teleológicas ou atribuições valorativas, em cada caso concreto, ofereçam efetivamente suporte firme de sustentação para as decisões, sobretudo quando tratamos de conceitos normativos indeterminados e cláusulas gerais.

52. Barbosa, Rui. *Discursos, orações e conferências*. São Paulo: Iracema, 1968. t. II: Oração aos moços, p. 401-448.

53. AZEVEDO, Antônio Junqueira de. Insuficiências, deficiências e desatualização do projeto de Código Civil na questão da boa-fé objetiva nos contratos. *Revista dos Tribunais*, São Paulo, v. 775, p. 11-16, maio 2000.

54. LARENZ, Karl. *Derecho civil: parte general*. Madrid: Revista de Direito Privado, 1978. p. 44 e s.

Como bem explica Orlando Gomes, o direito obrigacional está imbuído de caracteres de justiça social, reservando espaço à preocupação da vedação da exploração do fraco pelo forte e com a sobreposição dos interesses coletivos – que visam a harmonia social em relação aos interesses individuais de cunho egoístico[55]. Assiste-se, muitas vezes diante da liberdade de contratar, a usurpação de poder que deve ser contida. A contratação havida deve ter uma base de sustentação maior, sempre, de modo a fundamentá-la diante da necessidade de atendimento aos ditames sociais da norma[56].

3.3.3 Limites da boa-fé e dos bons costumes

O contrato, como meio de formação de negócios jurídicos, está adstrito a regras objetivas, que lhe imputam a necessidade

55. GOMES, Orlando. *Transformações gerais do direito das obrigações*. São Paulo: RT, 1967, p. 1-8.

56. E, ainda: "entre o forte e o fraco a liberdade escraviza e a lei liberta". Na lição do francês Henri Dominique Lacordaire (1802-1861). LACORDAIRE, apud HERKENHOFF, João Batista. *Justiça, direito do povo*. 2. ed. Rio de Janeiro: Thex, 2002, p. 71. Como já tivemos a oportunidade de explicitar: "Consoante destaca, de forma ímpar, Guilherme Calmon Nogueira da Gama (2007, p. XVI), o direito civil do século XXI é constitucionalizado, com forte carga solidarista e despatrimonializante, em claro reconhecimento da maior hierarquia axiológica à pessoa humana – na sua dimensão do 'ser' –, em detrimento da dimensão patrimonial do 'ter'. O que ocorreu, de fato, foi a despatrimonialização do direito privado (Perlingieri, 1997, p. 37 e s.). O fenômeno da despatrimonialização, no âmbito das situações jurídicas, sob a égide do direito privado, denota uma opção que, paulatinamente, vem se demonstrando em favor do personalismo – superação do individualismo – e do patrimonialismo – superação da patrimonialidade como fim de si mesma, do produtivismo, antes, e do consumismo, depois –, como valores que foram fortificados, superando outros valores na escala hierárquica de proteção e promoção do ordenamento jurídico. De acordo com a concepção da tutela e a promoção da pessoa humana como centro de preocupação do ordenamento jurídico, é correta a orientação segundo a qual as situações patrimoniais devem ser funcionalizadas em favor das situações existenciais, inclusive no campo do direito patrimonial estrito das obrigações. É de rogo que se compreenda que a doutrina individualista foi golpeada em seus próprios fundamentos éticos e culturais e ruiu. O devedor passa a ser tratado de maneira humanitária. Além disso, o vínculo contratual deve ser norteado pela função social, com vistas a alcançar situações prejudiciais a terceiros. Desta feita, a liberdade de contratar encontra, hoje, certos limites que restringem o livre voluntarismo contratual, donde nos parece razoável anotar como autonomia privada de contratação essa esfera de potestade em que o particular se encontra e pode exercer seus atos volitivos a entabular normas individuais privadas". FIGUEIREDO, Fábio Vieira. *Direito das obrigações*. São Paulo: Saraiva, 2011. v. 5, p. 36 e s.

de cumprimento da socialidade. Sempre deverá ser respeitada a existencialidade que é trazida à luz pelos princípios de igualdade, solidariedade e dignidade da pessoa humana, postos em nosso ordenamento constitucional[57].

Explica Maria Helena Diniz que a liberdade contratual não é ilimitada ou absoluta, pois está limitada pela supremacia da ordem pública, que veda as eventuais convenções que lhe sejam contrárias e, também, aquelas que contrariarem os bons costumes, de forma que a vontade dos contratantes resta finalmente subordinada ao interesse coletivo[58].

Há elevada relevância da observação dos limites da ordem pública instalada que se traduzem nos anseios populacionais da nação, que varia conforme o tempo e a sociedade. Desse modo, é necessário que se tenha atenção aos aludidos limites para que o contrato havido entre as partes não corrompa preceitos sociais maiores.

Quando tratamos da noção de limites dos bons costumes, estamos a falar de situações não abrangidas pela boa-fé ou pela função social, mas que equalizam um balizamento de moralidade social, urbanidade e até mesmo solidariedade no trato mercantil, de maneira a não restarem rompidos pela via oblíqua os deveres laterais do contrato, o que gerará em última análise ataque à função social interna do contrato. O Enunciado 413, da V Jornada de Direito Civil, trata do tema dos bons costumes conforme insculpido no abuso de direito no nosso Código Civil:

> "Art. 187. Os bons costumes previstos no art. 187 do CC possuem natureza subjetiva, destinada ao controle da moralidade social de determinada época, e objetiva, para permitir a sindicância da violação dos negócios jurídicos em questões não abrangidas pela função social e pela boa-fé objetiva".

É muito comum encontrarmos nas contratações de fomento mercantil circunstâncias de tutela do crédito. Na **Itália**, País em que

57. FIGUEIREDO, Fábio Vieira. *Direito das obrigações*, cit., p. 36 e s.

58. DINIZ, Maria Helena. *Curso de direito civil brasileiro*, cit., 26. ed., v. 1.

o *factoring* é extremamente bem difundido, por exemplo, explica Piero Schlesinge[59] que há diversas formas de proteção ao crédito, uma delas, dentro dos limites da autonomia privada de tutela de crédito, é a cessão em favor do credor, de outros credores que o devedor-cedente tem entre terceiros, e destaca que a praxe bancária e jurisprudencial aceitam este meio de proteção ou tutela do crédito.

Evidencia, também, referido autor, o pacto maricano (no qual o credor está autorizado a reter o bem objeto da garantia, com a estimativa do valor por um terceiro e restituição do valor excedente), e pontua que a jurisprudência reconhece a sua licitude e, portanto, força vinculante. Entende que este tipo negocial se aproxima da autotutela do credor e denota que, em seu sentir, é válida a cláusula que permite ao credor, além da retenção do bem, a venda a terceiro, assegurado ao devedor o direito de restituição ao valor excedente do crédito. Destaca que, no caso, a cláusula será abusiva se desonerar o credor de prestar contas. Explica, ainda, que a jurisprudência italiana tem entendido, quando o devedor tenta frustrar a garantia prestada, vendendo o bem ou diminuindo-lhe seu valor, que há possibilidade de estender a garantia a outros bens do devedor, desde que esteja caracterizada a efetiva frustração da garantia por parte do devedor.

Contudo, o mesmo autor evidencia situações perversas de contratação de garantias e reforço de crédito futuro, exemplifica com a disposição contratual pela qual o credor pode reforçar seu crédito, pela intervenção na atividade econômica do devedor, pelo instituto do financiamento participativo em que o financiador adquire temporariamente um pacote de ações da sociedade financiada, com o pacto de reaquisição, pela empresa, das mesmas ações a preço previamente determinado. Denota que a Corte de Cassação tem entendido não ter validade referido negócio, caracterizando fraude a dispositivo legal e, em particular, à proibição dos pactos leoninos e comissórios e destaca que a figura do *trust* em breve deverá ser analisada pela doutrina italiana, confrontando-se com o sistema

59. Schlesinger, Piero. Autonomia privata e tutela dei crediti. In: BELVEDERE, Andrea; GRANELLI, Carlo. *Confini atualli dell'autonomia privata*. Padova: Cedam, 2001, p. 111-124.

legal, pois tal figura tem se mostrado como um novo instrumento, já difundido no exterior (o financiado confere o próprio bem a um *trust* do qual é beneficiário o financiador).

3.3.4 Abuso de direito e as figuras parcelares da boa-fé

A atenção às figuras parcelares da boa-fé[60] é muito importante para conter os abusos nas relações contratuais como um todo. A doutrina tem denotado situações específicas de ruptura do dever de probidade, da tutela da confiança que, sem dúvidas, foi inserida no Código Reale, sobretudo nas determinações dos arts. 187 e 422, ambos do Código Civil.

É notório que todas estas situações de agressão à boa-fé estão contaminadas pela abusividade de atuação, principal marca que as destaca em maior ou menor grau, são elas: a) *venire contra factum proprium*[61], b) *surrectio*, c) *supressio*, d) *tu quoque*, e o e) *exceptio doli*.

3.3.4.1 Venire contra factum proprium

Trata-se de uma das figuras parcelares da boa-fé e, por isso, uma modalidade de abuso de direito[62]. Um dos contratantes atua de

60. Didática explanação de: CORDEIRO, Antonio Manuel da Rocha e Menezes. *Da boa-fé no direito civil*. Coimbra: Almedina, 2001, p. 745.

61. PENTEADO, Luciano de Camargo. *Figuras parcelares da Boa-fé objetiva e venire contra factum proprium*. Disponível em: <http://sites.editorasaraiva. com.br/concursar/default. aspx?mn=40&c=202&s=>. Acesso em: 15 jan. 2014.

62. "Ementa: Ação de obrigação de fazer cumulada com pedido de antecipação dos efeitos da tutela e indenização por danos morais. Sentença de improcedência. Relação de consumo evidenciada. Autora que, durante 7 (sete) anos, realizou tratamento médico em decorrência de sérios problemas na mama e no reto em hospital custeado pela ré. Negativa, após esse período, sob o fundamento de que se trata de hospital de alto custo. Interrupção abrupta que afronta o princípio da boa-fé objetiva. Proibição de comportamento contraditório (*venire contra factum proprium*). Abuso de direito demonstrado. Dano moral não configurado no caso em exame. Dúvida quanto a amplitude de cláusula contratual limitativa. Análise dos requisitos da antecipação da tutela jurisdicional. Pleito prejudicado ante o julgamento do mérito. Decisão reformada. Sucumbência redistribuída. Recurso conhecido e parcialmente provido. '[...] a proibição de comportamento contraditório (*nemo potest venire contra factum proprium*) é modalidade de abuso de direito que surge da violação ao princípio da confiança – decorrente da função integrativa da boa-fé objetiva (CC, art. 422). A ve-

forma a contrariar o que foi pactuado entre as partes. O embasamento adequado do *venire*, como explicitado no Enunciado 362 do CJF (IV Jornada de Direito Civil), é a teoria da tutela da confiança[63].

Luciano de Camargo Penteado entende que todas as figuras parcelares da boa-fé reproduzem a estrutura geral do *venire contra factum proprium*, a qual assume, deste modo, um papel reitor dentro do sistema de direito privado, ao menos em matéria de boa-fé objetiva[64].

Ora, um indivíduo não pode ter um ato ou uma sucessão ou plexo de atos e depois agir, na relação contratual, de maneira a contrariá-los todos. É uma verdadeira proibição de comportamento contraditório, como ressalta a jurisprudência[65].

As expectativas geradas entre os contratantes durante o desenvolvimento e a progressão da avença devem ser levadas em consideração. A análise dessa modalidade de abuso, como em todos os outros casos, depende do conhecimento minudente da relação de fato e da práxis de mercado em cada situação específica.

Se, no contrato de *factoring*, havido entre duas empresas há longa data, é praxe a investigação de risco por parte da faturizadora, independentemente de haver ou não disposição expressa neste

---

dação de comportamento contraditório obsta que alguém possa contradizer o seu próprio comportamento, após ter produzido, em outra pessoa, uma determinada expectativa. É, pois, a proibição da inesperada mudança de comportamento (vedação da incoerência), contradizendo uma conduta anterior, frustrando expectativas de terceiros. Enfim, é a consagração de que ninguém pode se opor a fato a que ele próprio deu causa'. (CHAVES, Cristiano. Variações do abuso do direito nas relações de família: o venire contra factum proprium, a supressio/surrectio, o duty to mitigate the loss e a violação positiva do contrato. *Revista Jurídica da UNIRB*, ano 1, nov./2010, p. 7-8)" (TJ/SC, AC 20120640832/SC 2012.064083-2, publicação 19-9-2012).

63. Enunciado 362 do CJF (IV Jornada de Direito Civil) assentou entendimento de que: "A vedação do comportamento contraditório (*venire contra factum proprium*) funda-se na proteção da confiança, tal como se extrai dos arts. 187 e 422 do CC".

64. PENTEADO, Luciano de Camargo. *Figuras parcelares da Boa-fé objetiva e venire contra factum proprium*, cit.

65. Como exemplos: TJ/PR, – Exceção de Suspeição EXSUSP 976412301/PR 976412-3/01 (Acórdão), publicação 4-8-2013; STJ, Recurso Especial REsp 1143216/RS 2009/0106075-0, publicação 9-4-2010; STJ, – Embargos de declaração no recurso especial EDcl no REsp 1143216/RS 2009/0106075-0, publicação 25-8-2010; TJ/SC, AC 20110115783/SC 2011.011578-3 (Acórdão), publicação 23-7-2013.

sentido, efetivada por título que é faturizado, é justo entender a faturizada que isto será feito.

No *maturity factoring* (em que o faturizado recebe no momento do vencimento do título), por exemplo, é comum que a faturizadora venha a valer-se de cláusula de garantia, informando que o devedor é insolvente. Note-se, se esta insolvência é patente, caberia, como forma de cumprimento da expectativa, um alerta prévio da empresa de *factoring* à sua parceira faturizada, visando evitar os dissabores do inadimplemento futuro.

Parece claro que, em situações como estas, em que o contratante bruscamente frustra as expectativas do outro, deverá responder pelo seu ato. É o caso já bastante explanado na doutrina do contratante que dá sequência à perfeita execução de um contrato anulável em um momento que lhe é conveniente e, depois de gerar todas as expectativas da convalidação, acaba por alegar a nulidade do compromisso, de maneira a frustrar todas as expectativas de interesse jurídico do outro. Este tipo de situação rompe com a probidade contratual.

Outro viés importante do *venire contra factum proprium* é a obrigação do credor de minimizar os próprios prejuízos, ou o *Duty To Mitigate the Own Loss*. O Enunciado 169 do Conselho de Justiça Federal enuncia, como regra que corrobora com o dever contratual da probidade insculpido no art. 422 do Código Civil, que: "O princípio da boa-fé objetiva deve levar o credor a evitar o agravamento do próprio prejuízo"[66].

3.3.4.2 Surrectio

A *surrectio* é uma situação intimamente ligada ao dever de probidade dos contratantes. É, também, impeditiva do comportamento contraditório.

66. Sobre, ver interessante decisão do STJ: "Com esse entendimento, avulta-se o dever de mitigar o próprio prejuízo, ou, no direito alienígena, *duty to mitigate the loss*: as partes contratantes da obrigação devem tomar as medidas necessárias e possíveis para que o dano não seja agravado. Desse modo, a parte a que a perda aproveita não pode permanecer deliberadamente inerte diante do dano, pois a sua inércia imporá gravame desnecessário e evitável ao patrimônio da outra, circunstância que infringe os deveres de cooperação e lealdade" (REsp 758.518/PR (2005/0096775-4), Rel. Min. Vasco Della Giustina).

Reinhard e Witthaker destacam que na Europa a *supressio* (*verwirkung*) passou a ser analisada como doutrina autônoma destacada da noção da boa-fé, dada a sua difusão. Ensinam que, além da Alemanha, em outros países, tais como Grécia e Espanha, admite-se o surgimento do direito pela *supressio*. Explicam que até mesmo na Áustria, muito embora a situação seja denotada como renúncia do direito de outrem, admite-se a figura, e, em todos estes países, a contrapartida da *surrectio*[67]. Gera, assim, a *surreição* de uma posição jurídica, diante dos comportamentos constantes em direção distinta daquela a que se obrigaram as partes[68].

Ora, se o contratante tolera determinadas situações anômalas ou não avençadas na relação contratual, deverá, desse modo, agir de maneira a respeitar que a outra parte crie a expectativa de que o contrato poderá ser cumprido ou desenvolvido por essa nova forma que vem sendo praticada sem que haja qualquer oposição entre as partes.

São os casos do pagamento reiteradamente feito em local distinto daquele avençado, ou da distribuição de lucros distinta daquela determinada em contrato social, sem que haja acordo expresso de cotistas; se, na relação de *factoring*, as despesas de consulta do nome do devedor, por exemplo, jamais foram cobradas do faturizado, mesmo havendo disposição expressa neste sentido. O faturizador deve informar expressamente de tempos em tempos que se trata de cortesia ou de mera liberalidade, ou estará sem dúvida obrigado a esta nova situação por ele mesmo criada.

---

67. ZIMMERMANN, Reinhard; WITTHAKER, Simon. *Good faith in European contract law*. New York: Cambridge University Press, 2008, p. 678. Apud FRAZÃO, Ana de Oliveira. Boa-fé objetiva no seu desdobramento da *supressio*. In: TEPEDINO, Gustavo (Coord.). *Doutrinas essenciais:* contratos. São Paulo: RT, 2012, p. 589.

68. "Ementa: Com o comportamento reiterado de renovação mensal do limite de crédito em conta corrente, durante vários anos, fez-se surgir uma expectativa legítima à autora – conforme instituto da 'surrectio' (oriunda da função integrativa da boa-fé objetiva) – de que haveria a renovação, como habitual, de seu crédito; tratando-se o cancelamento súbito deste benefício, sem qualquer justificativa ou aviso prévio, de exercício abusivo de direito, porquanto consubstanciou conduta até mesmo contrária ao próprio contrato entabulado, que exigia o prévio aviso, com antecedência de 24 horas" (TJ/PR, 7.728.856/PR 772885-6 (Acórdão), publicação 15-2-2012).

3.3.4.3 Supressio

Se a boa-fé objetiva já é assunto que desperta muitas controvérsias, a *supressio* é um dos seus desdobramentos mais polêmicos, pois, além da impossibilidade de uma precisa delimitação teórica dos seus requisitos de aplicação, há o receio de que uma utilização excessivamente flexível do princípio possa gerar resultados indesejáveis do ponto de vista da autonomia privada, da segurança jurídica e do equilíbrio contratual[69].

Uma boa parte da doutrina explica que a *supressio* é o "outro lado da moeda" da *surrectio*. Enquanto na *surrectio* o sujeito adquire um direito diante do comportamento omissivo do outro, ou seja, analisa-se da ótica daquele que gerou um direito para si; na *supressio*, analisa-se da ótica daquele que perdeu um direito diante de sua inércia, tolerância ou liberalidade desmedida[70].

A *supressio* indica a possibilidade de redução do conteúdo obrigacional pela inércia qualificada de uma das partes, ao longo da execução do contrato, em exercer direito ou faculdade, criando para a outra a legítima expectativa de ter havido a renúncia àquela prerrogativa[71].

3.3.4.4 Tu quoque

A atuação completamente inesperada com vistas ao prejuízo de outrem caracteriza a *tu quoque*. A célebre frase "*Tu quoque, Brutus, fili mi*", de Júlio Cesar, explica bem a situação em que se acha o sujeito passivo dessa situação, a qual é reprimível dentro dos padrões atuais da probidade contratual, significando outra figura parcelar da boa-fé componente da vedação do comportamento contraditório. No *tu quoque* o sujeito age de modo a trair a outra parte, daí o caráter reprovável do instituto.

---

69. FRAZÃO, Ana de Oliveira. Boa-fé objetiva no seu desdobramento da *supressio*, cit., p. 589.

70. FIGUEIREDO, Fábio Vieira. *Direito*... cit., p. 89 e s.

71. STJ, REsp 1202514/RS 2010/0123990-7, 3ª Turma, Rel. Min. Nancy Andrighi, publicação 30-6-2011.

3.3.4.5 Exceptio doli

Explica Orlando Gomes[72] que a proibição dos atos emulativos corresponde a um estágio da evolução social informado por condições econômicas hoje já superadas. O critério de delimitação do que seja um ato emulativo ou não é a utilidade ou inutilidade do ato ao sujeito que o perpetra. Sendo este inútil ao sujeito que seria beneficiário e maléfico a outrem, então se terá a função econômico-social do ato desvirtuada; referido ato não deve ser tolerado, sob o pressuposto de que é impulsionado pela emulação, e qualquer ato emulativo deverá ser reprimido como forma de apaziguamento social.

3.4. CONSENSUALISMO NA RELAÇÃO CONTRATUAL DE *FACTORING*

No que concerne ao contrato de *factoring*, a maioria da doutrina posiciona-se no sentido de ser um contrato consensual[73],[74].

Há quem entenda, contudo, adotando posicionamento diverso, tratar-se de uma avença real. Nestes casos, os posicionamentos dissonantes, são fundados no entendimento de que o contrato de *factoring* pressupõe a entrega dos títulos de recebíveis pelo faturizado ao faturizador[75].

A impressão que se tem, portanto, diante deste posicionamento, que, *prima facie*, parece bastante razoável, é a de que, diante da ausência de entrega dos títulos de recebíveis para a faturização, não há aperfeiçoamento do pacto de fomento mercantil. Daí o entendimento de que o contrato de *factoring* deve ser tido como um contrato real que se aperfeiçoa por entrega de algo, e não pelo consenso entre as partes contratantes.

Para nós, com a devida vênia, este entendimento não merece prosperar. Não tencionamos, aqui, discutir apenas se o contrato é

---

72. GOMES, Orlando. *Transformações gerais do direito das obrigações*, cit., p. 182.
73. MONTEIRO, Washington de Barros. *Curso de direito civil:* direito das obrigações – 1ª e 2ª partes, cit., p. 469.
74. VENOSA, Sílvio de. *Direito...* cit., p. 539.
75. NADER, Paulo. *Curso de direito civil*, cit., p. 494.

consensual ou real, a questão é mais relevante e profícua do que isto. Entendendo-se que o contrato não se aperfeiçoa sem a entrega dos títulos recebíveis, qual contrato teremos firmado entre as partes quando, denominado de fomento mercantil, o contrato nos primeiros dez meses não contempla qualquer entrega de títulos de recebíveis? Ter-se-á, neste caso, um contrato de *factoring*?

Ora, na prática assistimos a situações em que, firmado o contrato de *factoring* entre duas empresas, há meses em que a faturizada não entrega qualquer título à faturização, mas, mesmo assim, estando em pleno vigor o contrato de *factoring*, a faturizadora continua a prestar os seus serviços de organização profissional do fluxo financeiro, análise de risco de recebíveis, orientação da gestão econômica etc.

É evidente que, no centro de gravidade da faturização, está a entrega do recebível pelo faturizado ao faturizador, quer para que seja liquidado antecipadamente (*conventional factoring*), quer para a garantia de liquidação (*maturity factoring*), mas o escopo do fomento mercantil não se resume a isso, daí entendermos que o *factoring* resta aperfeiçoado, independentemente da entrega do título ao faturizador.

3.5 DA RESPONSABILIDADE CIVIL PELO ABUSO DE DIREITO NA RELAÇÃO DE *FACTORING*

Fernando Pessoa Jorge[76] explica que o termo responsabilidade, corresponde à ideia geral de poder de responder ou de prestar contas pelos próprios atos, que, por sua vez, pode assumir duas tonalidades distintas: a suscetibilidade de imputar, de um ponto de vista ético *lato sensu*, determinando atos e seus efeitos ao agente, e a possibilidade de fazer sujeitar alguém ou alguma coisa às consequências de certo comportamento.

Destaca que, no primeiro sentido, a palavra responsabilidade apresenta-se com conteúdo normativo, significando *exigibilidade*.

76. JORGE, Fernando de Sandy Lopes Pessoa. *Ensaio sobre os pressupostos da responsabilidade civil*. Coimbra: Livraria Almedina, 1995, p. 9-15.

Já no segundo sentido apontado, a atribuição das consequências danosas a uma pessoa – ou até a uma coisa – assume caráter acentuadamente econômico ou factual. A responsabilidade no primeiro sentido, em regra, arrasta a responsabilidade no segundo sentido. Define, então, a responsabilidade civil como a situação em que se encontra alguém que, tendo praticado um ato ilícito, é obrigado a indenizar o lesado dos prejuízos que lhe causou, o que se enquadra perfeitamente na noção de responsabilidade por abuso de direito.

O tema da responsabilidade civil é ínsito ao direito obrigacional, pois a obrigação de reparar o dano e de tornar, assim, a vítima indene, ou seja, *sem dano*, é a consequência prática de um descumprimento obrigacional específico ou geral[77]. Ressalta-se que determinações cruciais da responsabilidade civil estão, também, em disposições da Parte Geral do Código Civil, nos arts. 186, 187 e 188, quando da disciplina dos atos ilícitos em gênero, abarcando, em espécie, o abuso de direito, nosso tema na tônica deste capítulo.

O Código Civil de 2002 traçou clara disposição sobre o ato ilícito nos arts. 186 e 187 e o consequente dever de indenizar a vítima do ilícito no art. 927; demonstramos nos tópicos anteriores que, na agressão à probidade contratual, repousa o ilícito civil que bombardeia a função social intrínseca do contrato de *factoring* e explicitamos que tal situação, em nosso sentir, faz nascer o dever de indenizar.

A responsabilidade civil, desse modo, poderá ser contratual, situação em que, pelo descumprimento de um dever pactuado entre as partes, um contratante gera danos ao outro, com previsão do dever de indenizar no art. 389 do Código Civil[78]. Existe a possibilidade de que a responsabilidade civil seja extracontratual[79], situação

77. Como é cediço entre nós, da lesão a um dado direito nasce o dever de indenizar. DANTAS, San Tiago. *Aulas proferidas na Faculdade Nacional de Direito*, cit., p. 367.

78. Pede-se vênia para transcrição em nota: "Não cumprida a obrigação, responde o devedor por perdas e danos, mais juros e atualização monetária segundo índices oficiais regularmente estabelecidos, e honorários de advogado".

79. "A responsabilidade obrigacional ainda se distingue em responsabilidade contratual, se a obrigação não cumprida proveio de um contrato, e responsabilidade extracontratual, se tal obrigação teve fonte diversa do contrato" (JORGE, Fernando de Sandy Lopes Pessoa. *Ensaio sobre os pressupostos da responsabilidade civil*, cit., p. 9-15 e

em que haverá dever de indenizar por cometimento de infração ao dever social e geral de não causar dano a outrem, conforme disposto no *caput* do art. 927 do Código Civil, disciplinando que quem, por ato ilícito, causar dano a outrem fica obrigado a repará-lo.

A responsabilidade civil, muitos já disseram e concordamos, é um dos temas mais palpitantes e problemáticos da atualidade jurídica, e isso se dá pela surpreendente expansão do instituto no direito moderno e por seus reflexos na atividade humana, graças ao efetivo e cada vez mais acelerado avanço tecnológico, que atua como elemento decisivo de diminuição da relação tempo/espaço e que impulsiona o progresso material, *gerador de utilidades e de enormes riscos à integridade da vida humana*, em todos os seus espectros de compreensão.

É, portanto, um dos setores do direito das obrigações em que se notam as mais profundas divergências, com óbvios e grandes inconvenientes de ordem social[80].

29-57). Muito embora, seja cada vez mais evidente um movimento doutrinário no sentido de unificar os modais de responsabilidade. Ver: CALIXTO, Marcelo Junqueira. *A culpa na responsabilidade civil:* estrutura e função. Rio de Janeiro: Renovar, 2008. E, ainda, do mesmo autor: *A responsabilidade civil do fornecedor de produtos pelos riscos de desenvolvimento.* Rio de Janeiro: renovar. 2002. Sobre este tópico, esclarece Flávio Tartuce que o Código de Defesa do Consumidor constitui exemplo desta tendência de unificação; sobre, ver: TARTUCE, Flávio. *Direito civil. Direito das obrigações e responsabilidade civil.* 8. ed. São Paulo: Método, 2013.

80. Sobre, ver: DINIZ, Maria Helena. *Curso...* cit., 2005b, v. 3. E, ainda JORGE, Fernando de Sandy Lopes Pessoa. *Ensaio sobre os pressupostos da responsabilidade civil,* cit., p. 9-15 e 29-57. Ver, ainda: "O desinteresse (pela conceituação precisa de prejuízo) teve por grave consequência abrir a porta a todos os excessos. O impulso da necessidade indenizatória, cuja história está ligada àquela do Estado-Providência e ao desenvolvimento do que François Ewado chamou '*a sociedade garantista*', não apenas conduz a esvaziar a responsabilidade subjetiva de seu conteúdo, mas a privá-la de seu papel tradicional na determinação do responsável. Pondera que a ideologia da reparação produziu seu mesmo efeito perverso sobre o prejuízo: a evolução se fez ao custo de múltiplas torsões nocionais que fizeram com que o direito da responsabilidade civil perdesse sua simplicidade e sua coerência originais. É a ideia, de início, de uma dissolução dos requisitos exigidos do prejuízo para abrir direito à reparação, a ponto que poderíamos nos perguntar se o prejuízo é ainda uma condição da responsabilidade civil. Cinge-se, segundo o autor, em sempre menos e sempre mais: sempre menos requisitos exigidos do prejuízo para assegurar sua reparação(I); sempre mais variedades de prejuízos suscetíveis de serem reparados(II)". Publication de la Faculté de Droit et des Sciences Sociales de Poitiers (Université Annales). Les métamorfphoses

São elementos ínsitos e indispensáveis à responsabilidade civil que gerarão o dever de indenizar por abuso de direito no contrato de *factoring* e, por isso, tidos como seus pressupostos: a) a ação, b) o dano e c) o nexo de causalidade entre o dano e a ação (deixamos de elencar a culpa, pois será objeto de análise apartada).

A ação de que tratamos aqui é a conduta omissiva (*abstenção de conduta*) ou comissiva (*a ação positiva*) ilícita. Os arts. 186 e 187 do Código Civil dispõem sobre a ilicitude do ato. Trata-se, em regra, de um elemento volitivo manifesto ou de conduta omissiva ou positiva que, por negligência, imprudência ou imperícia, violam direito e causam dano, na letra da lei, "ainda que exclusivamente moral", a alguém.

Importa realçar como devem ser compreendidas as situações de negligência, imprudência e imperícia. A conduta imprudente consiste na atitude que não se reveste das devidas cautelas, com açodamento e arrojo, sem atenção aos interesses alheios. A negligência é a falta da devida diligência, a ausência da reflexão necessária, uma forma de preguiça psíquica, em virtude da qual o agente deixa de prever o resultado que poderia e deveria ter previsto[81]. Já a imperícia trata de uma inaptidão técnica para a consecução do ato, ou seja, a *culpa profissional*.

O art. 187 do Código Civil disciplina como ato ilícito o abuso de direito, assim como determinado no art. 334 do Código Civil **português**. O abuso de direito, já analisado nos tópicos anteriores, configura-se por situações causadas por aquele que manifestamente ultrapassa os limites da boa-fé, dos bons costumes e das próprias finalidades socioeconômicas do direito a ser exercido.

3.5.1 A culpa na conduta geradora de responsabilidade

A culpa, que adjetiva a conduta do sujeito, em última análise, consiste na efetiva infração a um dever de conduta, um dever de respeito à diligência em todas as ações, quer se trate do cumprimento

---

de la responsabilité. t. 32. *Sixièmes Journées René Savatier*, Poitiers, 15 et 16 mai 1997. Paris: Universitaires de France, 1997, p. 19-33, 37-64 e 127-151.

81. GONÇALVES, Carlos Roberto. *Direito civil brasileiro*. 8. ed. São Paulo: Saraiva, 2012. v. IV.

de uma disposição contratual, quer se trate do comportamento cotidiano da vida em sociedade. Quando este dever de diligência é desrespeitado e advém dano a outra pessoa, diz-se que o indivíduo agiu com culpa.

É importante que se compreenda que a noção de culpa, neste sentido, toma distância da ideia de dolo, eis que este é ultimado na livre e clara intenção de obter certo e determinado resultado. Assim, quando o indivíduo de maneira deliberada, visando causar um dano a outrem, com um objeto pontiagudo danifica a lataria do automóvel de alguém incorre no dever de indenizar, tendo agido com dolo. Ocorre, entretanto, que dolo é, também, em direito civil, um instituto jurídico próprio.

A expressão *dolo*, além de significar a vontade livre e consciente do agente, quer significar, também, um vício de consentimento que gera a anulabilidade do negócio jurídico. Note que o Código Civil, à exceção dos contratos benéficos ou gratuitos (por exemplo: doação e comodato), em que o indivíduo que dispõe de seu patrimônio só responde por danos causados àquele que teve o proveito contratual se agir com dolo, não faz distinção entre os elementos dolo e culpa ao dispor sobre responsabilidade civil, ao contrário, invariavelmente a noção de dolo é abrangida pela teorização da culpa civil, não havendo, desse modo, que se fazer distinção entre inadimplemento culposo ou doloso quanto ao dever de reparar.

A ressalva deve ser feita quanto aos contratos benéficos, pois, mesmo antes do Código Civil de 2002 (desde 1995) já havia entendimento sumulado do Superior Tribunal de Justiça (Súmula 145 do STJ), no sentido de, no contrato de transporte gratuito, só responder o transportador por dolo ou culpa grave; é o que ocorre em todos os contratos gratuitos. Aquele que concede só responde por dolo ou culpa grave.

Assim, a culpa como elemento da responsabilidade civil é tema bastante relevante. Já temos sedimentada em nosso sistema a noção de que, como regra geral, a culpa é um pressuposto da responsabilidade civil, contudo, há hodiernamente grande discussão sobre ser a culpa pressuposto da responsabilidade civil em sua plenitude, ou não.

Agostinho Alvim ensina que o desenvolvimento das indústrias e dos meios de transporte veio a denotar a insuficiência da teoria da culpa para abarcar as situações de responsabilidade civil. Destaca que a primeira dificuldade oferecida pela teoria da culpa era a caracterização de seu elemento objetivo, vez que a infração a um dever é diferente da infração à lei, posto que, em matéria contratual, o dever identifica-se com a obrigação assumida pela parte. Ao analisar a teoria objetiva, o autor explana que visa exatamente eliminar a culpa como requisito do dano indenizável, ou seja, admitir a responsabilidade sem culpa[82].

Parte da doutrina afirma que a culpa é elemento indispensável à responsabilidade. Ocorre, no entanto, que o Código Civil assumiu pelo menos quatro regimes jurídicos distintos de responsabilização e, em dois deles, não posicionou a culpa como elemento caracterizador da responsabilidade do agente, são eles: a responsabilidade por i) inadimplemento (*lato sensu*) culposo, ii) inadimplemento (*lato sensu*) não culposo, iii) inadimplemento em responsabilidade objetiva (*stricto sensu* – referente aos casos expressamente previstos em lei) e iv) inadimplemento fundado na teoria do risco da atividade.

Nos ditames da iii) responsabilidade objetiva e da iv) teoria do risco, a análise da culpa é absolutamente dispensável. Tais situações são regimes de responsabilidade civil previstos em lei que devem ser respeitados.

Desse modo, não se pode pretender asseverar que a culpa continua figurando como pressuposto pleno da responsabilidade civil. Nas situações de responsabilidade subjetiva, a culpa é elemento indispensável à responsabilização, tanto é assim que, nestes casos, a excludente de culpabilidade exclui também a responsabilidade, contudo não se pode dizer que no sistema geral de responsabilidade a culpa seja pressuposto do dever de indenizar (da responsabilidade). É evidente que este acuamento da culpa como pressuposto do dever de indenizar não é um fenômeno universal e unânime. Adrian Popovici, por exemplo, tratando das tendências recentes

82. Alvim, Agostinho. *Da inexecução das obrigações e suas consequências*. 5. ed. São Paulo: Saraiva, 1980, p. 305-324.

do direito da responsabilidade civil em Quebeque, no **Canadá**, esclarece que lá sempre houve uma espécie de obsessão pela culpa individual como base da responsabilidade civil. Destaca, ainda, que o legislador quebequense não cedeu à tentação de se colocar no diapasão francês e de se filiar à culpa dita objetiva[83].

No entanto, no Brasil, nota-se que a noção de responsabilidade objetiva no direito brasileiro ganha cada vez mais força, por exemplo, as responsabilidades: a) por ato de terceiro: tratamos das pessoas indicadas no art. 932, do Código Civil (ver Enunciado 451 da V Jornada de Direito Civil do Conselho de Justiça Federal). É importante esclarecer que os sujeitos arrolados no art. 932 do Código Civil são solidários aos terceiros ali referidos, conforme disposição do art. 942, parágrafo único do Código Civil – muito embora a Súmula 341 do Superior Tribunal de Justiça trate de culpa presumida para o caso em que o empregador responde por ato do empregado, tal entendimento não deve mais ser acolhido, diante do posicionamento amplamente admitido de cancelamento do entendimento de manutenção do instituto da culpa presumida; b) por fato de animais e coisas (conforme o Enunciado 452 da V Jornada de Direito Civil do Conselho de Justiça Federal); c) por colocação de produtos em circulação, conforme art. 931 do Código Civil (empresários e empresas); d) por responsabilidade das estradas de ferro por propriedades marginais; e) por abuso de direito: conforme Enunciado 37 da I Jornada de Direito Civil do Conselho de Justiça Federal; f) por acidentes de trabalho; g) em circunstâncias de competência material do Código Brasileiro do Ar; h) em circunstâncias de competência material do Código Brasileiro da Aeronáutica; i) em circunstâncias de competência material da Lei n. 6.453/77 – acidentes nucleares; j) por ruínas de prédio por falta de reparos; k) por lançamento de coisas dos prédios; l) por atividade que represente riscos para os direitos de outrem; m) nos casos de responsabilidade do seguro obrigatório; n) nos casos de

83. POPOVICI, Adrian. Publication de la Faculté de droit et des sciences sociales de Poitiers (Université Annales). *Les métamorfphoses de la responsabilité*. t. 32. Sixièmes Journées René Savatier, Poitiers, 15 et 16 maio 1997. Paris: Universitaires de France, 1997, p. 37-64.

danos ao meio ambiente; o) nos casos de relações de consumo; p) por danos causados por pessoas jurídicas de direito público ou privado que prestem serviços públicos.

No que concerne ao abuso de direito, o Enunciado 37 da I Jornada de Direito Civil do CJF assim dispõe:

> "Enunciado 37 – Art. 187. A responsabilidade civil decorrente do abuso do direito independe de culpa e fundamenta-se somente no critério objetivo-finalístico".

É de se notar que, no que concerne ao abuso de direito, portanto, não estamos a tratar da situação de presunção de culpa[84], mas sim de responsabilidade objetiva. Assim, se o indivíduo age de modo a agredir o direito de outrem por atuação abusiva, não importará, para que se estabeleça o dever de indenizar, se agiu com culpa ou não.

3.5.2 O dano

Sem dúvida, o dano é um dos pressupostos da responsabilidade civil, eis que não se pode falar em indenização sem um dano.

84. Sobre circunstâncias, antes tratadas de forma unânime, como casos de responsabilidade por culpa presumida, os Enunciados das Jornadas de Direito Civil também versaram, exemplos: Enunciado 451 da V Jornada de Direito Civil: "Arts. 932 e 933: A responsabilidade civil por ato de terceiro funda-se na responsabilidade objetiva ou independente de culpa, estando superado o modelo de culpa presumida". E, ainda: Enunciado 452 da V Jornada de Direito Civil: "Art. 936: A responsabilidade civil do dono ou detentor de animal é objetiva, admitindo-se a excludente do fato exclusivo de terceiro". Em nosso sentir, a maior parte da doutrina abandonou a antiga classificação da presunção de culpa, tendo em vista que as situações de culpa *in vigilando, in eligendo* e *in custodiendo*, consagradas como modelos de presunção, passaram a ter, nas determinações dos arts. 927, parágrafo único, 932 e 933, todos do Código Civil, disciplina de responsabilidade objetiva (*stricto sensu*), diante da expressa previsão legal. Neste sentido, pudemos observar, entre outros: AZEVEDO, Álvaro Villaça. *Teoria geral das obrigações*. 10. ed. São Paulo: Atlas, 2004, p. 285; CAVALIERI FILHO, Sérgio. Programa de responsabilidade civil. 7. ed. São Paulo: Atlas, 2007, p. 68; DINIZ, Maria Helena. *Curso de direito civil brasileiro. Responsabilidade civil*. 21. ed. São Paulo: Saraiva, 2007. v. 7, p. 519; HIRONAKA, Giselda Maria Fernandes Novaes. *Responsabilidade pressuposta*. Belo Horizonte: Del Rey, 2005, p. 142; TARTUCE, Flávio. *Direito civil. Direito das obrigações e responsabilidade civil*, cit.; TEPEDINO, Gustavo; MORAES, Maria Celina Bodin de; BARBOZA, Heloísa Helena. *Código Civil interpretado conforme a Constituição da República*. Rio de Janeiro: Renovar, 2006. v. II, p. 836.

Indenizar significa tornar indene ou subtrair o dano, denotando-se que é impossível a indenização em sua clássica acepção, sem a constatação de uma lesão a um bem juridicamente tutelável. O dano poderá ser patrimonial ou econômico e extrapatrimonial ou moral.

O *dano patrimonial é aquele que atinge economicamente a vítima*. Na doutrina, classifica-se o dano patrimonial como dano patrimonial *direto* e dano patrimonial *indireto*.

Sob este viés, *o dano patrimonial direto* é aquele em que o prejuízo sofrido pela vítima é diretamente econômico. Por exemplo, a perda de títulos recebíveis do faturizado custodiados pela faturizadora. Sem qualquer dúvida, haverá casos em que a recuperação do crédito será possível, mas em outros casos não, daí caracterizado o dano patrimonial efetivo, certamente.

Evidentemente a responsabilidade pelo dano econômico ou material sempre encontrou guarida legal, e sempre foi possível tratar da imputabilidade do dever de indenizar nestes casos; já com relação aos danos extrapatrimoniais, a situação nem sempre foi tão simples e houve notável resistência à sua admissibilidade[85].

85. As objeções em que se amparam os contrários à reparação do dano extrapatrimonial podem ser agrupadas da seguinte forma: a transitoriedade do dano, ou seja, falta de um efeito penoso durável; o escândalo de levar a juízo discussão dos sentimentos íntimos de afeição e decoro; a incerteza de um direito violado; a impossibilidade de uma avaliação rigorosa do dano; a indeterminação do número de pessoas lesadas; o perigo do arbítrio judicial em função do ilimitado poder atribuído ao juiz; a impossibilidade legal da reparação do dano; o enriquecimento sem causa do ofendido; a imoralidade de compensação da dor com dinheiro. Entre os adeptos da impossibilidade de indenização sobre danos extrapatrimoniais estão: Lafaiete Rodrigues Pereira, Arnaldo Medeiros da Fonseca, João Arruda, Lacerda de Almeida, Henrique de Paula Andrada, Jair Lins e Luís Frederico Carpenter. A possibilidade, ou não, de admissão do dano extrapatrimonial ensejou, no Rio de janeiro, em 1965, a III Conferência Nacional de Desembargadores, ocasião na qual fora firmado acordo sobre o seguinte: que o dano moral fosse ressarcível; que o arbitramento do dano moral fosse apreciado ao inteiro arbítrio do juiz que, não obstante em cada caso, deveria atender à repercussão econômica do mesmo dano, à prova da dor e ao grau de dolo ou culpa do ofensor; que pudessem reclamar indenização por danos morais, além da própria vítima, descendentes, cônjuges e colaterais, até o 2º grau. Miguel Reale denota que, no direito romano, vigia a irreparabilidade do dano moral por duas razões: a) irreparabilidade do prejuízo meramente moral; b) não ser o *pretium doloris* suscetível de mensuração ou redução a valores monetários. Com o advento da Constituição Federal de 1988, entretanto, esta questão não é mais posta em dúvida (em: *Temas de direito positivo*). Depois disso, os avanços doutrinários e jurisprudenciais foram muito grandes. Hoje

Parece bastante claro que uma empresa poderá gerar danos que refogem às raias estritas da patrimonialidade à outra, até mesmo uma pessoa natural poderia gerar tais danos a uma empresa. Isso pode acontecer em relações de *factoring*, bem como em qualquer outra relação mercantil, evidentemente; mas a questão que pode soar com estranheza é a disciplina do dano moral, em casos como este.

Ora, o dano moral funda-se na agressão a um direito de personalidade, intimamente ligado, pois, à dignidade da pessoa humana. Foi inegável a dificuldade pela qual passaram a doutrina e a jurisprudência, para a admissão da exata noção do dano moral da pessoa jurídica, hoje pacificado na Súmula 227 do Superior Tribunal de Justiça, com apoio do art. 52 do Código Civil, que determina que às pessoas jurídicas, no que couber, serão aplicáveis os direitos de personalidade, eis que boa parte da doutrina, durante muito tempo, asseverou que o dano moral era efetivamente o sentimento de dor, de angústia[86].

É irrefutável que a pessoa jurídica possui existência distinta dos seus sócios. Além disso, do mesmo modo, é irrefutável que há opinião das pessoas sobre a conduta de certa e determinada empresa em seu ramo de atividade. Esta opinião, no mais das vezes, é fruto de uma série de aspectos somados, como a qualidade do serviço prestado ou do produto posto em circulação, o atendimento pós-venda, o relacionamento com fornecedores, consumidores e parceiros, a garantia de crédito que a empresa possui, a posição da marca perante o público, entre outros. Estes componentes, que podem ser frutos de um bom trabalho de marketing da empresa ou não, são elementos indissociáveis da pessoa jurídica e compõem, sem qualquer sobra de dúvidas, um acervo extrapatrimonial da empresa que deve ser preservado e é passível de proteção jurídica.

---

entendemos que o dano extrapatrimonial ou moral não se consubstancia eminentemente na dor que assola o ofendido, na agressão aos seus brios, valores íntimos ou na angústia que lhe é causada. É necessário, sim, que o dano extrapatrimonial seja demonstrado de maneira efetiva e sem relativizações. Ver: FIGUEIREDO, Fábio Vieira. *Direito de autor:* proteção e disposição extrapatrimonial. São Paulo: Saraiva, 2013.

86. Nesse sentido, importante notar o Enunciado 445 da V *Jornada de Direito Civil*, que esclarece que o dano moral não encontra pressuposto nos tais sentimentos humanos desagradáveis.

Não se nega, por conseguinte, que a pessoa jurídica possa ter boa fama, possa gozar do apreço de seus clientes, mas com isso não se pode a ela conferir atributos próprios da dignidade humana, como em muitas oportunidades vemos[87]. Assim, entendemos que a pessoa jurídica pode sim sofrer danos no que concerne à projeção objetiva e pública de sua atividade, de sua forma de atuar e até mesmo com relação à forma como é gerida, mas isto, a nosso ver, não pode ser denominado dano moral, posto que, de fato, dano moral, na melhor acepção técnica, que compreende agressão à dignidade humana, com a devida vênia, não o é. Melhor, então, que tratemos dessa situação como uma situação de dano extrapatrimonial[88].

Claro que, se a empresa de fomento mercantil passa a turbar as relações comerciais da empresa faturizada, como forma de retaliação por recebíveis não liquidados, o que, aliás, na prática, vemos acontecer (por exemplo: cobrando administrativamente, antes do vencimento, os títulos custodiados, de cujos sacados são os clientes da faturizada, açodando funcionários gestores da faturizada para que repassem títulos certos e determinados, elevando taxas de fator de modo desregrado em contrato vigente, notificando inúmeras vezes clientes da faturizada) estará causando danos que refogem aos domínios da economicidade estrita de modo direto, mas, em nosso sentir, estas situações, com relação à pessoa jurídica, sempre culminarão em danos da esfera patrimonial, tal como a perda de clientes.

É nesse sentido, com a devida vênia, que entendemos que não se podem comparar danos à pessoa jurídica com a perda de um ente querido, a exposição da intimidade de uma pessoa natural, ou uma amputação. Cumpre, ainda, entender que não se trata de mera discussão acadêmica, até mesmo porque, se assim o fosse, estaríamos na sede adequada, mas há relevância prática evidente

87. Sobre referida situação, o Enunciado 286 da IV Jornada de Direito Civil: "Art. 52: Os direitos da personalidade são direitos inerentes e essenciais à pessoa humana, decorrentes de sua dignidade, não sendo as pessoas jurídicas titulares de tais direitos".

88. Como sugeria o professor Renan Lotufo ainda nas aulas de *Direito das Obrigações* quando do Mestrado na Pontifícia Universidade Católica de São Paulo, em 2004.

nesta concepção, eis que o dano moral (aquele ligado de modo íntimo à dignidade humana) conta com particularidades que o dano extrapatrimonial não pode contar[89].

3.5.3 Do nexo de causalidade e o dever de indenizar

O nexo de causalidade implica a ligação entre a ação (conduta comissiva) ou a omissão (conduta omissiva) e o dano. Tem-se claro que a responsabilidade civil não pode existir sem a relação de causalidade entre o dano e a ação que o provocou[90]. Aquele que pleiteia a indenização, mesmo nos casos de responsabilidade objetiva, como é o caso no abuso de direito, deverá comprovar o nexo de causalidade entre a conduta comissiva ou omissiva e o dano causado. Não restando comprovado o nexo de causalidade pelo autor da demanda indenizatória, não caberá falar em possibilidade de indenização.

Existem casos em que se há grande dificuldade em precisar qual a efetiva causa do dano e, portanto, quem terá o dever de indenizar. Temos, pelo menos, três possíveis teorias: a) a da equivalência das condições, b) a da causalidade imediata e c) a da causalidade adequada. Explicamos:

a) *equivalência das condições*: esta teoria implementa a ideia de que será causa do dano toda e qualquer ação ou omissão sem a qual o resultado não teria sido produzido. Desse modo, sustenta-se

---

89. Muito embora este não seja o elemento central da nossa análise no trabalho, é aspecto deveras relevante do capítulo, daí pedimos vênia para exemplificar: é o caso da impossibilidade de dano moral *in re ipsa* para a pessoa jurídica: "Ementa: Apelação cível. Responsabilidade civil. Julgamento conforme art. 557 do CPC. Dano moral. Pessoa jurídica. Honra objetiva. Ausência de prova. Dano moral não configurado. As pessoas jurídicas podem sofrer dano moral (Súmula 227 do STJ), mas estes não são, via de regra, *in re ipsa*, já que as sociedades não possuem honra subjetiva, mas apenas honra objetiva, que consiste no respeito, apreço, consideração que os outros dispensam a ela" (TJ/RS, AC 70050872217/RS, publicação 25-9-2012). No mesmo sentido, o Enunciado 189 da III Jornada de Direito Civil: "189 – Art. 927: Na responsabilidade civil por dano moral causado à pessoa jurídica, o fato lesivo, como dano eventual, deve ser devidamente demonstrado". Muito embora haja, também, notícia de julgados em sentido contrário.

90. DINIZ, Maria Helena. *Curso de direito civil brasileiro. Responsabilidade civil*, cit., 21. ed., cit.

que, ausente alguma das condutas precedentes, o dano não se implementaria. Remontar a toda e qualquer causa pretérita faria com que a empresa que construiu um edifício tivesse responsabilidade no suicídio de um morador que se atira de uma das unidades autônomas deste edifício, e compreender a responsabilidade civil dessa forma seria absolutamente esdrúxulo.

b) *causalidade imediata*: esta teoria também é referida como teoria dos danos diretos e imediatos. Por esta segunda teoria, é necessário que haja, entre a conduta (*omissiva ou comissiva*) e o dano, relação de causa e efeito direta e imediata. Assim, será passível de indenização todo o dano que seja decorrente de uma certa e determinada causa. Portanto, se o sujeito sofre um acidente na escadaria de um prédio comercial, devido ao corrimão não estar devidamente afixado, e é levado ao hospital por uma ambulância que colide em outro veículo e lhe causa a morte, a responsabilidade será focada neste último evento em que foi o indivíduo encaminhado ao hospital[91].

c) *causalidade adequada*: busca saber se a causa à qual se pretende imputar o dano havido era efetivamente hábil à provocação daquele dano. Nesse caso, portanto, é de se analisar a situação por um juízo de probabilidade e perguntar: qual a probabilidade daquele certo e determinado ato causar um dano desta monta? Assim, se um indivíduo, com seu automóvel, em baixíssima velocidade e trafegando em condições absolutamente normais, sem qualquer tipo de excesso, abalroa a traseira de outro veículo e, dentro deste, há um idoso extremamente enfermo e, diante do susto tomado e de uma levíssima contusão craniana, vem a falecer, não se poderá dizer que esta causa imediata e direta torna o motorista que colidiu na traseira responsável pelo evento morte daquela pessoa. A teoria da causalidade adequada é tema do Enunciado 47 da I Jornada de Direito Civil, ao dispor: "o art. 945 do Código Civil, que não encontra correspondente no Código Civil de 1916, não exclui a aplicação da teoria da causalidade adequada".

91. Do sempre mencionado exemplo de Wilson Melo da Silva. *Da responsabilidade civil automobilística*, 1980. São Paulo: Saraiva.

Por óbvio, há grande discussão doutrinária sobre qual a teoria adequada a ser acolhida sobre a aplicação do nexo de causalidade. A teoria da equivalência não encontra grande adesão na doutrina brasileira. Grande parte da doutrina destaca que o Código Civil de 2002 acolheu a teoria da causalidade imediata, tendo em vista a disposição do art. 403 do Código Civil, que determina que, "ainda que a inexecução resulte de dolo do devedor, as perdas e danos só incluem os prejuízos efetivos e os lucros cessantes por efeito dela direto e imediato, sem prejuízo do disposto na lei processual".

Nossos tribunais, claramente aplicam duas teorias: a) teoria da causalidade adequada: deve-se analisar no caso concreto qual a causa que potencialmente gerou o dano, qual a mais adequada entre aquelas que foram potencialmente as causadoras do evento danoso. Esta teoria torna-se aplicável a julgados em que a causa não pode ser apontada de modo claro, muito embora o dever de indenizar esteja bastante evidente; e b) teoria do dano direto e imediato ou teoria da interrupção do nexo causal: preleciona ser causa aquela que isoladamente causa o dano, independentemente de qualquer outro acontecimento. Evidentemente esta última é a mais adequada, mas nem sempre poderá ser aplicada. Daí os tribunais, por vezes, aplicarem a *teoria da causalidade adequada*.

Importante asseverar que *não se dará o nexo de causalidade*, quando houver: a) culpa exclusiva ou fato exclusivo da vítima; b) culpa exclusiva ou fato exclusivo de terceiro; c) força maior ou caso fortuito; e d) situações próximas. Estas situações atuam de modo direto e contundente sobre a teoria do dano direto e imediato e, desse modo, podem ser consideradas como circunstâncias de ruptura do nexo de causalidade que, desse modo, *incontinenti* geram a ruptura do dever de indenizar, mas alerta-se que referidas situações não rompem a relação de causalidade quando se adota a teoria da causalidade adequada, pelo que, com a devida vênia, temos mais motivos para o afastamento desta última teoria:

a) *Culpa ou fato exclusivos da vítima*: trata daquela situação em que a vítima do dano foi a única culpada pelo ocorrido. É o caso da pessoa que se arremessa na roda do ônibus buscando o suicídio. Neste caso, não há que se falar em responsabilidade civil, pois o nexo de causalidade entre o atropelamento e a eventual morte não existe, eis que a culpa exclusiva da vítima rompe este mesmo nexo.

b) *Culpa de terceiro*: trata daquelas situações em que o dano se dá por culpa exclusiva de terceira pessoa que não o lesado ou o suposto autor direto do dano. Este é o caso, por exemplo, da pessoa que tem prejuízos em engavetamento que envolva cinco veículos. Apurando-se de maneira direta cada um daqueles que bateu sucessivamente na parte traseira do veículo do outro, seria responsável pelo ressarcimento das perdas e danos. Contudo, analisando melhor a situação, descobre-se que o único verdadeiro culpado foi o motorista da carreta, que era o quinto veículo (o primeiro a abalroar os demais). Tal motorista dirigia absolutamente embriagado e perdeu o controle do veículo que dirigia.
c) *Força maior ou caso fortuito*: são atores principais de inúmeras discussões doutrinárias. Pois bem, qual a discussão? Ocorre que não há qualquer pacificidade quanto ao conceito destes institutos.

Muitos doutrinadores explicam que o caso fortuito é um evento inevitável, decorrente de forças da natureza que impedem o sujeito de cumprir com obrigações previamente estipuladas ou com seu dever geral de abstenção de conduta consistente no cumprimento do dever de respeitar os direitos das pessoas em geral. Para estes, a força maior é o evento inevitável, decorrente de forças humanas a impedir o sujeito de cumprir com suas obrigações estipuladas ou com o dever geral de abstenção de conduta fundado no respeito do direito alheio. No entanto, em que pese este seja o entendimento, em nosso sentir, dominante, não é geral. Há posicionamentos que invertem esta disposição, explicitando, ao contrário, que o caso fortuito é o evento humano, enquanto a força maior é a força da natureza.

Desse modo, é importante realçar que os termos caso fortuito e força maior podem ser entendidos, aliás, como o eram por Agostinho Alvim, autor do nosso Código Civil, no livro de direito das obrigações, como expressões sinônimas que se consubstanciam nas circunstâncias em que, por eventos humanos ou forças naturais, o indivíduo se vê impossibilitado de cumprir com seus deveres e gera, com isso, danos a outrem; são eventos inevitáveis que se dão em circunstâncias irresistíveis. Temos, portanto, como *caso fortuito* ou *força maior* a situação inevitável que impede o fiel cumprimento da obrigação, por forças alheias à vontade do devedor.

Contudo, cada vez mais toma destaque a classificação do *fortuito interno* e *fortuito externo*.

O *fortuito interno* trata do fato inevitável que pode ser, inclusive, imprevisível, mas que guarda relação, de alguma forma, com a conduta (omissiva ou comissiva) praticada pelo agente. É o caso da indústria automobilística que tem um produto seu envolvido em um acidente por ruptura de certa e determinada peça e alega que a solda feita por seu fornecedor era de má qualidade. Nestes casos, tendo em vista a relação do fato com a atividade desenvolvida não haverá a ruptura do nexo causal mantendo-se, portanto, o dever de indenizar. O *fortuito externo* também trata de fato inevitável e até mesmo imprevisível que não mantém qualquer relação com a conduta do agente. É o absurdo caso, de um raio atingir o automóvel e explodi-lo, do raio que atinge o animal que já estava negociado à venda e etc. Nestes casos, sim, haverá a excludente de responsabilidade.

a) *situações próximas*: consideradas como situações próximas estas que rompem o nexo causal: a culpa concorrente da vítima, a culpa comum da vítima e do agente causador do dano e a cláusula de não indenizar. Devemos, contudo, apartá-las daquelas de culpa exclusiva da vítima, culpa de terceiro e caso fortuito ou força maior, por um motivo muito simples. As hipóteses excludentes do nexo atacam um pressuposto da responsabilidade civil, excluindo, assim, toda e qualquer possibilidade de reparação do dano havido por absoluta falta de nexo causal.

Insta explicitar, neste ponto, que as situações de culpa concorrente e comum e cláusula de não indenizar atacam a indenização, a reparação, e não a responsabilidade; por tal motivo, é equivocado, em nosso sentir, com a máxima vênia, admiti-las como hipóteses excludentes do nexo, eis que o nexo poderá até existir, mas, nas situações de culpa concorrente e comum, haverá, em cada caso, uma espécie de sopeso de responsabilidades, que fará com que haja uma hipótese distinta de compensação dos danos sofridos pelas partes. Na cláusula de não indenizar, a vedação à indenização é um pacto entre as partes. Importante, por isso mesmo, destacar que não poderá haver causa de não indenizar que encubra o delito ou o dolo da outra parte[92].

3.5.4 Da indenização por abuso de direito no contrato de *factoring*

Independentemente de o abuso de direito gerar ou não ruptura da função social do contrato, o que, a nosso ver, atacaria o plano de validade da avença de faturização firmada, fato é que esta situação de abuso de direito culminará, diante do ilícito e do evidente dano que gera, no dever de indenizar por parte daquele que teve a conduta, omissiva ou comissiva.

Referida indenização poderá ter em mira, evidentemente, danos exclusivamente patrimoniais ou danos extrapatrimoniais, ou até mesmo ambos. Neste sentido, é que explicitamos alguns hipotéticos elementos que podem constar das perdas e dos danos sofridos por aquele que é lesado.

Perdas e danos é instituto de larga importância no âmbito da responsabilidade civil, isto porque no caso em tela o agente

---

92. São circunstâncias excludentes do dever de indenizar: a) *a legítima defesa* (art. 188, II, do CC), que aliás deve ser própria, ou seja, contra o agressor. Somente neste caso, gerará a excludente do dever. Não se admite para esta finalidade a legítima defesa putativa; b) o *estado de necessidade ou remoção de perigo iminente* (art. 188, II, do CC); c) o *exercício regular do direito ou das próprias funções* (art. 188, II, do CC), mas denotamos que, nestes casos, o sujeito tem o direito-dever de agir. É o caso do bombeiro que causa dano destruindo propriedade particular para salvar alguém. Neste caso, ainda que a propriedade seja de terceiro (não causador do incêndio, não haverá que se falar em pagamento de indenização, pois o art. 929 do Código Civil não incidirá); d) nos casos em que houver cláusula de não indenizar, que somente poderá ser aplicada aos casos de responsabilidade contratual civil pura, já que, nas relações reconhecidas como relações de consumo e na responsabilidade extracontratual, os preceitos de ordem pública e social hão de impedir sua aplicação.

causador do dano, além da devolução dos valores eventualmente pagos pela vítima (quando se tratar de responsabilidade contratual), terá de pagar por todos os prejuízos sofridos.

Conforme dispõe o art. 402 do Código Civil, que pedimos vênia para transcrever: "Salvo as exceções expressamente previstas em lei, as perdas e danos devidas ao credor abrangem, além do que ele efetivamente perdeu, o que razoavelmente deixou de lucrar", sob a guarida deste artigo em especial, toma corpo a teoria das perdas e danos.

Agostinho Alvim[93] esclarece que a locução *domages at intérêts*, utilizada no Código Civil francês, cuja tradução em português seria *danos e interesses*, reflete melhor a situação por designar o dano emergente (diminuição no patrimônio) e o lucro cessante (o estancamento de um ganho), mas a legislação e a doutrina brasileiras utilizam-se da expressão perdas e danos. No cômputo das perdas e danos, devem ser levados em consideração os danos efetivos, o que se deixa de lucrar (*lucros cessantes* ou *dano negativo*), e a perda da chance, da oportunidade que eventualmente tenha se dado por força do ato lesivo.

A verificação cabal do dano leva em consideração o patrimônio daquele que o sofreu antes da ocorrência do ato lesivo, vale dizer, considera-se não só o prejuízo causado, mas o que não ingressou ou o que não irá ingressar no patrimônio em virtude do evento danoso. O dano, portanto, abrangerá aquilo que efetivamente se perdeu e aquilo que se deixou de lucrar – *dano emergente e lucro cessante.*

O *dano emergente*, portanto, é o dano direto que ocorre no patrimônio ou na integridade física, moral ou intelectual do sujeito (violação a direitos da personalidade). O dano emergente pode se dar pela diminuição do ativo ou pelo aumento do passivo do sujeito (ex.: se pelo fato danoso deverá responder à multa contratual), ou por uma lesão aos seus direitos de personalidade, hipótese em que diremos ter havido dano moral.

O *lucro cessante* é o lucro que se interrompe em virtude da ocorrência do fato danoso. Agostinho Alvim chama a atenção para

93. Alvim, Agostinho. *Da inexecução das obrigações e suas consequências*, cit.

dois pontos: a) *a diminuição potencial*: dependerá do ponto de vista (ex.: se se tratar do momento do pedido de indenização do prejuízo já consumado); poderemos nos referir, com efeito, ao lucro que deixamos de ter, não haverá *potencialidade*. Se nos colocarmos no momento do fato causador do dano, haverá *potencialidade*, ou seja, a sua extensão dependerá do desenrolar dos acontecimentos; b) *lucro cessante*: a palavra cessar significa parar, interromper aquilo que vem acontecendo.

Note que o art. 944 do Código Civil disciplina que a indenização deverá tomar as mesmas vastidões do dano sofrido pela vítima. Desse modo, muitas vezes, a vítima não poderá se contentar em receber aquilo que perdeu efetivamente e aquilo que deixou de lucrar, mas deverá, também, com a mesma razão receber aquilo que potencialmente poderia ter atingido (perda da chance). Esta situação, aliás, é muito comum nos casos dos danos extrapatrimoniais, que atingem a projeção do que podemos denominar de honra objetiva da empresa.

Nestes casos, muitas vezes os danos projetados para a empresa não são passíveis de cálculo objetivo, no que podemos comparar este dano, quanto à liquidação, a um dano moral em que se não pode verificar qual foi a efetiva extensão do dano sofrido. Diante de uma agressão dessa natureza, é imensa a dificuldade de aplicação direta do art. 944 do Código Civil, contudo o Enunciado 379 da IV Jornada de Direito Civil disciplina que: "O art. 944, *caput*, do Código Civil não afasta a possibilidade de se reconhecer a função punitiva ou pedagógica da responsabilidade civil". É o que, em nosso sentir, deverá fazer o magistrado, sob pena de restar um dano efetivo, mas não objetivamente calculável sem reparação, fomentando e encorajando condutas empresariais desleais no desenvolvimento das relações contratuais mercantis, o que não pode ser tolerado pelo Estado.

Com relação à culpa e à quantificação da indenização, é importante ressaltar, ainda, que a culpa que norteia, em regra, o dever de indenizar pode ser *levíssima*, que se apresenta por não ter tido o autor do dano atenção extraordinária, ou seja, para evitar o fato lesivo, ele deveria ter tido atenção redobrada, ou alguma habilidade específica, incomum para o caso em que se aplica; *leve*, que trata do fato lesivo, que se dá pela falta de atenção ordinária, ou seja, deixando de ter a atenção que razoavelmente se espera para o caso, o sujeito acaba por gerar danos a outrem; ou até mesmo *grave*, que é imprópria diante do padrão da normalidade. Equiparada aos casos em que o sujeito tem a intenção livre de causar o resultado lesivo a outrem.

Em regra, o grau de culpa não está ligado ao *quantum* indenizatório. O *quantum* é definido pela extensão do dano. No entanto, o juiz poderá reduzir a indenização de modo equitativo sempre que houver desproporção entre a gravidade de culpa e a extensão do dano (art. 944 do Código Civil), sobretudo se a vítima houver concorrido com culpa para o evento danoso (art. 945 do Código Civil)[94]. Este entendimento que versa sobre a quantificação da indenização será aplicado, também, pautando-se pela intensidade de condutas nos casos de responsabilidade objetiva.

94. Evidentemente a aplicação deste dispositivo será restritiva, por representar exceção à reparação integral. Sobre, ver: Enunciado 46 da I Jornada de Direito Civil do Conselho de Justiça Federal, já que a situação também é aplicável à responsabilidade objetiva. Ver, também, o Enunciado 457 da V Jornada de Direito Civil do Conselho de Justiça Federal.

CAPÍTULO 4

O *FACTORING* E SUAS MÚLTIPLAS FUNÇÕES SOCIOEMPRESARIAIS: IMPULSO E REALIZAÇÃO DA SUA FUNÇÃO SOCIOECONÔMICA

O *factoring*, sem dúvida, é uma atividade absolutamente relevante para a sociedade. Essencialmente destinado às pequenas e às médias empresas, em muitas situações acaba por se tornar a mais segura possibilidade de manutenção da atividade.

Não se trata única e exclusivamente da injeção de capital na empresa, mas de um aparato complexo de prestação de serviços tendente a promover a recuperação econômico-financeira da empresa em crise ou de orientar o pequeno e o médio empresários sobre os possíveis caminhos a trilhar para o desenvolvimento de sua atividade e de sua produção e para obtenção de maior eficiência, esclarecendo-se as possibilidades de aumento de lucratividade.

É bastante evidente já que o *factoring* é destinado às empresas que encontram dificuldades financeiras e/ou de gestão. Este é o sentimento que intuitivamente nos chega ao pensarmos na melhor conformação da atividade de fomento mercantil, e os estudos mostram exatamente isso. Empresas que crescem livremente sem concorrência com capital de giro em abundância não precisam, quando bem geridas, do *factoring*.

O direito norte-americano já apresenta, há pelo menos duas décadas, o *factoring* desse modo.

Mian e Smith[1] analisaram 600 empresas americanas da base COMPUSTAT[2] (1982 a 1986). Desenvolveram e comprovaram cenários explicativos da escolha de certas e determinadas políticas de administração do departamento de contas a receber, possibilidades de contratos de desconto e financiamento comuns e de *factoring*. Restaram agudas evidências de que o tamanho da empresa, a concentração de crédito e o tipo do título negociável são determinantes para utilização do *factoring*.

Ficou claro para os pesquisadores, no trabalho mencionado, que empresas que têm vantagem de custo e poder decisório de mercado dificilmente utilizam o *factoring*. Aí certamente destacada a função social do contrato de fomento mercantil, no sentido de auxiliar empresas com dificuldades, de agir como mola de propulsão da economia.

4.1 O *FACTORING* COMO INSTRUMENTO DE FOMENTO MERCANTIL E SUA IMPORTÂNCIA PARA A ECONOMIA

No dicionário Houaiss digital, da língua portuguesa, encontramos alguns significados para o verbo fomentar: i) (t.d.) fig. *cercar de cuidados para criar ou fazer crescer*; *estimular*; ii) (t.d.) p. ext. *proporcionar os meios para o desenvolvimento de*; *estimular*, *promover*, *desenvolver* ‹ex.: f. a agricultura›.

Assim, temos no fomento mercantil uma das inúmeras ferramentas da sociedade moderna para o estímulo da alavancagem mercadológica, com vistas ao efetivo desenvolvimento empresarial.

Nota-se que, nos últimos anos, o *factoring*, como instrumento de fomento mercantil, tem sido utilizado em grande escala pela

1. MIAN, S. L.; SMITH, C. W. Accounts receivable management policy: theory and evidence. *The Journal Of Finance*, v. 47, n. 1, p. 169-200, 1992. Disponível em: <http://www.jstor.org>. Acesso em: 1 maio 2008 apud DUARTE, Cláudia Guimarães. *Determinantes, em relação à avaliação de cedente, que distinguem as empresas de factoring autorreguladas pela ANFAC das empresas independentes*: um estudo empírico nas empresas brasileiras de *factoring*. Dissertação (Mestrado) – Fundação Instituto Capixaba de Pesquisas em Contabilidade, Economia e Finanças (FUCAPE), 2010, p. 24.
2. *Compustat* is a database of financial, statistical and market information on active and inactive global companies throughout the world. The service began in 1962.

facilidade e rapidez na decisão da compra dos recebíveis, não demandando submissão a comitês de crédito à semelhança de bancos.

Tem-se conhecimento de que pequenas, médias e até grandes empresas têm utilizado este meio de recurso para financiar suas operações pela celeridade da decisão da faturizadora.

Na **Europa**, em sete anos, de 2006 a 2012, o *factoring* teve curva de crescimento igual ou superior a 20%, em países como: **Áustria, Bulgária, Finlândia, Estônia, Letônia, Luxemburgo, Malta, Polônia, Rússia e Ucrânia**, somando mais de 1,2(€) (trilhão de Euros), no ano de 2012, em operações de fomento, naquele continente. Abaixo colacionamos curiosa tabela da *Factors Chain Internacional*:

EUROPA								
	2006	**2007**	**2008**	**2009**	**2010**	**2011**	**2012**	**Variação**
Áustria	4,733	5,219	6,350	6,630	8,307	8,986	10,969	**22%**
BÉlgica	16,700	19,200	22,500	23,921	32,203	38,204	42,352	11%
Bósnia-Herzegóvina	*****	*****	*****	35	45	45	45	0%
Bulgária	35	300	450	340	550	1,010	1,500	**49%**
Croácia	340	1,100	2,100	2,450	2,793	2,269	2,269	0%
chipre	2,546	2,985	3,255	3,350	3,450	3,758	3,350	-11%
República Tcheca	4,025	4,780	5,000	3,760	4,410	5,115	5,196	2%
Dinamarca	7,685	8,474	5,500	7,100	8,000	9,160	8,800	-4%
Estônia	2,900	1,300	1,427	1,000	1,227	1,164	1,877	**61%**
Finlândia	11,100	12,650	12,650	10,752	12,400	13,000	17,000	**31%**
França	100,009	121,660	135,000	128,182	153,252	174,580	186,494	7%
Alemanha	72,000	89,000	106,000	96,200	129,536	158,034	157,420	-0%
Grécia	5,230	7,420	10,200	12,300	14,715	14,731	12,761	-13%
Hungria	2,880	3,100	3,200	2,520	3,339	2,817	2,676	-5%
Irlanda	29,693	22,919	24,000	19,364	20,197	18,330	19,956	9%
Itália	120,435	122,800	128,200	124,250	143,745	175,182	181,878	4%
Letônia	276	1,160	1,520	900	328	371	542	**46%**
Lituânia	1,896	2,690	3,350	1,755	1,540	2,134	2,488	17%
Luxemburgo	306	490	600	349	321	180	299	**66%**
Malta	1	25	52	105	136	200	240	**20%**
holanda	25,500	31,820	30,000	30,000	35,000	46,000	50,000	9%
Noruega	11,465	17,000	15,000	15,100	15,075	16,395	18,115	10%

EUROPA								
	2006	**2007**	**2008**	**2009**	**2010**	**2011**	**2012**	**Variação**
Polônia	4,425	7,900	7,800	12,000	16,210	17,900	24,510	**37%**
Portugal	16,886	16,888	18,000	17,711	20,756	27,879	22,948	-18%
Romênia	750	1,300	1,650	1,400	1,800	2,582	2,920	13%
Rússia	8,555	13,100	16,150	8,580	12,163	21,174	35,176	**66%**
Sérvia	150	226	370	410	500	926	950	3%
eSlováquia	1,311	1,380	1,600	1,130	981	1,171	1,024	-13%
eSlovênia	340	455	650	650	650	550	650	18%
eSpanha	66,772	83,699	100,000	104,222	112,909	122,125	124,036	2%
Suécia	21,700	21,700	16,000	18,760	18,760	29,259	33,149	13%
Suíça	2,000	2,513	2,590	5,000	4,000	3,450	3,000	-13%
Turquia	14,925	19,625	18,050	20,280	38,988	30,869	31,702	3%
Ucrânia	620	890	1,314	530	540	955	1,233	**29%**
Reino unido	248,769	286,496	188,000	195,613	226,243	268,080	291,200	9%
Total Europeu	806,958	932,264	888,528	876,649	1,045,069	1,218,585	1,298,725	7%

Os valores estão expressos em milhões de Euros.
Fonte: Factors Chain International (Amsterdan). Grifei.

As empresas de *factoring* têm dado uma contribuição muito grande à sociedade como um todo, pois têm alavancado negócios, permitindo o desenvolvimento de pequenas, médias e, inclusive, grandes empresas que se valem deste recurso cada vez em mais larga escala.

Conforme os dados obtidos de FCI[3], no ano de 2010, nas Américas, tivemos operações de *factoring* que movimentaram mais de 185.000.000.000,00(€) (bilhões de Euros). Só no Brasil, no mesmo ano, este número foi de aproximadamente 50.000.000.000,00(€) (bilhões de Euros), ressalte-se que estamos a tratar, aqui, do ano pós-crise mundial, um momento de forte retração mercadológica e maior rigidez na oferta de crédito, prova disso foi o aumento do giro facturizado, que no ano anterior, quase não passou dos 29.000.000,00(€) (milhões de Euros). A seguir, colacionamos a tabela demonstrativa de operações na América:

3. Disponível em: <http://www.fci.nl/about-fci/statistics/total-factoring-volume-by-country-last-7-years>. Acesso em: 19 jan. 2014.

AMÉRICAS								
	2006	**2007**	**2008**	**2009**	**2010**	**2011**	**2012**	**Variação**
Argentina	333	362	355	335	350	475	614	29%
Bolívia	******	******	******	18	18	35	35	0%
Brasil	20,054	21,060	22,055	29,640	49,050	45,623	43,627	-4%
Canadá	3,386	4,270	3,000	3,250	3,723	5,284	7,100	34%
Chile	11,300	14,620	15,800	14,500	16,422	21,500	24,000	12%
Colômbia	100	2,030	2,100	2,392	2,784	4,990	4,562	-9%
Costa Rica	******	******	******	******	160	30	180	500%
El Salvador	******	******	******	******	******	******	300	******
Guatemala	******	******	******	******	******	******	230	******
Honduras	******	******	******	******	160	30	30	0%
México	8,150	9,200	9,550	2,120	14,538	21,074	26,130	24%
Nicarágua	******	******	******	******	******	******	270	******
Panamá	607	483	460	500	600	700	852	22%
Peru	563	648	875	758	2,712	2,461	2,310	-6%
Trinidad e Tobago	******	******	******	******	******	******	******	******
Estados Unidos	96,000	97,000	100,000	88,500	95,000	105,000	77,543	-26%
Uruguai	******	******	******	******	******	******	61	******
Total Americas	140,493	149,673	154,195	142,013	185,517	207,202	187,844	-9%

Os valores estão expressos em milhões de Euros.
Fonte: a *Factors Chain International* (Amsterdan)[4].

Outras empresas, ainda, alavancam seus negócios por meio de *factoring* montada pelo grupo, única e exclusivamente, para aquisição dos próprios recebíveis, permitindo ao comprador de máquinas agrícolas, por exemplo, sair dali com sua máquina já financiada indiretamente pela *factoring*, sem necessidade de ir ao banco, fonte de recursos de curto e longo prazo.

As empresas normalmente necessitam de financiamento para suas operações e valem-se deste e de outros meios, para fomentar as suas vendas ou financiar operações específicas, não necessitando

4. Disponível em: <http://www.fci.nl/about-fci/statistics/total-factoring-volume-by--country-last-7-years>. Acesso em: 19 jan. 2014.

usar seu capital de giro, que está empregado nas operações mais essenciais da empresa.

Com a entrega dos títulos específicos da venda ou da prestação de serviços firmada com seus clientes, os empresários obtêm recursos junto à *factoring* para financiar a compra de matéria-prima e no faturamento entregam estes títulos à *factoring*, que se incumbirá de efetuar a cobrança deles junto ao sacado.

Como forma de ilustrar, utilizaremos as informações às quais fora dada publicidade, pela rede mundial de computadores, do levantamento estatístico da ANFAC/2010[5], que, entre outras informações relevantes, destaca direcionamento das operações de fomento comercial por setor de atividade, números consolidados por região geográfica, quadro comparativo da evolução patrimonial e operacional das empresas de fomento comercial que são associadas à ANFAC e mapeamento dos setores que fazem mais uso do *factoring* no País.

Os analistas da ANFAC chegaram à conclusão de que, em 2010, as empresas associadas atenderam sua clientela composta de pequenas e de médias empresas, justamente as que mais sofrem com a limitação de recursos, de toda ordem, para o giro e a manutenção do seu negócio.

Explicitaram que a modalidade operacional consagrada no mercado brasileiro, conhecida por *factoring* convencional, foi a que apresentou maior demanda. Um portfólio de 141 mil clientes, dos mais variados tamanhos e setores econômicos, demandou serviços de modo a contemplar um giro de carteira das empresas associadas da ordem de aproximadamente 81 bilhões de reais, retomando o ritmo operacional registrado antes da crise de 2008-2009.

Segundo a Associação Nacional, atendendo à dinâmica do mercado e acompanhando o forte desempenho econômico brasileiro em 2010, novos produtos e serviços ganharam espaço no

---

5. Disponível em: <http://www.anfac.com.br/v3/factoring-estatistica.jsp>. Acesso em: 19 jan. 2014. O levantamento estatístico da Associação Nacional e Fomento Comercial (ANFAC) levou em consideração dados extraídos da *Factors Chain International* (FCI).

mercado. Maior ênfase, sob este aspecto, é dada à modalidade operacional de fomento à produção em que a empresa de fomento presta serviços de prospecção e de seleção de fornecedores enquanto, desde que autorizada pelo cliente, disponibiliza recursos financeiros para o pagamento ao fornecedor da matéria-prima ou dos insumos de sua produção. Outra modalidade, que tem conquistado espaço no mercado e evidencia o trabalho da associação, é o serviço de acompanhamento das contas a receber e a pagar, que, resumidamente, compreende prestação de serviços de ajuste do fluxo de caixa dos clientes[6].

A nosso ver, é bastante evidente que o desenvolvimento citado pela ANFAC, em modalidades de *factoring* que privilegiam a prestação de serviços de capacitação e fomento empresarial, é positivo, e até mesmo muito conveniente.

Entendemos, desse modo, posto que, em primeiro lugar, reforça a noção de que o *factoring* muito mais toma espeque na prestação de serviços de alavancagem do que na compra de recebíveis, o que destaca a exata noção de função social intrínseca do contrato que buscamos defender neste trabalho e, por outro lado, como forma de apaziguamento social, pois denota que o empresariado de *factoring* nacional passa a alcançar a exata dimensão do *factoring* e, com isso, em nosso entendimento ganham os empresários e ganha a sociedade como um todo.

Com relação à profusão do *factoring* nas diversas regiões brasileiras, explicitam os analistas da ANFAC[7] que mais uma vez a Região Sudeste, que tradicionalmente concentra o maior número de empresas de fomento e, também, de empresas – clientes apresentou o maior incremento nas transações realizadas. O crescimento da carteira de direitos creditórios foi da ordem de 17,9%.

Conforme o levantamento estatístico ANFAC, em 2010, a região Sudeste, com destaque para o Estado de São Paulo, representou 80,2% do volume total realizado no País que ficou, conforme

6. Idem.

7. Idem.

informações da Factors Chain International (FCI), próximo à casa dos 50 (€) (bilhões de Euros)[8].

4.2 ANÁLISE DE RISCO CREDITÓRIO

A atividade da empresa faturizadora pode envolver tanto a prestação de serviços quanto a aquisição de recebíveis, antecipados, ou não, à empresa faturizada, o que possibilita o capital de giro de sua atividade.

Entretanto, para a empresa faturizadora há riscos extremados que, se não assumidos cautelosamente, inviabilizam a atividade de fomento que presta. Assim, é importantíssimo que a empresa faturizadora não apenas antecipe os recebíveis da empresa faturizada, mas que tome todas as precauções necessárias para a realização desta atividade, minimizando os riscos de inadimplemento.

Arnaldo Rizzardo afirma que é necessário um estudo criterioso sobre as empresas que vendem os seus créditos, bem como a percepção do grau de solvabilidade dos adquirentes dos produtos ou dos serviços ofertados pela faturizada, de tal sorte que há uma série de precauções e análises a serem feitas, geralmente pautadas em exigências técnicas e programacionais, de forma a acompanhar o desenvolvimento financeiro de seus devedores. Trata-se evidentemente de uma espécie de departamento de inteligência para gestão do crédito.

Conforme referido autor, é de se tomar a cautela de verificar se os produtos e os serviços adquiridos pelos devedores foram de fato entregues ou prestados pela empresa faturizada. Caso contrário,

---

8. Ressaltam que a Região Nordeste também apresentou um forte incremento nas operações, fechando o ano de 2010 com uma carteira da ordem de 4,5 bilhões de reais. Disponível em: <http://www.anfac.com.br/v3/factoring-estatistica.jsp>. Acesso em: 19 jan. 2014. O levantamento estatístico da Associação Nacional e Fomento Comercial (ANFAC) levou em consideração dados extraídos da Factors Chain International (FCI). A projeção dos elementos constantes dos relatórios do levantamento ANFAC, ao longo dos últimos anos, permitiu a tabulação da lista dos segmentos econômicos que mais demandam os serviços oferecidos e disponibilizados pelas empresas de fomento comercial associadas, conforme concebido por aquela entidade.

sempre restaria a possibilidade evidente do óbice ao pagamento do valor constante do título recebível[9].

Importante salientar que a faturizadora deve manter-se saudável para que possa cumprir com o objetivo social a que se destina, qual seja: o fomento mercantil de empresas. Para que isto ocorra, é necessário que saiba administrar a inadimplência dos devedores, comportando setores de cobrança eficazes e preparados para lidar com os clientes de seus clientes e ainda obter a efetiva satisfação do crédito que possuem, de forma que tal grau de inadimplemento não ocasione lesões à vida financeira da empresa de fomento.

É correta a afirmação de que o *factoring* destina-se com maior êxito ao fomento de pequenas e de médias empresas, pois elas não se envolvem, em regra, em grandes negócios, que poderiam gerar créditos elevados aumentando, consequentemente, o risco nos casos de inadimplemento ou insolvência.

É bastante evidente que esta análise é de extrema importância pois, sem dúvida, refletirá na remuneração que a faturizadora virá a cobrar pela prestação de seus serviços de fomento, de sorte que a remuneração será proporcional ao risco ao qual a faturizadora se exporá.

Neste sentido, Antonio Bertuccelli explica que o fornecedor deverá efetuar os seus mais convenientes cálculos, considerando

Direcionamento das Operações de Factoring por Segmento Econômico (série histórica)

Segmento Econômico	2002	2003	2004	2005	2006	2007	2008	2009	2010
Metalurgia	25,00%	25,75%	26,00%	26,50%	25,50%	26,00%	25,00%	26,75%	26,50%
Outras Indústrias	31,00%	20,00%	19,50%	18,50%	19,50%	20,50%	20,00%	19,50%	19,25%
Têxtil e Confecção	8,00%	10,75%	10,50%	9,00%	8,00%	7,50%	9,05%	8,75%	8,50%
Química	4,00%	4,75%	5,00%	5,25%	6,00%	5,50%	4,50%	4,75%	4,25%
Gráfica	3,50%	4,00%	3,50%	3,75%	4,00%	3,00%	3,50%	2,75%	3,00%
Transportes	1,00%	1,75%	1,50%	1,25%	1,50%	1,75%	1,70%	1,50%	1,75%
Sucro-Alcooleiro	1,50%	2,50%	3,50%	4,75%	4,50%	4,75%	4,00%	5,00%	5,25%
Prestação de Serviços	11,00%	14,00%	13,50%	13,75%	14,00%	13,75%	13,50%	12,75%	13,00%
Empresas Comerciais	15,00%	16,50%	17,00%	17,25%	17,00%	17,25%	18,75%	18,25%	18,50%

*Outras Indústrias (alimentícia, bebidas, ceramista, couro - calçadista, eletroeletrônica, moveleira).

9. RIZZARDO, Arnaldo. *Factoring*, cit., 3. ed., p. 149.

os elementos de custo da comissão e de juros, para que sejam os efeitos positivos. Pois a aplicação deverá ser tal que produza rentabilidade empresarial. Assevera, sob este aspecto, que são notáveis as dificuldades que se encontram para a quantificação de alguns elementos do cálculo, pelos quais qualquer resultado obtido conterá sempre uma sensível margem de erro ou incerteza, mas que, de qualquer maneira, a comparação entre as economias realizáveis com o *factoring* e o item comissão dará sempre uma orientação mais precisa[10].

Assim, a conclusão lógica a que se chega é que a análise do risco creditório é mecanismo importantíssimo para a empresa de *factoring*, vez que auxilia no desenvolvimento saudável de sua atividade, tornando reconhecíveis os riscos a serem suportados, a visualização de viabilidade da prestação do serviço e a antecipação dos recebíveis conforme o caso concreto, bem como serve para a base de cálculo de sua própria remuneração.

Se, de um lado, a análise de risco creditório é exacerbadamente relevante para a operação de fomento, por outro, sem dúvida, em muitos casos é a saída para a derrocada do empresário. São inúmeros os casos de empresários que perdem o controle financeiro de suas empresas por força da inadimplência.

Na advocacia, diariamente convivemos com casos de empresários que assistiram à ruína de suas empresas por força da inadimplência de seus clientes. Assim, é notório que estamos diante de mais uma importantíssima ferramenta de sustentação empresarial ofertada pela empresa de fomento mercantil.

A faturizadora promove a análise do sacado, principalmente por órgãos prestadores de informações creditícias. Havendo títulos protestados ou outras intercorrências, tais como capital social incompatível com as operações, cheques devolvidos, ações judiciais ou protestos, passa a rejeitar as operações demonstrando ao faturizado parceiro a inconsistência ou vulnerabilidade financeira do sacado. Contudo, importa salientar que o risco creditório deve ser analisado tanto da perspectiva do sacado quanto da do sacador, para evitar

10. BERTUCCELLI, Antonio apud RIZZARDO, Arnaldo. *Factoring*, cit., 3. ed., p. 150.

que este, de modo fraudulento, intente transferir responsabilidades indevidas à *factoring*.

Note-se que a análise de risco trata de atuação fundamental por parte da *factoring*, não só pelo risco de inadimplência, mas, sobretudo, pelo risco de envolvimento em lavagem de dinheiro por parte dos envolvidos (solicitantes da operação), até mesmo porque a empresa de fomento mercantil está sujeita às regras do *Conselho de controle de atividades financeiras*, o COAF. É notório que, por vezes, inclusive a opção de contratação do fomento mercantil pela faturizada está no alto custo que a informação de crédito pode gerar para os seus negócios, desviando seu fluxo financeiro e seu objeto social.

Smith e Schnucker[11] analisaram 770 empresas americanas. Realizaram uma pesquisa empírica, em busca de traçar algum paralelo entre a estrutura organizacional e a opção de utilização do *factoring*. A maior ênfase dada à pesquisa foi ao custo de transação, incluindo todas as despesas oriundas do processo. Observaram que o *factoring* é mais utilizado quando as despesas da empresa com informação e monitoramento do *status* financeiros dos clientes (sacados) são altos, o que ocorre em relações comerciais intensas, de diversas transações e de altos valores. Os pesquisadores denotaram que estes fatores agregados propiciam um cenário ideal para a contratação do *factoring*[12].

---

11. SMITH, J. K.; SCHNUCKER, C. An Empirical examination of organization structure: the economics of the factoring decision. *Journal of Corporate Finance*, p. 119-138, 1994 (conteúdo confirmado em 16-2-2014). Apud DUARTE, Cláudia Guimarães. *Determinantes, em relação à avaliação de cedente, que distinguem as empresas de factoring autorreguladas pela ANFAC das empresas independentes*, cit., p. 24.

12. Summer e Wilson, no Reino Unido, por outro lado, analisaram 655 empresas. Testaram hipóteses que explicam a opção de utilização do *factoring* como política de crédito e de gestão financeira. Encontraram evidências de que principalmente empresas de pequeno porte optam pelo *factoring*. Entretanto, não encontraram indícios para a relação entre demanda do *factoring* e a estrutura organizacional da empresa. Sugerem que os custos de transação com informações sobre o cliente têm baixo impacto sobre a decisão de utilização do *factoring*. SUMMER, B.; WILSON, N. Trade credit management and the decision to use factoring: an empirical study. *Journal of Business Finance & Accounting*, p. 37-68, 2000, (conteúdo confirmado em 16-2-2014). Apud DUARTE, Cláudia Guimarães. *Determinantes, em relação à avaliação de cedente, que distinguem as empresas de factoring autorreguladas pela ANFAC das empresas independentes*, cit., p. 24.

Hoje em dia, os órgãos controladores oficiais têm feito muitas exigências junto às *factorings* no sentido de analisar *a priori* as operações apresentadas, devendo comunicar ao órgão controlador, por exemplo, que tal operação lhe foi ofertada, mas apresentava aspectos suspeitos e por isso fora recusada.

Também os bancos devem comunicar às autoridades qualquer saque ou depósito em espécie, superior ao limite determinado pela autoridade[13].

Instaura-se, assim, por conseguinte, uma parceria absolutamente saudável, visando *azeitar o fluxo das relações empresariais*[14], tendo em vista que um departamento de contas a receber que trabalhe empenhado na redução dos riscos da inadimplência, por obviedade, atende aos anseios da faturizadora e da faturizada. É um serviço prestado que só soma ganhos a ambas empresas, que passam a trabalhar efetivamente em parceria comercial e gerencial.

O *factoring* gera desenvolvimento individualizado para a faturizada e depende do desenvolvimento econômico e da segurança do mercado para manter-se. Klapper[15] analisou o volume total de negócios de *factoring* em 48 países de 1993 a 2003. Os testes empíricos mostraram a importância do desenvolvimento econômico para o crescimento da atividade do *factoring*. Além disso, o estudo destaca a relevância da informação de crédito saudável para o sucesso do setor. Entretanto, há pouca evidência a respeito da maior utilização do *factoring* em países com fraca execução de contrato.

---

13. A título de curiosidade temos que o viajante não poderá sair para o exterior com quantia superior a dez mil reais, sob pena de apreensão e explicações às autoridades fazendárias. A saída de quantia superior deve ser precedida do preenchimento de formulário específico (e-DPV – *Declaração de Porte de Valor*, exigida pela receita federal).

14. FORGIONI, Paula A. *Teoria geral dos contratos empresariais*, cit., *expressão utilizada em diversas passagens*.

15. KLAPPER, L. The Role of factoring for financing small and medium enterprises. *Development Research Group – The World Bank*, 2004. Disponível em: <http://www- wds. worldbank.org>. Acesso em: 10 jun. 2008 (conteúdo confirmado em 16-2-2014). Apud DUARTE, Cláudia Guimarães. *Determinantes, em relação à avaliação de cedente, que distinguem as empresas de factoring autorreguladas pela ANFAC das empresas independentes*, cit., p. 25.

4.3 FORNECIMENTO DE RECURSOS PARA "CAPITAL DE GIRO": O CICLO OPERACIONAL E A OBTENÇÃO DE RECURSOS PELO *FACTORING*

Eugene Brigham explica que o termo capital de giro é originário de um velho vendedor ambulante ianque que carregava a sua carroça para, então, sair vendendo as suas mercadorias. A mercadoria era chamada de capital de giro, pois a mercadoria que ele vendia "fazia girar" o negócio explorado para gerar seus lucros, e a carroça e o cavalo eram os ativos permanentes.

Alexandre Assaf Neto explica que o conceito de capital de giro apresenta usualmente diferentes interpretações que são aplicadas segundo os critérios e a natureza do estudo desenvolvido[16] e que o nível e a importância do capital de giro variam, evidentemente, em função das características de atuação de cada empresa, em cada setor de atividade, e do desempenho da conjuntura econômica e da relação entre risco (liquidez) e rentabilidade desejada.

Ele corresponde ao ativo circulante de uma empresa. Em sentido amplo, o capital de giro representa o valor total dos recursos demandados pela empresa para financiar seu ciclo operacional, o qual engloba, conforme comentado, as necessidades circulantes identificadas desde a aquisição de matérias-primas até a venda e o recebimento dos produtos elaborados.

Salienta o autor que, qualquer que seja a definição adotada, o conceito de capital de giro (ou de capital circulante) identifica os recursos que giram várias vezes em determinado período.

Destaca que o capital de giro corresponde a uma parcela de capital aplicada pela empresa em seu ciclo operacional, caracteristicamente de curto prazo, razão pela qual assume diversas formas ao longo de seu processo produtivo e de venda. Exemplifica que um capital alocado no "disponível" pode ser aplicado inicialmente em estoque, assumindo, posteriormente à venda realizada, a forma de realizável (crédito, se a venda for realizada a prazo) ou novamente de disponível (se a venda for realizada a vista). Esse

16. ASSAF NETO, Alexandre. *Finanças corporativas e valor*. São Paulo: Atlas, 2003, p. 455.

processo ininterrupto constitui-se em essência do ciclo operacional (produção e venda) de uma empresa.

A liquidez empresarial é uma vantagem competitiva poderosa. John Maynard Keynes explica os motivos que levam o empresário a buscar liquidez, classificando-os como segue[17]: i) *motivo-renda.* Uma das razões para conservar recursos líquidos é garantir a transição entre o recebimento e o desembolso da renda. A força deste motivo para induzir uma decisão de conservar montante agregado de moeda dependerá, principalmente, do montante da renda e da duração normal do intervalo entre seu recebimento e o seu desembolso. O conceito de velocidade-renda da moeda é estritamente apropriado apenas para este contexto; ii) *motivo-negócio.* Da mesma maneira, os recursos líquidos são conservados para assegurar o intervalo entre o momento em que começam as despesas e o do recebimento do produto das vendas, incluindo-se sob este título os recursos líquidos que conservam os empresários para garantir o intervalo entre a compra e a realização. A intensidade desta demanda dependerá, principalmente, do valor da produção corrente (e, portanto, do rendimento corrente) e do número de mãos pelas quais passa essa produção; iii) *motivo-precaução.* Entre outros motivos para conservar recursos líquidos, destacam-se os de atender às contingências inesperadas e às oportunidades imprevistas de realizar compras vantajosas e os de conservar um ativo de valor fixo em termos monetários para honrar uma obrigação estipulada em dinheiro.

---

17. KEYNES, John Maynard. *A teoria geral do emprego, do juro e da moeda.* Tradução de Mário R. da Cruz. São Paulo: Atlas, 1992, p. 157 e s. Explica: a força desses três tipos de motivos dependerá, em parte, do custo e da segurança dos métodos para obter dinheiro em caso de necessidade, por meio de alguma forma de empréstimo temporário, especialmente retiradas a descoberto ou o seu equivalente, pois não há necessidade de conservar dinheiro ocioso para assegurar os intervalos se se pode obtê-lo sem dificuldades no momento oportuno. Sua força dependerá, também, do que podemos denominar o custo relativo da retenção de recursos líquidos. Se os recursos líquidos só podem ser retidos mediante o sacrifício da compra de um bem lucrativo, essa circunstância aumenta o custo relativo de sua retenção e, portanto, desabilita o motivo para guardar certo montante de recursos líquidos. Se os depósitos auferem juros ou se se evitam despesas bancárias conservando o dinheiro, isso diminui o custo e reforça o motivo. Este fator, contudo, pode ser de importância secundária, salvo em caso de grandes alterações no custo de retenção de recursos líquidos.

A liquidez, por conseguinte, é necessária e tem muitos fundamentos, contudo, a administração do capital de giro deve ser suficientemente forte para permitir à empresa competir na era da informação. Por exemplo, as empresas deveriam estudar o suficiente para verificar qual o volume de estoque necessário para manter sua produção ativa, deixando de comprar e de armazenar estoques desnecessários, evitando a compra de ativos supérfluos, assim liberarão recursos financeiros que ficam alocados como capital de giro para o seu fortalecimento, o que nos parece muito evidente.

Muitas empresas debruçam-se constante e insistentemente para melhorar seu capital de giro, pois dessa gestão inteligente de recursos, principalmente a logística no fornecimento de materiais envolvendo a cadeia de suprimentos *suplly chain management*, revigoram sua capacidade de entrega, seja em relação a produtos, seja em relação a serviços.

Capital de giro, ou *working capital*, é uma expressão utilizada para definir o ativo circulante, principalmente: caixa, bancos e aplicações financeiras. O empresariado, via de regra, considera como capital de giro todo o ativo líquido disponível.

Soufani[18] analisou as empresas de *factoring* associadas à Factores Discounters Association (FDA) no Reino Unido em 1997. Por meio de entrevistas com executivos de *factoring*, buscou traçar o papel do *factoring* no financiamento de recursos para pequenas e para médias empresas. Destacou, em sua pesquisa, que certamente o *factoring* representa melhoria no fluxo de caixa, liquidez, capital de giro e pode ser elemento de colaboração para o crescimento das pequenas e das médias empresas.

O mesmo pesquisador, ao analisar milhares de empresas do Reino Unido, das quais 212 estavam usando serviços de *factoring*, encontrou evidências de que tamanho da empresa, setor de atuação

18. SOUFANI, K. Factoring and UK small business. *Journal of Small Business & entrepreneurship*, v. 15, n. 3, p. 78-89, 2000. Disponível em: <http://books.google. com.br>. Acesso em: 1 jul. 2008 (conteúdo confirmado em 16-2-2014). Apud DUARTE, Cláudia Guimarães. *Determinantes, em relação à avaliação de cedente, que distinguem as empresas de factoring autorreguladas pela ANFAC das empresas independentes*, cit., p. 24-25.

e idade são alguns dos determinantes para a opção pelo contrato de *factoring*, no lugar do mero desconto bancário.

Conclui que efetivamente o serviço de fomento mercantil configura uma eficaz opção de fonte de financiamento para capital de giro e instrumento para melhoria do fluxo de caixa, arejando o potencial produtivo e desenvolvendo a *capacity for intelligent management*.

4.3.1 O ciclo operacional e a obtenção de recursos pelo *factoring*

As empresas de *factoring* a cada dia têm sido mais solicitadas para o fornecimento de recursos financeiros, sobretudo diante da praticidade e da agilidade na decisão concernente à aquisição, ou não, de um recebível do faturizado.

Claro está que a empresa de *factoring* é um importante sorvedouro de recursos para capital de giro que permite, em última análise, a alavancagem dos negócios das empresas, que se utilizam deste meio de crédito para seu desenvolvimento e crescimento, quando bem administradas.

A questão é que nem sempre a atividade de *factoring* será benéfica para empresa faturizada, pois a inobservância do ciclo operacional do faturizado pode comprometer os benefícios da faturização – são circunstâncias em que o faturizado toma recursos sem necessidade ou nos casos em que permite a intervenção inapropriada e intempestiva da *factoring* em seu relacionamento comercial com os clientes. Assim, defendemos que é fundamental, para o bom andamento do fomento, que haja rígida observância do ciclo operacional de cada empresa faturizada para o bom implemento da faturização.

As atividades operacionais de uma empresa envolvem, de forma sequencial e repetitiva, a produção de bens e de serviços, em consequência, a realização de vendas e de respectivos recebimentos. Nessas operações básicas, procura a empresa obter determinado volume de lucro de forma a remunerar as expectativas de retorno de suas diversas fontes de financiamento (credores e proprietários)[19].

19. ASSAF NETO, Alexandre. *Finanças corporativas e valor*, cit., p. 458.

Ora, é evidente que a empresa busca aplicar todo o seu esforço dirigido à obtenção de lucro, diante da atividade que exerce, mas, em cada ramo de atividade, encontramos determinadas especificidades. O empresário faturizador não pode restar desatento a esta circunstância, daí a exigência de que mantenha equipe especializada e preparada para colaborar com o fomento da empresa faturizada.

É diante desse processo natural e permanente que sobressai o ciclo operacional da empresa, composto por todas as fases de suas atividades operacionais.

O ciclo operacional completo, para o caso de uma empresa industrial, por exemplo, inicia-se com a aquisição das matérias-primas, passa pela armazenagem, produção e venda e desemboca no efetivo recebimento das vendas realizadas.

Note que, desse modo, a *factoring* passa a fazer parte do ciclo operacional da empresa, mas é um grave engano imaginar que as suas atividades estejam relacionadas apenas à cobrança ou ao recebimento.

Para que a empresa de fomento encaixe-se, encontrando seu espaço e colaborando de modo eficaz com o faturizado, é necessário que ambos (*factor* e cliente) entendam os seus papéis nesta relação e que o *factor* propicie ao cliente concentrar todos os seus esforços em sua atividade e que o cliente da *factoring* terceirize efetivamente o seu departamento de contas a receber, compartilhando informações e aceitando as diretrizes da consultoria oferecida pelo factor. Daí mais um forte motivo da nossa repulsa, que restará evidente no capítulo 6 deste trabalho, ao Projeto de Lei do *Factoring* brasileiro, que possibilita excluir do objeto do contrato de *factoring* a prestação de serviços, alocando o centro gravitacional do instituto na compra de recebíveis.

Eugene Brigham conta que Michael Dell, em uma entrevista publicada no *The Wall Street Journal*, discutiu de que forma os fabricantes tradicionais, como as montadoras de automóvel, podem usar a experiência da empresa para melhorar as suas operações, já que a Dell, na última década, teve um crescimento de 72.000% em suas ações. Uma das principais dicas dadas pelo CEO da mais importante empresa de informática do mundo foi: *passar para um especialista externo qualquer operação que não seja central para a empresa*[20].

Philip Kotler e Kevin Keller, dois dos principais nomes mundiais em gestão administrativa, sobretudo em marketing, explicam, sobre o foco no cliente, que uma administração de *marketing* bem-sucedida requer algumas determinadas capacidades, tais como entender o valor para o cliente, criar valor para o cliente, entregar valor para o cliente e sustentar o valor para o cliente.

As sempre empresarialmente exploradas novas ideias de *marketing* "Visões de CEOs sobre *marketing*" abordam algumas prioridades importantes da alta administração na melhoria da gestão empresarial. Algumas empresas norte-americanas se destacam por sua excelência em marketing (Procter & Gamble, Southwest Airlines, Nike, Disney, Nordstorm, Wal-Mart, McDonald's, Marriott Hotels), além de diversas japonesas (Sony, Toyota, Canon) e europeias (IKEA, Club Med, Bang & Olufsen, Electrolux, Nokia, Lego, Tesco). Essas empresas têm efetivo foco no cliente e estão organizadas para responder eficientemente às constantes mudanças nas necessidades dele. Todas possuem departamentos de *marketing* recheados de profissionais competentes, e seus demais departamentos – produção, financeiro, pesquisa e desenvolvimento, compras – também aceitam o conceito de que o cliente é o rei[21].

---

20. Uma administração de capital de giro forte é necessária se uma empresa quiser competir na era da informação, e as lições ensinadas pela Dell valem para outros setores. Michael Dell, fundador e CEO da Dell computer, discutiu recentemente em uma entrevista para o *The Wall Street Journal*, de que forma os fabricantes tradicionais, como as montadoras de automóvel, podem usar a experiência da empresa para melhorar as suas operações. O artigo incluía cinco dicas de Michael Dell sobre como fabricar um carro melhor: para reduzir os custos, utilizar a internet para conectar fabricantes, fornecedores e concessionárias; passar para um especialista externo qualquer operação que não seja central para a empresa; acelerar o ritmo da mudança e condicionar os funcionários a aceitarem-na; experimentar a comercialização pela internet; fazer experiências para ver o que acontece quando os clientes conseguem acessar as informações com mais facilidade e como jamais haviam feito antes; refletir sobre o que poderia ser feito com o capital que seria liberado do armazenamento excessivo de estoque e de outros ativos supérfluos. BRIGHAM, Eugene F. *Administração financeira* – teoria e prática. 10. ed. São Paulo: Thomson, 2006.

21. KELLER, Kevin Lane; KOTLER, Philip. *Administração de marketing* – a bíblia do marketing. 12. ed. São Paulo: Pearson, 2005, p. 40. É preciso que o empresário concentre suas energias na entrega do seu produto ou do seu serviço: "O processo de criar,

Ora, é exatamente essa oportunidade que o *factoring* deve trazer para a empresa faturizada, ou seja, de ter foco total na sua entrega, no seu cliente. Mas isso implica intervenção no ciclo operacional, para a qual nem sempre os profissionais de nível gerencial estão preparados e dificilmente os pequenos e os médios empresários aceitam-na, daí a dificuldade de implemento efetivo do *factoring* em seu viés, a nosso ver, mais admirável e socialmente louvável, qual seja: a prestação do serviço de alavancagem.

É importante que o empresário faturizado note que o seu ciclo operacional deve estar de acordo com o *timing* do *factoring*, sob pena de a tentativa de alavancagem se tornar perversa para a empresa faturizada.

Com certeza, a melhor forma de adequação que se pode dar é a que tem como pilar de sustentação uma efetiva parceria entre o faturizador e o faturizado, de modo que o faturizador tenha a oportunidade (desde que tenha capacitação técnica para tanto) de gerir os recebíveis prestando uma consultoria que organize o ciclo operacional do faturizado.

4.4 SERVIÇOS DE COBRANÇA

Evandro e Geraldo Leoni[22] explicam que a cobrança é o termômetro de aferição final, quanto às vendas, concessão dos créditos e quanto à situação econômico-financeira existente no mercado de atuação. Ernani Torres e Mônica Carvalho destacam que o *factoring* reúne as vantagens do financiamento com as da administração de cobranças. Explicam que, em seu estágio mais

---

entregar e comunicar valor requer muitas atividades de marketing diferentes. Para assegurar que sejam selecionadas e executadas as atividades corretas, é essencial que exista um planejamento estratégico. O planejamento estratégico exige ações em três áreas-chaves. A primeira é gerenciar os negócios da empresa como uma carteira de investimentos. A segunda envolve a avaliação dos pontos fortes de cada negócio, considerando a taxa de crescimento do mercado e a posição competitiva da empresa nesse mercado. A terceira é estabelecer uma estratégia. A empresa deve desenvolver um plano de ação para cada um de seus negócios, a fim de atingir seus objetivos de longo prazo". KELLER, Kevin Lane; KOTLER, Philip. *Administração de marketing*, cit., p. 429.

22. LEONI, Evandro e Geraldo. *Crédito e cobrança*. 2. ed. São Paulo: Atlas, 1993, p. 165.

avançado, torna-se uma terceirização das atividades de crédito, contas a pagar, financiamento etc. As vendas são realizadas para consumidores que têm crédito na empresa de *factoring* (*factor*), e ela se encarrega de fazer as cobranças nas datas pactuadas[23].

A *factoring* presta ao faturizado serviços e cobrança, os quais ela presta com recursos próprios ou valendo-se de bancos, para cobrar os títulos recebíveis que ingressaram na faturização. Assim, algumas empresas de fomento mercantil deixam os títulos em custódia bancária e outras se utilizam de meios próprios, mantendo os títulos em seu poder até a data do vencimento e por meios próprios vai até o devedor para receber.

A manutenção de um sistema inteligente de cobrança de tais títulos é fundamental para evitar desencontros de perda de prazo ou antecipação da cobrança, causando no primeiro caso problemas de fluxo para o faturizador e no segundo dissabores para o cliente faturizado.

Este sistema de cobrança deverá ser atualizado durante todo o dia, e o responsável pelo acompanhamento diário deve ser capaz de tomar atitudes, ao perceber a inadimplência de imediato, e ser diligente, no sentido de verificar junto ao sacado o motivo que o levou a não saldar seu compromisso, para então se valer do cliente/faturizado para outras informações e necessário posicionamento para continuar sua cobrança pelos meios a seu alcance.

Note que informar ao faturizado do inadimplemento não tem a finalidade, pelo menos *prima facie*, de cobrá-lo pelo inadimplemento de seu cliente (sacado), até mesmo porque, como regra, como já explicitamos, a cessão na operação de *factoring*, como regra, é *pro soluto*, o que impediria a via regressiva (salvo em situações excepcionais, tais como inexistência da relação ou vícios sobre o título ou sobre o crédito). É da noção de probidade contratual, que deve, como veremos, alimentar, também, a relação de fomento mercantil, que o faturizador informe o faturizado sobre a inadimplência do título, até mesmo porque, nestes casos,

---

23. TORRES FILHO, Ernani T.; CARVALHO, Mônica E. de. Financiamento às exportações: instrumentos de apoio e mitigação de riscos, cit., p. 321.

é comum que o motivo do inadimplemento seja a devolução de parte da mercadoria, a discussão sobre a má prestação de serviço por parte do faturizado ou outro cuja responsabilidade poderá ser imputada ao sacador (faturizado).

Ora, importa entender que a cobrança não se resume à colocação do título em banco para, então, aguardar seu recebimento.

A atividade de cobrança envolve gestão estratégica para o bom cumprimento e efetivo deslinde da situação. Consubstancia-se em atitudes embasadas em relevantes informações do negócio inicial, tais como saber se houve um contrato de compra e venda entre fornecedor e comprador; se houve um pedido emitido formalmente, fornecendo os dados técnicos do produto a comprar; se a mercadoria foi entregue acompanhada de nota fiscal e seu "canhoto" (recibo de entrega) assinado e, neste caso, se pode ser identificado o recebedor; se o documento necessário para a transação financeira (duplicata, no mais das vezes) foi formalmente emitido de acordo com os dados da nota fiscal e do pedido, principalmente praça de pagamento, onde deve ser apresentado para cobrança, entre outras relevantes informações que nortearão a conduta jurídica, operacional e administrativa que terá a empresa de fomento mercantil.

Vemos, então, os cuidados necessários que devem ser tomados para que a liquidação não ocorra fora do prazo avençado, provocando o retardamento de entrada no caixa de recursos que provavelmente já estarão comprometidos para aplicação nas operações normais, vindo a causar prejuízos de ordem financeira, e até mesmo podendo inviabilizar futuros negócios.

Como vemos, o envolvimento das áreas de crédito e de cobrança é importante – elas sempre devem ser ouvidas –, deve se calcular o risco do negócio em si, por meio de outros balizadores, tais como negócios futuros, mudanças na política governamental e a própria política empresarial – não se pode engessar a decisão.

4.5 GESTÃO DE CONTAS A RECEBER

A *factoring*, que deverá manter uma estrutura para cobrar seus títulos, poderá ainda prestar serviços de gestão do departamento de contas a receber, para empresas-clientes/faturizadas, permitindo que a empresa tenha seu foco naquilo que é mais importante: o gerenciamento de sua atividade-fim, que é produzir e vender, deixando de lado a atividade de contas a receber, passando a economizar esta estrutura e este tempo.

Claro está que o custo desta estrutura em uma empresa pequena pouco impacta, pois o mesmo funcionário que cuida das cobranças poderá cuidar, também, de outros afazeres, mas tal não ocorre em empresas de médio e de grande porte, em que departamentos inteiros são destacados para o serviço de faturamento e cobrança. É exatamente nestes casos que a empresa de fomento mercantil poderá oferecer préstimos de grande valor ao empresariado.

Assim, a faturizada poderá contratar a *factoring* para gerir suas contas a receber, podendo aí alavancar seus recursos, cabendo à *factoring* transferir de imediato os valores recebidos, informando a quais títulos e sacado corresponde tal valor e até, se for o caso, sugerir sua aplicação e por qual período podem ser aplicados, seja junto a fornecedores pela compra de matéria-prima ou por meio de aplicação financeira que seja mais rentável à faturizada.

A gestão do departamento de contas a receber engloba uma estrutura que exigirá responsabilidade e agilidade de seu responsável, no sentido de aplicar os instrumentos legais para o recebimento, aplicados a cada tipo de recebível, cheques, duplicatas, notas promissárias, letra de câmbio, emitida pelo credor contra o devedor, devendo conter também o nome do beneficiário recebedor, por conta da permissão em contrato para essa emissão, cambiais em moeda estrangeira, decorrente de mercadorias ou serviços exportados.

Como exemplo, temos o recebimento de cheques que podem ser em moeda nacional ou até mesmo em moeda estrangeira. Cada um tem uma forma de recebimento, enquanto o cheque em moeda nacional basta ir à "boca do caixa" do banco ou depositá-lo, o cheque em moeda estrangeira, por força dos regulamentos legais, deve ser submetido ao setor de câmbio de um banco autorizado e ali preenchidos os formulários exigidos para que o banco o envie para depósito, em sua conta, na praça onde a tiver, decorrendo, depois disso, o crédito na conta do beneficiário do cheque.

É evidente, portanto, que a contratação de um especialista para gerir o departamento de recebíveis redundará, necessariamente, em melhores resultados para a faturizada.

4.6 SELEÇÃO DE CLIENTES POR MEIO DO *FACTORING*

A *factoring* poderá participar na seleção de clientes da empresa, por meio do levantamento e do fornecimento de informações comerciais ou financeiras do futuro cliente da empresa, ou seja, a *factoring* passa a participar, indiretamente, da administração financeira da empresa, mas sempre caberá à empresa-cliente a decisão de vender ou não, pois a venda pode ser política, e poderá haver interesses em que a *factoring* não poderá de forma alguma imiscuir-se.

4.7 ATUAÇÃO COLABORATIVA DO *FACTORING* NA RECUPERAÇÃO FINANCEIRA EMPRESARIAL

A *factoring*, quando utilizada pela empresa-cliente, trará ao cliente os recursos necessários para alavancagem do negócio, pois passa a fornecer-lhe recursos financeiros de imediato, ou à vista, para as vendas feitas a prazo.

O cliente deverá utilizar estes recursos antecipados pela *factoring* para negociar com seus fornecedores descontos e prazos de pagamento melhores que lhe permitirão alavancar em determinado lapso de tempo melhora na sua tesouraria.

De que forma isso pode ocorrer? Conseguindo melhores prazos de pagamento e mantendo seu prazo de vendas no lapso de tempo entre o pagamento da matéria-prima e o recebimento do título. Isto trará, com certeza, uma melhora em seu capital de giro, sem custo, e, assim, por consequência, um alívio para a sua tesouraria.

Decorre dessas atitudes administrativas, uma situação financeira que mantém a empresa capitalizada, o que lhe permitirá, inclusive, manter ou guardar recursos para outros negócios, saldar dívidas, ou até mesmo, distribuição de seus resultados aos acionistas.

A *factoring* passa a fomentar determinados setores ou empresas que, sem esta facilidade de recursos, não teriam condições de iniciarem ou de manterem seus negócios, tampouco de manterem mão de obra empregada e, por via de consequência, aqueles indiretamente ligados à empresa pelo pessoal colaborador que emprega.

CAPÍTULO 5

A ABUSIVIDADE DA COBRANÇA NA RELAÇÃO DE *FACTORING*

5.1 A COMPOSIÇÃO DA REMUNERAÇÃO DA FATURIZADORA E A FUNÇÃO SOCIAL DO CONTRATO DE *FACTORING*

É evidente que todo e qualquer contrato firmado pode ser objeto de cumprimento ou não pelas partes envolvidas, mas, no contrato de *factoring*, temos inerente, diante da especificidade que envolve o caráter do risco de inadimplemento, que deve ser, em regra, suportado pela empresa faturizadora, e diante da aquisição dos recebíveis de titularidade do faturizado, esta possibilidade de inadimplemento especialmente latente.

Exatamente por isso, como já vimos, toma distinção de alguns outros contratos e, consequentemente, deve receber remuneração que compense todos estes riscos, pois, caso contrário, inviabilizada restará a atividade da empresa de fomento mercantil.

A remuneração da empresa de *factoring* está na aplicação de deságio[1] sobre o *face value* do título que se pretende entregar à

1. "Nos contratos de *factoring*, a taxa de juros remuneratórios também está limitada em 12% ao ano, nos termos da Lei de Usura. Precedentes" (AgRg no AREsp 127.209/SP, Rel. Ministro Sidnei Beneti, 3ª Turma, julgado em 27-3-2012, *DJe* 19-4-2012). Assim é evidente que há fração de juros remuneratórios nos contratos de fomento mercantil. À evidência, do mesmo modo, nestes casos, é de se notar que o percentual não deverá ultrapassar aquele legal de 12% ao ano. Contudo, a remuneração do faturizador não está adstrita aos juros remuneratórios, mas, também, compreende o percentual

faturização, e este é o pagamento pelo risco que há na operação de cessão de crédito cumulada com a sub-rogação, a assunção do risco (quando não for convencionado de modo distinto, como veremos adiante) e a gama de prestação de serviços oferecida pelo faturizador.

Assim, a atividade de fomento mercantil não se esgota na antecipação de recebíveis, muito embora cessão do crédito do faturizado ao faturizador, assunção de riscos por insolvência, desconhecida pelo credor primitivo, e inadimplemento por parte do devedor do título faturizado sejam conjuntamente os centros de gravidade desta contratação.

O *factoring* toma espeque em uma *prestação cumulativa e contínua de serviços de assessoria creditícia, mercadológica, gestão de crédito, seleção e riscos, administração de contas a pagar e a receber, compras de direitos creditórios resultantes de vendas mercantis a prazo ou de prestação de serviços (fomento mercantil – factoring)*[2]. Diante disso, por obviedade, não podemos esperar que apenas o risco pela assunção do crédito seja objeto de remuneração.

Ora, a empresa de fomento mercantil atua como sociedade mercantil visando, é óbvio, todo o lucro que puder ter e coloca toda a sua estrutura à disposição do cliente (faturizado) para absorver seu departamento de gestão creditória, ou seja, o seu departamento de contas a receber.

Claro que, para tanto, todo um aparato estrutural de gestão precisa ser oferecido. É necessário que o empresário do *factoring* esteja preparado para ofertar ao seu cliente faturizado possibilidades de novos procedimentos gerenciais, ou até mesmo a instalação de procedimentos administrativos primários[3].

---

cobrado a título de prestação de serviços, que não se submete à referida regra: "Tratando-se de contrato de fomento mercantil, não há que se cogitar da incidência de juros, mas, sim, da aplicação do fator, percentual cobrado pela empresa faturizadora em razão da antecipação dos créditos constantes nas cártulas negociadas. – A faturizada responde pelo adimplemento dos créditos cedidos se existente disposição contratual expressa neste sentido" (TJ/SC, AC 2008.044653-0, (C.Esp.), Rel. Des. Edson Ubaldo, *DJe* 30-6-2009).

2. Lei n. 8.981/95, art. 28, § 1º, alínea *c*-4.

3. Tendo-se em vista que o *factoring* essencialmente atende a pequenas e médias empresas. Em grande parte das vezes, são empresas familiares de pequeno ou de

O faturizador deverá ofertar ao faturizado a possibilidade de negociar com os seus fornecedores, para dirimir custos e riscos da contratação, negociar diretamente com clientes para dirimir riscos de inadimplemento[4] e, ainda, assumir as atividades de cobrança da empresa que, espera-se, tenha pouco a fazer com a atuação de um competente gestor de fomento que preveja situações de risco, livrando a empresa de embaraçosas situações financeiras.

Trata-se, por conseguinte, de efetiva prestação de serviços pela qual a sociedade empresária de fomento deverá ser remunerada.

Esta remuneração pode envolver um valor fixo ou variável e, por questões de equanimicidade e equilíbrio da relação, poderá ser parametrizada na cobrança de um percentual sobre recebíveis adquiridos ou não, conforme a comutividade avençada para a operação.

No mais das vezes, diante da imprevisibilidade da continuidade do serviço prestado, bem como da necessidade de cumprimento de todas as burocracias e trâmites legais de remuneração e manutenção de pessoal, é comum que a remuneração pela prestação deste serviço de gestão de crédito se dê com base variável no montante faturizado, o que nos parece bastante razoável, diante da especificidade prática que envolve esta prestação de serviços.

5.1.1 O *ad valorem*

O termo *ad valorem* não se presta a significar sua simples tradução, que seria: *sobre o valor* ou *pelo valor*. Em verdade, caso

---

médio porte que não possuem gestores tecnicamente capacitados ou pessoal para a implantação de procedimentos gerenciais dos mais simples. Neste caso, é notório, a empresa de fomento exerce um relevantíssimo papel.

4. João Carlos Douat esclarece que a gestão do risco de crédito requer: a) tomada de informações sobre o cliente, procurando conhecer seu passado, sua capacidade de gerar e de pagar recursos, o capital por ele acumulado, as condições do Mercado, de sua atuação e a garantia que a empresa de *factoring* poderá ter: emissão de duplicatas; cheque pré-datado; título de crédito vinculado a um documento representativo do negócio mercantil, contendo no verso o número e a data da emissão da nota fiscal; b) classificação do risco da compra de certos títulos, optando por operação de valor inferior ao solicitado pelo cliente ou evitando fomentar operação que, pelas informações, não se revela segura; c) estruturação da operação de *factoring*, por meio de uma organização informatizada e profissionalizada (DINIZ, Maria Helena. *Tratado teórico e prático dos contratos*, 7. ed., v. 4, p. 116).

fosse isso, toda a composição do pagamento que o faturizado, em regra, faz ao faturizador seria *ad valorem*, o que não é corrente no meio empresarial, na atividade de *factoring*.

Assim, na linguagem comum do *factoring*, o termo *ad valorem* é utilizado para significar o pagamento que o faturizado faz à faturizadora sobre os serviços prestados, não incidindo aqui a compra dos recebíveis e demais despesas da faturizadora. Esse pagamento será negociado de maneira livre entre as partes em cada caso, mensurando-se o serviço que será prestado pela faturizadora[5].

Portanto, tratamos aqui de uma comissão de serviços cobrada *ad valorem*, sem levar em conta o prazo ou o risco[6] pelo faturizador ao faturizado, concentrando-se esta parcela do fator geral única e exclusivamente no serviço prestado pelo agente de fomento ao faturizado.

Em suma, temos que a remuneração pela prestação de serviços executada pela empresa de fomento mercantil ao faturizado se dá mediante uma comissão cobrada, a qual se atribuiu a designação de *ad valorem*, com percentual livremente pactuado, que incidirá sobre o valor de face do título de crédito adquirido ou faturizado, nas hipóteses em que os serviços forem conjugados com a aquisição de direitos creditórios, e mediante um valor livremente pactuado entre contratante e contratada, baseado na complexidade dos serviços prestados, quando os serviços não forem conjugados com aquisição de direitos creditórios.

5.1.2 O fator

Por sua vez, o *fator* engloba a remuneração da *factoring* em sentido *amplo*, excetuados os serviços prestados que, por regra, serão chamados de *ad valorem*, pois assim restou convencionado e é bastante comum no setor mercantil, entre os profissionais do *factoring*. Isso porque, após as análises constantes do *ad valorem*, chega-se ao valor correspondente ao que será pago ao faturizado.

5. Maria Helena Diniz esclarece que esta comissão tem padrão internacional em torno de 0,5 a 3,0% sobre o valor dos títulos faturizados. (*Tratado teórico e prático dos contratos*, 7. ed., v. 4, p. 111).

6. DINIZ, Maria Helena. *Tratado teórico e prático dos contratos*, 7. ed., v. 4, p. 111.

De forma lógica, nestes domínios, quanto maior o risco, maior a importância, sendo o contrário também verdadeiro.

Ora, nesse tipo de contrato, o ganho da empresa de *factoring*, a faturizadora, é a diferença resultante entre o valor antecipado (no *conventional factoring*, é claro) à faturizada e o valor que irá receber do comprador da mercadoria ou adquirente do serviço.

Evidentemente, quanto maior o risco de inadimplência e maior for o custo do dinheiro no mercado financeiro, menor será o valor que pagará ao faturizado, já que este recebe à vista e sem qualquer risco de inadimplência[7].

Esclarece o informativo da ANFAC que, na composição do fator, são levados em consideração diversos itens, tais como: a) custo-oportunidade do capital próprio, b) custo do financiamento (hipótese de suprir-se com crédito bancário), c) custos fixos, d) custos variáveis, e) impostos (PIS, COFINS, IR, IOF e contribuições), f) despesas de cobrança e g) expectativa de lucro. Esclarece a entidade que o fator é a precificação da compra de créditos, computando-se todos os itens de custeio de uma sociedade de fomento. O custo--oportunidade leva em conta quanto o empresário ganharia com seus recursos se, em vez de usá-los para fomentar empresas, os usasse para outras operações (CDB, RDB, letra de câmbio, entre outras).

A ANFAC destaca que utiliza como indicativo do cálculo do fator o CDB (título de instituição financeira de primeira linha com taxa de juro prefixada por 30 dias e pós-fixada para prazo superior a 90 dias).

Desse modo, então, o que se tem no fator são todas as demais cobranças, excetuado o deságio imputado como *ad valorem*, ou seja, o efetivo valor de prestação de serviços da empresa faturizadora.

5.1.3 Fator geral de deságio

Temos, portanto, dois microaspectos do deságio faturizador, quais sejam: o *ad valorem* e o fator. Tais fragmentos compõem o

7. MONTEIRO, Washington de Barros. *Curso de direito civil:* direito das obrigações, cit., v. 4, p. 469.

que chamamos, assim nos parece mais adequado, compreensível e didático, de "fator geral de deságio".

Assim, temos uma taxa de deságio cobrada pela empresa de fomento mercantil, que corresponde aos valores referentes: i) ao *ad valorem*, conforme item anterior – *a prestação dos serviços de fomento mercantil ao faturizado*; ii) ao *fator*, que engloba os seguintes aspectos: a) a correção monetária, que só tem razão de ser no *conventional factoring* (posto que no *maturity factoring* o faturizador não antecipa valores), será calculada levando em consideração o lapso temporal que medeia os termos da data da entrega da antecipação do valor à faturizada e o vencimento do título, e é matematicamente aplicada ao deságio; b) a taxa de compensação pela disponibilização do capital, que, em nosso entendimento, não poderá ultrapassar a barreira dos juros legais de 1% ao mês e que se dará, especificamente, pela remuneração do capital no *conventional factoring* ou pela garantia de liquidação do título em favor do faturizado no *maturity factoring*. Referida taxa leva em consideração os juros compensatórios pela disposição do capital e os remuneratórios, ou seja, aquilo que o faturizador razoavelmente deixa de lucrar; c) a remuneração sobre a mensuração do risco de inadimplemento nos casos de internalização de cessão que tenha se dado *pro soluto* para o fomento; d) os custos operacionais, tais como emissão de boleto, elaboração de contrato, termos aditivos, taxas de correio, taxas bancárias e obtenção de informações para análise de risco/crédito; e) as despesas de manutenção da empresa faturizadora, tais como pessoal e estrutura; e, por fim: f) os tributos relativos ao exercício da atividade: Imposto de Renda, PIS, COFINS, IOF, e adicional de IOF.

Representa, dessa guisa, o valor de compra pactuado entre as partes (hodiernamente, o balizador mais utilizado na prática é o fator ANFAC, publicado diariamente pela associação nacional de *factoring*) que sinaliza o preço de referência de compra de créditos para o mercado de fomento mercantil. Este fator é um mero parâmetro que, como regra, tem sido respeitado pelas empresas de fomento mercantil nos últimos 15 anos, sendo um elemento fundamental de estabilização das relações do setor.

Para que se possa deixar clara a feição composta desses elementos que ultimam o fator geral de deságio, fazemos a seguir uma decomposição parcial dos cálculos para a efetiva conformação de fomento mercantil.

Vejamos exemplo de uma operação de *factoring* em que a faturizadora se obrigue à análise do crédito do cedido e à organização e cobrança do título faturizado, assumindo o risco do inadimplemento do devedor/cedido, em um título que tem valor de face de R$ 100.000,00 (cem mil reais), com vencimento *d60*, ou seja, em 60 dias da data da operação efetuada. Assim seria distribuído o fator geral de deságio, aplicado para *d30*, ou seja, cada 30 dias da operação, coforme a regra de mercado.

Senão vejamos:

AD VALOREM		**FATOR**	
REFERÊNCIA	**%**	**REFERÊNCIA**	**%**
ANÁLISE DE RISCO	0,50	CORREÇÃO MONETÁRIA	0,2
COBRANÇA	0,053	TAXA DE COMPENSAÇÃO	1,00
RISCO PELO INADIMPLEMENTO	0,60	REMUNERAÇÃO SOBRE RISCO	1,00
		CUSTOS OPERACIONAIS DEDICADOS	0,5
		DESPESAS DE MANUTENÇÃO	0,418
		IMPOSTO DE RENDA	0,291
		PIS	0,100
		COFINS	0,462
		IOF	0,125
		ADICIONAL DE IOF	0,359
		CONTRIBUIÇÕES	0,175
FATOR GERAL DE DESÁGIO		**6,08**	

Como se vê, são vários os itens que compõem a receita da empresa de fomento mercantil em cada contratação de *factoring*, sendo o juro de remuneração do capital, o qual preferimos denominar taxa de compensação, apenas um deles, e limitado por força de lei.

5.2 DA ABUSIVIDADE DA COBRANÇA DO FATOR GERAL DE DESÁGIO

A abusividade da cobrança da remuneração no *factoring* é tema que sempre gera elevada polêmica, dentro e fora dos tribunais. Isso se dá, em nosso entendimento, por força da constante confusão que é feita quando da análise da composição do que chamamos neste trabalho de fator geral de deságio.

Não foi à toa que posicionamos o presente item logo após o esclarecimento referente à composição da remuneração da empresa de fomento mercantil. Para que se possa ter clareza sobre o que se quer dizer quando se fala em abusividade da remuneração, é necessário que, antes, reste bem compreendido quais sejam os componentes desta mesma remuneração.

Como vimos, há duas parcelas que compõem o aludido fator geral de deságio: i) *ad valorem* e ii) fator. Na primeira parcela, estamos a tratar do efetivo serviço prestado pela empresa de fomento mercantil e na segunda da composição da precificação da compra do título que, em dimensão negocial, pode ser equiparada ao que se espera de uma forma de comissão de permanência, embutidos nela, também, tributos, correções e juros computáveis.

A nosso ver, sob ambos os aspectos, é possível que se tenha abusividade. Assim, o que se deve analisar é se há, ou não, em cada caso, abuso na cobrança.

A abusividade da cobrança do *ad valorem* difere, em essência e de maneira gigantesca, da abusividade encontrada no fator. Isso porque, no primeiro caso, haverá uma agressão à ordem privada e, no segundo caso, haverá agressão à ordem pública, como demonstraremos nos tópicos específicos. Mas, em ambos os casos, encontramos algumas consequências comuns, tais como a ilegalidade da cobrança de encargos moratórios pela fração abusiva, quando em aparente mora o devedor (circunstância que sequer chegará a ser caracterizada nos casos de usura diante do ilícito da cobrança), a repetição do indébito que deverá se dar como consequência lógica, fatal e infalível da abusividade na cobrança e a devolução em dobro dos valores indevidos que lhe foram cobrados.

Vamos analisar o abuso, de modo estanque, em cada uma das figuras que compõem o fator geral de deságio.

5.2.1 Abusividade na cobrança do *ad valorem*

O *ad valorem*, como visto, é a contrapartida pelos serviços prestados pela faturizadora ao faturizado. Nestes casos, o que se tem é a cobrança de um preço pelo serviço. Diante disso, não se pode cogitar, aqui, da cobrança de juros.

São muitos os julgados que destacam que a empresa de *factoring* possui o direito de cobrar pelos serviços prestados ao faturizado, em percentual sobre os créditos, na modalidade de deságio, o que não revela a incidência de juros[8].

Na práxis, já pudemos observar contratos de *factoring* que, sob este manto e com efetiva compra de recebíveis, envolviam serviços de contabilização, balanço, gestão de fluxo de caixa, estoque e até mesmo sugestão e controle de metas gerenciais e de faturamento, ou seja, um verdadeiro serviço de planejamento, gestão e controle estratégicos empresariais, uma verdadeira consultoria empresarial, buscando um "choque de gestão" para salvaguarda da empresa em crise.

Ora, não se pode esperar que, em uma situação como esta, seja a empresa de *factoring* remunerada pelo fator geral de deságio admitido consuetudinariamente no mercado. Isso não seria conveniente, adequado ou justo[9].

Para a aferição da abusividade a regra da análise dos preços de mercado é bastante conveniente e funciona na maior parte dos casos, mas há casos especiais que merecem tratamento especial, tendo em vista o serviço prestado e contratado entre as partes na avença de fomento mercantil[10], ou outros fatores específicos.

---

8. Sobre, ver, por exemplo: TJ/PR, AC 7023418/PR 0702341-8, Des. Rel. Antonio Loyola Vieira, 12ª Câmara, publicação 20-4-2011. No mesmo sentido: REsp 727.467, Rel. Ministro Aldir Passarinho Junior, publicação 3-11-2009.

9. Contra o nosso entendimento, já pudemos observar que, mesmo reconhecendo que o negócio jurídico versado nos contratos que estão a instruir a ação monitória revele a existência de uma operação que foge dos padrões daqueles praticados pelas empresas de *factoring*, os embargos hão de ser acolhidos, em parte, para decotar a cobrança de juros abusivos, ou seja, aqueles impostos no patamar de 4,49% por quinzena: TJ/MG, 200000036745640001/MG 2.0000.00.367456-4/000(1), Rel. Guilherme Luciano Baeta Nunes, julgado em 5-12-2002, publicação 1º-2-2003. A especificidade do julgado, no entanto, dizia respeito, também, a negócio jurídico que refugia ao sentido estrito do *factoring*, eis que restara provado nos autos que a empresa de fomento praticava mútuo com cobrança de juros, sem aquisição de recebíveis, sendo esta a alegação, mas não ficando clara a prestação do serviço.

10. Há quem entenda, no entanto, que a abusividade sempre será analisada, tendo-se em mira as práticas de mercado. Parece-nos, contudo, com a devida vênia, critério

A abusividade ou excessiva onerosidade da cobrança do *ad valorem*, agride à ordem privada.

Nestes casos, devemos apartar, contudo, duas situações claramente distintas, ainda em relação à excessiva onerosidade: i) a circunstância em que o pacto tornou-se excessivamente oneroso para o faturizado e ii) a circunstância em que o pacto nasceu excessivamente oneroso para o faturizado[11].

No primeiro caso, temos a figura da onerosidade excessiva superveniente, que enseja a aplicação de duas medidas distintas e excludentes: o instituto da revisão contratual por onerosidade excessiva, e a possibilidade de resolução do pacto pelo mesmo motivo (o que deve sempre ser deixado como segunda opção, diante da regra que rende homenagem à conservação dos pactos havidos entre as partes). Já no segundo caso, teremos circunstância de lesão que poderá ensejar revisão ou anulação do pacto de fomento, nos termos da legislação vigente. Analisaremos melhor, no entanto, esta situação mais adiante.

5.2.2 Abusividade da cobrança do fator

O que se tem hoje como adequado e lícito na cobrança de juros é o percentual de 12% ao ano ou 1% ao mês. Contudo, o fator geral de deságio atualmente está em aproximadamente 5% ao mês, como demonstraremos, mais adiante em situação hipotética para esclarecimento.

---

generalizador que condenaria o bom prestador de serviços, restringindo sua liberdade de atuação e até mesmo de formação de preço com tarifamento de preços de serviços empresariais que não estão sujeitos ao controle regulatório do Estado, pelo menos ainda. Contra o nosso posicionamento, por exemplo: SOARES, Marcelo Negri. *Contrato de factoring*, cit., p. 97.

11. Evidentemente, é possível que o pacto tenha se tornado excessivamente oneroso ou até mesmo se originado excessivamente oneroso em situação de menoscabo à faturizadora, mas a remotíssima possibilidade de que isso ocorra, aliada à necessidade de análise sob o ponto de vista funcionalizante do direito civil, contratual, neste trabalho, permite que desprezemos esta situação no corpo do trabalho. De toda sorte, entendemos que haja possibilidade de ocorrência da situação, que deverá ser tratada com a mesma busca pela funcionalização do contrato com o pleito revisional, sempre que possível, pela anulação (lesão) ou pela resolução (onerosidade excessiva superveniente), quando a revisão e o consequente atendimento ao princípio da conservação dos pactos mostrarem-se de impossível observância.

O fator geral de deságio ultrapassa ordinariamente o montante de 1% ao mês, mas, se esta é a taxa ordinária de juros máximo possível, como seria viabilizada uma estrutura para exploração de um negócio de fomento mercantil? Como sobreviveriam as empresas de *factoring*? Como se encontraria uma função social intrínseca para o contrato de fomento mercantil?

Ora, dessa guisa, o fator geral de deságio tem composição que supera o limite de 1% ao mês, por uma simples razão, qual seja: não se confunde com juros. Com mais exatidão ainda, o fator geral de deságio é, em parte, composto de juros (que na linguagem de mercado está inserido no que denominamos neste trabalho de taxa de compensação), mas comporta outras figuras parcelares.

São diversos os julgados de nossos tribunais que dão conta de que o percentual cobrado pelas empresas de *factoring* para a faturização de cheques ou títulos em geral, adquiridos de clientes seus, não se identifica com os juros remuneratórios, sendo, na verdade, de deságio, cujo percentual não se submete aos limites impostos pela lei de usura e por outros diplomas legais aos juros remuneratórios[12].

Quando falamos em abusividade da cobrança no contrato de *factoring*, é importante que se verifique que a abusividade pode ser relativa a determinada característica daquele certo e determinado contrato ou sobre aquele certo e determinado faturizado, o que poderá, em alguns casos, nortear de modo particular a discussão sobre o assunto.

Podemos encontrar referido caso em situações em que a abusividade é analisada i) com base no faturamento ou na manutenção

12. AC 2004.012334-5, Tubarão, Rel. Des. Trindade dos Santos, publicado em 12-8-2004. Nesse mesmo sentido, do Tribunal de Justiça do Rio Grande do Sul: "Nos contratos de *factoring* não há incidência de juros propriamente ditos, mas sim do Fator de Compra, em que a remuneração é constituída pela diferença no resultado entre o preço de compra e o valor nominal dos títulos. A empresa que recebe os títulos para faturização tem o direito de cobrar pelos serviços prestados. É o chamado deságio, o qual se justifica em virtude dos riscos por ela assumidos na transação. Assim, descabe a pretensão de limitação constitucional acerca do desconto efetuado sobre os títulos faturizados, especialmente porque hígido o contrato de *factoring*, nada havendo de abusivo em suas cláusulas. Assim, nada há a restituir aos requerentes, impondo-se o decreto de improcedência da ação. Apelo provido cf." (TJ/RS, AC 70010373165 – Novo Hamburgo, 12ª Câmara Cível, Rel. Des. Cláudio Baldino Maciel, julgado em 14-7-2005).

do faturizado, ii) com base na exclusividade que foi ofertada à empresa de fomento, iii) no abuso do poder econômico, que pode refletir o *bullyng* empresarial.

Assim, no que concerne ao primeiro item, por exemplo, é possível, em diversas circunstâncias, que se observe um faturizado que, não tendo qualquer condição de manutenção empresarial, passa a faturizar seus títulos.

É uma situação em que a atuação do agente de fomento poderá ser considerada abusiva. Daí a necessidade de que a empresa de *factoring* bem examine a conveniência de atender a certos e determinados clientes, pois o que se espera que seja um serviço prestado em prol do desenvolvimento empresarial, a depender da sanidade financeira da empresa, poderá ser a sua efetiva derrocada. Em casos como esses, sem dúvida, todos perdem.

Outra possibilidade, destacada no item ii, é a abusividade considerada na exclusividade que o faturizado ofertou à faturizada. Ora, é possível que as partes, na atuação da autonomia privada que lhes compete, cheguem à conclusão de que aquela certa e determinada empresa de fomento mercantil seja a faturizadora exclusiva daquele certo e determinado faturizado. É claro que uma situação como esta só pode resultar na diminuição da remuneração, ou seja, em um fator geral de deságio que seja, para o faturizado, mais em conta do que o que ele acharia pesquisando nos concorrentes. Caso contrário, haverá clara abusividade contratual, eis que não seria, sob nenhum ponto de vista, justificável que o faturizado ofertasse exclusividade a uma faturizadora que lhe cobra um fator geral de deságio mais alto[13].

Há, ainda, a situação de abuso do poder econômico que pode restar evidenciada em diversas práticas nocivas à sociedade em geral e que denotam a possibilidade de abusividade no contrato de fomento mercantil. A Lei n. 12.529/2011 estrutura o Sistema Brasileiro de Defesa da Concorrência – SBDC e dispõe sobre a prevenção e a repressão às infrações contra a ordem econômica, orientada pelos ditames constitucionais de liberdade de iniciativa,

13. É notório, contudo, que esta situação deverá ser analisada com temperamento, já que é possível, uma vez que o serviço prestado pela empresa de fomento mercantil seja exclusivo, envolvendo profissionais únicos no mercado, daí a necessidade de cautela.

livre concorrência, função social da propriedade, defesa dos consumidores e repressão ao abuso do poder econômico.

Referida lei prevê uma série de práticas abusivas que são ofensivas à ordem econômica, tais como: I – limitar, falsear ou de qualquer forma prejudicar a livre concorrência ou a livre-iniciativa; II – dominar mercado relevante de bens ou serviços; III – aumentar arbitrariamente os lucros; e IV – exercer de forma abusiva posição dominante.

Como aferir, então, a abusividade objetiva da cobrança?

Ora, vários itens são componentes do *fator* é necessário que, na análise da abusividade, o fator seja decomposto para que se possa explicitar qual a efetiva parcela de juros que está sendo cobrada do faturizado, a saber, se há, em cada caso, abusividade.

Entendemos, contudo, que algumas ferramentas estão à disposição para que se possa analisar a abusividade do contrato de fomento, no que tange ao fator: a) perícia financeira; b) perícia contábil e c) o fator geral de deságio do mercado.

Uma *perícia financeira e contábil* poderá apurar com máximo grau de certeza, em cada caso, se houve ou não, na elaboração do fator parcial, ainda a compor o fator geral, prática de cobrança abusiva de juros e, caso seja este, estaremos diante de infração, inclusive com consequências criminais à gestão da empresa de fomento mercantil.

No primeiro caso, haverá exame direto de entradas e de saídas e encontros de contas; não sendo isso suficiente, partirá para a escrituração contábil e a apuração efetiva de atuação e recolhimentos, de modo a apurar-se o histórico escriturado da atividade de maneira a fazerem-se as devidas comparações de movimentações; mas, é claro, trata-se de processo lento e dispendioso.

Além disso, referida perícia deverá tomar as informações de títulos e de prestações de serviços para que possa destacar com exatidão o fator do *ad valorem*.

Outra ferramenta importante de aferição da abusividade, e que responderá até mesmo de modo mais econômico e rápido ao interessado, está no *fator geral de deságio de mercado*[14]. É um exce-

14. Abrangendo-se o corrente parâmetro dos produtos assemelhados de bancos de primeira linha, situação em que é absolutamente defensável que a *factoring*, diante

lente balizador, já que a *lex mercatoria* poderá, exceto em situações excepcionais, esclarecer com enorme precisão o que deve ser praticado em cada caso.

Poderemos encontrar, em três circunstâncias bem distintas e bem definidas e identificáveis, as situações excepcionais, que podemos aqui referir, para inaplicabilidade da regra de mercado: a) crise ou colapso de mercado; b) especificidade do risco assumido pelo faturizador; e c) prestação de serviço de grande envergadura e incomparável tecnicidade ou exclusividade.

No primeiro caso, caberá ao Estado, como agente regulador, intervir. Isso, sob pena de ruptura da estrutura econômica que dá suporte, ofertando relativa estabilidade ao setor de fomento econômico e de financiamentos em geral, e até mesmo aos setores econômicos que se utilizam do *factoring* em larga escala, como já tivemos oportunidade de apresentar neste trabalho.

É evidente, sob este aspecto, que, como critério de análise, não como exceção à aplicação da regra de comparação mercatória, tem-se a necessidade de que o momento de comparação seja idêntico.

Já assistimos algumas vezes em nosso País, hoje com menor frequência, a monumentais oscilações de mercado. Assim, a análise da regra de mercado a saber se houve a correta aplicação do fator geral de deságio deve seguir rigorosamente o mesmo parâmetro de tempo e de momento. Não se podem comparar fatores aplicados em épocas e para tempos de permanência cartular distintos.

A segunda hipótese é a do extremado risco de inadimplemento por parte do devedor ou cedido na relação de cessão. Quanto maior o risco, maior o fator geral de deságio, eis que a *factoring* é, também, remunerada pelo risco que corre[15].

---

dos maiores riscos que corre, pratique taxas mais elevadas para a operação. Contudo, temos sérias ressalvas a este entendimento que parece pacífico, de um lado, porque a *factoring* não é instituição financeira e com ela não deve e não pode ser comparada, e de outro, ainda mais vívido para nós, porque a empresa de fomento presta serviços que os bancos definitivamente não prestam.

15. "Ademais, o contrato é altamente oneroso, com taxas de remuneração bem mais elevadas que os setores de fornecimento de crédito, diante do risco a que se submetem as empresas faturizadoras, remunerando-se estas, tanto pelo risco que correm ante a possibilidade do não recebimento, quanto para compensar o adiantamento

A terceira circunstância, que, a nosso ver, afasta a aplicabilidade da comparação com base na regulação de mercado, denota circunstâncias em que é realizado o contrato de prestação de serviço de larga envergadura, incomparável tecnicidade ou, ainda, exclusividade de prestação, diante da qualidade, no fomento mercantil.

Ora, com tranquilidade, pode-se dizer que encontrar uma operação de fomento comum, sem especificidade do serviço prestado, que atinja as raias dos 7 ou 8% ao mês como fator geral de deságio significará, nos dias de hoje, cobrança abusiva[16].

Contudo, a informação de fator geral de deságio em descompasso com a práxis, em nosso entendimento, não é, e não pode ser, suficiente a definir abusividade do contrato.

Assim, a nosso ver, depois de verificado o percentual de deságio acima do normal, uma segunda verificação deverá ser feita, antes mesmo da análise pericial. Trata-se do destacamento de percentuais de *ad valorem* e de fator. Nestes casos, quando se nota que o que se tem como mais elevado é o *ad valorem*, importa examinar o teor do serviço prestado a saber se é serviço de maior complexidade, ou não. Tendo o serviço prestado características peculiares, por óbvio será de se aceitar que o percentual, sob este aspecto, seja mais robusto do que o ordinário.

Tal não ocorrerá, entretanto, se o que restar evidenciado é que no fator reside a maior carga do fator geral de deságio. Neste caso, a probabilidade de abuso na cobrança será sempre muito maior, eis que são muito claros e passíveis de aferição objetiva os elementos que compõem o fator, como visto em tópicos anteriores. Sendo, portanto, neste caso, independentemente, inclusive, de qualquer perícia, facilmente demonstrado o abuso.

Não se pode exigir que as partes firmem contratos específicos para cada uma destas situações, ou proibir que a remuneração global pelos serviços prestados de alavancagem se dê pela aplicação de um fator geral de deságio dos títulos recebidos pela empresa de

---

das quantias pagas" (TJ/PE, APL 107.758/PE 0100294610, 4ª Câmara Cível, Des. Rel. Frederico Ricardo de Almeida Neves, julgado em 13-4-2009, publicação 13-11-2009).

16. Ver REsp 727.467, Rel. Ministro Aldir Passarinho Junior, publicação 3-11-2009.

fomento (prestadora ou coordenadora dos serviços prestados), ou até mesmo sobre o faturamento total do faturizado, como ocorre na modalidade de *trustee*.

Claro está, portanto, que há situações de abusividade da cobrança da remuneração pelas empresas de fomento mercantil e que estas situações devem ser combatidas, eis que são maléficas à sociedade. Mas é necessário que se tenha acuidade ao analisarem-se estas situações, pois nem sempre haverá efetiva abusividade da cobrança.

O que se tem como geral e aplicável, por regra consuetudinária, é o fator ANFAC, que acaba por balizar o que é, em cada caso, razoável para a operação[17]. As distorções ou excessos além deste fator devem ser analisadas para que se possa obter a resposta sobre ocorrência ou não de abusividade.

17.

DIA	FATOR (%)	MÉDIA ALTA (%)	MÉDIA BAIXA (%)	*AD VALOREM* (%)
30-4-2014	**3,90**	3,96	3,84	0,81
29-4-2014	**3,90**	3,95	3,84	0,81
28-4-2014	**3,90**	3,95	3,84	0,81
25-4-2014	**3,88**	3,93	3,82	0,81
24-4-2014	**3,87**	3,92	3,81	0,81
23-4-2014	**3,88**	3,93	3,82	0,81
22-4-2014	**3,88**	3,93	3,82	0,81
17-4-2014	**3,86**	3,91	3,80	0,81
16-4-2014	**3,88**	3,93	3,82	0,81
15-4-2014	**3,87**	3,93	3,82	0,81
14-4-2014	**3,87**	3,93	3,82	0,81
11-4-2014	**3,86**	3,91	3,80	0,81
10-4-2014	**3,87**	3,92	3,81	0,81
9-4-2014	**3,89**	3,94	3,83	0,81
8-4-2014	**3,88**	3,93	3,82	0,81
7-4-2014	**3,88**	3,93	3,82	0,81
4-4-2014	**3,86**	3,92	3,80	0,81
3-4-2014	**3,85**	3,91	3,79	0,81
2-4-2014	**3,86**	3,92	3,80	0,81
1º4-2014	**3,88**	3,94	3,82	0,81

O fator ANFAC é divulgado pela Associação Nacional de *Factoring*. Disponível em: <http://www.anfac.com.br/v3/anfac-fator.jsp#anfac>. Acesso em: 4 maio 2014.

5.2.3 Da relação entre abusividade e usura

Por tudo quanto explicitado no item anterior fica bastante evidente que não há qualquer possibilidade de manutenção de uma empresa de fomento mercantil se, pela compra dos recebíveis de seus clientes, avençar o percentual de 1% ao mês sendo esta a sua remuneração global e última.

Isso seria despropositado, pois não ensejaria sequer mecanismos de manutenção da atividade empresarial de fomento, quiçá obtenção de lucro, que é a finalidade mais evidente de qualquer atividade empresária.

Diante disso, é muito comum que as empresas de fomento mercantil sejam demandadas pela cobrança excessiva de juros, sob o fundamento de que os juros acima do limite legal de 1% ao mês constituem prática de ilícito e, portanto, grave infração legislativa a fundamentar a anulação do pacto, devolução de valores pagos e perdas e danos.

A acusação que sofrem, por conseguinte, comumente, as empresas de *factoring* é a da prática de usura, crime previsto nos arts. 4º da Lei n. 1.521/1951 e 13 do Decreto n. 22.626/1933, e, neste sentido, são incontáveis as decisões do Superior Tribunal de Justiça em situações que ensejam procedimentos de Conflito de Competência[18].

Muitos foram os casos em que as empresas de fomento mercantil alçaram defesa, afirmando que, em face do disposto na Lei n. 4.595/1964, a Lei de Usura não se aplica às operações de crédito realizadas por instituições integrantes do Sistema Financeiro Nacional, defendendo-se a legalidade das cláusulas contratuais que fixam a taxa dos juros remuneratórios acima de 12% ao ano.

Neste sentido, são inúmeras as decisões judiciais destacando que as empresas de fomento mercantil não são instituições financeiras e, por tal motivo, sujeitam-se aos limites legais da cobrança de juros de 1% ao mês, nos termos da legislação atinente à prática da usura, sob a determinação de que as empresas de *factoring* não

18. Ver: STJ, Conflito de Competência: 115338 PR 2010/0227777-6.

integram o Sistema Financeiro Nacional, não podendo cobrar juros superiores a 1% ao mês[19].

Assim, fica evidente que a legislação da prática usurária é aplicável à espécie do fomento mercantil, quando cabível.

Se, na prática do *factoring*, resta constatada a cobrança de juros abusivos, extorsivos até, trata-se de situação socialmente nociva que agride a ordem jurídica e econômica a rogar, além das sanções criminais, pela nulidade do pacto diante da flagrante agressão à função social intrínseca e extrínseca do contrato havido entre as partes e perdas e pelos danos em favor daquele que sofreu o ilícito.

Assim, esclareça-se que, agredindo-se a ordem pública, nestes casos em que se chega à conclusão de abusividade na cobrança do fator, tem-se como consequência a nulidade do pacto. Descabida aqui a revisão, eis que não será possível para o caso em comento, pois, já que o vício é insanável, o contrato não poderá prosperar, ainda que revisto judicialmente. São circunstâncias em que o magistrado deverá determinar, de ofício, a nulidade da avença que, em gênero, agride a ordem pública, diante do ilícito e, em espécie, ainda, rompe a medida da função social extrínseca do contrato, que não pode ser socialmente lesivo.

É situação que cumula, ainda, com ruptura da função social intrínseca do contrato, eis que refoge às raias da necessária e da esperada equanimicidade contratual, ou seja, não há, nestes casos, uma troca que seja justa e útil, para utilizar a expressão consagrada pelo Enunciado 22 da I jornada de Direito Civil do CJF: "Art. 421: A função social do contrato, prevista no art. 421 do novo Código Civil, constitui cláusula geral, que reforça o princípio de conservação do contrato, assegurando trocas úteis e justas".

Contudo, referida análise deve ser cuidadosa para que não se confundam os elementos componentes do fator geral de deságio de modo a que se possa considerar como cobrança de juros tudo

19. Conforme: TJ/PR, Apelação Cível 2.177.384/PR, Apelação Cível 0217738-4, publicação 9-5-2003. No mesmo sentido: STJ, Agravo Regimental nos embargos de declaração, no agravo de instrumento. AgRg nos EDcl no Ag 887.676/SP 2007/0079457-8, publicação 27-5-2010; STJ, REsp 1.048.341/RS 2008/0080340-0, publicação 9-3-2009.

aquilo que é deságio, caso contrário não haverá possibilidade de relação de fomento mercantil que seja contratual, social e economicamente salutar para as partes do contrato de fomento[20].

A nosso ver, a simples análise do fator geral de deságio de mercado comparado ao praticado no caso que estiver em análise será o bastante para demonstrar a abusividade se nada houver, conforme esclarecemos no item anterior, de excepcional naquela certa e determinada contratação. Neste caso, demonstrada a abusividade sobre o fator, e não sobre o *ad valorem* (o que restará evidenciado na decomposição dos cálculos do fator geral ou na especificidade dos serviços prestados), a nulidade deverá ser decretada de ofício pelo magistrado diante da flagrante agressão à ordem pública.

Contudo, caso não seja este, somente uma bem conduzida auditoria contábil e financeira terá o condão de aferir a abusividade, com o fito de: i) declarar-se nulo o contrato sob a pecha da usura, ii) anulá-lo, com base em lesão por desequilíbrio econômico diante da abusiva cobrança do serviço, iii) determinar a sua revisão ou iv) resolução por onerosidade excessiva supervenientemente instalada, com todas as consequências pelas quais cada uma das espécies clama.

5.2.4 Da revisão do contrato por abusividade da remuneração

A revisão contratual é um dos precípuos pontos da teoria geral dos contratos. Evidentemente não pode restar de fora de qualquer análise contratual que se pretenda séria e assertiva. O tema tem inúmeros pontos de discussão na doutrina e na jurisprudência, motivo pelo qual é palpitante para toda a comunidade civilista.

Quando tratamos do tema da revisão contratual, insurgem-se algumas terminologias aplicáveis ao instituto, ao que se deve dar atenção, por obviedade.

20. Há, inclusive, julgados, no sentido de que, em operação de fomento, não há cobrança de juros – em que pese não concordarmos, pois haverá, sim, cobrança de juros – para ilustração reproduzimos, em nota: "Tratando-se de valores objeto de execução implementada por empresa de *factoring*, não há que se falar em cobrança de juros remuneratórios, mas apenas de valores decorrentes do deságio, inerente ao tipo de operação entabulada" (AC 70052445517, 16ª Câmara Cível, TJ/ RS, Relator Catarina Rita Krieger Martins, julgado em 28-2-2013, publicação 7-3-2013).

Em que pese o rigoroso cuidado com a terminologia seja aplicado para a construção da ciência, e não para a beleza de estilo da linguagem[21], é extremamente diversificada a forma como os diversos doutrinadores se reportam ao instituto. São termos correntemente aplicados: *teoria da imprevisão, teoria da onerosidade excessiva, princípio da revisão contratual, teoria da objetivação contratual* e *cláusula rebus sic stantibus.*

Consoante observado, a terminologia aplicada em cada caso será bom indício da acepção jusfilosófica, ou seja, da substância do pensamento que o estudioso quer aplicar como regra matricial de aplicação do instituto.

Tendo em vista que se trata de instituto coadjuvante, no presente trabalho não tencionamos decidir qual deles é o mais adequado ou técnico para aplicação por significar esta decisão, em nosso entendimento, uma opção pela feição do instituto, que é extremadamente complexo e, no presente trabalho, não foi objeto de estudo central.

Dessa guisa e diante da intenção de tratar da hipótese de aplicação do instituto da revisão aos contratos de *factoring*, limitamo-nos a, nos próximos parágrafos, explicitarmos as mais discutidas correntes terminológicas aplicáveis e as possíveis causas de sua aplicação em cada caso.

Passamos, então, a uma rápida e pontual explicação, dos seguintes termos: teoria da imprevisão, teoria da onerosidade excessiva, princípio da revisão contratual, teoria da objetivação do contrato e cláusula *rebus sic stantibus.*

Quando se fala em **teoria da imprevisão**, quer-se apoiar a situação de revisão contratual em acontecimentos imprevisíveis que levam a relação contratual a uma tamanha disparidade entre prestação e contraprestação que não se cabe mais falar em relação entre as prestações. Nestes casos, entende-se que somente uma intervenção judicial pode ser capaz de garantir reequacionamento da avença havida entre as partes. O centro de gravidade da revisão

21. BOBBIO, Norberto. *Teoria della scienza giuridica.* Torino: Torino, 1950, p. 230.

contratual, neste caso, portanto, são os acontecimentos imprevisíveis que modificaram a base contratual.

É imperioso notar que tal terminologia não poderá ser aplicada nas revisões que tenham por objeto contratos consumeristas. É que, nas avenças consumeristas, ficamos diante da inexigibilidade do motivo imprevisível que gere a desproporção da obrigação para que se dê a sua revisão, sendo requisito necessário tão somente a desproporção entre as prestações.

Ao tratarmos da **teoria da onerosidade excessiva**, tem-se em mira a excessiva onerosidade atingida pela relação contratual; é uma situação em que a análise é muito mais objetiva, focando-se a ruptura do sinalagma e a alteração e o descompasso da equivalência material do contrato. Neste caso, a análise do estudioso volta-se para o objeto contratual, até mesmo por questão de justiça contratual.

Quando alçamos a **revisão contratual**, no que tange ao princípio, a análise é focada na consequência da aplicação das teorias que buscam reequilibrar a relação contratual, ou seja, na revisão.

Aqui vale uma análise mais aprofundada, pois alçar a revisão contratual ao nível de um princípio do direito contratual significa contrapô-la ao princípio da relatividade contratual, na medida em que o Estado/Juiz poderá fazer uso de seu poder para romper com a máxima da intangibilidade contratual e até mesmo excepcionar a autonomia da vontade.

A noção da revisão é amparada por duas acepções maiores, distintas, que se contrapõem. Na primeira, a revisão do contrato constitui um princípio que acaba por excepcionar a obrigatoriedade do contrato. Na segunda, a revisão do contrato é um consectário da obrigatoriedade contratual, na medida em que as discrepâncias objetivas entre prestação e contraprestação fazem com que o contrato venha a perder o seu objeto durante a senda de seu desenvolvimento sendo uma ferramenta de correção a revisão.

Há na expressão **objetivação ou reobjetivação do contrato** clara carga que estabelece a revisão como ferramenta de correção contratual para a garantia da obrigatoriedade do contrato. Trata-se de uma visão que roga pela exata noção de aplicação dos institutos que visam a reestruturação da relação contratual.

Assim, o contrato perde seu objeto, em razão da excessiva onerosidade que destaca a desproporção de prestações, roga pela reorganização de seu objeto, ou seja, por uma reobjetivação. Portanto, diante da perda de sua base objetiva, o contrato passar a ser objeto de um novo equacionamento que o equilibra devolvendo-o ao modelo do equilíbrio. É evidente que, como tratamos de contratos que perdem seu objeto no transcurso do desenvolvimento, são necessariamente contratos de execução diferida ou trato sucessivo.

Todos os termos analisados são consequências da evolução tecnológica da forma de se compreender a cláusula ***rebus sic stantibus***. Aliás, não há que se falar na aplicação desse instituto de maneira isolada. A expressão é, em verdade, abreviação da máxima "*contractus qui habent tractum sucessivum et dependentiam de futuro rebus sic stantibus intelliguntur*", que remonta a épocas antigas.

Embora haja grande discussão acerca da origem dessa cláusula, ora apontada como oriunda do direito romano, ora do direito canônico, a doutrina, em sua maioria, aponta o direito canônico da Idade Média, tendo como principal precursor Santo Agostinho.

Isso não significa dizer que, em tempos remotos, o direito foi ausente quanto aos problemas desencadeados pela superveniente alteração das circunstâncias do contrato. Prova disso são os escritos romanos de Cícero e Sêneca, que influenciaram a elaboração da cláusula *rebus sic stantibus*[22].

Diante da situação de abusividade do fator geral de deságio em favor da empresa de fomento mercantil, parece claro que bastaria, a *priori*, ao faturizado deixar de contratar com referida empresa; contudo, vez por outra, tal saída não é a mais adequada para a empresa faturizada, seja por não obter em outras instituições o necessário crédito, seja pelo prazo de negociação dos títulos

22. CUNHA, Wladimir Alcibíades Marinho Falcão. *Revisão judicial dos contratos do Código de Defesa do Consumidor ao Código Civil de 2002*. São Paulo: Método, 2007, p. 177. Também na Babilônia o Código de Hamurabi, na Lei n. 48, determinava que, "se alguém tem um débito a juros, e uma tempestade devastada a campo ou destrói a colheita, ou por falta d'água não cresce o trigo no campo, ele não deverá nesse ano dar trigo ao credor, deverá modificar sua tábua de contrato e não pagar juros por esse ano".

faturizados, ou, ainda, por negativa de cessão dos créditos recebidos por parte da *factoring*.

Nesses casos, o que se vê, como regra, na prática, são ajustes firmados entre as partes, para tornar possível o cumprimento do contrato havido, em atendimento ao princípio da conservação dos pactos. Entretanto, nas hipóteses em que tal não ocorre, há como saídas plausíveis duas situações distintas, ambas previstas na legislação vigente: a) a revisão do contrato havido entre as partes, b) a resolução forçosa da relação avençada.

A primeira hipótese muito mais se acomoda aos anseios da nossa legislação vigente por atender à máxima da conservação dos pactos havidos, realizando a possibilidade de manutenção do pacto que fora firmado.

É necessário esclarecer que o tema da revisão do contrato pode ser apresentado doutrinária e jurisprudencialmente em, pelo menos, três acepções distintas, conforme o jusfilósofo que se esconda por de trás de cada intérprete da norma ou estudioso.

A circunstância de revisão do contrato poderá apresentar-se como: a) ruptura do *pacta sunt servanda*, b) exceção à obrigatoriedade contratual e c) ferramenta de correção contratual.

O primeiro entendimento sobre a revisão contratual traz a noção de ruptura do *pacta sunt servanda*, destacando que, em algumas situações, referido preceito será rompido diante da necessidade de revisão do contrato.

É importante restar claro que, em nosso entendimento, essa concepção da revisão contratual é equivocada e não deve, sob nenhuma hipótese, ser aceita para que seja fundamentada a revisão. O *pacta sunt servanda* é decorrente do princípio maior da segurança jurídica; desse modo, sua ruptura implica, de maneira fatal e infalível, a ruptura da segurança, o que não poderá ser admitido.

A noção de que a revisão contratual é situação que excepciona a obrigatoriedade contratual é bem mais corrente na doutrina. Diante desse entendimento, em dadas situações, com requisitos objetivos definidos em lei, que comentaremos adiante, haverá a possibilidade de revisão do contrato excepcionando-se a obrigatoriedade estrita das disposições pactuadas entre as partes.

A cláusula *rebus sic stantibus*, assim, seria uma ressalva ao princípio da imutabilidade dos contratos, de aplicação excepcional e restrita. A força vinculante dos contratos somente poderá ser contida pela autoridade judicial em certas circunstâncias excepcionais ou extraordinárias que impossibilitem a previsão de excessiva onerosidade no cumprimento da prestação, requerendo a alteração do conteúdo da avença, a fim de que se restaure o equilíbrio entre os contratantes[23].

O terceiro entendimento sobre o instituto, muito próximo da noção de objetivação contratual é aquele que o compreende como uma ferramenta de correção do contrato. Parece-nos bastante adequado entendermos desse modo a possibilidade de revisão judicial dos contratos, como determinado no atual Código Civil.

5.2.4.1 Da revisão por lesão

A lesão apresenta-se em situação negocial em que um dos sujeitos explora a premente necessidade ou a inexperiência do outro, fazendo com que este entabule uma avença contratual demasiadamente onerosa.

Esta figura da lesão deve ser apartada daquela outra da onerosidade excessiva superveniente, eis que, na lesão, a desproporção é marcada no nascimento do negócio jurídico, e, na onerosidade excessiva, a desproporção das prestações inicia-se depois do nascimento do negócio[24].

O Código Civil determina no art. 171 que os casos de lesão são situações de anulabilidade do ato negocial, o que aqui somente poderá ser admitido nos casos em que a lesão estiver instalada sobre o *ad valorem*, eis que, caso esteja sobre o fator, haverá, em qualquer hipótese, uma figura de juros abusivos revestida de cobrança de

23. DINIZ, Maria Helena. *Curso de direito civil brasileiro*, cit., 23. ed., v. 3, p. 29-30.

24. LOTUFO, Renan. *Código Civil comentado:* obrigações. São Paulo: Saraiva, 2004, p. 443.

remuneração, o que não pode ser tolerado, e, diante da agressão à lei imperativa, rogará pela nulidade absoluta da avença.

Nos casos de anulabilidade, entretanto, o prazo para a arguição será de 4 anos, conforme disposição expressa do art. 178, do Código Civil, posto que, transcorrido o prazo, dar-se-á convalidação do ato, não se podendo mais discutir sobre a possibilidade de sua validade, tampouco no que tange à reparação civil, já que o prazo prescricional da indenizatória é de 3 anos, conforme o disposto no art. 206, § 3º, V, do Código Civil.

Conforme preconiza o art. 157 do Código Civil brasileiro, a lesão ocorre quando uma pessoa, sob premente necessidade, ou por inexperiência, se obriga à prestação manifestamente desproporcional ao valor da prestação oposta. O parágrafo primeiro do referido artigo determina que a desproporção deve ser observada no momento em que foi celebrado o negócio, enquanto o parágrafo segundo afasta a incidência da lesão, se a parte favorecida oferecer suplemento suficiente ou concordar com a redução do proveito.

Verifica-se que a lei exige a presença de dois requisitos para a caracterização da lesão: prestação manifestamente desproporcional e premente necessidade ou inexperiência do contratante lesado.

A existência de *prestação manifestamente desproporcional* é o requisito objetivo para caracterização da lesão.

Ressalte-se que, conforme o parágrafo primeiro do art. 157 do Código Civil, a desproporção entre as prestações deve ser concomitante à formação do contrato, ou seja, no momento da celebração do negócio jurídico. Desse modo, é imprescindível que a lesão seja apreciada segundo os valores vigentes ao tempo da celebração do negócio[25].

O *segundo requisito*, de natureza subjetiva: premente necessidade, ou inexperiência, refere-se às condições de necessidade do contratante lesado.

---

25. TEPEDINO, Gustavo; BARBOZA, Heloisa Helena; MORAES, Maria Celin Bodin de. *Código Civil interpretado conforme a Constituição da República*. Rio de Janeiro: Renovar, 2004, p. 295.

Conforme esclarece Caio Mário da Silva Pereira, ainda que o lesado disponha de fortuna, a necessidade se configura na impossibilidade de evitar aquela relação contratual, naquele momento. Por isso, o autor explica que o um indivíduo pode ser milionário, mas, se em dado momento precisa de dinheiro contado urgente e insubstituível, e para isso dispõe de um imóvel a baixo preço, por exemplo, a necessidade que o leva a aliená-lo compõe figura da lesão[26].

A inexperiência do lesado é o estado que compreende as hipóteses daqueles que atuam com a falta dos conhecimentos que se adquirem com o uso e a prática. Resta claro que o nosso Código deseja situações objetivamente mais paritárias, ainda que uma das partes desconheça o estado de inferioridade do outro contratante[27]. Portanto, constatadas a desproporção entre as prestações e a situação de inferioridade, em regra, é de se concluir que houve lesão.

Relativamente à natureza jurídica da lesão, há uma corrente subjetivista que configura a lesão como um vício de consentimento, sob o argumento de que a vontade declarada não corresponde à vontade real[28]. Conforme leciona Caio Mário, a lesão é "um defeito no negócio jurídico"[29].

A causa última da anulabilidade do ato quando houver lesão decorre da injustiça contratual, e não da vontade viciada do contratante lesado. Na base da lesão, portanto, "há um risco patrimonial, decorrente da iminência de sofrer algum dano material"[30].

Por fim, conforme o parágrafo segundo do art. 157 do Código Civil, o negócio jurídico não será anulado em decorrência da lesão,

26. PEREIRA, Caio Mário da Silva. *Lesão nos contratos*. 7. ed. Rio de Janeiro: Forense, 1997, p. 165.

27. SILVA, Luis Renato Ferreira da; SARLET, Ingo Wolfgang (Coord.). *O novo Código Civil e a Constituição*. 2. ed. rev. e ampl. Porto Alegre: Livraria do Advogado, 2006, p. 166.

28. Há autores que entendem que a lesão não tem natureza de vício de consentimento. Denotam que, em verdade, a anulabilidade do ato negocial lesionário não decorre de uma desconformidade entre a vontade real e a declarada, se assim não fosse, não haveria necessidade de se ter a lesão como causa suplementar de anulabilidade, pois seria suficiente para o lesado alegar erro, dolo ou coação. MAZEAUD et MAZEAUD, apud NADER, Paulo. *Curso de direito civil*. 5. ed. Rio de Janeiro: Forense, 2010. v. 3: Contratos, p. 507.

29. PEREIRA, Caio Mário da Silva. *Lesão nos contratos*, cit., p. 196.

30. DINIZ, Maria Helena. *Código Civil anotado*, cit., 11. ed., p. 171.

se for oferecido suplemento suficiente, ou se a parte favorecida concordar com a redução do proveito.

Em razão do dispositivo legal, podemos concluir que é do beneficiário do negócio a faculdade de evitar a sua anulação, mediante suplemento ou redução do preço. No entanto, não é infundado admitirmos que o contratante lesado possa requerer a redução do preço, a fim de eliminar a lesão contida no negócio.

A lesão, por ser ato jurídico anulável, gera efeitos jurídicos imediatos, perdurando estes, até que seja desconstituído por uma sentença ou tornando-se definitivo, se decorrido o prazo prescricional sem que a ação de anulação seja proposta[31].

Entretanto, o Enunciado 149 do CJF, aprovado na III Jornada de Direito Civil, ocupa-se da figura da lesão e da possibilidade de revisão do contrato havido sob tal vício, ao ensinar que: "Art. 157: Em atenção ao princípio da conservação dos contratos, a verificação da lesão deverá conduzir, sempre que possível, à revisão judicial do negócio jurídico e não à sua anulação, sendo dever do magistrado incitar os contratantes a seguir as regras do art. 157, § 2º, do Código Civil de 2002"[32].

Assim, por significar agressão à ordem privada, a circunstância de lesão poderá gerar a revisão do contrato, e não a sua anulação.

5.2.4.2. Da revisão diante da onerosidade excessiva superveniente

Há, na legislação pátria, dispositivos expressos que tratam do tema da revisão dos contratos. Referida revisão contratual pode

31. MELLO, Marcos Bernardes de. *Teoria do fato jurídico:* plano da validade. São Paulo: Saraiva, 1995, p. 185-186.

32. Há numerosos julgados entendendo pela possibilidade de revisão do contrato, nos casos de lesão: "Revela-se em tese possível a análise da revisão contratual seja por defeito do negócio jurídico que nasceu no momento de sua celebração, seja pela onerosidade excessiva prevista no CDC. Seja pela lesão em virtude da 'prestação manifestamente desproporcional' (*in casu*, encargos contratuais na normalidade e na mora) pactuada pela inexperiência da parte (art. 157, CC/2002 c/c art. 6º, V, CDC), seja pela superveniente onerosidade excessiva (art. 6, V, CDC), pode ser analisado o contrato entabulado entre o fornecedor e o consumidor" (TJ/MG, AC 10702096332367002, Câmaras Cíveis Isoladas, 10ª Câmara Cível, Des. Rel. Cabral da Silva, julgado em 19-2-2013, publicação 27-2-2013).

se dar com espeque no Código de Defesa do Consumidor ou no Código Civil.

A revisão oriunda do Código de Defesa do Consumidor, que atende aos contratos de consumo, certamente terá menor probabilidade de aplicação aos contratos de *factoring*, isso porque, como já tratamos no capítulo 2 deste trabalho, há alguns entraves para a acolhida da legislação consumerista para regular a relação de fomento mercantil, o que somente resta admitido, salvo melhor juízo, em circunstâncias excepcionais.

De qualquer modo, para que se dê a revisão contratual, sob a égide do diploma consumerista, temos requisitos bastantes e simples. Bastará que, por força de qualquer acontecimento futuro, imprevisível ou não, dê-se a excessiva onerosidade do contrato[33].

Aliás, até mesmo para a revisão dos contratos de natureza civil pura, ou seja, não consumerista, podemos pensar em revisão independentemente de motivos imprevisíveis que gerem a onerosidade por força da teoria da *quebra da base objetiva do negócio*[34], eis que a ruptura da base objetiva impede o desenvolvimento da senda (processo) contratual, de modo a esfacelá-lo, o que desencadeia um colapso jurídico[35].

No Código Civil, os arts. 317 e 478 a 480 versam sobre a situação de revisão judicial dos contratos. Assim, são requisitos de aplicação do instituto, conforme disposição expressa do aludido diploma normativo, ser o contrato de execução diferida ou duradoura; haver onerosidade excessiva superveniente para uma das

33. Cf. FILOMENO, José Geraldo Brito. *Código de Defesa do Consumidor comentado pelos autores do anteprojeto*. 6. ed. Rio de Janeiro: Forense Universitária, 1999, p. 126; MARQUES, Cláudia Lima; BESSA, Leonardo Roscoe. In: BENJAMIM, Antônio Herman. *Manual de direito do consumidor*. São Paulo: RT, 2007, p. 58.

34. LARENZ, Karl. *Base del negocio jurídico y cumplimiento de los contratos*. Albolote: Comares, 2002.

35. Mário Júlio de Almeida Costa destaca que a relação obrigacional deve ser analisada como um processo que tende a desembocar na satisfação do crédito; pontua que "parece seguro que a ótica complexa e dinâmica que encara a relação obrigacional como um sistema, organismo ou processo, encadeado e desdobrado em direção ao adimplemento, à satisfação do interesse do credor, possibilita mais rigorosa compreensão anatomofisiológica do instituto e de certos dados da fenomenologia jurídica". COSTA, Mario Júlio de Almeida. *Direito das obrigações*, cit., p. 53-117.

partes; a onerosidade excessiva ter se dado por motivo imprevisível; a onerosidade excessiva ter se dado por motivo extraordinário; haver excessiva vantagem à outra parte.

Passamos, então, à análise de cada um destes requisitos legais: a) ser o contrato de execução diferida ou duradoura: é necessário, pois, que a execução do contrato sofra protração temporal, quer de execução diferida, quer duradoura. O contrato de execução instantânea não admite essa modalidade de revisão, pois não será possível a conjugação com o requisito da onerosidade excessiva superveniente. Isso não significa que os contratos de execução imediata não possam ser objeto de revisão. Contudo, tais contratos serão revistos com apoio nas determinações atinentes à lesão do art. 157, do Código Civil.

Outro requisito de aplicação, conforme a disposição legal, é b) haver onerosidade excessiva superveniente para uma das partes. A onerosidade excessiva superveniente é o centro gravitacional do instituto, visto que será necessário que, diante da onerosidade excessiva, o contrato penda de maneira a perder seu equilíbrio e que, diante dessa situação, seja necessária a revisão do contrato.

Ainda há a exigência legal de c) a onerosidade excessiva ter se dado por motivo imprevisível e d) extraordinário. Ora, o motivo que gera a onerosidade excessiva deverá ser imprevisível e extraordinário, conforme determina a Lei.

Muito embora esta seja a expressa disciplina legal, não se trata de regra absoluta. Aliás, hoje temos, na doutrina e na jurisprudência, plenamente pacífica a noção de relativização desse requisito, já que o motivo que gera a onerosidade excessiva poderá ser previsível de consequências ou de proporções imprevisíveis.

Sobre esta determinação legal, vale mencionar o Enunciado 17 do CJF (*I Jornada de Direito Civil*), que denota a possibilidade de se aplicar o instituto nas situações em que a causa da onerosidade excessiva for previsível; sendo, contudo, o resultado ou a proporção da excessiva onerosidade imprevisível, ainda assim, haverá possibilidade de aplicação do instituto da revisão[36].

36. Enunciado 17 da I Jornada de Direito Civil do CJF: "Art. 317: A interpretação da expressão 'motivos imprevisíveis' constante do art. 317 do novo Código Civil deve abarcar

Na III Jornada do CJF, a exata noção que se buscou imprimir na I Jornada ficou ainda mais clara, posto que houve Enunciado que remetia tanto à noção de análise de imprevisibilidade, quanto àquela da extraordinariedade do fato que gera a excessiva onerosidade da prestação contratual. Assim dispondo:

> Enunciado 175 da *III Jornada de Direito Civil CJF*: Art. 478: A menção à imprevisibilidade e à extraordinariedade, insertas no art. 478 do Código Civil, deve ser interpretada não somente em relação ao fato que gere o desequilíbrio, mas também em relação às consequências que ele produz.

Logo, pode-se denotar que, muito embora o art. 478 do Código Civil determine expressamente que o fato que gera excessiva onerosidade da prestação deva ser imprevisível e extraordinário, referida noção tem sido relativizada pela doutrina e pela jurisprudência, sendo aplicável a revisão, ainda que o fato que venha a gerar a excessiva onerosidade seja previsível e ordinário, desde que a excessiva onerosidade da prestação, analisada de modo objetivo, tenha proporções imprevisíveis e extraordinárias.

É evidente que esta situação de extraordinariedade depende da imprevisibilidade destacada como requisito no tópico anterior. Ademais, a noção do Enunciado 175 da III Jornada de Direito Civil é bastante em si para destacar a relativização deste requisito de extraordinariedade do fato que gera a onerosidade excessiva. Ora, deve-se notar que aquilo que é imprevisível é incomum ou extraordinário.

Diante da relativização da imprevisibilidade do fato que gera a onerosidade excessiva superveniente, parece-nos, tem-se automaticamente a relativização do requisito da extraordinariedade. Em outras palavras, tal requisito também é relativizado, podendo ser, por conseguinte, extraordinária a consequência ou a proporção do fato que gere excessiva onerosidade superveniente, e não o fato em si.

O derradeiro requisito legal é e) haver excessiva vantagem a outra parte. A excessiva vantagem da outra parte é requisito expresso

---

tanto causas de desproporção não previsíveis como também causas previsíveis, mas de resultados imprevisíveis".

em lei, contudo, a doutrina e a jurisprudência têm destacado o seu caráter acidental.

A dicção do Enunciado 365 do Conselho de Justiça Federal, aprovado na IV Jornada de Direito Civil, deixa a situação bastante clara:

> "A extrema vantagem do art. 478 deve ser interpretada como elemento **acidental** da alteração das circunstâncias, que comporta a incidência da resolução ou revisão do negócio por onerosidade excessiva, independentemente de sua demonstração plena".

Muito embora estejamos diante de mais uma determinação legal, os desenvolvimentos das hipóteses sistemáticas construídas pela comunidade jurídica denotam que a noção, diante da necessidade de aplicação a cada caso concreto, deve ser suavizada tendo-se em mira a necessidade de se atribuir justiça e equanimicidade aos contratos.

O contrato vincula as partes ao cumprimento estrito de suas disposições. Contudo, essa intangibilidade não se contrapõe à necessária manutenção de um equilíbrio na relação jurídica obrigacional estabelecida entre os contratantes.

O princípio da equivalência material do contrato busca a preservação dos direitos e deveres no contrato, antes, durante e após a sua execução, por meio de mecanismos capazes de corrigir eventuais desequilíbrios supervenientes à sua celebração, eis que, se o desequilíbrio dá-se já na fase de formação do contrato, estaremos diante de circunstância que viciou o consentimento, no mais das vezes a figura da lesão.

É bastante claro que a necessidade de equivalência material do contrato decorre da sua obrigatoriedade. Assim, o contrato é obrigatório da forma como fora entabulado, diante da intenção inicial das partes, não cabendo falar-se na possibilidade de obrigatoriedade de um contrato que perde seu objeto de maneira a tornar-se, com o passar do tempo, excessivamente oneroso às partes que o entabularam, posto que, nesta situação, a base objetiva do contrato entabulado entre as partes restou perdida pelo decorrer do tempo.

Em trabalho específico sobre o contrato de *factoring*, Arnaldo Rizzardo explica que são contratos que podem ser revisados, mormente nas cláusulas que os constituem.

Destaca que, havendo condições írritas, ou exageradamente vantajosas para uma das partes, com ofensa ao Código de Defesa do Consumidor, mister no que tange aos dispositivos dos arts. 39, 51 e 52, há vários exemplos de circunstâncias suscetíveis de alteração[37].

Quando tratamos da revisão contratual, estamos a tratar da preservação da base objetiva do contrato (teoria da objetivação contratual).

Ora, por vezes, em certas e determinadas relações sinalagmáticas comutativas, de execução periódica, trato sucessivo ou diferidas, o valor da contraprestação toma tamanha distância do valor da prestação que não se pode mais falar, com segurança, em contraprestação. Nesses casos, o contrato perde a sua base, o seu objeto.

Em referidas situações, para a garantia do bem comum, da dignidade humana, da isonomia substancial e, até mesmo, da ordem

37. "Salientam-se situações que admitem a revisão: – No caso de estabelecer o contrato juros exacerbados entre a data da compra do título e de seu vencimento, com ofensa aos limites contidos no Decreto n. 22.626/33, art. 1º em combinação com o Código Civil, arts. 591 e 406 (arts. 1.062 e 1.262 da Lei revogada), porquanto sabido que não se permite a liberdade reconhecida em favor dos estabelecimentos financeiros na fixação de taxas de juros, (cap. 20 deste trabalho). – Na previsão de juros capitalizados no período que vai desde o contrato até o vencimento dos títulos. Se há restrições aos próprios bancos em cobrar juros de juros (súmula 121 e art. 4º do Decreto n. 22.626), com maior razão no pertinente às empresas de *factoring*. – Quando consignadas permissões para ação de regresso que ofendem a própria natureza da faturização, isto é, não envolvendo a defesa, a legitimidade, a legalidade e a veracidade. Apenas em tais hipóteses pode o faturizador dirigir a sua reclamação contra o faturizado. Do contrário, sendo *pro soluto* os títulos de crédito, deve aquele arcar com as consequências da insolvência. – Se a taxa remuneratória revelar onerosidade excessiva, em percentuais que revelem um verdadeiro enriquecimento. – No caso de vedarem as disposições o direito de regresso, mesmo quando sem causa os títulos. – As regras permitindo a resolução do contrato por iniciativa de apenas uma das partes, sem igual direito da outra. – As cláusulas que obrigam o faturizado a custear as despesas de cobrança dos títulos. – A previsão de unicamente um dos contratantes estabelecer os preços da remuneração pela atividade da faturizadora. – As cláusulas que deixam a cargo apenas do faturizador o prazo para devolver os títulos que não aceitar adquiri-los. – A dispensa de prestação de contas, quando envolver o *factoring* a execução de serviços de cobrança e administração do crédito." RIZZARDO, Arnaldo. *Factoring*, cit., 3. ed., p. 222-223.

pública instalada, a pedido da parte, o Estado-juiz deverá intervir na relação contratual para a revisão do contrato[38].

A desproporção da obrigação caracteriza a sua excessiva onerosidade, que, para a aplicação do instituto em comento, deverá ser superveniente à formação do contrato (*já que aquela, que é contemporânea à formação, roga por aplicação do instituto da lesão do art. 157 do Código Civil, situação distinta*), tendo em vista o momento de conclusão em relação ao momento em que será cumprida, o qual resta sob análise para aplicação da teoria da imprevisão.

Contudo, o Código Civil atrelou à onerosidade excessiva superveniente a necessidade de que o fato gerador de excessiva onerosidade seja imprevisível e extraordinário. No entanto, a simples previsibilidade do evento não afasta a referida teoria, uma vez que os efeitos projetados no tempo e no espaço poderão ser imprevisíveis[39].

Referida disposição legal tem cunho assecuratório da comutatividade e, portanto, do equilíbrio contratual. Tratamos, aqui, da cláusula *rebus sic stantibus* (*contractus qui habent tractum sucessivum et dependentium de futuro rebus sic stantibus intelliguntur*). Elo ainda maior esta possui com a resolução contratual pela onerosidade excessiva de que trata o art. 478 do CC.

Entretanto, note que a possibilidade de resolução por onerosidade excessiva não é uma máxima indelével. Ao contrário, a manutenção do pacto deve ser a busca do Estado-Juiz, ao analisar uma situação desta natureza, e isto à evidência se justifica diante da aplicação do princípio maior da segurança jurídica.

---

38. Neste sentido, dispõe o art. 317 do CC: "Quando, por motivos imprevisíveis, sobrevier desproporção manifesta entre o valor da prestação devida e o do momento de sua execução, poderá o juiz corrigi-lo, a pedido da parte, de modo que assegure, quanto possível, o valor real da prestação".

39. Conforme prevê o Enunciado 17 do CJF (*I Jornada de direito civil*): "A interpretação da expressão 'motivos imprevisíveis', constante do art. 317 do novo Código Civil, deve abarcar tanto causas de desproporção não previsíveis como também causas previsíveis, mas de resultados imprevisíveis". Como complemento dessa ideia, como já vimos, o Enunciado 175 do CJF (III *Jornada de Direito Civil*): "A menção à imprevisibilidade e à extraordinariedade, insertas no art. 478 do Código Civil, deve ser interpretada não somente em relação ao fato que gere o desequilíbrio, mas também em relação às consequências que ele produz".

A efetiva noção é a de manutenção das disposições contratuais, uma vez que, nos artigos relativos à resolução por onerosidade excessiva, o legislador esclareceu a necessidade de análise de manutenção. O art. 479 do Código Civil determina que "a resolução poderá ser evitada, oferecendo-se o réu a modificar equitativamente as condições do contrato"[40].

O art. 480 do Código Civil estabelece que, em um contrato, se toda a carga obrigacional recair em apenas uma das partes, poderá esta pleitear a redução equitativa de sua prestação como forma de se redimensionar a paridade econômica do contrato e de evitar a excessiva onerosidade.

Se o contrato de *factoring* estabelece juros excessivos, além daqueles previstos para as operações que não envolvem instituições financeiras, por exemplo, estaremos diante de clara situação que enseja a possibilidade de revisão contratual.

Contudo, é muito importante entender que os juros que podem ser cobrados pelo faturizador (nos limites da legislação que estanca a usura) não se confundem com a remuneração do faturizador pela sua prestação de serviços ao faturizado. Nesse sentido, há farta jurisprudência destacando que a empresa faturizadora, por não ser agente bancário, não se submete aos percentuais cobrados pelo deságio que, em verdade, como já explicado, são a mera referência da cobrança pela prestação de serviços[41].

---

40. Sobre, é de se notar o Enunciado 176 do CJF (*III Jornada de Direito Civil*): "Em atenção ao princípio da conservação dos negócios jurídicos, o art. 478 do Código Civil de 2002 deverá conduzir, sempre que possível, à revisão judicial dos contratos e não à resolução contratual".

41. Há, casos, no entanto, em que resta clara a cobrança de juros excessivos sob o título de remuneração de prestação de serviços, o que não pode ser tolerado pelo Judiciário, que, nestes casos, deve agir de modo pedagógico, frustrando essas intenções nefastas e, portanto, prejudiciais à sociedade: "Ementa: Agravo regimental no agravo em recurso especial. Contrato de 'factoring'. Violação de dispositivos legais. Falta de prequestionamento juros remuneratórios. Lei de usura. Incidência da Súmula 83 /STJ. Cobrança de juros de forma disfarçada. Revisão do julgado. Impossibilidade. Reexame de fatos e provas. Súmula 7/STJ. 1. O prequestionamento, entendido como a necessidade de o tema objeto do recurso haver sido examinado pela decisão atacada, constitui exigência inafastável da própria previsão constitucional, ao tratar do recurso especial, impondo-se como um dos principais requisitos ao seu conhecimento. Não examinada a matéria objeto do

Há, assim, no *factoring*, uma cobrança de juros que deve ser contida nas bases legais e um percentual de referência que constitui a paga do faturizado ao faturizador pela prestação de serviço, que é de pacto livre entre as partes e deve ser correspondente ao serviço prestado e o risco embutido no negócio havido entre os sujeitos da relação de fomento mercantil[42].

---

especial pela instância *a quo*, incidem os enunciados 282 e 356 da Súmula do Supremo Tribunal Federal. 2. Nos contratos de *factoring*, a taxa de juros remuneratórios está limitada em 12% ao ano, nos termos da Lei de Usura. Precedentes. 3. Tendo o Tribunal *a quo* concluído que a recorrente cobrava juros acima do limite legal, de forma disfarçada, sob a denominação de taxa *ad valorem*, a alteração do julgado necessitaria do revolvimento do material fático-probatório dos autos. 4. Agravo Regimental improvido" (STJ, AgRg no AREsp 127.209/SP 2011/0302290-4, publicação 19-4-2012).

42. "Ementa: Apelação Cível. Revisão do contrato de *factoring*. 1. 'Como o contrato de fatorização não se equipara a contrato bancário, não há falar em revisão de juros remuneratórios e demais incidências. No contrato de 'factoring', são cobrados encargos típicos desta modalidade contratual, descabendo o pleito revisional, proposto nos mesmos moldes dos movidos nas operações de crédito. (Apelação Cível 70031686033, 12ª Câmara Cível, Tribunal de Justiça do RS, Relator: Umberto Guaspari Sudbrack, j. em 14.07.2011).' 2. 'As empresas de *factoring* não são instituições financeiras, visto que suas atividades regulares de fomento mercantil não se amoldam ao conceito legal, tampouco efetuam operação de mútuo ou captação de recursos de terceiros' (REsp 938.979/DF (2007/0075055-2), Relator Min. Luis Felipe Salomão, j. 19-6-2012). Recurso conhecido e provido. Ainda: 'Apelação cível. Fomento mercantil. *Factoring*. Deságio. Ação revisional. Impossibilidade. Caso concreto. Matéria de fato. Inexistência de juros. Não há falar em revisão de contrato de *factoring*, posto que não se confunde com contrato bancário, onde há a incidência de juros. Precedentes. Ação julgada improcedente. Anotação do nome de devedores nos cadastros de maus pagadores. Admissibilidade. Requisitos. Hipóteses de impedimento. Considerando que a ação revisional proposta contesta a existência parcial do débito, mostra-se imprescindível o depósito do valor incontroverso ou a prestação de caução para que reste deferida a medida postulada. Sucumbência. Redimensionados os ônus da sucumbência. Deram provimento ao apelo. Unânime'. Apelação 70003222643, 15ª Câmara, TJ/RS, Relator Dr. Desembargador Ricardo Raupp Ruschel, julgamento em 24-4-2002. Ou, ainda: 'Ação de Revisão Contratual. *Factoring*. Não se constituindo o contrato de *factoring* em negócio jurídico bancário, descabe a pretensão revisional de juros, que não se confundem com a remuneração do faturizador, consistente de percentual de deságio sobre o valor dos títulos, considerando que na prestação dos serviços de cobrança a cessionária assume o risco da não liquidação dos créditos. Agravo retido não conhecido. Apelo da ré provido. Recurso da autora prejudicado." Apelação Cível 70014754196, Décima Primeira Câmara Cível, Tribunal de Justiça do RS, Relator: Bayard Ney de Freitas Barcellos, Julgado em 21-3-2007. TJ/SC, AC 20080262329/SC 2008.026232-9 (Acórdão), publicação 7-7-2013.

5.3 DA TENTATIVA DE REPARO À ABUSIVIDADE POR *PACTO NOVATIVO* E SUAS CONSEQUÊNCIAS

Vê-se na prática que, diante de uma pactuação abusiva, é bastante comum que a *factoring* venha a exigir do faturizado uma nova pactuação tendente a atribuir juridicidade a um pacto de fomento que não poderia prosperar, quer por agressão a preceitos de ordem pública, quer por agressão a preceitos de ordem privada.

Nestes casos, não raro, em tentativas desesperadas de manutenção de um pacto aviltante, o faturizador firma com o faturizado uma novação ou, ainda, uma confissão de dívida, que, em regra, será assinada pelo sócio da faturizada, de maneira a renovar a força executiva do pacto.

A novação é instituto que cria uma nova obrigação para extinguir uma outra preexistente. Sendo assim, a novação pode ser, em linhas gerais, apresentada como o negócio jurídico que cria uma nova obrigação, extinguindo a que lhe antecede. Por força deste instrumento, o faturizador pretende ter a segurança de que, caso não tenha meios de excussão de seu crédito instrumentalizado no contrato de fomento, tê-lo-á pela avença novativa havida entre as partes. É, portanto, meio indireto e não satisfativo de extinção da obrigação, uma vez que a obrigação é extinta, mas o credor não resta satisfeito, podendo, ainda, executar o pacto, em busca de seu crédito.

Insta reconhecer que na novação os sujeitos da relação obrigacional criam uma obrigação nova para extinguir uma antiga, ocorrendo, desse modo, o desaparecimento da obrigação originária, surgindo outra que toma o seu lugar[43].

É, portanto, um instituto que tem natureza contratual, consistente em um negócio jurídico entabulado entre as partes com

43. Dieter Medicus destaca que a *delimitação da novação* ocorre conforme o conteúdo e as peculiaridades de uma prestação. Medicus, Dieter. *Tratado de las relaciones obligacionales*. Tradução espanhola de Ángel Martinez Sarrión. Barcelona: Bosch, 1995. v. 1. Aliás, consoante explana Maria Helena Diniz, o conteúdo essencial da novação é duplo, uma vez que ocorre uma extinção atinente à antiga obrigação e a geração de uma nova obrigação. DINIZ, Maria Helena. *Curso de direito civil brasileiro*. 24. ed. São Paulo: Saraiva, 2009a. v. 2.

um duplo efeito: a extinção do pacto pretérito e a criação de um novo pacto.

Para que ocorra a novação, portanto, é indispensável o *animus novandi*, ou seja, a intenção de novar, de extinguir uma obrigação, constituindo outra que a substitua. Essa intenção não necessita ser expressa, mas deverá ser inequívoca, para que se possa considerar novada uma obrigação, pois, não havendo ânimo de novar, expresso ou tácito, mas inequívoco, a obrigação existente será apenas confirmada, não se operando, portanto, a novação conforme art. 361 do Código Civil. É por isso que a mera concessão de prazo não configura novação, pois não houve intenção de extinguir uma dívida e constituir outra, mas apenas a moratória da mesma dívida.

Mas, ainda, que as partes firmem um pacto novativo sobre o contrato de *factoring* havido entre elas, outros requisitos hão de ser respeitados. Neste sentido, Mário Júlio de Almeida Costa destaca os requisitos da novação[44]: a) intenção de novar (*animus novandi*); b) a obrigação primitiva ser válida e não ter sido extinta antes de contraída a nova; c) constituição válida da nova obrigação; e d) a capacidade dos contraentes (requisitos gerais de validade dos contratos).

Silvio Rodrigues apresenta cinco requisitos ou pressupostos para que ocorra a novação[45]: 1) Existência de obrigação anterior: a própria finalidade da novação é a extinção da obrigação anterior. Se não há obrigação anterior, não há finalidade para a novação, pois esta equivale ao pagamento e, portanto, pressupõe uma dívida. Assevera que, se a existência de uma dívida anterior é elementar no conceito de novação, é evidente que não podem ser objeto de novação dívidas nulas ou extintas – art. 367 do Código Civil. Vale dizer que são passíveis de novação, contudo, as obrigações simplesmente anuláveis, que serão, nesse caso, confirmadas pela novação, já que o negócio jurídico anulável ou eivado de nulidade relativa é suscetível de confirmação por elemento volitivo. 2) Criação de uma obrigação nova: a novação ocorre por meio do surgimento de

44. COSTA, Mario Júlio de Almeida. *Direito das obrigações*, cit., p. 789-822.

45. RODRIGUES, Silvio. *Direito civil*, cit., 30. ed., v. 3, p. 204.

uma nova relação jurídica ou da extinção da primeira obrigação. Assim, há relação direta com a nova relação jurídica, que surge com a extinção da anterior. Portanto, se for anulado o negócio jurídico, restituir-se-ão as partes ao estado anterior e, não sendo possível restituí-las, estas serão indenizadas com o equivalente – art. 182 do Código Civil. 3) O elemento novo: a inserção de um *aliquid novi* na obrigação criada para extinguir a primígena é o que a faz diferente. Assim, a segunda obrigação, para traduzir uma novação, deve conter um elemento novo que recaia sobre o elemento objetivo ou subjetivo da obrigação, pois, sem ele, não há novação. 4) *Animus novandi*: esse é o elemento psicológico do negócio. As partes têm de desejar a extinção de uma obrigação e a criação de outra que a substitua. A vontade, portanto, deve ser consciente, no sentido da extinção de uma obrigação e da criação de outra para substituí-la, e não simplesmente de extinção com perdão ou transmissão de obrigação. 5) Capacidade e legitimação das partes: a novação não é senão um negócio jurídico e, desse modo, necessita, como qualquer outro negócio, que as partes sejam capazes. O procurador, assim, só poderá novar a obrigação se tiver poderes expressos para isso.

Ainda que o pacto maculado pela aludida agressão seja objeto de novação ou de nova pactuação por confissão de dívida, por exemplo, o que, aliás, é muito comum nesses casos, isso não afastará da avença a pecha da nulidade, diante da agressão à lei imperativa que motiva a pactuação, que pode até mesmo, em certa medida, ser tida por simulada e, ainda que assim não seja, será nula por determinação do art. 166, VI, do Código Civil.

CAPÍTULO 6

DO PROJETO DE LEI N. 13/2007

Há muito tempo já se espera que o *factoring* seja tratado expressamente pelo ordenamento jurídico.

Caio Mário explica em sua obra dedicada ao direito contratual, explicitando que o faz em escorço mais que apertado, mas o faz, pelo fato de ser tipo contratual corrente em outros países de economia semelhante à nossa, tais como: Estados Unidos, França e Inglaterra,que o *factoring* tem ganhado espaço e se desenvolvido no Brasil, nos últimos anos, o que faz crer que em breve terá ingresso na tipologia contratual brasileira[1].

6.1 A EVOLUÇÃO DO PROJETO DE LEI SOBRE O *FACTORING*

O Projeto de Lei n. 13/2007 teve origem no projeto de Lei n. 3.615/2000 apresentado na Câmara dos Deputados, em 4-10-2000, pelo então Deputado João Herrmann (PDT-SP). O texto original basicamente dispunha sobre o fomento mercantil especial de exportação ou "*factoring* de exportação", o que não foi objeto do nosso trabalho.

Após um longo trâmite interno nas Câmara e aprovação pelas comissões de Desenvolvimento Econômico, Indústria e Comércio, Finanças e Tributação e Constituição e Justiça, em 19-3-2007 o texto final foi enviado ao Senado Federal, onde recebeu o número 13/2007, chancela que leva até hoje.

1. PEREIRA, Caio Mário da Silva. *Instituições de direito civil* – contratos. 14. ed. Rio de Janeiro: Forense, 2010, p. 542.

Inicialmente foram propostas duas emendas ao texto original. Foram emitidos pareceres internos da casa pela Comissão de Constituição e Justiça e Comissão de Assuntos Econômicos.

Diante da especificidade do tema, a casa legislativa passou a julgar conveniente e oportuno que se promovesse maior debate, incluindo as entidades organizadas atuantes no setor. Daí, um longo caminho teve início.

Em 10-6-2008, foi aprovado pela Comissão o requerimento n. 19/2008-CAE, de autoria do Senador Antonio Carlos Júnior, que requereu, nos termos do Inciso I do art. 93 do Regimento Interno do Senado Federal, a realização de Audiência Pública com o senhor Antônio Carlos Donini, Presidente da Associação Brasileira de *Factoring*, e o senhor Luiz Lemos Leite, Presidente da Associação Nacional das Sociedades de Fomento Mercantil, para instruir o Projeto de Lei n. 13/2007. Mas, em 1º-7-2008, foi aprovado pela Comissão o Requerimento n. 24/2008-CAE, de autoria do Senador Antonio Carlos Junior, para a dispensa de referida Audiência Pública, aprovada na sessão do dia 10 de junho de 2008.

Em 2009, houve uma nova solicitação de realização de audiência pública com participação do senhor Luiz Lemos Leite, Presidente da Associação Nacional das Sociedades de Fomento Mercantil de *Factoring* (ANFAC), do senhor Antônio Carlos Donini, Presidente da Associação Brasileira de *Factoring* (ABFAC), do senhor Sérgio Odilon dos Anjos, Chefe Adjunto do Departamento de Normas e Organização do Sistema Financeiro, e do senhor Sérgio Darcy, Ex-Presidente do Banco Central. Todavia, mais uma vez, o ato foi dispensado por meio da aprovação do Requerimento 61/2009-CAE.

Assim, em 3-8-2010, quase dois anos depois do primeiro pedido de audiência pública, foi aprovada a redação final do substitutivo e, na sequência, em 10-8-2010, uma semana depois, a matéria retornou à Câmara dos Deputados.

Novamente o texto foi submetido à Comissão de Desenvolvimento Econômico, Indústria e Comércio, à Comissão de Finanças e Tributação e à Comissão de Justiça e Cidadania.

O substitutivo causou imensa polêmica na casa de origem, sendo que seus líderes emitiram parecer pela sua inconstitucionalidade, injuridicidade e falta de boa técnica legislativa do Senado. O documento foi aprovado em 19-6-2012 e encaminhado para publicação em 26-6-2012.

Foi aberto prazo para recurso, nos termos do § 2º do art. 58 do Regimento Interno da Câmara dos Deputados (RICD), sob pena de arquivamento do substitutivo. Neste passo, em 9-7-2012 foi apresentado um recurso contra o parecer terminativo de comissão (art. 132, § 2º, c/c art. 144, *caput*, RICD), pelo deputado Osmar Serraglio (PMDB-PR). Até a presente data, o recurso encontra--se pendente de apreciação, podendo ser examinado a qualquer momento, daí a necessidade de, neste trabalho, fazermos constar referidas informações.

A seguir apresentamos quadro evolutivo do processo legislativo em comento:

PROCESSO LEGISLATIVO	
CÂMARA DOS DEPUTADOS	
4-10-2000	Apresentação do PL n. 3.615/2000
21-11-2001	Emitido parecer de aprovação pela Comissão de Desenvolvimento Econômico, Indústria e Comércio
22-11-2001	Enviado para a Comissão de Finanças e Tributação
17-5-2003	Parecer da Comissão de Finanças e Tributação
5-10-2005	Aprovado parecer por unanimidade
10-10-2005	Texto enviado à Comissão de Constituição e Justiça
21-12-2006	Aprovado parecer pela CCJ
16-3-2007	Remessa ao Senado
SENADO FEDERAL	
19-3-2007	Ingresso do PL no Senado – novo número; 13/2007
21-3-2007	Enviado à CCJ
2-4-2008	Aprovado parecer na CCJ, com Emendas
8-4-2008	Texto enviado para a Comissão de Assuntos Econômicos
10-6-2008	Aprovado requerimento para Audiência Pública
1º-7-2008	Aprovado requerimento de dispensa da audiência pública

12-5-2009	Aprovado novo requerimento para Audiência Pública
3-11-2009	Aprovado requerimento de dispensa da audiência pública
20-4-2010	Matéria aprovada pela Comissão de Assuntos Econômicos
10-8-2010	Substitutivo devolvido à Câmara dos Deputados
CÂMARA DOS DEPCÂMARA DOS DEPUTADOSDOS DEPUTADOS	
10-8-2010	Substitutivo recebido do Senado Federal
17-8-2010	Texto enviado à Comissão de Desenvolvimento Econômico, Indústria e Comércio
16-11-2010	Parecer emitido pela rejeição do substitutivo do Senado Federal
17-11-2010	Aprovado o parecer
18-11-2010	Texto enviado à Comissão de Finanças e Tributação
17-8-2011	Emitido parecer pela rejeição do substitutivo
19-10-2011	Aprovado parecer por unanimidade
20/10/2011	Matéria enviada à CCJ
13-12-2011	Parecer pela inconstitucionalidade, injuridicidade e boa técnica do Senado
19-6-2012	Aprovado parecer
9-7-2012	Apresentado recurso contra o parecer terminativo da comissão pelo Deputado Osmar Serraglio

6.2 DA ADEQUAÇÃO DO PROJETO DE LEI À PROPOSTA DE UMA FUNÇÃO SOCIAL DO CONTRATO DE *FACTORING*

Aproveitamos o ensejo para apresentar inicialmente um quadro didático com as principais disposições do Projeto de Lei que versam sobre o contrato de *factoring*.

PRINCIPAIS DISPOSIÇÕES DO CONTRATO DE *FACTORING* NO PROJETO DE LEI N. 13/2007
Expressões sinônimas São sinonímias as expressões "fomento empresarial", "fomento mercantil", "fomento comercial", "faturização" e "**factoring**" (art. 1º do PLF – Projeto de Lei do *Factoring*).
Definição do contrato Conceitua o contrato de *factoring* como aquele em que uma parte transmite à outra, total ou parcialmente, a título oneroso, créditos decorrentes de suas atividades empresariais (art. 2º do PLF – Projeto de Lei do *Factoring*).

PRINCIPAIS DISPOSIÇÕES DO CONTRATO DE *FACTORING* NO PROJETO DE LEI N. 13/2007
Possibilidade de conteúdo adicional Podendo, ainda, prever: prestações de serviços, tais como: assessoria sobre o processo produtivo ou mercadológico; avaliação e seleção de clientes ou fornecedores; análise e gestão de créditos; acompanhamento de contas a pagar e a receber (art. 2º, parágrafo único, do PLF – Projeto de Lei do *Factoring*).
Forma contratual Estabelece a forma escrita para o pacto, prevendo que o disposto regerá a avença (art. 2º do PLF – Projeto de Lei do *Factoring*).
Garantia para o cumprimento da avença Determina que o pacto de fomento mercantil possa ser garantido por fiança, outras formas de caução real ou fidejussória ou cessão fiduciária de créditos. (art. 4º do PLF – Projeto de Lei do *Factoring*).
Globalidade de cessões Estabelece a desnecessidade de cessão global de créditos (art. 2º, do PLF – Projeto de Lei do *Factoring*).
Possibilidade de escolha de títulos pelo faturizador Determina que, estabelecido o contrato de fomento empresarial, os documentos para a transmissão dos créditos serão apresentados pelo faturizado à aprovação do faturizador, que devolverá aqueles que não aprovar, e os créditos aprovados serão relacionados em aditivo contratual próprio, que explicitará o nome dos devedores, o valor nominal dos créditos e seu vencimento, a remuneração do faturizador e outras especificidades da operação, além da discriminação, se for o caso, de serviços prestados na forma do parágrafo único do art. 2º do PLF – Projeto de Lei do *Factoring*.
Sobre a transmissão do crédito Determina que se apliquem as normas de transmissão previstas nas respectivas leis específicas, e nos casos de falta de disposição específica determina a utilização do instituto da cessão de crédito, na forma do art. 6º e parágrafos do PLF – Projeto de Lei do *Factoring*.
Remuneração do faturizador No que concerne à remuneração do faturizador, determina que se trate da diferença entre o valor nominal do crédito e o valor pago pelo faturizador, e pode ser acrescida do valor referente à prestação de serviço previsto nesta legislação (art. 7º do PLF – Projeto de lei do *Factoring*).
Responsabilidade do faturizado O faturizado é responsável pela veracidade, legitimidade e legalidade do crédito transmitido ao faturizador e, se houver previsão no contrato de fomento empresarial ou em seu aditivo, pelo pagamento no caso de inadimplemento (art. 8º do PLF – Projeto de Lei do *Factoring*).

PRINCIPAIS DISPOSIÇÕES DO CONTRATO DE *FACTORING* NO PROJETO DE LEI N. 13/2007
Vedação expressa de atuação como grupo financeiro
O projeto de lei veda às empresas de fomento mercantil: captar depósitos do público em geral por instrumentos privativos de instituições financeiras; executar operações com créditos não decorrentes das legítimas atividades empresariais do faturizado; executar outras operações de caráter privativo de instituições financeiras; e praticar operações de fomento empresarial tendo como faturizada qualquer entidade da administração pública indireta da União, dos Estados, do Distrito Federal ou dos Municípios.

Como se sabe, o Projeto de Lei n. 13/2007 aguarda solução de um último recurso, deixando-nos a pouquíssima distância ou, pelo menos politicamente, a quase nenhuma distância de tê-lo como regente das relações de fomento mercantil em nosso país.

Diante disso, é absolutamente relevante analisar se os seus dispositivos estão de acordo com os dispositivos elevados do ordenamento, sob o ponto de vista de proteção a solidariedade, dignidade humana e livre-iniciativa equilibrada. É o que buscamos fazer neste capítulo.

6.3 DA TERMINOLOGIA

Em primeiro lugar, o Projeto de Lei do *Factoring* estabelece, em seu art. 1º, que são sinonímias as expressões "fomento empresarial", "fomento mercantil", "fomento comercial", "faturização" e "**factoring**".

Muito embora tenhamos utilizado neste trabalho como sinonímias as expressões fomento mercantil e *factoring* é, já cediço, que fomento mercantil é a atividade proporcionada em sociedade na práxis das contratações de *factoring*. Assim, evidentemente temos uma confusão instaurada entre o tipo contratual, tratando de um tipo, por admitir-se já a hipótese legislativa, e a atuação da empresa de *factoring*.

Admitimos, portanto, a proximidade existente entre as expressões *factoring* e fomento mercantil, até mesmo porque o mercado já consagrou desse modo.

Contudo, parece-nos bastante evidente que melhor seria a legislação estabelecer que a empresa de *factoring* ou de fomento mercantil ou, até mesmo de faturização, é aquela que visa proporcionar fomento empresarial ou comercial de pessoas jurídicas. Aí estaria uma excelente oportunidade de disposição que apaziguaria terminologicamente o instituto e também a possibilidade, ou não, de faturização à pessoa natural, o que, a nosso ver, não seria possível, até mesmo porque não haveria razão de ser, diante da facilidade que hoje se tem para a criação de uma empresa individual de responsabilidade limitada (EIRELI).

6.4 DO OBJETO

Conforme disposição expressa, o projeto determina que o contrato de *factoring* é aquele em que uma parte transmite à outra, total ou parcialmente, a título oneroso, créditos decorrentes de suas atividades.

Com a devida vênia, trata-se de uma disposição que nada ou bem pouco diz sobre o objeto do contrato de *factoring*.

Ora, o legislador está a dizer que é o contrato que reafirma a obrigação de cessão onerosa de créditos empresariais, pois o que está a disciplinar este projeto legislativo que se apresenta – e que, a nosso ver, em bom momento foi impedido pela via recursal – não é um contrato, mas uma figura já disciplinada em lei, a cessão de crédito. Isso nos parece, em verdade, um absoluto despropósito.

Importante disposição é encontrada nos parágrafos do art. 2º do projeto de lei, diante da disposição de que o contrato ***poderá***, ainda, prever a prestação de serviços relacionados à atividade empresarial, tais como: assessoria sobre o processo produtivo ou mercadológico; avaliação e seleção de clientes ou fornecedores; análise e gestão de créditos; acompanhamento de contas a pagar e a receber.

Evidentemente, a disposição merece nossos elogios por não limitar, mas, apenas, exemplificar os serviços que podem ser prestados de modo a não desqualificar a contratação de *factoring* mediante a prestação deste ou daquele tipo de consultoria.

Entretanto, com pesar, verificamos que o legislador determina que o contrato de fomento mercantil poderá, frise-se, disciplinar uma prestação de serviços.

Sob o ponto de vista funcionalizado, com a vênia em relação ao neologismo, mas que pode ser perfeitamente compreendido neste contexto em que se apresenta, é, sem qualquer ponto de dúvida, inimaginável que se possa conceber um contrato de fomento mercantil que não preveja a prestação de serviços.

Ora, a própria legislação tributária em vigor cuidou de definir o contrato de *factoring*, nos ditames da Lei n. 8.981/95, art. 28, § 1º, alínea *c-4*, da maneira que segue "prestação cumulativa e contínua de serviços de assessoria creditícia, mercadológica, gestão de crédito, seleção e riscos, administração de contas a pagar e a receber, compras de direitos creditórios resultantes de vendas mercantis a prazo ou de prestação de serviços (fomento mercantil – *factoring*)".

Até mesmo a doutrina reconhece a necessidade desta prestação de serviços[2].

Somando-se esta disposição que traz o projeto à forma como o legislador veio a determinar a remuneração do faturizador, estaríamos a disciplinar, perdoe-me pela expressão o "contrato de agiotagem", e com isso não se pode pactuar!

É inadmissível que uma legislação que tem por escopo regular a atividade e o contrato de *factoring* possa atribuir a este contrato tão debatido um objeto tão amplo que se permita a simples negociação de recebíveis com ganhos fundados apenas em especulação econômica do mais forte pelo mais fraco.

Ora, é bastante evidente que, se o contrato *pode*, ou *não*, contemplar a prestação de serviços, temos, então, nos casos em que serviços não forem prestados, um empréstimo (atividade privativa das instituições financeiras), vedado às empresas de fomento pelo

2. Peço vênia para, novamente, utilizar citação usada no **capítulo 2, item 2.4.4.2,** deste trabalho. BASSI, Amadeo. *Factoring e cessioni dei crediti*, cit., p. 56. Tradução livre: "O factor, portanto, na realidade, não se limita a comprar créditos, porque também oferece para o cedente uma gama de serviços, muitas vezes sofisticados, que estão de alguma forma relacionados com a cessão do crédito".

próprio projeto, ao determinar: "Art. 12. É vedado à sociedade de fomento empresarial: (...) III – executar outras operações de caráter privativo de instituições financeiras; e ou, então, o que temos é atividade de agiotagem".

Fica a nossa crítica veemente e nosso desapontamento inconsolável em relação ao projeto, no que tange ao objeto do contrato conforme disciplinado, eis que com tal determinação vê-se ruir o primado da função social legitimando-se uma conduta exploratória, que certamente na prática asfixiará financeiramente muitos empresários desavisados.

6.5 DA REMUNERAÇÃO DO FATURIZADOR

Além disso, é de se notar que, quanto à remuneração do faturizador, determina que se trata da diferença entre o valor nominal do crédito e o valor pago pelo faturizador e pode ser acrescida do valor referente à prestação de serviços prevista nesta legislação (*conforme disposição do projeto*).

Sob este aspecto isoladamente, a nosso ver, com a devida vênia, é notória a falha legislativa ao não contemplar a figura do *maturity factoring*, eis que esta situação de composição da remuneração somente atenderia à figura do *conventional factoring*, já que na primeira modalidade não há pagamento adiantado do faturizador ao faturizado, mas, sim, garantia de pagamento na data do vencimento mediante remuneração, que poderá, até mesmo, ser adiantada pelo faturizado ao faturizador.

6.6 DA FACULDADE DE ESCOLHA DOS TÍTULOS

Determina o projeto que o faturizador poderá escolher quais títulos deseja faturizar, o que evidentemente constitui uma faculdade. Trata-se neste ponto de relevante disposição.

A atividade de fomento mercantil, como destacado ao longo deste trabalho, precisa ser salutar para o faturizado e para o faturizador, de modo a manter o equilíbrio econômico-sociofinanceiro da relação entre eles. O poder de escolha sobre quais títulos faturizar, ou não, é indispensável para o faturizador e transfere ao faturizado a experiência de análise de risco de crédito do agente de fomento mercantil, que, via de regra, é muito maior.

6.7 DOS REGISTROS HISTÓRICOS DA OPERAÇÃO DE *FACTORING*

Explicita a lei, neste sentido, que, estabelecido o contrato de fomento empresarial, os documentos para a transmissão dos créditos serão apresentados pelo faturizado à aprovação do faturizador, que devolverá aqueles que não aprovar, e os créditos aprovados serão relacionados em aditivo contratual próprio, que explicitará o nome dos devedores, o valor nominal dos créditos e seu vencimento, a remuneração do faturizador e outras especificidades da operação, além da discriminação, se for o caso, de serviços prestados na forma do parágrafo único do art. 2º do PLF – Projeto de Lei do *Factoring*.

Trata-se de importantíssimo registro da operação que será exigido, conforme o determinado, inclusive, pelo COAF, em suas últimas diretivas, que exigem os registros das operações de fomento mercantil, de maneira a garantir maior segurança administrativo-financeira, diante da demonstração de lastro dos créditos.

6.8 DAS FORMALIDADES DO CONTRATO E DA GARANTIA DO FATURIZADOR

O projeto estabelece formalidade para o pacto de fomento mercantil, explicitando que se deve dar por escrito, o que, aliás, impõe a regra, sob pena de nulidade do pacto, conforme expresso comando do art. 166, IV, do Código Civil.

Determina, resolvendo uma sempre presente celeuma na seara dos contratos de fomento mercantil, que às operações de fomento empresarial realizadas com títulos de crédito aplicam-se as normas de transmissão previstas nas respectivas leis específicas.

Delimita que, se no caso a legislação específica prevê transmissão por endosso, este deverá ser lançado em preto, sem prejuízo dos demais requisitos previstos em lei, devendo o faturizador preencher seu nome se o título trouxer endosso em branco. Consoante já tem sido praticado pelos empresários da área nos últimos 15 anos, pelo menos, diante da falta de disposição específica, o projeto de lei determina a utilização do instituto da cessão de crédito.

A disposição do art. 8º apenas reforça a regra geral, segundo a qual o alienante deve fazer boa a coisa alienada ao alienatário, explicitando que o faturizado é responsável pela veracidade, legitimidade e legalidade do crédito transmitido ao faturizador.

Com relação à responsabilidade do faturizado, determina que, havendo disposição contratual, será responsável pelo inadimplemento ou insolvência do devedor do título faturizado. Daí vitoriosa, ao menos no projeto, a mais recente tese que dá conta de que este tipo de transmissão é *pro soluto* como regra, podendo ser *pro solvendo* quando houver disposição expressa firmada entre as partes.

Sob este aspecto a novel legislação oferta aos contratantes ampla margem de negociação. Determina a possibilidade de garantia das obrigações formuladas no pacto por fiança, caução real ou fidejussória e cessão fiduciária de créditos em seu art. 4º.

O art. 3º do projeto, em nosso sentir, destaca elevada, e até mesmo exacerbada, carga voluntarista ao determinar que o pacto se regerá pelas disposições pactuadas em contrato escrito, o que, a nosso ver, *prima facie*, é analisado em conjunto com i) a desnecessidade de cessão global de créditos, ii) a pobre definição do objeto do contrato de fomento mercantil, que mais descreve uma operação de cessão de crédito do que um contrato, e iii) a possibilidade de faturização sem prestação de serviços, o que favorecerá, diante das regras da experiência – neste campo tão sensível da organização financeira nacional, que é a seara do fomento mercantil – operações fraudulentas.

6.9 QUANTO ÀS SOCIEDADES E À ADMINISTRAÇÃO DAS SOCIEDADES DE *FACTORING*

No que concerne às sociedades de *factoring*, estabelece o projeto legislativo que, para facilitar a sua identificação, a pessoa jurídica que estiver constituída para este tipo de atividade deverá fazer constar de sua razão social a expressão "fomento empresarial", "fomento mercantil", "fomento comercial", "faturização" ou "*factoring*".

Proíbe que se façam constar as expressões: "banco", "financeiro", "financiamento", "empréstimo", "investimento" ou qualquer outra que possa sugerir a prática de atividade privativa de instituição financeira.

Conforme antiga vedação do Banco Central, as empresas de fomento mercantil são proibidas de: i) captar depósitos do público em geral por instrumentos privativos de instituições financeiras; ii) executar operações com créditos não decorrentes das legítimas atividades empresariais do faturizado; iii) executar outras operações de caráter privativo de instituições financeiras; e iv) praticar operações de fomento empresarial tendo como faturizada qualquer entidade da administração pública indireta da União, dos Estados, do Distrito Federal ou dos Municípios.

Buscando estabelecer lisura na administração da sociedade de fomento mercantil, o projeto proíbe a participação, como administrador ou controlador, de fato ou de direito, de pessoa: condenada em sentença penal transitada em julgado por crime previsto nesta Lei ou por crime contra o patrimônio, a economia popular, o sistema financeiro nacional ou a ordem econômica, enquanto perdurarem os efeitos da condenação; ou contra a qual haja indícios veementes de ter cometido crime previsto nesta Lei.

Determina que a sociedade deverá apresentar capacidade econômico-financeira para o exercício de suas atividades, mas sem esclarecer os parâmetros desta situação. Além disso, estabelece uma série de situações que conformam práticas criminosas, entre elas, atuar a empresa de fomento mercantil como instituição financeira e, ainda, atuar de modo diverso ao comando normativo do projeto sob exame. Outro relevante capítulo é o IV, que trata das disposições tributárias.

Parece-nos que, com estas disposições, o legislador buscou estabelecer regulação e controle de probidade às atividades das empresas de fomento mercantil, o que, a nosso ver, com a aprovação deste projeto, não logrará diante da ineficiência da disposição no que concerne ao objeto do contrato de fomento mercantil.

CONCLUSÃO

No Brasil, a partir de 1990, o *factoring* substituiu grande parcela das operações bancárias de desconto de títulos. Desse fato, erigiu-se enorme confusão com relação ao instituto, que fez com que o Banco Central chegasse a proibir a sua prática por usurpação de atuação dos bancos.

Nossa pesquisa esclareceu que o *factoring* não é um contrato bancário. Pudemos observar diversas distinções entre o pacto de fomento mercantil e os contratos bancários, sobretudo o sempre apontado como o mais próximo do fomento mercantil, o contrato de mútuo bancário.

Entre os inúmeros elementos que apartam o contrato de *factoring* dos contratos bancários, pudemos observar que a justificativa da confusão é a proximidade existente no que tange aos sujeitos e objetos dos contratos.

As distinções fundamentalmente visualizáveis entre os contratos de fomento mercantil e os contratos bancários não estão tão presentes no campo dos sujeitos e dos objetos, mas muito mais na operacionalização. Grosso modo, em verdade, um contrato de fomento mercantil é bastante parecido com um contrato bancário, mas com ele não se confunde.

Pudemos observar as seguintes distinções: A) ***de ordem subjetiva estrita***, posto que, relacionados aos sujeitos do contrato: os bancos são instituições financeiras, pois compõem o Sistema Financeiro Nacional, a empresa de fomento mercantil, não – é uma sociedade mercantil; B) ***de ordem objetiva estrita***, posto que, relacionados ao objeto efetivo do contrato: i) os bancos fazem empréstimos, já a *factoring* presta serviços que podem ser cumulados, ou não, com a aquisição dos recebíveis da empresa faturizada;

ii) os bancos fazem desconto de títulos, a *factoring* compra os recebíveis no *conventional factoring*, ou garante adimplemento de títulos, no *maturity factoring*; C) ***de ordem operacional***, posto que ligadas ao procedimento de realização da operação econômica firmada entre as partes: i) os bancos cobram juro, como remuneração pelo uso do dinheiro, numa função primordial de intermediação de capital, enquanto a *factoring* compõe um fator com base em seu custo operacional e cobra por efetivo serviço prestado; ii) os bancos, em sua função de intermediação financeira, captam recursos e emprestam dinheiro aos seus clientes, enquanto a *factoring* trabalha sempre com recursos próprios; iii) o devedor, em regra, é o cliente do banco, enquanto o devedor da *factoring* é a empresa sacada, o cliente de seu cliente.

No que concerne à operacionalização do instituto, depois da efetiva análise pudemos concluir que, na Itália, Alemanha, Holanda e Espanha, utiliza-se, para operacionalização do *factoring*, do recurso contratual da venda de recebíveis, que se torna efetiva por cessão de crédito. Na França, valem-se as empresas de fomento mercantil do instituto da sub-rogação; na Bélgica, do endosso da fatura; e no Reino Unido, da atribuição do título.

O contrato de *factoring* interno, no Brasil, a exemplo do que ocorre em países como: França, Espanha, Bélgica, Suécia, Noruega, Dinamarca e Finlândia, é um contrato atípico. Pactuado com base legal no art. 425 do Código Civil, que possibilita a conformação de tais modelos contratuais. Entre nós, são essenciais para a efetivação do contrato de fomento mercantil os institutos da cessão de crédito e da sub-rogação convencional ativa, no *conventional factoring* e da cessão de crédito no *maturity factoring*, eis que no *conventional factoring* a sub-rogação do faturizador ocorre, como regra, no momento da contratação de *factoring*, o que não necessariamente ocorrerá no *maturity factoring* (instituto de pouquíssima utilização no Brasil, hoje).

Parece-nos que a grande disseminação empresarial do modelo do fomento mercantil no Brasil, em grande parte, deve-se à parceria que se instala entre as partes do contrato, empenhando-se, mutuamente, na consecução dos objetivos sociais da empresa faturizada, o que, aliás, evidentemente atende a um modelo de cooperação solidarista e funcionalizante do pacto havido, realçando sua eficiência e as suas benesses intrínsecas e extrínsecas à relação estabelecida entre o faturizador e o faturizado, atuando, desse modo, em reforço da sua função socioeconômica em contrapartida à antiga práxis exploratória do capital instaurada pelo monopólio bancário.

Estamos convencidos de que o contrato de *factoring*, desde que efetivado de modo funcionalizado, sob o ponto de vista intrínseco, oferece enorme contribuição social e exerce fundamental papel na manutenção da atividade e até mesmo recuperação de pequenas e de médias empresas.

Diante disso, concluímos que, em que pese o contrato de *factoring* seja utilizado empresarialmente com vistas a negociações nitidamente ditadas de forte carga de economicidade patrimonial, deve sobrelevar-se nesta contratação, em nosso entendimento, um claro viés de solidarismo e funcionalidade social da pactuação, como fruto de uma cooperação empresarial e, portanto, socioeconômica que atenda aos anseios maiores do ordenamento, sob o aspecto do serviço prestado pelo faturizador ao faturizado, e ao desenvolvimento das relações econômicas, proporcionado pelo contrato firmado entre as partes, atendendo-se às máximas do solidarismo, da eticidade, da socialidade, reafirmando o axioma da dignidade humana como um valor do ordenamento em si mesmo.

Assim, revelado resta o viés socioempresarial-econômico do contrato de *factoring*, eis que oferece às empresas, mediante a aquisição de créditos e antecipação dos valores correspondentes e demais prestações de serviços, uma série de vantagens econômicas, significando, em alguns casos específicos, até mesmo, a única forma de manutenção da atividade empresarial saudável.

Para nós, portanto, o *factoring* não pode ser reduzido à antecipação ou à garantia de recebíveis. Este tipo de atuação não encerraria funcionalidade efetiva; não poderia ser tolerado, sob o ponto de vista da moderna ótica contratual, um modelo como este, que, em nosso entendimento, não se sustenta. Assim, é necessário que, no *factoring*, além da antecipação ou garantia de recebíveis, haja efetiva prestação de serviços empresariais, entre eles, sobretudo:

gestão financeira, gestão administrativa de contas a receber e a pagar, organização de *bordereau*, organização escritural e contábil.

Entendemos que a contratação do fomento mercantil sequer depende de aquisição, de antecipação ou de garantia de adimplemento de recebíveis. É possível que se mantenha contratação de fomento mercantil sem que haja, inclusive por longos períodos, aquisição de recebíveis pela faturizadora, que, nestes casos, restará encarregada de colaborar para o desenvolvimento da empresa faturizada – sendo, em nosso entendimento, inclusive, fator impeditivo de continuidade ou desenvolvimento do contrato o fato de se abarcar apenas a compra de recebíveis, por agredir frontalmente o princípio da função social do contrato, sob o ponto de vista intrínseco, eis que, como discorremos, esta seria uma relação perversa de sujeição do faturizado ao faturizador, com a qual não podemos concordar.

É, pois, o contrato de fomento mercantil uma avença *objetivamente complexa*, eis que se forma por diversos objetos, tais como: i) liquidação antecipada de títulos, ii) análise de risco creditório, iii) fornecimento de capital de giro, iv) implantação de procedimentos para contas a pagar e a receber, v) prestação de serviços de assessoramento financeiro, vi) administrativo em geral, vii) escrita contábil, viii) fiscal, ix) organização departamental x) organização de *bordereau*, xi) análise e planejamento estratégico, entre outros.

No *factoring*, o centro de gravidade da contratação deverá ser sempre a *promoção do desenvolvimento de determinada atividade econômica*, de determinado sujeito, por força de um contrato firmado entre faturizador e faturizado. Por isso, defendemos a tese de que o contrato de fomento mercantil não pode, e não deve, de forma alguma, ter como escopo maior e último apenas o auxílio financeiro à empresa faturizada. Não se exclui, portanto, do objeto do *factoring* a garantia, ou a antecipação de recebíveis, mas não se pode identificar que aí esteja o centro de gravidade desta contratação.

Logo, em nosso sentir, perspectivas funcional e solidarista do contrato de *factoring* devem ser sempre observadas, eis que este modelo contratual inadmite a situação de opressão do faturizado pelo faturizador e vice-versa (o que é menos comum). É necessário que os intentos perversos sejam reprimidos, por configurarem hipótese de ilícito, ainda que de gênero próprio, por abuso contratual, que pode ser caracterizado de diferentes maneiras, seja na formação, na execução ou mesmo depois de findo o pacto entre as partes.

A função social intrínseca do contrato de fomento mercantil compreende possibilitar ao empresário faturizado que, diante da liquidez e orientação proporcionadas, concentre todos os seus esforços em sua atividade, compartilhando informações e aceitando as diretrizes da consultoria oferecida pelo *factor*. Referida função social, a nosso ver, é revelada de modo muito claro na noção de que o *factoring* muito mais toma espeque na prestação de serviços de alavancagem do que na compra de recebíveis. Além disso, é um contrato que detém clara função de propulsão socioeconômica, eis que visa proporcionar, também, liquidez, que, no mundo dos negócios, é uma vantagem competitiva poderosíssima.

Aí está, pois, uma das efetivas conquistas sociais do contrato de fomento mercantil – no seu resultado socioeconômico-empresarial – propiciar o *working capital*, atuando como elemento de construção empresarial, orientando o faturizado. Este é o papel social do pacto de faturização, o que enobrece e sobreleva a importância do contrato de fomento mercantil, a prática do verdadeiro *factoring*.

No que concerne à função social do contrato, estamos convencidos de que o preenchimento deste conceito vago de "função social" deve se dar sob viés de análise de determinados elementos ditos públicos, que se instalam no direito privado, de modo a estabelecer novas bases de sustentação e nova força motriz de desenvolvimento dos institutos, arejando com uma visão existencialista o direito civil, destacando que o valor máximo a ser protegido é o homem, mais precisamente sua existência digna. Entre esses elementos, são latentes: o solidarismo, a eticidade, a socialidade, a dignidade humana, a livre-iniciativa equilibrada, a ordem pública instalada e a probidade contratual.

Diante da vagueza do instituto da função social, é deixada à decisão judicial referido preenchimento de conteúdo, que em dado caso concreto ocorrerá e deve tender a refletir o esperado da ciência do direito diante dos exercícios prévios de análise de circunstâncias de aplicação da proposição hipotética normativa ao pretenso caso concreto.

Parece claro, diante disso, que, no ato de decisão que conforma a criação da *norma específica para o caso*, ou seja, no ato da aplicação ou subsunção efetiva do fato à norma, que se dará pela operação de dicção do direito pelo magistrado, pelo aplicador, é absolutamente indispensável imprimir um viés sistêmico de modo a comporem-se na aplicação o fato posto à apreciação, o valor e a norma, e tudo isso deve ocorrer sob a orientação da dialética da complementaridade e da ética da situação, respeitando-se a ordem pública instalada, com vistas a estabelecer-se o que é o justo em cada caso concreto.

Este, a nosso ver, em que pese não seja o mais fácil, é o caminho para a efetividade dos valores da socialidade e da eticidade no direito civil, *in casu*, nos contratos, fazendo-se impregnar, pela dicção judicial, seja sob as vestes de um *decisium* pedagógico que acabe por desencorajar e desconstituir atuações desmedidas, seja por uma política de reafirmação daquilo que é socialmente benéfico, os axiomas maiores que devem permear as relações sociais, realizando-se, no mais, com efeito, uma sociedade livre, justa e solidária.

Observamos que os contratos de fomento mercantil, em situações especiais, podem sofrer os influxos legislativos do regramento consumerista, desde que presentes alguns requisitos fundamentais, tais como: a vulnerabilidade do faturizado, a desproporção econômica e até mesmo o abuso econômico. Assim, é possível concluir que o Judiciário estará autorizado a manter postura proativa caso se depare com disposições contratuais que afrontem a boa-fé e o interesse social, uma vez que será possível haver declaração, de ofício, de nulidade de cláusulas do contrato de *factoring* que firam as normas consumeristas.

No contrato de fomento mercantil, a regra é o faturizador assumir o risco pelo inadimplemento do recebível de titularidade do faturizado, podendo, contudo, haver disposição expressa em sentido contrário. Assim, a cessão de crédito no fomento mercantil pode ser *pro soluto* ou *pro solvendo*, eis que não há nada que proíba o exercício do direito regressivo, ou que invalide a sua licitude.

No direito comparado, parece, também, tranquila a possibilidade de cessão *pro soluto* e *pro solvendo*. Sob este aspecto, ao tratarmos da cessão para faturização, pudemos demonstrar isso na pesquisa feita, no momento em que enunciamos neste trabalho as diversas possibilidades de concepção da cessão de crédito para o fomento mercantil pelo mundo.

No que tange ao aperfeiçoamento da faturização, observamos que, para se aperfeiçoar a cessão de crédito, que dá suporte à faturização, será indispensável a necessária notificação ao devedor ou cedido, que, tendo caráter de cientificação, deverá ser feita por escrito, para que não haja qualquer dúvida, salvo nos casos em que o devedor se dá por notificado de modo incontestável.

Outro ponto muito relevante do trabalho é o afeto à remuneração da empresa de fomento mercantil. Neste caso, observamos que tal remuneração não está adstrita à taxa básica de juros, posto que não se dá com base em juros. Então, no fomento mercantil, há possibilidade de cobrança de juros de correção no limite legal e, ainda, da cobrança de um determinado valor que compõe o risco e o custo operacional da *factoring*, além, é claro, da cobrança pelo serviço prestado pelo faturizador ao faturizado.

É, contudo, diuturna a discussão sobre a abusividade dos valores da remuneração das empresas de fomento mercantil, sob o argumento de cobrança de juros extorsivos.

Assim, cumpre-nos, nesta sede, um esclarecimento. O deságio cobrado pela empresa de *factoring* corresponde a: i) *ad valorem* e ii) *fator*. Trata-se de componentes que juntos conformam o que chamamos neste trabalho de fator geral de deságio. O primeiro trata da cobrança pelo serviço prestado; o segundo de diversos elementos de composição, são eles:

a) correção monetária: só tem razão de ser no *conventional factoring* (posto que no *maturity factoring* o faturizador não antecipa valores) – será calculada levando em consideração o lapso temporal que medeia os termos da data da entrega da antecipação do valor à faturizada e o vencimento do título e, também, é matematicamente aplicada ao deságio;

b) taxa de compensação pela disponibilização do capital: em nosso entendimento, não poderá ultrapassar a barreira dos juros legais de 1% ao mês e ocorrerá, especificamente, pela remuneração do capital no *conventional factoring* ou pela garantia de liquidação do título em favor do faturizado no *maturity factoring*. Referida taxa leva em consideração os juros compensatórios pela disposição do capital e os remuneratórios, ou seja, aquilo que o faturizador razoavelmente deixa de lucrar;
c) remuneração sobre a mensuração do risco de inadimplemento: nos casos de internalização de cessão que tenha se dado *pro soluto* para o fomento;
d) custos operacionais: emissão de boleto, elaboração de contrato, termos aditivos, taxas de correio, taxas bancárias e obtenção de informações para análise de risco/crédito;
e) despesas de manutenção da empresa faturizadora: pessoal e estrutura;
f) tributos relativos ao exercício da atividade: Imposto de Renda, PIS, COFINS, IOF, e adicional de IOF.

É possível, por obviedade, que se dê um fator geral de deságio abusivo, em determinado caso. Nessas circunstâncias, é necessário que se constate se a abusividade referida está instalada no *ad valorem* ou no fator. A abusividade da cobrança do *ad valorem* difere, em essência, da abusividade encontrada no fator. A abusividade sobre a cobrança do *ad valorem* configura uma agressão à ordem privada e, no que concerne à abusividade sobre o fator, tem-se agressão à ordem pública. Assim, no primeiro caso tem-se a possibilidade de revisão contratual ou anulação por lesão, enquanto, no segundo caso, a consequência será a nulidade da cláusula, ou até mesmo do contrato, não havendo possibilidade sequer de novo pacto que vise a reparar a agressão perpetrada.

Outro ponto de grande relevância em nosso trabalho está na discussão sobre a atual proposta legislativa do *factoring*, que, ainda sob recurso no Congresso Nacional, não fora promulgada como lei; entendemos que a possibilidade de exclusão da prestação de serviços como objeto necessário do *factoring* pelo projeto deve ser absolutamente repudiada.

O Projeto de Lei n. 13/2007, que, a nosso ver, de maneira atabalhoada, é quase uma legislação específica sobre *factoring* em nosso país, nada ou bem pouco diz sobre o objeto do fomento mercantil, rebaixando o instituto do *factoring* à aquisição de recebíveis.

Em nosso entendimento, alocar a compra de recebíveis como centro gravitacional do instituto significa um retrocesso despropositado, oportunista e de imensurável impacto social negativo.

Significa, parece-nos, com a devida vênia, que a proposta equipara o *factoring* às sempre tão condenadas práticas ilícitas. Isso, a nosso ver, se for levado a cabo, em médio espaço de tempo corroerá o instituto, diante da atuação desfuncionalizada, arrebatadora e predatória que será instalada contra pequenas e médias empresas.

Ora, não é possível ao nosso tempo, neste momento, estabelecer-se uma legislação que coloque o instituto do fomento mercantil na contramão de todo o desenvolvimento sociojurídico alcançado com a Constituição de 1988 e, mister, com o Código Civil de 2002, no plano da autonomia privada. Parece-nos a subtração do aspecto mais relevante da função social do instituto, sob o ponto de vista socioempresarial e econômico. A atividade de fomento mercantil, em nosso entendimento, não pode restar esgotada na antecipação de recebíveis.

O contrato de *factoring* é instrumento de fomento social, empresarial e econômico. Este papel, em nosso sentir, é por ele exercido de modo direto e indireto, oferecendo capacidade produtiva à economia e manutenção e geração de empregos e de renda. São, como já aludimos neste tópico conclusivo, diversos os serviços possivelmente avençados pelo pacto de faturização, e a atuação colaborativa da *factoring* no desenvolvimento, na manutenção e até mesmo na recuperação financeira empresarial é a viga de sustentação do pacto. Todos eles destacam a atuação funcionalizada do instituto em absoluta harmonia com a força solidarista e social que preside a moderna tônica contratual.

REFERÊNCIAS

ABRÃO, Carlos Henrique. O Coaf e o dever de informar. *Revista de Direito Bancário do Mercado de Capitais e da Arbitragem*, São Paulo: RT, n. 7, 2000.

ABRÃO, Nelson. *Curso de direito bancário:* contratos bancários. 2. ed. São Paulo: RT,1988.

ABRÃO, Nelson. *Direito bancário*. 8. ed. São Paulo: Saraiva, 2002.

ABREU, José de. *O negócio jurídico e sua teoria geral.* São Paulo: Saraiva, 1984.

AGUILLAR, Fernando Herren. *Metodologia da ciência do direito.* 4. ed. São Paulo: Atlas, 2008.

AGUILLAR, Fernando Herren. *Metodologia da ciência do direito.* São Paulo: Max Limonad, 1996.

ALEXANDRIDIS, Georgios J. E. B.; FIGUEIREDO, Simone Diogo Carvalho; FIGUEIREDO, Fábio Vieira. *Código de Defesa do Consumidor anotado*. 2. ed. São Paulo: Saraiva, 2013.

ALMEIDA, Amador Paes de. *Teoria e prática dos títulos de crédito.* 14. ed. São Paulo: Saraiva, 1995.

ALPA, Guido. *I principi generali.* Milano: Giuffrè, 1993.

ALVES, Cleber Francisco. *O princípio constitucional da dignidade da pessoa humana:* o enfoque da doutrina social da igreja. Rio de Janeiro: Renovar, 2001.

ALVES, Jones Figueiredo; DELGADO, Márcio Luiz. *Novo Código Civil confrontado com o Código Civil de 1916.* São Paulo: Método, 2002.

ALVES, José Carlos Moreira. *Direito romano*. 6. ed. Rio de Janeiro: Forense, 2005. v. 2.

ALVIM NETO, José Manoel de Arruda; ALVIM, Eduardo Arruda (Coord.). *Revista Autônoma de Processo*. Curitiba: Juruá, v. 1, 2007.

ALVIM, Agostinho. *Da inexecução das obrigações e suas consequências*. 5. ed. São Paulo: Saraiva, 1980.

ANFAC. Apostila do *curso de operador de factoring*. Brasília/DF, 1998.

ANFAC. Informativo. *Jornal da Anfac*, n. 25, fev./mar. 2000.

ARISTÓTELES. *Ética a Nicômano*. 2. ed. Brasília: Ed. UnB, 1992.

ASCARELLI, Tullio. *O conceito unitário do contrato de seguro, problemas das sociedades anônimas e direito comparado*. Campinas: BookSeller, 2001.

ASSAF NETO, Alexandre. *Finanças corporativas e valor*. São Paulo: Atlas, 2003.

AZEVEDO, Álvaro Villaça. Contrato atípico misto e indivisibilidade de suas prestações. *Revista dos Tribunais*, v. 89, p. 115-134, 2000.

AZEVEDO, Álvaro Villaça. *Teoria geral das obrigações e responsabilidade civil*. 11. ed. São Paulo: Atlas, 2008.

AZEVEDO, Álvaro Villaça. *Teoria geral das obrigações*. 10. ed. São Paulo: Atlas, 2004.

AZEVEDO, Antônio Junqueira de. Insuficiências, deficiências e desatualização do projeto de Código Civil na questão da boa-fé objetiva nos contratos. *Revista dos Tribunais*, São Paulo, v. 775, p. 11-16, maio 2000.

AZEVEDO, Antônio Junqueira de. O princípio da boa-fé nos contratos. *Revista CEJ*, n. 9, set./dez. 1999.

AZEVEDO, Antônio Junqueira de. Princípios do novo direito contratual e desregulamentação do Mercado – direito de exclusividade nas relações de fornecimento – Função social do contrato e responsabilidade aquiliana do terceiro que contribui para o inadimplemento contratual. *Revista dos Tribunais*, São Paulo, v. 750, p. 113-120, abr. 1998.

BALDASSARE, Antonio. *Diritti della persona i valori costituzionali*. Torino: G. Giappichelli, 1997.

BARBI FILHO, Celso. Protesto de duplicata simulada e procedimentos judiciais - sacado. *Revista dos Tribunais,* v. 754, p. 45-71, ago. 1998.

BARBOSA, Rui. *Discursos, orações e conferências.* São Paulo: Iracema, 1968. t. II: Oração aos moços, p. 401-448.

BASSI, Amadeo. *Factoring e cessioni dei crediti.* Milano: Giuffrè, 1993.

BATALHA, Wilson de Souza Campos. *Títulos de crédito.* Rio de Janeiro: Forense, 1989.

BATIFFOL, Henri. La crise du contrat e sá portée. In: *Archives de Philosophie du Droit.* Paris: Sirey, 1968.

BDINE JUNIOR, Hamid Charaf. *Cessão da posição contratual.* 2. ed. São Paulo: Saraiva,

BEBER, Jorge Luis Costa. *Contrato de factoring*: legalidade da cláusula de regresso. Disponível em: <http:// www.portaldofactoring.com.br/artigo.php? id=61>. Acesso em: 15 jan. 2014.

BERGSTRAND, Jeffrey H. *Empresa global:* 25 princípios para operações internacionais. Tradução de Eliana Rocha. São Paulo: Publifolha, 2002 (Coleção pocket MBA).

BERNI, Mauro Tadeu. *Operações e concessão de crédito:* os parâmetros para a decisão de crédito. São Paulo: Atlas, 1999.

BERNSTEIN, Peter L. *Desafio dos deuses:* a fascinante história do risco. Rio de Janeiro: Campus, 1997.

BERTUCCELLI, Antonio. *Factoring:* noções elementares da nova técnica de financiamento às empresas. Rio de Janeiro: Forense, v. 288, 1984.

BESCOS TORRES, Modesto. *Factoring y franchising.* Madrid: Pirâmide, 1990.

BESSONE, Darcy. *Do contrato:* teoria geral. 4. ed. São Paulo: Saraiva, 1997.

BETTI, Emilio. Autonomia privata. In: Azara, Antonio e Ernesto Eula (a cura di). *Novíssimo digesto italiano.* Torino: UTET, 1974. t. 1.

BETTI, Emilio. *Teoria geral do negócio jurídico.* Tradução de Fernanda de Miranda. Coimbra: Coimbra Editora, 1969. v. 2.

BEVILÁQUA, Clovis. *Código Civil dos Estados Unidos do Brasil.* Ed. Histórica. Rio de Janeiro. Editora Rio, 1977. t. I.

BEVILÁQUA, Clóvis. *Direito das obrigações*. Campinas: RED Livros, 2000.

BIANCA, Massimo. *Diritto civile* – L' obbligacione. Milão: Giuffrè, 1997.

BIANCHI, Tancredi. *Il controlo dell mercato del credito*. 2. ed. Milano: Giuffrè, 1963.

BITTAR, Carlos Alberto. *Os direitos da personalidade*. 4. ed. Rio de Janeiro: Forense Universitária, 2000.

BOBBIO, Norberto. A *era dos direitos*. Tradução de Carlos Nelson Coutinho. Rio de Janeiro: Campus, 1988.

BOBBIO, Norberto. *Derecho y ciencias sociales. Contribución a la teoría del derecho*. Madrid: Debate, 1990.

BOBBIO, Norberto. *Direito e Estado no pensamento de Emanuel Kant*. Tradução de Alfredo Fait. São Paulo: Mandarim, 2000.

BOBBIO, Norberto. *Elogio da serenidade e outros escritos morais*. Tradução de Mauro Aurélio Nogueira. São Paulo: Unesp, 2002.

BOBBIO, Norberto. *Teoria della scienza giuridica*. Torino: Torino, 1950.

BOLONHINI JUNIOR, Roberto. *Direito civil*: contratos. 2. ed. São Paulo: Rideel, 2009.

BOLONHINI JUNIOR, Roberto. *Portadores de necessidades especiais*. São Paulo: Arx, 2004.

BONAVIDES, Paulo. *Curso de direito constitucional*. 17. ed. São Paulo: Malheiros, 2005.

BONOMI, Cláudio Augusto; MALVESSI, Oscar. *Project finance no Brasil*: fundamentos e estudo de casos. 2. ed. São Paulo: Atlas, 2008.

BORGES, João Eunápio. *Títulos de crédito*. 2. ed. Rio de Janeiro: Forense, 1971.

BORGES, Roxana Cardoso Brasileiro. *Disponibilidade dos direitos da personalidade e autonomia privada*. São Paulo: Saraiva, 2005.

BOULOS, Daniel. *Abuso de direito no novo Código Civil*. São Paulo: Método, 2006.

BRAGA, Pérola Melissa Vianna. *Direitos do idoso*. São Paulo: Quartier Latin, 2005.

BRANCO, Gerson Luiz Carlos. *Função social dos contratos:* interpretação à luz do Código Civil. São Paulo: Saraiva, 2009.

BRANDÃO, Débora Vanessa Caús. *Regime de bens no novo Código Civil*. São Paulo: Saraiva, 2006 (Coleção Agostinho Alvim).

BRANDÃO, Wilson de Andrade. *Lesão e contrato no direito brasileiro*. 3. ed. Rio de Janeiro: Aide, 1991.

BRIGHAM, Eugene F. *Administração financeira* – teoria e prática. 10. ed. São Paulo: Thomson, 2006.

BRITO, Maria Helena. *O factoring internacional e a Convenção do UNIDROIT*. Lisboa: Cosmos, 1998.

BRITO, Maria Helena. Os contratos bancários e a Convenção de Roma de 19 de junho de 1980 sobre a lei aplicável às obrigações contratuais. *Revista da Banca*, n. 28, out./dez. 1993 (Separata).

BRUEL, Denise Kung. O contrato de factoring internacional nos ordenamentos jurídicos brasileiro e português e a uniformização das regras aplicáveis a esta modalidade contratual. *Revista Brasileira de Direito Internacional*, Curitiba, v. 2, n. 2, jul./dez. 2005.

BULGARELLI, Waldirio. *Contratos mercantis*. 11. ed. São Paulo: Atlas, 1999.

BULGARELLI, Waldirio. *Direito comercial*. 15. ed. São Paulo: Atlas, 2000.

BUSSADA, Wilson. *Factoring interpretado pelos tribunais*. Campinas: Julex, 1997.

BUSSANI, Mauro; CENDON, Paulo. *I contratti nuovi*: casi e materiali di dottrina e giurisprudenza. Leasing, factoring, franchising. Milano: Giuffrè, 1989.

CADIER, Christophe Yvan François. *Sistema financeiro nacional*. São Paulo: Saraiva, 2011.

CALERO, Fernando Sánchez. El contrato de factoring em el Convenio Internacional de 1988. *Jornadas sobre Factoring*. Madrid: Servicio de Publicaciones, Facultad de Derecho, 1992.

CALIXTO, Marcelo Junqueira. *A culpa na responsabilidade civil:* estrutura e função. Rio de Janeiro: Renovar, 2008.

CALIXTO, Marcelo Junqueira. *A responsabilidade civil do fornecedor de produtos pelos riscos de desenvolvimento*. Rio de Janeiro: Renovar, 2002.

Calmon de Passos, J. J. *A atividade securitária e sua fronteira com os interesses transindividuais.* Responsabilidade da Susep e competência da Justiça Federal. São Paulo: RT, 1999. v. 763.

CALZOLAIO, Ermano. *Il factoring in Europa*. Dipartamento di diritto privato e del lavoro italiano e comparato. Milano: Giuffrè, 1997.

CAMPOBASSO, Gian Franco. *Diritto commerciale.* 3. ed. Torino: Utet, 1997. v. 1.

CANARIS, Claus Wilhelm. *A liberdade e a justiça contratual na "sociedade de direito privado"*. Contratos: atualidade e evolução. Porto: Edição da Faculdade de Direito da Universidade Católica Portuguesa, 1997.

CANARIS, Claus Wilhelm. *Pensamento sistemático e conceito de sistema na ciência do direito*. 2. ed. Lisboa: Fundação Calouste Gulbenkian, 1996.

Capelo de Sousa, Rabindranath V. Aleixo. *O direito geral de personalidade*. Coimbra: Coimbra Editora, 1995.

CARNEVALI, Ugo. *I problemi giurudici del factoring. Le operazioni bancarie:* a cura di Giuseppe B. Portable. Milano: Giuffre, 1978. t. II.

CARPENA, Heloisa. *Abuso do direito nos contratos de consumo*. Rio de Janeiro: Renovar, 2001.

CARVALHO, José Mauricio de. A ética culturalista de Miguel Reale. *Revista de Estudos Filosóficos* n. 11/2013, Universidade Federal de São João del-Rei/MG.

CASTRO, Rogério Alessandre de Oliveira. *Factoring no Brasil na Argentina*. Curitiba: Juruá,

CASTRO, Rogério Alessandre de Oliveira. *Factoring*: seu reconhecimento jurídico e sua importância econômica. São Paulo: Editora de Direito, 2000.

CAUOETTE, John B. et al. *Gestão do risco de crédito:* o próximo grande desafio financeiro. Rio de Janeiro: Qualitymark, 1999.

CAVALCANTE, José Carlos. *Os efeitos dos custos na indústria*. São Paulo: Sebrae, 2001 (Série Saiba Mais).

CAVALIERI FILHO, Sérgio. A trilogia do seguro. *Anais do I Fórum de Direito do Seguro "José Sollero Filho"*. São Paulo: Max Limonad, 2001.

CAVALIERI FILHO, Sérgio. *Programa de responsabilidade civil.* 3. ed. São Paulo: Saraiva, 2003.

CAVALIERI Filho, Sérgio. Programa de responsabilidade civil. 7. ed. São Paulo: Atlas, 2007.

COELHO, Fábio Ulhoa et aI. *Comentários ao Código de Proteção do Consumidor*. São Paulo: Saraiva, 1991.

COELHO, Fábio Ulhoa. *Código Comercial e legislação complementar anotados*. São Paulo: Saraiva, 1996.

COELHO, Fábio Ulhoa. *Curso de direito civil.* 4. ed. São Paulo: Saraiva, 2010. v. 1 e 2.

COELHO, Fábio Ulhoa. *Curso de direito comercial.* 10. ed. rev. e atual. de acordo com o Novo Código Civil e alterações da Lei das Sociedades Anônimas. São Paulo: Saraiva, 2002. v. 3.

COELHO, Fábio Ulhoa. *Manual de direito comercial.* 11. ed. São Paulo: Saraiva, 2000.

COELHO, Fábio Ulhoa. *O empresário e os direitos do consumidor*. São Paulo: Saraiva, 1994.

COELHO, Sacha Calmon Navarro; COELHO, Marco Aurélio Caldeira. O negócio jurídico denominado *factoring*. A possibilidade de cessão onerosa de crédito, com garantia de pagamento pelo cedente por inadimplemento do sacado –

IOF – Não incidência. *Revista Dialética de Direito Tributário*, Coordenação de Valdir de Oliveira Rocha. São Paulo: Dialética, v. 59, ago. 2000.

COMPARATO, Fábio Konder. Contrato de *factoring*. In: *Enciclopédia Saraiva de Direito*. São Paulo: Saraiva, 1977.

COMPARATO, Fábio Konder. *Factoring*. *Revista de Direito Mercantil, Industrial, Econômico e Financeiro*, São Paulo: RT, n. 6, p. 59-66, 1972.

CORDEIRO, Antonio Manuel da Rocha e Menezes. *Da boa-fé no direito civil*. Coimbra: Almedina, 2001.

CORDEIRO, Antonio Manuel da Rocha e Menezes. *Da cessão financeira (factoring)*. Lisboa: Lex Edições Jurídicas, 1994.

CORDEIRO, Antonio Manuel da Rocha e Menezes. *Manual de direito bancário*. 2. ed. Coimbra: Almedina, 2001.

COSTA JÚNIOR, Paulo José da et al. *Comentários ao Código de Proteção do Consumidor*. São Paulo: Saraiva, 1991.

COSTA, Judith Martins. *A boa-fé no direito privado*. São Paulo: RT, 2000.

COSTA, Judith Martins. *Comentários ao novo Código Civil*. Rio de Janeiro: Forense, 2004.

COSTA, Mario Júlio de Almeida. *Direito das obrigações*. 7. ed. Coimbra: Almedina, 1979.

CRETELLA JÚNIOR, José. *Curso de direito romano:* o direito romano e o direito civil brasileiro no novo Código Civil. 31. ed. Rio de Janeiro: Forense, 2009.

CUNHA GONÇALVES, Luiz da. *Tratado de direito civil:* em comentários ao Código Civil português. 2. ed. rev., atual. e aum. 1. ed. brasileira. Adaptação sob supervisão dos Ministros Orozimbo Nonato, Laudo de Camargo e Professor Vicente Ráo. São Paulo: Max Limonad, 1958. v. 3, t. I.

CUNHA, Paulo Ferreira da. *Tópica*. Disponível em: <http://www.hottopos.com>. Acesso em: 22 set. 2004.

CUNHA, Wladimir Alcibíades Marinho Falcão. *Revisão judicial dos contratos do Código de Defesa do Consumidor ao Código Civil de 2002*. São Paulo: Método, 2007.

DAIUTO, Reynaldo Ribeiro. *Introdução ao estudo do contrato*. São Paulo: Atlas, 2005.

DANTAS, San Tiago. *Aulas proferidas na Faculdade Nacional de Direito*. Revisão, anotações e prefácio de José Gomes Bezerra de Barros. Rio de Janeiro: Editora Rio, 1979.

DANZ, Erich. *La interpretación de los negocios jurídicos*. 3. ed. Madrid: Editorial Revista de Derecho Privado, 1955.

De CUPIS, Adriano. *Direitos da personalidade*. Campinas: Romana, 2004.

DELGADO, José Augusto. O Código Civil de 2002 e a Constituição Federal de 1998. Cláusulas gerais e conceitos indeterminados. In: CÉSAR, Joaquim Portes de Cerqueira; ARRUDA ALVIM; ROSAS, Roberto (Coord.). *Aspectos controvertidos do novo Código Civil. Escritos em homenagem ao Ministro José Carlos Moreira Alves*. São Paulo: RT, 2003.

DENSA, Roberta. *Direito do consumidor*. São Paulo: Atlas, 2005.

DESBESEL, Ernani. *A função social do contrato de factoring*. Disponível em: <http://www.portaldofomento.com.br/artigo.php?id=51>. Acesso em: 19 mar. 2013.

DINIZ, Maria Helena. *As lacunas no direito*. 7. ed. São Paulo: Saraiva, 2002.

DINIZ, Maria Helena. *Código Civil anotado*. 11. ed. São Paulo: Saraiva, 2005.

DINIZ, Maria Helena. *Código Civil anotado*. 14. ed. São Paulo: Saraiva, 2009.

DINIZ, Maria Helena. *Compêndio de introdução à ciência do direito*. 19. ed. São Paulo: Saraiva, 2002.

DINIZ, Maria Helena. *Curso de direito civil brasileiro*. 19. ed. São Paulo: Saraiva, 2004a. v. 4.

DINIZ, Maria Helena. *Curso de direito civil brasileiro.* 23. ed. São Paulo: Saraiva, 2007. v. 3.

DINIZ, Maria Helena. *Curso de direito civil brasileiro.* 24. ed. São Paulo: Saraiva, 2009a. v. 2.

DINIZ, Maria Helena. *Curso de direito civil brasileiro.* 26. ed. São Paulo: Saraiva, 2009b. v. 1.

DINIZ, Maria Helena. *Curso de direito civil brasileiro.* Parte geral. 21. ed. atual. e rev. de acordo com o novo Código Civil. São Paulo: Saraiva, 2004b. v. 1.

DINIZ, Maria Helena. *Curso de direito civil brasileiro. Responsabilidade civil.* 21. ed. São Paulo: Saraiva, 2007. v. 7.

DINIZ, Maria Helena. *Curso de direito civil brasileiro.* São Paulo: Saraiva, 2010. v. 3.

DINIZ, Maria Helena. *Lei de introdução ao Código Civil brasileiro interpretada.* 10. ed. São Paulo: Saraiva, 2004.

DINIZ, Maria Helena. *O estado atual do biodireito.* 2. ed. São Paulo: Saraiva, 2002.

DINIZ, Maria Helena. *Tratado teórico e prático dos contratos.* 3. ed. São Paulo: Saraiva, 1999. v. 3 e 2013, v.1 e v. 4.

DINIZ, Maria Helena. *Tratado teórico e prático dos contratos.* 7. ed. São Paulo: Saraiva, 2013. v. 4.

DONATO, Maria Antonieta Zanardo. *Proteção ao consumidor:* conceito e extensão. São Paulo: RT, 1993.

DONINI, Antônio Carlos. *Factoring de acordo com o novo Código Civil.* Rio de Janeiro: Forense, 2003.

DONINI, Antônio Carlos. *Factoring e combate à lavagem de dinheiro.* São Paulo: Klarear, 2005.

DONINI, Antônio Carlos. *Factoring passo a passo:* as quatro operações. São Paulo: Klarear, 2003.

DONINI, Antônio Carlos. *Factoring.* Rio de Janeiro: Forense, 2002.

DONINI, Antônio Carlos. Inexigibilidade do registro da empresa de factoring junto ao Conselho Regional de Administração. *Revista dos Tribunais,* ano 92, v. 810, p. 84-85, abr. 2003.

DONINI, Antônio Carlos. *Manual do factoring*. São Paulo: Klarear, 2004.

DUARTE, Cláudia Guimarães. *Determinantes, em relação à avaliação de cedente, que distinguem as empresas de factoring autorreguladas pela ANFAC das empresas independentes*: um estudo empírico nas empresas brasileiras de *factoring*. Dissertação (Mestrado) – Fundação Instituto Capixaba de Pesquisas em Contabilidade, Economia e Finanças (FUCAPE), 2010.

DUARTE, Rui Pinto. *Notas sobre o contrato de factoring*. Novas perspectivas do direito comercial. Coimbra: Almedina, 1988.

DUGUIT, León. *Las transformaciones dei derecho* (público y privado). Tradução de Adolfo Posada, Ramón Jaén e Carlos Posada. Buenos Aires: Heliasta, 1975.

EISENBERG, M. E.; AALSMA, M. C. Bullying and peer victimization. *Joumal of Adolescent Health*, 36(1), 88-91, 2005.

EIZAGUIRRE, José Maria. *EI factoring:* la transmision de los créditos. Madrid: Servicio de Publicaciones, Facultad de Derecho, 1992.

ENGISH, Karl. *Introdução ao pensamento jurídico*. Lisboa: Fundação Calouste Gulbenkian, 2004.

ENTERRIA, Javier Garcia de. *Contrato de factoring y cesion de crédito*. 2. ed. Madrid: Civitas, 1995.

ENTERRIA, Javier Garcia de. *Sociedades cotizadas, aumentos de capital y derecho suscripción preferente:* una consideración económica. Madrid: Civitas, 2003.

ESPÍNDOLA, Ruy Samuel. *Conceito de princípios constitucionais*. São Paulo: RT, 1999.

FACHIN, Luiz Edson et aI. *Comentários ao Código do Consumidor*. Rio de Janeiro: Forense, 1992.

FALCÃO, Guilherme J. *A legislação brasileira sobre factoring*. Parecer da consultoria legislativa do Senado. Estudo: outubro de 2001. Brasília: Biblioteca digital da Câmara dos Deputados, 2001.

FARIAS, Cristiano Chaves de; ROSENVALD, Nelson. *Curso de direito civil*. Salvador: Podium, 2012. v. 4.

FARIAS, Edílson Pereira de. *Colisão de direitos*. Porto Alegre: Sérgio Antonio Fabris, 1996.

FAZZIO JÚNIOR, Waldo. *Manual de direito comercial*. 4. ed. São Paulo: Atlas, 2004.

FERRARA, Francesco. *Trattato di diritto civile italiano*. Dottrine. Roma: Athenaeum, 1921. v. 1.

FERRAZ JR., Tércio Sampaio. *Função social da dogmática jurídica*. São Paulo: Max Limonad, 1998.

FERREIRA, Carlos Alberto Goulart. *Equilíbrio contratual. Direito civil constitucional*. Caderno I. São Paulo: Max Limonad, 1999.

FERREIRA, Carlos Renato de Azevedo. A expressão "banco" e as empresas de factoring. *Revista dos Tribunais,* v. 672, p. 90-92, out. 1991.

FERREIRA, Carlos Renato de Azevedo. *Factoring*. São Paulo: Fiúza, 2003.

FERREIRA, Durval. *Erro negocial*: objecto, motivos, base negocial e alteração de circunstâncias. Coimbra: Almedina, 1995.

FERRI, Luigi. *La autonomia privada*. Madrid: Revista de Derecho Privado, 1969.

FIGUEIREDO, Fábio Vieira. *Direito civil para o exame de ordem*. 5. ed. São Paulo: Saraiva, 2013 (Coleção OAB Nacional).

FIGUEIREDO, Fábio Vieira. *Direito civil:* direito das obrigações. São Paulo: Rideel, 2008.

FIGUEIREDO, Fábio Vieira. *Direito das obrigações*. São Paulo: Saraiva, 2011. v. 5 (Coleção concursos jurídicos).

FIGUEIREDO, Fábio Vieira. *Direito de autor:* proteção e disposição extrapatrimonial. São Paulo: Saraiva, 2012.

FIGUEIREDO, Simone Diogo Carvalho. *Direito do consumidor*. São Paulo: Rideel, 2009.

FILOMENO, José Geraldo Brito et al. *Código Brasileiro de Defesa do Consumidor comentado pelos autores do anteprojeto*. 4. ed. Rio de Janeiro: Forense, 1999.

FILOMENO, José Geraldo Brito. *Código de Defesa do Consumidor comentado pelos autores do anteprojeto*. 6. ed. Rio de Janeiro: Forense Universitária, 1999.

FIORE, Pasquale et al. *Diritto civile italiano:* il diritto civile italiano secondo la ttrina e la giurisprudenza. 2. ed. Napoli: Rago Marghieri di Gius, 1925. v. 2.

FIORE, Pasquale. *Delle disposizioni generali sulla pubblicazione, applicazione ed interpretazione delle leggi*. 2. ed. Torino: Unione Tipográfica, 1915. v. 1.

FIUZA, Ricardo. Finalmente, um código para o III milênio. *Pronunciamento proferido na Câmara dos Deputados em sessão solene para entrega da medalha mérito legislativo*, ano I, 12, nov. 2001. Disponível em: <http://www.intelligentia juridica.com.br>. Acesso em: 9 nov. 2008.

FLÓREZ-VALDES, Joaquín Arce y. *El derecho civil constitucional.* Madrid: Cuadernos Civitas, 1991.

FLÓREZ-VALDES, Joaquín Arce y. *Los princípios generales del derecho y su formulación constitucional.* Madrid: Cuadernos Civitas, 1990.

FONSECA, João Bosco Leopoldino de. Cláusulas abusivas nos contratos. 2. ed. São Paulo: Forense, 1998.

FORGIONI, Paula A. *Teoria geral dos contratos empresariais.* 2. ed. São Paulo: RT, 2010.

FORTUNA, Eduardo. *Mercado financeiro:* produtos e serviços. Rio de Janeiro: Qualitymark, 1998.

FRANCO, Vera Helena de Mello. *Contratos*: direito civil e empresarial. 2. ed. São Paulo: RT, 2011.

FRANCO, Vera Helena de Mello. *Lições de direito securitário.* São Paulo: Maltense, 1993.

FRANCO, Vera Helena de Mello. Reflexões sobre o contrato de seguro no novo Código Civil brasileiro. Estudos de direito do seguro. *Anais do II Fórum de Direito do Seguro "José Sollero Filho"*. São Paulo: IBDS-EMTS, 2002. v. 4.

FRANCO, Vera Helena de Mello. *Teoria geral dos contratos.* São Paulo: RT, 2011.

FRAZÃO, Ana de Oliveira. Boa-fé objetiva no seu desdobramento da *supressio*. In: TEPEDINO, Gustavo (Coord.). *Doutrinas essenciais:* contratos. São Paulo: RT, 2012.

GAGLIANO, Pablo Stolze; PAMPLONA FILHO, Rodolfo. *Novo curso de direito civil.* 11. ed. São Paulo: Saraiva, 2009. v. I: Parte geral.

GAGLIANO, Pablo Stolze; PAMPLONA FILHO, Rodolfo. *Novo curso de direito civil.* 2. ed. São Paulo: Saraiva, 2006. t. I, v. 4.

GAGLIANO, Pablo Stolze; PAMPLONA FILHO, Rodolfo. *Novo curso de direito civil* – Direito das obrigações. São Paulo: Saraiva, 2011.

Gama, Guilherme Calmon Nogueira da. *Direito civil* – sucessões. São Paulo: Atlas, 2007. v. 7.

GAMA, Guilherme Calmon Nogueira; CIDAD, Felipe Germano Caccicedo. Função social no direito privado e constituição. In: GAMA, Guilherme Calmon Nogueira da. *Função social no direito civil.* 2. ed. São Paulo: Atlas, 2008.

GARCIA, Enéas Costa. *O direito geral de personalidade no sistema jurídico brasileiro.* 2005. Tese (Doutorado, sob orientação do Professor Antônio Junqueira de Azevedo). USP, São Paulo. Defesa em 13-4-2005.

GARCIA, José Antônio Cruces Gonzalez. *El contrato de factoring.* Madrid: Tecnos, 1990.

GERBIER, Jean. *Le factoring.* Paris: Dunod, 1970.

GHERSI, Carlos Alberto. *Contratos civiles y comerciales:* partes general y especial. 3. ed. Buenos Aires: Astrea, 1994. t. 2.

GHERSI, Carlos Alberto. *Factoring en contratos civiles y comerciales:* parte general y especial- figuras contractuadas modernas. Buenos Aires: Astrea, 1990.

GHIA, Lucio. *Contratti di finanziamento dell'impresa.* Milano: Giuffrè, 1997.

GIAMPICOLLO, Giorgio. La tutela giuridica della persona umana e il c.d. diritto alla rizervatezza. *Riv. Trimestrale di Diritto e Procedura Civile.* Padova: Cedam, 1958.

GIANCOLI, Brunno Pandori; FIGUEIREDO, Fábio Vieira. *A nova lei do inquilinato*. São Paulo: Saraiva, 2010.

GIORGI, Jorge. *Teoria de las obligaciones*. Madrid: Réus, 1928.

GODOY, Cláudio Luiz Bueno de. *A função social do contrato*. São Paulo: Saraiva, 2004.

GOMES, José Jairo. *Direito civil:* introdução e parte geral. Belo Horizonte: Del Rey, 2006.

GOMES, Orlando. *Contratos*. 12. ed. Rio de Janeiro: Forense, 1992.

GOMES, Orlando. *Contratos*. 17. ed. Rio de Janeiro: Forense, 1996.

GOMES, Orlando. *Contratos*. 20. ed. Rio de Janeiro: Forense, 2000.

GOMES, Orlando. *Direito civil brasileiro*. São Paulo: Saraiva, 2004. v. 3.

GOMES, Orlando. *Obrigações*. 11. ed. Rio de Janeiro: Forense, 1997.

GOMES, Orlando. *Obrigações*. 4. ed. Rio de Janeiro: Forense, 1974.

GOMES, Orlando. *Transformações gerais do direito das obrigações*. São Paulo: RT, 1967.

GONÇALVES, Carlos Roberto. *Direito civil brasileiro*. 7. ed. São Paulo: Saraiva, v. 1, 2005, 2010a, v. 2, v. 3, 2010b e v. 4, 2012 (edição digital).

GONÇALVES, Carlos Roberto. *Direito civil brasileiro*. 7. ed. São Paulo: Saraiva, 2010. v. 3.

GONÇALVES, Carlos Roberto. *Direito civil brasileiro*. 8. ed. São Paulo: Saraiva, 2012. v. IV (edição digital).

GRIFÒ, Giuliano. La legge delle XII tavole, osservazioni e problemi. Roma, 1867, republicação. In: *Aufstieg und Niedergang der Romischen Welt*. Tunbinger, Alemanha: Gruyter, 1972.

GRINOVER, Ada Pellegrini et al. *Código Brasileiro de Defesa do Consumidor comentado pelos autores do anteprojeto*. 4. ed. Rio de Janeiro: Forense, 1995.

GRIZIOTTI, Benvenuto. *Principi di política, diritto e scienza delle finanze*. Padova: Cedam, 1929.

GUILLAMÓN, Juan Roca. *El contrato de factoring y su regulación por el derecho privado espano I*. Jaén: Editoriales de Derecho Reunidas, 1976.

GUIMARÃES, Paulo Jorge Scatezzini. *Obrigações*. Coordenação de Renan Lotufo e Giovanni Ettore Nanni. São Paulo: Atlas, 2011.

HAGSTROM, Carlos Alberto de São Tiago. O *factoring* no Brasil. *Revista de Direito Mercantil*, n. 48, 1982.

HERKENHOFF, João Batista. *Justiça, direito do povo*. 2. ed. Rio de Janeiro: Thex, 2002.

HILLYER, William Hurd. Keys to business cash, origins of *factoring* tread back to ancient Babylon. *Barron's Weekly Review*, New York-EUA, 20 Oct. 1941.

HIRONAKA, Giselda Maria Fernandes Novaes. *Responsabilidade pressuposta*. Belo Horizonte: Del Rey, 2005.

HUNGRIA, Nélson. *Dos crimes contra a economia popular e das vendas a prestações com reserva de domínio*. Rio de Janeiro: Livraria Jacintho, 1939.

JIMÉNEZ, Maria Ángeles Sanches. EI contrato de *factoring*. In: CARAVACA, Alfonso L. Calvo; GÁNDARA, Luis Fernández de la. *Contratos internacionales*. Madrid: Tecnos, 1997.

JORGE JUNIOR, Alberto Gosson. *Cláusulas gerais no novo Código Civil*. São Paulo: Saraiva, 2004 (Coleção Agostinho Alvim – coord. Renan Lotufo).

JORGE, Fernando de Sandy Lopes Pessoa. *Ensaio sobre os pressupostos da responsabilidade civil*. Coimbra: Livraria Almedina, 1995.

JUNQUEIRA, Luiz Zenun. Natureza jurídica do contrato bancário. *Revista de Direito Mercantil, Industrial, Econômico e Financeiro*, São Paulo, n. 70, p. 39-51, 1988.

KELLER, Kevin Lane; KOTLER, Philip. *Administração de marketing* – a bíblia do marketing. 12. ed. São Paulo: Pearson, 2005.

KEYNES, John Maynard. *A teoria geral do emprego, do juro e da moeda*. Tradução de Mário R. da Cruz. São Paulo: Atlas, 1992.

LA TORRE, Antonio. *La disciplina giuridica dell'attività assicurativa*. Dirito delle assicurazioni. Milano: Giuffrè, 1987. v. 1.

LABIANCA, Marcelo. *Factoring*. *Rivista Diritto Comerciale*, n. I, 1979.

LAFER, Celso. *A reconstrução dos direitos humanos:* diálogo com o pensamento de Hannah Arendt. São Paulo: Companhia das Letras, 1988.

LAFER, Celso. *A ruptura totalitária e a reconstrução dos direitos humanos*. 1998. Tese (Doutorado em Direito) – Universidade de São Paulo. São Paulo, 1998.

LARENZ, Karl. *Base del negocio jurídico y cumplimiento de los contratos*. Albolote: Comares, 2002.

LARENZ, Karl. *Derecho civil: parte general*. Madrid: Revista de Direito Privado, 1978.

LARENZ, Karl. *Derecho de obligaciones*. Tradução de Jaime Santos Briz. Madrid: Revista de Derecho Privado, 1958. v. 1.

LEITE, Luiz Lemos. *Factoring no Brasil*. 12. ed. São Paulo: Atlas, 2011.

LEMMI, Luiz Rodrigo. *Atividade financeira e factoring no Brasil*. São Paulo: Quartier Latin, 2005.

LENZI, Carlos Alberto Silveira. *Código do Consumidor comentado*. Brasília: Consulex, 1991.

LEONI, Evandro e Geraldo. *Crédito e cobrança*. 2. ed. São Paulo: Atlas, 1993.

LEONIS, Jacobo. O contrato de *factoring*. *Revista Forense*, v. 253. 1976.

LISBOA, Roberto Senise. *Manual de direito civil*. 3. ed. São Paulo: RT, 2005. v. 3.

LISBOA, Roberto Senise. *Manual de direito civil*. 4. ed. São Paulo: Saraiva, 2009. v. 3.

LISOPRAWSKI, Silvio V.; GERSCOVICH, Carlos G. *Factoring*. Buenos Aires: Depalma, 1997.

LLANTERO, Fernando Orbañanos. El *contrato de factoring:* análisis pormenorizada de las cláusulas más frecuentes. Madrid: Servicio de Publicaciones, Facultad de Derecho, 1992.

LÔBO, Paulo Luiz Netto. A constitucionalização do direito civil. *Revista de Informação Legislativa*, Brasília, n. 141, ano 36, jan./mar. 1999.

LÔBO, Paulo Luiz Netto. *Condições gerais dos contratos e cláusulas abusivas*. São Paulo: Saraiva, 1991.

LÔBO, Paulo Luiz Netto. *Princípios sociais dos contratos no CDC e no novo Código Civil*. Disponível em: <http://jus2.uol.com.br/doutrina/texto. asp?id=2796>. Acesso em: 3 jan. 2006.

LORENZETTI, Ricardo Luis. *Fundamentos do direito privado*. São Paulo: RT, 1998.

LOTUFO, Renan. *Cadernos de direito civil constitucional*. Curitiba: Juruá, 2001.

LOTUFO, Renan. *Código Civil comentado:* obrigações. São Paulo: Saraiva, 2004.

LOTUFO, Renan. *Código Civil comentado:* parte geral (arts. 1º a 232). São Paulo: Saraiva, 2003.

LOTUFO, Renan. *Curso avançado de direito civil*: parte geral. Coordenação de Everaldo Augusto Cambler. 2. ed. São Paulo: RT, 2003. v. 1.

LOTUFO, Renan. Da oportunidade de codificação civil e a Constituição. In: SARLET, Ingo Wolfgang (Org.). *O novo Código Civil e a Constituição*. Porto Alegre: Livraria do Advogado, 2003.

LOTUFO, Renan. *Direito civil constitucional*. Caderno 1. São Paulo: Max Limonad, 1999.

LOUREIRO, Luiz Guilherme. *Contratos:* teoria geral e contratos em espécie. São Paulo: Método, 2008.

LOUREIRO. Trigo. *Sutherland:* statutes and statritory construction. 2. ed. EUA, 1982. v. I.

LOURENÇO, Iolando; RICHARD, Ivan. *Marco entre a ditadura e a democracia, Constituição de 1988 completa 25 anos*. Edição de Marcos Chagas. Agência Brasil. In: <http://agenciabrasil.ebc.com.br/noticia/2013-10-04/marco-entre-ditadura-e-democracia-constituicao-de-1988-completa-25-anos>. Acesso em: 15 jan. 2014.

LUCCA, Newton de. A aplicação do Código de Defesa do Consumidor à atividade bancária. *Revista CEJ*, Brasília, Conselho da Justiça Federal, Centro de Estudos Judiciários, n. I, CJF, 1997.

LUCCA, Newton de. *A faturização no direito brasileiro*. São Paulo: RT, 1986.

LUDWIG, Marcos de Campos. O direito ao livre desenvolvimento da personalidade na Alemanha e possibilidades de sua aplicação no direito privado brasileiro. In: MARTINS-COSTA, Judith (Org.). *A reconstrução do direito privado*. São Paulo: RT, 2002.

LUZ, Aramy Dornelles. *Negócios jurídicos bancários*. São Paulo: RT, 1996.

MALUF, Carlos Alberto Dabus. *Código Civil comentado*. São Paulo: Atlas, 2009. v. 3.

MAMDELBAUM, Renata. *Contratos de adesão e contratos de consumo*. São Paulo: RT,1996.

MANCUSO, Rodolfo de Camargo et al. *Comentário ao Código de Proteção do Consumidor*. São Paulo: Saraiva, 1991.

MANTELLINI, G. *Lo Stato e il Codice Civile*. Firenze: G. Barbèra, 1882.

MARKUSONS, Luiz Alexandre. *Factoring*: teoria, prática, legislação. Porto Alegre: Livraria do Advogado Editora, 1997.

MARQUES, Cláudia Lima. *Contratos no Código de Defesa do Consumidor:* o novo regime das relações contratuais. 4. ed. rev., atual. e ampl. São Paulo: RT, 2002.

MARQUES, Cláudia Lima. *Contratos no Código de Defesa do Consumidor*. 3. ed. São Paulo: RT, 1999.

MARQUES, Cláudia Lima; BESSA, Leonardo Roscoe. In: BENJAMIM, Antônio Herman. *Manual de direito do consumidor*. São Paulo: RT, 2007.

MARTINS, Fran. *Contratos e obrigações comerciais*. 15. ed. Rio de Janeiro: Forense, 1999.

MARTINS, Fran. *Contratos e obrigações comerciais*. 5. ed. Rio de Janeiro: Forense, 1977.

MARTINS, Fran. O contrato de *factoring* e sua introdução no direito brasileiro. *Revista Forense*, n. 262, 1978.

MARTINS, Fran. *Títulos de crédito*. 14. ed. São Paulo: Forense, 2009.

MARTINS, Fran. *Títulos de crédito*. Rio de Janeiro: Forense, 1977. v. 1.

MARTINS, Guilherme. *Direito civil:* dos contratos: do seguro. Rio de Janeiro: Tele-Jur Cursos Jurídicos, 2005.

MARTINS, Ives Gandra da Silva. *Relatório do 1º Congresso Brasileiro de factoring*. São Paulo: Anfac, 1991.

MARTINS, João Marcos Brito. *O contrato de seguro:* comentado conforme as disposições do Código Civil, Lei n. 10.406 de 10-1-2002. 2. ed. rev. atual. e ampl. Rio de Janeiro: Forense Universitária, 2005.

MARTINS, Nelson Juliano Schaefer. A função social do *factoring*. *Jornal do Fomento Mercantil*: opinião legal, 2005, p. 13. Disponível em: <http://www.anfac.com.br/jsp/revista/57/pag13.pdf>. Acessado em: 16 jan. 2014.

MARTINS-COSTA, Judith. *Comentários ao novo Código Civil*. Rio de Janeiro: Forense, 2005. v. 5, t. 1.

MARTINS-COSTA, Judith. Os danos à pessoa no direito brasileiro e a natureza de sua reparação. In: ______. (Org.). *A reconstrução do direito privado*. São Paulo: RT, 2002.

MARTIS, Nelson Juliano Schefer. A função social do fomento mercantil. *Fomento Mercantil*, 57, nov. 2005.

MATTIA, Fábio Maria de. Direitos da personalidade II. *Enciclopédia Saraiva de Direito*. São Paulo: Saraiva, 1978. v. 28.

MAXIMILIANO, Carlos. *Hermenêutica e aplicação do direito*. 19. ed. Rio de Janeiro: Forense, 2006.

MEDICUS, Dieter. *Tratado de las relaciones obligacionales*. Tradução espanhola de Ángel Martinez Sarrión. Barcelona: Bosch, 1995. v. 1.

MELLO, Guiomar Namo de. *Cidadania e competitividade:* desafios educacionais do terceiro milênio. São Paulo: Cortez, 1993.

MELLO, Marcos Bernardes de. *Teoria do fato jurídico:* plano da validade. São Paulo: Saraiva, 1995.

MELO, Simone Martins. *Gerenciamento da inadimplência nas empresas de factoring:* diminuição ou aumento de fonte de capital de giro para as PMEs do Estado do Ceará? 1999. Dissertação (Mestrado) – Universidade Estadual do Ceará, Ceará, 1999.

MENDES, Gilmar Ferreira. Anotações sobre o princípio do direito adquirido tendo em vista a aplicação do novo Código Civil. In: CÉSAR, Joaquim Portes de Cerqueira; ARRUDA ALVIM; ROSAS, Roberto (Coord.). *Aspectos controvertidos do novo Código Civil.* Escritos em homenagem ao Ministro José Carlos Moreira Alves. São Paulo: RT, 2003.

MENEZES CORDEIRO, Antônio Manoel da Rocha e. *Da boa-fé no direito civil.* Coimbra: Almedina, 1984. v. 2.

MERQUIOR, José Guilherme. *O argumento liberal.* Rio de Janeiro: Nova Fronteira, 1983.

MILHOMENS, Jônatas; ALVES, Geraldo Magela. *Manual prático dos contratos.* 7. ed. Rio de Janeiro: Forense, 2002.

MIRANDA, Gilson Delgado. Dos embargos infringentes. In: MARCATO, Antônio Carlos (Coord.). *Código de Processo Civil interpretado.* São Paulo: Atlas, 2004.

MONTEIRO, Washington de Barros. *Curso de direito civil:* direito das obrigações – 1ª parte. 3. ed. rev. e aum. São Paulo: Saraiva, 1965.

MONTEIRO, Washington de Barros. *Curso de direito civil:* direito das obrigações – 1ª e 2ª partes. 34. Ed. São Paulo: Saraiva, 2003. v. 5.

MONTEIRO, Washington de Barros. *Curso de direito civil:* direito das obrigações – 1ª e 2ª partes. 36. ed. São Paulo: Saraiva, 2009. v. 4.

MORAES, Maria Celina Bodin de. *Danos à pessoa:* uma leitura civil-constitucional dos danos morais. Rio de Janeiro: Renovar, 2003.

MOREIRA, José Carlos Barbosa. *O novo processo civil brasileiro.* 27. ed. Rio de Janeiro: Forense, 2005.

MORES, José Diniz de. O que é justiça? Palestra proferida no Centro de Estudos Filosóficos da UFRN em 8.5.2012, sobre o tema o "Que é a Justiça". *Revista de Pesquisas Jurídicas,* v. 2, n. 1. jan./jun. 2013.

NADER, Paulo. *Curso de direito civil.* 5. ed. Rio de Janeiro: Forense, 2010. v. 3: Contratos.

NANNI, Giovanni Ettore. A autonomia privada sobre o próprio corpo, o cadáver, os órgãos e tecidos diante da Lei Federal n. 9.434/97 e da Constituição Federal. In: *Direito civil constitucional* – Caderno I. São Paulo: Max Limonad, 1999.

NANNI, Giovanni Ettore. A evolução do direito civil obrigacional: a concepção do direito civil constitucional e a transição da autonomia da vontade para a autonomia privada. In: LOTUFO, Renan (Coord.). *Cadernos de Direito Civil Constitucional,* Curitiba: Juruá, n. 2, 2001.

NANNI, Giovanni Ettore. *Do enriquecimento sem causa.* São Paulo: Saraiva, 2004 (Coleção Agostinho Alvim).

NERY JUNIOR, Nelson et al. *Código Brasileiro de Defesa do Consumidor comentado pelos autores do anteprojeto.* 4. ed. Rio de Janeiro: Forense, 1995.

NERY, Nelson; NERY, Rosa Maria de Andrade. *Código de Processo Civil comentado.* 8. ed. São Paulo: RT, 2004.

NEVARES, Ana Luiza Maia. O erro, o dolo, a lesão e o estado de perigo no novo Código Civil. In: Tepedino, Gustavo (Org.). *A parte geral do novo Código Civil:* estudos na perspectiva civil-constitucional. 2. ed. Rio de Janeiro: Renovar, 2003.

NOBRE JR., Edilson Pereira. *A proteção contratual no Código do Consumidor e o âmbito de sua aplicação.* Disponível em: <http://teiajuridica.com/mz/tutcont. html>. Acesso em: 20 mar. 2004.

NONATO, Orozimbo. Personalidade. In: CARVALHO SANTOS, J. M. de. *Repertório Enciclopédico do Direito Brasileiro.* Rio de Janeiro: Borsoi, 1965. v. 37.

NORONHA, Fernando. *O direito dos contratos e seus princípios fundamentais.* São Paulo: Saraiva, 1994.

NUNES, Luiz Antônio Rizzatto. *Comentários ao Código de Defesa do Consumidor.* São Paulo: Saraiva, 2000.

OLIVEIRA, Celso Marcelo de. *Limite constitucional dos juros bancários:* doutrina e jurisprudência. Campinas: LZN, 2001.

OLIVEIRA, Fabrício Vasconcelos de. *Factoring e desconto bancário*: um estudo comparativo. Belo Horizonte: Leme, 2006.

OLIVEIRA, James Eduardo. *Código Civil anotado e comentado.* Rio de Janeiro: Forense, 2010.

PACE, Omar; CHERUBINI, Daniele. *Il factoring quale strumento della finanza d'impresa.* Roma: Jandi Sapi Editori, 2001.

PELUSO, Cezar (Org.). *Código Civil comentado:* doutrina e jurisprudência. 3. ed. São Paulo: Manole, 2009.

PENTEADO, Luciano de Camargo. *Figuras parcelares da Boa-fé objetiva e venire contra factum proprium.* Disponível em: <http://sites.editorasaraiva.com.br/concursar/default.aspx?mn=40&c=202&s=>. Acesso em: 15 jan. 2014.

PEREIRA, Caio Mário da Silva. *Instituições de direito civil* – contratos. 14. ed. Rio de Janeiro: Forense, 2010.

PEREIRA, Caio Mário da Silva. *Lesão nos contratos.* 7. ed. Rio de Janeiro: Forense, 1997.

PERLINGIERI, Pietro. Autonomia privata e diritti di credito. In: BELVEDERE, Andrea; GRANELLI, Carlo. *Confini atualli dell'autonomia privata.* Padova, Cedam, 2001.

PERLINGIERI, Pietro. *Il diritto civille nella legalità costituzionale.* Napoli: Scientifiche Italiane, 1999.

PERLINGIERI, Pietro. *La personalità umana nell'ordinamento.* Napoli: Esi, 1972.

PERLINGIERI, Pietro. *Perfis do direito civil:* introdução ao direito civil constitucional. Rio de Janeiro: Renovar, 1997.

PINTO MONTEIRO, António Joaquim de Matos. *Cláusula penal e indenização.* Coimbra: Almedina, 1999.

PIOVESAN, Flávia; RUSSO JUNIOR, Rômulo. Direitos humanos, dignidade humana e direitos da personalidade. In: Filomeno, José Geraldo Brito et al (Coord.). *O Código Civil e sua interdisciplinaridade:* os reflexos do Código Civil nos demais ramos do direito. Belo Horizonte: Del Rey, 2004.

PONTES DE MIRANDA, F. C. *Tratado de direito privado*. Parte especial. 4. ed. Rio de Janeiro: Borsoi, 1974. t. VII.

PONTES DE MIRANDA, F. C. *Tratado de direito privado*. Parte especial. 4. ed. Rio de Janeiro: Borsoi, 1974. t. VII, XXII, XXVI e XLV.

PONTES DE MIRANDA, Francisco Cavalcante. *Tratado de direito privado*. 4. ed. São Paulo: Borsoi, 1974, t. 3, 4, 5.

PONTES DE MIRANDA, Francisco Cavalcanti. *Tratado de direito privado – parte geral.* Atualizado por Vilson Rodrigues Alves. Campinas: Bookseller, 2000. t. IV: Validade, nulidade, anulabilidade.

POPOVICI, Adrian. Publication de la Faculté de droit et des sciences sociales de Poitiers (Université Annales). *Les métamorfphoses de la responsabilité.* t. 32. Sixièmes Journées René Savatier, Poitiers, 15 et 16 maio 1997. Paris: Universitaires de France, 1997.

POPP, Carlyle. Princípio constitucional da dignidade da pessoa humana e a liberdade negocial: a proteção contratual no direito brasileiro. In: LOTUFO, Renan (Coord.). *Direito civil constitucional* – Caderno I. São Paulo: Max Limonad, 1999.

PRATA, Ana. *A tutela constitucional da autonomia privada*. Coimbra: Almedina, 1982.

PUGLIATTI, Salvatore. *La proprietà nel nuovo diritto*. Milão: Giuffrè, 1964.

PUGLIATTI, Salvatore. Sulla natura de diritto personale di autore. *Rivista di Diritto Privato*, III, 1933.

RÁO, Vicente. *Ato jurídico.* São Paulo: RT, 1994.

RÁO, Vicente. *Ato jurídico*. São Paulo: Saraiva, 1979.

RASMUSSEN, Uwe Waldemar. *Forfaiting e factoring:* novas teorias financeiras para curto e longo prazo no comércio internacional. São Paulo: Aduaneiras, 1990.

REALE, Miguel. *Experiência e cultura.* 2. ed. Campinas: Bookseller, 2000.

REALE, Miguel. *Lições preliminares de direito.* 27. ed., ajustada ao novo Código Civil. São Paulo: Saraiva, 2002.

REALE, Miguel. *O direito como experiência.* São Paulo: Saraiva, 1968.

REALE, Miguel. *O projeto do Código Civil.* São Paulo: Saraiva, 1986.

REALE, Miguel. *Questões de direito privado.* São Paulo: Saraiva, 1997.

REI, Maria Raquel Aleixo Antunes. *Do contrato-quadro.* 1997. 97 f. Dissertação (Mestrado em Ciências Jurídicas) – Faculdade de Direito da Universidade de boa, Lisboa, 1997.

REQUIÃO, Rubens. *Curso de direito comercial.* 20. ed. São Paulo: Saraiva, 1995. v. 2.

REQUIÃO, Rubens. *Curso de direito comercial.* 26. ed. São Paulo: Saraiva, 2006. v. 2.

RIPERT, Georges. *La règle morale dans les obligations civiles.* Paris: Librairie, Générale de Droit, 1949.

RIVES-LANGE, Jean-Louis; RODIERE, René. *Droit bancaire.* Paris: Dalloz, n. 299, 1973.

RIZZARDO, Arnaldo. *Contratos de crédito bancário.* 6. ed. São Paulo: RT, 2003.

RIZZARDO, Arnaldo. *Contratos.* 10. ed. Rio de Janeiro: Forense, 2010.

RIZZARDO, Arnaldo. *Contratos.* 6. ed. Rio de Janeiro: Forense, 2006.

RIZZARDO, Arnaldo. *Factoring.* 3. ed. São Paulo: RT, 2004.

RIZZARDO, Arnaldo. *Leasing:* arrendamento mercantil no direito brasileiro. 2. ed. São Paulo: RT, 1996.

RIZZATTO NUNES, L. A. *Comentários ao Código de Defesa do Consumidor.* 2. ed. São Paulo: Saraiva, 2005.

RODRÍGUES, José Gallardo. EI *factoring* como figura económico financeira. Jornadas sobre *factoring.* Madrid: Servicio de Publicaciones, Facultad de Derecho, p. 39-61, 1992.

RODRIGUES, Rodrigo Dalcin. A lei de usura é aplicável ao contrato de factoring? *Revista Fiscosoft de Direito*, São Paulo, FISCOSoft, 2005.

RODRIGUES, Silvio. *Direito civil.* 20. ed. São Paulo: Saraiva, 1991. v. 3.

RODRIGUES, Silvio. *Direito civil.* 30. ed. São Paulo: Saraiva, 2004. v. 3.

RODRIGUES, Silvio. *Direito civil:* parte geral. 30. ed. São Paulo: Saraiva, 2000. v. 1.

ROPPO, Enzo. *O contrato*. Tradução de Ana Coimbra e M. Januário C. Gomes Coimbra: Almedina, 2009.

ROSENVALD, Nelson. *Código Civil comentado*. 5. ed. São Paulo: Manole, 2011.

ROSENVALD, Nelson. In: LOTUFO, Renan (Coord.). *Dignidade humana e boa-fé no Código Civil.* São Paulo: Saraiva, 2005 (Coleção Agostinho Alvim).

ROUSSEAU, Jean Jacques. *O contrato social.* Tradução de Antônio de Pádua Danesi. Revisão de Edison Darci Heldt. 3. ed. São Paulo: Martins Fontes, 1998.

RUGGIERO, Roberto de. *Instituições de direito civil.* 2. ed. Campinas: Bookseller, 2005.

RUGGIERO, Roberto. *Instituições de direito civil.* Tradução de Paolo Capitanio. 2. ed. São Paulo: BookSeller, 2005. v. 1 e 3.

SAAD, Eduardo Gabriel. *Comentários ao Código de Defesa do Consumidor*. 3. ed. São Paulo: LTr, 1998.

SANTANDREU, E. *Confirming, factoring y renting.* Barcelona: Gestión 2000, 1998.

SANTIAGO, Mariana Ribeiro. A intolerável deturpação do contrato de *factoring*. *Revista de Direito Privado*, São Paulo: RT, v. 9, n. 33, p. 236-249, jan./mar. 2008.

SANTIAGO, Mariana Ribeiro. Contrato de *factoring*. *RDPr* 33/240.

SANTOS, Antonio Jeová. *Função social, lesão e onerosidade excessiva nos contratos*. São Paulo: Método, 2002.

SANTOS, Moacyr Amaral. *Prova judiciária no cível e comercial*. 2. ed. São Paulo: Max Limonad, 1952.

SAREDO, Giuseppe. Abrogazione delle leggi n. 111. *Digesto italiano*. Milano: Vallardi, 1927. v. 1.

SAREDO, Giuseppe. *Istituzioni di procedura civile*. Firenze: G. Pellas, 1873.

SAREDO, Giuseppe. *Trattato delle leggi*. Roma: Civelli, 1886.

SARLET, Ingo Wofgang. *A eficácia dos direitos fundamentais*. 3. ed. revista, atualizada e ampliada. Porto Alegre: Livraria do Advogado, 2003.

SCHLESINGER, Piero. Autonomia privata e tutela dei crediti. In: BELVEDERE, Andrea; GRANELLI, Carlo. *Confini atualli dell'autonomia privata*. Padova: Cedam, 2001.

SIDOU, Othon. *A revisão judicial dos contratos e outras figuras jurídicas*. 2. ed. Rio de Janeiro: Forense, 1984.

SILVA, Clóvis do Couto e. *A obrigação como processo*. São Paulo: José Bushatsky, 1976.

SILVA, Luis Renato Ferreira da; SARLET, Ingo Wolfgang (Coord.). *O novo Código Civil e a Constituição*. 2. ed. rev. e ampl. Porto Alegre: Livraria do Advogado, 2006.

SILVA, Rubens Filinto da. *As garantias reais e pessoais no factoring*. São Paulo: Pillares, 2006.

SILVA, Rubens Filinto da. *Cobrança e recuperação de recebíveis no factoring*. São Paulo: Pillares, 2007.

SOARES, Marcelo Negri. Ação civil pública: loteamento parcialmente implantado - aspectos materiais e processuais. *Revista Gênesis de Direito Processual Civil*, Curitiba, n. 30, p. 853-863, out./dez. 2003.

SOARES, Marcelo Negri. *Contrato de factoring*. São Paulo: Saraiva, 2010.

SOARES, Marcelo Negri. *Motivação da sentença*. Trabalho de Conclusão de Curso, Faculdade de Direito da Universidade Estadual de Maringá-Paraná [v. na Biblioteca Central], 1997.

SODRÉ, Maria Cecília de Azevedo. *Análise setorial factoring*. São Paulo: Gazeta Mercantil S/A, 2000. v. 1 e 2.

SOLÉ, Fernando Garcia. *El contrato de factoring y sus garantías:* la crisis deI contrato de factoring. Aspectos procesales y concursales. Madrid: Servicio de Puaciones, Facultad de Derecho, 1992.

SPOTA, Alberto. *Instituciones de derecho civil:* contratos. Buenos Aires: Depalma 1993. v. III.

STIGLITZ, Rubén. *Contratos civiles y comerciales:* parte general. Buenos Aires: Abeledo Perrot, 1998. t. II.

STOCO, Rui. Juizado Especial e a defesa do consumidor. *Repertório IOB de Jurisprudência:* civil, processual penal e comercial, n. 23, 1ª quinz., p. 413, dez. 1996.

STRENGER, lrineu. *Contratos internacionais do comércio.* 4. ed. São Paulo: LTr, 2003.

SUSSFELD, Lois Edmond. *Le factoring*. Paris: Presses Universitaires de France, 1968.

TARTUCE, Flávio. *A função social dos contratos – do Código de Defesa do Consumidor ao novo Código Civil.* São Paulo: Método, 2005.

TARTUCE, Flávio. *Direito civil.* 4. ed. São Paulo: Método, 2009. v. 3.

TARTUCE, Flávio. *Direito civil. Direito das obrigações e responsabilidade civil.* 8. ed. São Paulo: Método, 2013.

TEIXEIRA, Raul. *Os reflexos do novo Código Civil nos contratos de seguro.* Rio de Janeiro: Forense, 2004.

TEPEDINO, Gustavo. A responsabilidade civil por acidentes de consumo na ótica civil constitucional. In: TEPEDINO, Gustavo (Coord.). *Temas de direito civil.* Rio de Janeiro: Renovar, 1999.

TEPEDINO, Gustavo. A tutela da personalidade no ordenamento civil-constitucional brasileiro. In: TEPEDINO, Gustavo (Coord.). *Temas de direito civil.* 2. ed. Rio de Janeiro: Renovar, 2001.

TEPEDINO, Gustavo; BARBOZA, Heloisa Helena; MORAES, Maria Celin Bodin de. *Código Civil interpretado conforme a Constituição da República.* Rio de Janeiro: Renovar, 2004.

TEPEDINO, Gustavo; MORAES, Maria Celina Bodin de; BARBOZA, Heloísa Helena. *Código Civil interpretado conforme a Constituição da República*. Rio de Janeiro: Renovar, 2006. v. II.

THEODORO JUNIOR, Humberto. *O contrato de seguro e a regulação do sinistro*. São Paulo: RT, 2005. v. 832.

TORRENTE E SCHLESINGER. *Manuale di diritto privado*. 15. ed. Milão: Milano Dott, 1997.

TORRES FILHO, Ernani T.; CARVALHO, Mônica E. de. Financiamento às exportações: instrumentos de apoio e mitigação de riscos. In: VASCONCELLOS, Marco Antônio Sandoval de; SILBER, Miguel Lima e Simão (Coord.). *Gestão de negócios internacionais*. São Paulo: Saraiva, 2006.

TRABUCCHI, Alberto. *Istituzioni di diritto civile*. 4. ed. Milão: Cedam, 2001.

TZIRULNIK, Ernesto. Em torno do interesse segurado e da responsabilidade civil. In: Souza Junior, Carlos Augusto Guimarães. *Seguros:* uma questão atual. Instituto Brasileiro de Direito do Seguro. São Paulo: Max Limonad, 2001.

TZIRULNIK, Ernesto. In: CAVALCANTI, Flávio de Queiroz B.; PIMENTEL, Ayrton (Coord.). *O contrato de seguro de acordo com o novo Código Civil brasileiro*. 2. ed. rev. atual. e ampl. São Paulo: RT, 2003.

VARELA, João de Matos Antunes. *Das obrigações em geral*. Coimbra: Almedina, 1973. v. 1 e 2.

VASCONCELLOS, Marco Antônio Sandoval de. *Economia – micro e macro*. 3. ed. São Paulo: Atlas, 2002.

VASCONCELOS, Luís Miguel D. P. Pestana de. Cessão de crédito com ou sem recurso (Portugal). *Revista do Factoring: destaque para o direito de regresso*. Coordenação de Antonio Carlos Donini, ano II, v. 12, São Paulo: Klarear. 2005.

VASCONCELOS, Luís Miguel D. P. Pestana de. *Dos contratos de cessão financeira e factoring. Boletim da Faculdade de Direito*, Coimbra: Coimbra Editora, Universidade de Coimbra, 1999.

VENÂNCIO FILHO, Alberto. *A intervenção do Estado no domínio econômico*. São Paulo: Fundação Getulio Vargas, 1967.

VENOSA, Sílvio de Salvo. *Direito civil*. 11. ed. São Paulo: Atlas, 2011.

VENOSA, Sílvio de Salvo. *Direito civil. Contratos em espécie*. 13. ed. São Paulo: Atlas, 2013.

VENOSA, Silvio de Salvo. *Teoria geral das obrigações e teoria geral dos contratos*. São Paulo: Atlas, 2010.

VIANA, Bonfim. *Desconto bancário*. 2. ed. Rio de Janeiro: Forense, 1987.

VIANA, Rui Geraldo Camargo. *A novação*. São Paulo: RT, 1979.

VIDIGAL, Geraldo de Camargo. O faturamento das empresas privadas, na Lei e na Jurisprudência, da Colenda Corte Suprema. *Revista de Direito Bancário, do Mercado de Capitais e da Arbitragem*, São Paulo: RT, v. 12, 2001.

Viehweg, Theodor. *Tópica y jurisprudencia*. Tradução de Luis Díes-Picazo Ponce de León. Madri: Taurus, 1986 (Tradução para o português de Tércio S. Ferraz Júnior).

VIEIRA, Lacyr de Aguilar. A utilização de um direito uniforme sobre a venda internacional. In: FRANCESCHINI, L. F.; WACHOWICZ, M. (Org.). *Direito internacional privado*. Curitiba: Juruá, 2000.

VINK, Gerhard. Desarrollo del *factoring* en el mundo. Madrid: Servicio de Publicaciones, Facultad de Derecho, 1992.

VIVANTE, Cesare. *Trattato de diritto commerciale*. 3. ed. Milano: Vallardi, 1912, v. 3

WALD, Arnold. *A cláusula de escala móvel*. São Paulo: Max Limonad, 1959.

WALD, Arnold. *Curso de direito civil*. São Paulo: RT, 1992. v. II.

WALD, Arnold. *Direito civil:* direito das obrigações. 21. ed. São Paulo: Saraiva, 2013. v. 2.

WALD, Arnold. Regime legal das empresas de factoring. *Revista dos Tribunais*, São Paulo: RT, n. 740, p. 145-160, jun. 1997.

WALD, Arnoldo. *Direito civil.* 18. ed. São Paulo: Saraiva, 2009. v. 2: Direito das obrigações e teoria geral dos contratos.

WALD, Arnoldo. *Direito civil:* contratos em espécies. 18. ed. São Paulo: Saraiva, 2009.

WAMBIER, Luiz Rodrigues; WAMBIER, Tereza Arruda Alvim. *Breves comentários à 2ª fase da reforma do Código de Processo Civil.* 2. ed. São Paulo: RT, 2002.

WELTER, Pedro Belmiro. Relativização do princípio da dignidade da pessoa humana na condução coercitiva do investigado na produção do exame genético em DNA. *Revista Brasileira de Direito de Família*, ano III, n. 12, p. 5-25, jan./mar. 2002.

ZAGO, Jorge Alberto. *El consentiemento en los contratos y la teoría de la lesión.* Buenos Aires: Editorial Universidad, 1981.

ZANITELLI, Leandro Martins. Tópica e pensamento sistemático: convergência ou ruptura? In: MARTINS-COSTA, Judith (Coord.). *A reconstrução do direito privado:* reflexos dos princípios, diretrizes e direitos fundamentais constitucionais no direito privado. São Paulo: RT, 2002.

REFERÊNCIAS BIBLIOGRÁFICAS ELETRÔNICAS

- Jornal eletrônico Oje: <http://www.oje.pt/especiais/factoring/portugal-e-8-na-europa-em-creditos-tomados>. Acesso em: 15 fev. 2014.
- www.stj.jus.br
- www.jusbrasil.com.br
- www.tjsp.jus.br
- Cornell University: <http://www.law.cornell.edu/ucc>. Acesso em: 2 mar. 2014.
- <http://www.portaldofactoring.com.br/artigo.php?id=61>. Acesso em: 15 jan. 2014.
- www.unidroit.org
- http://www.miguelreale.com.br/

– http://sites.editorasaraiva.com.br/concursar
– http://www-wds.worldbank.org>. Acesso em: 10 jun. 2008. (conteúdo confirmado em 16.02.2014).
– http://books.google.com.br>. Acesso em: 1 jul. 2008 (conteúdo confirmado em 16.02.2014)

EDITORA JusPODIVM
www.editorajuspodivm.com.br